HACKERS IELTS Reading BASIC 200% 활용법

필수 단어암기장 & 단어암기 MP3

리딩 필수어휘를 언제 어디서나 보고 들으면서 학습하기!

해커스인강(HackersIngang.com) 접속 > 상단 메뉴 [IELTS → MP3/자료 → 무료 MP3/자료] 클릭하여 이용

[부록] 미국 영어와 영국 영어의 차이

시험에 나오는 영국 영어의 철자/어휘를 미국 영어와 비교하며 정리하기!

교재 258 페이지에서 확인

부록+추가자료까지 200% 활용하고 실력 UP!

리딩/리스닝 실전문제

무료 제공되는 IELTS 리딩/리스닝 실전문제를 풀고 복습하면서 실전 감각 키우기!

고우해커스(goHackers.com) 접속 > 상단 메뉴 [IELTS → IELTS 리딩/리스닝 풀기] 클릭하여 이용

라이팅/스피킹 첨삭 게시판

IELTS 라이팅/스피킹 무료 첨삭 게시판을 통해 자신의 답변을 첨삭받고 보완하기!

고우해커스(goHackers.com) 접속 > 상단 메뉴 [IELTS → 라이팅 게시판 또는 스피킹 게시판] 클릭하여 이용

← 리딩 실전문제 바로 풀어보기

라이팅 첨삭 게시판 바로가기 →

아이엘츠 입문자를 위한 맞춤 기본서

HACKERS IELTS Reading

BASIC

해커스 어학연구소

HACKERS
IELTS
READING BASIC

goHackers.com

학습자료 제공·유학정보 공유

최신 IELTS 출제 경향을 반영한
『Hackers IELTS Reading Basic』을 내면서

IELTS 시험은 더 넓은 세상을 향해 꿈을 펼치려는 학습자들이 거쳐가는 관문으로서, 지금 이 순간에도 많은 학습자들이 IELTS 시험 대비에 소중한 시간과 노력을 투자하고 있습니다. 이에, IELTS 학습자들에게 목표 달성을 위한 가장 올바른 방향을 제시하고자 『**Hackers IELTS Reading Basic**』을 출간하게 되었습니다.

독해의 기초를 잡아 목표점수 달성!
『Hackers IELTS Reading Basic』은 단순히 문제 풀이에 그치지 않고, 글을 논리적으로 읽고 정확한 답을 찾는 방법을 연습함으로써 목표 점수 달성을 위한 기초 독해 실력을 탄탄히 할 수 있도록 구성하였습니다.

체계적인 4주 학습으로 실전까지 대비!
4주 안에 IELTS 리딩 영역 대비를 위해 필요한 모든 것을 기초부터 실전까지 체계적으로 학습할 수 있습니다. 1주에서 독해의 기본을 다지고, 2, 3주에 IELTS 리딩의 모든 문제 유형을 풀어봄으로써 시험에 대한 이해도를 높인 후, 4주의 Progressive Test를 통해 실전 감각까지 익힙니다.

『Hackers IELTS Reading Basic』이 여러분의 IELTS 목표 점수 달성에 확실한 해결책이 되고, 나아가 **여러분의 꿈을 향한 길**에 믿음직한 동반자가 되기를 소망합니다.

CONTENTS

1st Week | 리딩을 위한 기본 다지기

2nd Week | 문제 유형 공략하기 I

목표 달성을 위한 지름길,
Hackers IELTS Reading Basic!

01. 4주 완성으로 IELTS 리딩 영역 목표 점수 달성!

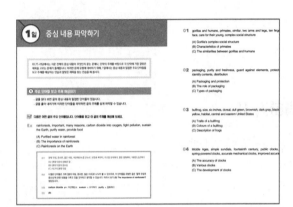

기초부터 실전까지 IELTS 리딩 정복

IELTS 최신 출제 경향에 대한 철저한 분석을 바탕으로, 4주 동안 영어 독해의 기본 전략부터 유형별 문제 풀이 전략과 실전 대비 문제까지 이 한 권으로 학습할 수 있습니다. 목표 점수를 달성하기 위한 훌륭한 발판이 될 수 있도록 IELTS 리딩 영역의 모든 것을 담았습니다.

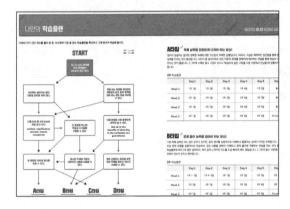

맞춤형 학습플랜

자가 진단 퀴즈를 통해 자신의 실력을 미리 파악하고, 4가지 학습플랜 중 자신에게 가장 잘 맞는 학습플랜을 선택하여 효과적으로 학습할 수 있습니다.

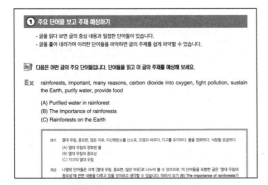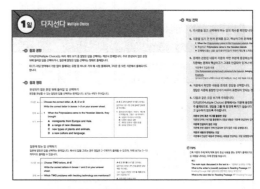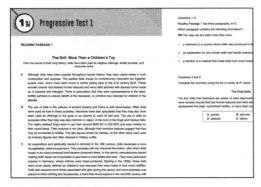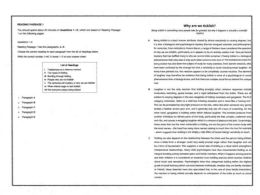

02. 기초부터 실전까지, 체계적인 리딩 학습!

1주 리딩을 위한 기본 다지기

1주에서는 간략하지만 필수적인 독해 전략을 다양한 문제와 함께 수록하여 **독해의 탄탄한 기반을 다질 수 있도록** 하였습니다. 또한, IELTS 실전 맛보기를 통해서 앞에서 학습한 내용이 실제 IELTS 리딩 문제 풀이에 어떻게 적용될 수 있는지 확인할 수 있습니다.

2, 3주 문제 유형 공략하기

2, 3주에서는 **10가지 IELTS 리딩 문제 유형**에 대해 상세히 학습합니다. 각 문제 유형에 대해 효과적인 전략을 소개하고 적용 사례를 보여줍니다. 또한, Daily Check-up과 Daily Test를 통해 본문에서 배운 내용을 문제에 적용하여 풀어볼 수 있습니다.

4주 리딩 실전 대비하기

4주에 수록된 Progressive Test는 IELTS 리딩의 여러 유형의 문제들을 실제 시험처럼 혼합하여 구성하였습니다. 1~3주 동안 학습해온 내용을 총정리하고, IELTS 실전 감각을 다질 수 있습니다.

ACTUAL TEST

이 책의 최종 마무리 단계로서, 3개의 지문으로 구성된 실전 테스트를 수록하였습니다. 실제 IELTS 리딩 시험과 유사한 구성과 난이도로 제작된 문제를 풀어봄으로써, 실전에 효과적으로 대비할 수 있습니다.

03. 정확하고 상세한 해석과 해설로 실력 UP!

해석 및 정답단서

교재에 수록된 모든 지문과 문제의 매끄러운 해석을 제공하여 보다 정확하게 지문의 흐름을 이해할 수 있습니다. 또한 문제에 대한 정답의 단서를 제공하여 정확한 정답의 근거를 파악하는 연습을 할 수 있습니다.

해설 및 바꾸어 표현하기

교재에 수록된 모든 문제에 대한 상세한 해설을 제공하여 문제 풀이 방법과 전략을 익힐 수 있습니다. 또한 지문과 문제에서 바꾸어 표현된 구문을 함께 수록하여 빠르게 정답의 단서를 파악하는 연습을 할 수 있습니다.

오답 확인하기

교재에 수록된 문제 중 특히 헷갈리기 쉬운 오답 보기의 경우, 오답이 되는 이유를 상세하게 설명하여 틀린 문제의 원인을 파악하고 보완할 수 있습니다.

04. 해커스만의 다양한 학습자료 제공!

단어암기장(PDF)과 단어암기 MP3

해커스인강 사이트(HackersIngang.com)에서 무료 IELTS 리딩 주제별 필수 단어암기장(PDF)과 단어암기 MP3를 다운로드하여 IELTS 리딩을 위한 어휘력을 기를 수 있습니다.

고우해커스(goHackers.com)

온라인 토론과 정보 공유의 장인 고우해커스 사이트에서 다른 학습자들과 함께 교재 내용에 관한 문의 사항을 나누고 학습 내용을 토론할 수 있으며, 다양한 무료 학습자료와 IELTS 시험 및 유학에 대한 풍부한 정보도 얻을 수 있습니다.

IELTS 소개

■ IELTS란 어떤 시험인가요?

IELTS(International English Language Testing System)는 영어를 사용하는 곳에서 일을 하거나 공부를 하고 싶어 하는 사람들의 언어 능력을 측정하는 시험입니다. 리스닝, 리딩, 라이팅, 스피킹 영역으로 구성되어 있으며 시험 시간은 약 2시간 55분입니다. IELTS의 점수는 1.0부터 9.0까지의 Band라는 단위로 평가됩니다. 총점은 네 영역 점수의 평균 점수로 냅니다.

시험은 두 가지 종류가 있는데, 대학교나 그 이상의 교육기관으로의 유학 준비를 위한 Academic Module과 영국, 캐나다, 호주로의 이민, 취업, 직업 연수 등을 위한 General Training Module이 있습니다. 리스닝과 스피킹 영역의 경우 모듈별 문제의 차이가 없지만, 리딩과 라이팅 영역은 모듈별 시험 내용이 다릅니다.

■ IELTS는 어떻게 구성되어 있나요?

시험영역	출제 지문 및 문항 수	시험 시간	특징
리스닝	4개 지문 출제 총 40문항 (지문당 10문항)	30분 (답안 작성 시간 10분 별도)	– 영국식, 호주식, 미국식 등의 발음이 출제 – 10분의 답안 작성 시간이 별도로 주어짐 – 객관식, 주관식, 빈칸 완성, 표 완성 등의 문제가 출제됨
리딩	3개 지문 출제 총 40문항 (지문당 13-14문항)	60분	– 길이가 길고 다양한 구조의 지문 출제 – 객관식, 주관식, 빈칸 완성, 표 완성 등의 문제가 출제됨
	* Academic Module은 저널, 신문기사 등과 같이 학술적인 내용의 지문 위주로 출제되며, General Training Module은 사용설명서, 잡지기사 등과 같이 일상생활과 관련된 지문 위주로 출제됩니다.		
라이팅	Task 1: 1문항 Task 2: 1문항	60분	– Task 간의 시간 구분 없이 시험이 진행됨 – Task 1보다 Task 2의 배점이 높음
	* Academic Module의 Task 1은 그래프, 표 등 시각자료를 보고 요약문 쓰기가 과제로 출제되며, General Training Module의 Task 1은 부탁, 초대 등 주어진 목적에 맞게 편지 쓰기가 과제로 출제됩니다. Task 2는 에세이 쓰기 과제가 동일한 형식으로 출제됩니다.		
스피킹	3개 Part로 구성 Part 1: 10-15문항 Part 2: 1문항 Part 3: 4-6문항	11-14분	– 시험관과 1:1 인터뷰 형식으로 진행됨 – 모든 시험 내용이 녹음됨
	약 2시간 55분		

■ IELTS는 어떻게 접수하나요?

1. Paper-based IELTS는 매달 4회, Computer-delivered IELTS는 매주 최대 6회 실시됩니다.
2. 인터넷 접수는 영국 문화원 또는 IDP 홈페이지에서 접수하고, 현장 접수는 IDP 주관 공식 지정 장소에서 가능합니다. 인터넷 접수 및 현장 접수에 대한 자세한 사항은 각 신청기관의 홈페이지를 참고하세요.
3. 접수 시, 여권을 스캔한 파일을 첨부해야 하니 미리 준비합니다.

■ IELTS 시험 당일 준비물과 일정은 어떻게 되나요?

준비물		여권 (여권만 신분증으로 인정)	여권사본 (IDP 이외 경로로 시험을 접수한 경우)	연필/샤프, 지우개 (Paper-based IELTS로 등록한 경우)
일정	등록	- 수험번호 확인 및 신분 확인을 합니다. (사진 촬영과 지문 확인) - 여권, 연필/샤프, 지우개를 제외한 소지품을 모두 보관소에 맡깁니다.		
	오리엔테이션	- 감독관의 안내는 영어로 이루어집니다.		
	리스닝, 리딩, 라이팅	- 필기시험은 별도의 쉬는 시간 없이 이어서 진행됩니다. - Paper-based IELTS와 Computer-delivered IELTS 시험 도중 화장실에 가야 할 경우 손을 들어 의사를 표시하면, 감독관의 동행하에 화장실에 갈 수 있습니다.		
	스피킹	- 각자 배정된 스피킹 시험 시간 20분 전까지 대기하여야 합니다.		

■ IELTS 성적 확인과 리포팅은 어떻게 하나요?

1. 성적 확인

① 성적 확인 가능일은 아래와 같으며, 성적표는 온라인으로 조회 가능합니다.
- Paper-based IELTS는 응시일로부터 13일째 되는 날
- Computer-delivered IELTS는 응시일로부터 1~2일 사이
② 성적표 수령 방법: 시험 접수 시 본인이 선택한 방법에 따라 방문 수령(휴일/공휴일 제외) 혹은 우편 수령이 가능합니다.
③ 성적 재채점: 시험 응시일로부터 6주 이내에만 신청 가능하며 4개 영역 중 원하는 영역에 대한 재채점을 신청할 수 있습니다.
④ IELTS One Skill Retake: Computer-delivered IELTS 응시일로부터 60일 이내에 4개 영역 중 한 영역만 선택해 재시험을 신청할 수 있습니다.

2. 성적 리포팅

전자 성적표를 해외 기관에 보내는 것은 무료입니다. 출력된 성적표는 시험일로부터 일부 기간만 재발급 가능하며, 일부 부수까지만 무료로 발급할 수 있습니다.
*성적 재채점, IELTS One Skill Retake, 성적표 재발급 기간에 대한 기한 및 비용 등과 같은 세부 규정은 시험 접수한 기관 홈페이지에서 확인하세요.

IELTS 소개

■ IELTS Band Score는 어떻게 계산하나요?

1. Band Score란 1.0점부터 9.0점까지 0.5점의 단위로 성적이 산출되는 IELTS만의 점수체계입니다. 각 영역에 대한 점수가 Band Score로 나오고, 모든 영역 점수를 종합하여 Overall Band Score를 계산합니다.

2. IELTS 점수를 영어 실력 평가의 기준으로 적용하는 기관들은 각 영역의 개별 점수와 Overall 점수에 대한 다른 정책을 가지고 있습니다. 기관에 따라 Overall 점수에 대한 커트라인만 제시될 수도 있고, Overall 점수와 각 영역 점수에 대한 커트라인 모두가 제시될 수도 있습니다.

3. Overall 점수는 네 영역의 점수를 합한 뒤 4로 나누어서 0.25점을 기준으로 소수점 0.25 이상이면 올림 처리, 0.25 미만이면 버림 처리를 하여 계산합니다. 아래는 Overall 점수 계산의 예입니다.

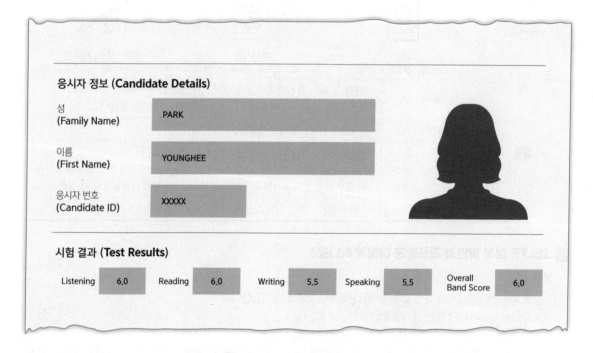

응시자 정보 (Candidate Details)	
성 (Family Name)	PARK
이름 (First Name)	YOUNGHEE
응시자 번호 (Candidate ID)	XXXXX

시험 결과 (Test Results)

Listening	Reading	Writing	Speaking	Overall Band Score
6.0	6.0	5.5	5.5	6.0

➡ 네 영역의 평균이 5.75점이므로 반올림해서 Overall Band Score 6.00이 나왔습니다.

■ IELTS의 각 Band Score는 어떤 수준을 뜻하나요?

IELTS 시험은 Band Score로 수험자의 영어 실력을 평가합니다. 각 Band Score가 의미하는 영어 사용 수준은 다음과 같습니다.

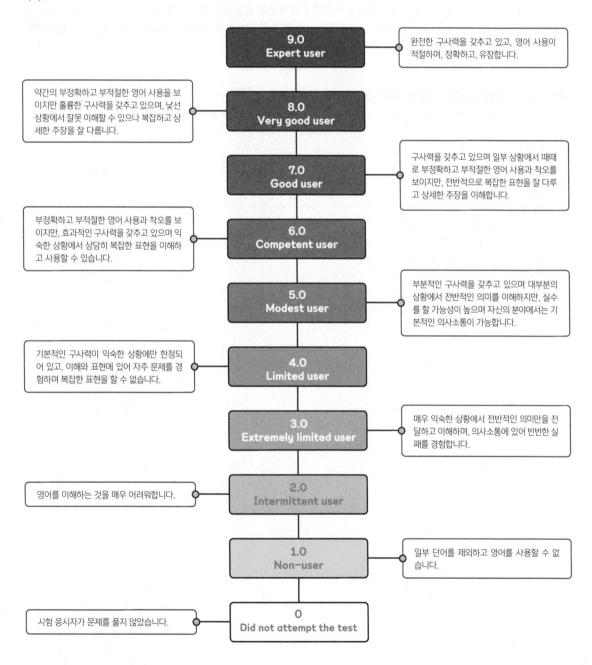

9.0 Expert user
완전한 구사력을 갖추고 있고, 영어 사용이 적절하며, 정확하고, 유창합니다.

약간의 부정확하고 부적절한 영어 사용을 보이지만 훌륭한 구사력을 갖추고 있으며, 낯선 상황에서 잘못 이해할 수 있으나 복잡하고 상세한 주장을 잘 다룹니다.
8.0 Very good user

7.0 Good user
구사력을 갖추고 있으며 일부 상황에서 때때로 부정확하고 부적절한 영어 사용과 착오를 보이지만, 전반적으로 복잡한 표현을 잘 다루고 상세한 주장을 이해합니다.

부정확하고 부적절한 영어 사용과 착오를 보이지만, 효과적인 구사력을 갖추고 있으며 익숙한 상황에서 상당히 복잡한 표현을 이해하고 사용할 수 있습니다.
6.0 Competent user

5.0 Modest user
부분적인 구사력을 갖추고 있으며 대부분의 상황에서 전반적인 의미를 이해하지만, 실수를 할 가능성이 높으며 자신의 분야에서는 기본적인 의사소통이 가능합니다.

기본적인 구사력이 익숙한 상황에만 한정되어 있고, 이해와 표현에 있어 자주 문제를 경험하며 복잡한 표현을 할 수 없습니다.
4.0 Limited user

3.0 Extremely limited user
매우 익숙한 상황에서 전반적인 의미만을 전달하고 이해하며, 의사소통에 있어 빈번한 실패를 경험합니다.

영어를 이해하는 것을 매우 어려워합니다.
2.0 Intermittent user

1.0 Non-user
일부 단어를 제외하고 영어를 사용할 수 없습니다.

시험 응시자가 문제를 풀지 않았습니다.
0 Did not attempt the test

IELTS 리딩 소개 및 학습전략

IELTS 리딩 영역에서는 다양한 문제 유형을 통해 독해 실력을 측정합니다. 이는 주제와 세부사항을 파악하고, 논리적 주장을 이해하는 것 등을 포함합니다.

Academic 모듈에서는 대개 책, 잡지, 저널, 신문 등에서 발췌된 다양한 종류의 지문이 출제됩니다. 학술적인 내용을 다룬 지문이 출제되기도 하지만, 문제에 답하기 위해 해당 지문에 관한 특별한 전문 지식이 필요하지는 않으며 문제를 푸는 데 필요한 모든 정보는 지문에서 찾을 수 있습니다. 그러나 짧은 시간 내에 긴 지문을 읽고 많은 문제를 풀어야 하므로 지문을 빨리 읽고 정확하게 이해하며 정리하는 능력이 요구됩니다.

■ IELTS 리딩 영역은 어떻게 구성되나요?

	문항 수	문항당 배점	시험 시간
지문 1	총 40문항 (지문당 13-14문항)	각 1점	60분
지문 2			
지문 3			

· 매 시험 3지문 중 하나 이상은 저자의 주장을 포함한 논설문으로 출제됩니다.
· 책, 저널, 잡지, 신문 등 다양한 출처에서 지문이 발췌됩니다.
· 전문 용어가 등장할 경우 주석이 제공됩니다.
· 답안 작성 시간은 따로 제공되지 않습니다.
· 답안지 상단에 응시하는 모듈(Academic 또는 General Training)을 체크합니다.
· 주관식 답안의 경우 철자나 문법이 틀리면 오답 처리됩니다.

■ IELTS 리딩 영역에는 어떤 문제유형이 출제되나요?

문제 유형	유형 소개
다지선다(Multiple Choice)	여러 개의 보기 중 알맞은 답을 선택하는 선다형 유형
참/거짓/알수없음(True/False/Not Given)	제시된 문장의 내용이 지문의 정보와 일치하는지를 판단하는 유형
일치/불일치/알수없음 (Yes/No/Not Given)	제시된 문장의 내용이 글쓴이의 견해와 일치하는지를 판단하는 유형
도식 완성하기 (Note/Table/Flow-chart/Diagram Completion)	노트/표/순서도/다이어그램의 빈칸에 들어갈 답을 작성하는 주관식 유형
문장 완성하기(Sentence Completion)	문장의 빈칸에 들어갈 답을 지문에서 찾아 적는 주관식 유형 **또는** 완성되지 않은 문장의 뒤에 들어갈 부분을 주어진 보기 리스트에서 골라 연결하는 선다형 유형
요약문 완성하기(Summary Completion)	요약문의 빈칸에 들어갈 답을 지문에서 찾아 적는 주관식 유형 **또는** 주어진 보기 리스트에서 알맞은 답을 고르는 선다형 유형
관련 정보 짝짓기(Matching Features)	문제와 관련된 정보를 여러 개의 보기가 포함된 리스트에서 선택하는 선다형 유형
단락 고르기(Matching Information)	제시된 정보를 읽고 그 정보를 포함하는 지문의 단락을 선택하는 선다형 유형
제목 고르기(Matching Headings)	각 단락에 알맞은 제목을 주어진 보기 리스트에서 선택하는 선다형 유형
단답형(Short Answer)	주어진 질문에 알맞은 답을 지문에서 찾아 적는 주관식 유형

■ IELTS 리딩에는 어떤 학습전략이 필요한가요?

1. 필요한 정보를 빠르게 찾는 연습을 합니다.

정확한 독해를 하기 위해서는 글의 큰 그림을 그리는 것과 동시에 세부 사항을 자세히 들여다볼 수 있는 능력이 필요합니다.
주요 내용만 훑어서 큰 주제를 신속히 파악하고, 빠르게 특정 세부 정보를 찾아 정확한 정답의 근거를 찾는 연습을 합니다.

2. 어휘력을 기릅니다.

어휘력이 풍부하면 글을 읽는 데 막힘이 없으므로 평소에 교재에 수록된 어휘를 비롯해 다양한 어휘를 외워두도록 합니다.
어휘 암기 외에도 글에 사용된 어휘 중 익숙하지 않은 것은 주위 문맥을 이용하여 그 뜻을 추측해 보는 연습을 병행하는
것이 좋습니다.

3. 문장을 바꾸어 표현하는 연습을 합니다.

시험에 출제되는 많은 문제들은 지문 속 내용이 바꾸어 표현된 경우이므로, 한 단어부터 시작해 한 문장, 한 단락 전체를
바꾸어 표현하는 연습을 해보되, 단순히 동의어로 바꾸어 쓰는 것이 아니라 문장 구조까지 바꾸어서 표현해 봅니다.

4. 다양한 주제와 어조의 긴 글을 접합니다.

IELTS 리딩 영역에 출제되는 지문들은 출처와 주제가 다양합니다. 따라서 평소 여러 주제와 어조의 글들을 영어로 많이
읽어두도록 합니다. 영어 신문을 읽거나 잡지를 읽는 등 여러 출처에서 다양한 주제의 글에 익숙해지는 것이 좋습니다.

나만의 **학습플랜**

아래의 자가 진단 퀴즈를 풀어 본 후, 자신에게 가장 잘 맞는 학습플랜을 확인하고 그에 맞추어 학습해 봅시다.

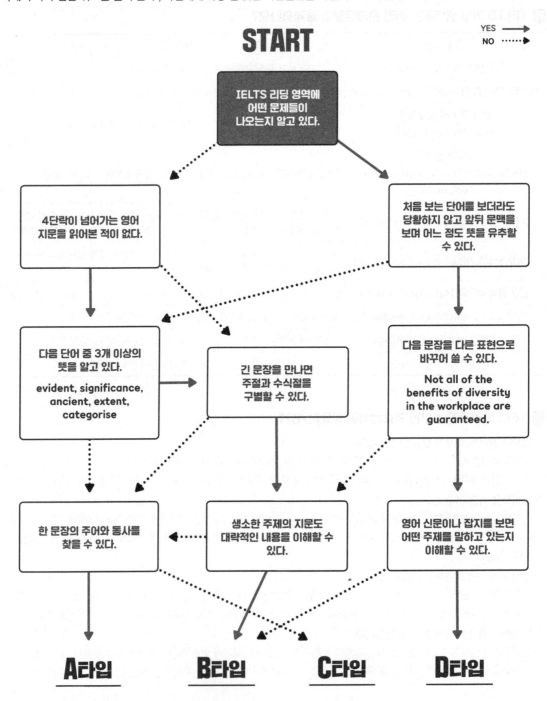

START

YES ——▶
NO ┄┄▶

IELTS 리딩 영역에 어떤 문제들이 나오는지 알고 있다.

4단락이 넘어가는 영어 지문을 읽어본 적이 없다.

처음 보는 단어를 보더라도 당황하지 않고 앞뒤 문맥을 보며 어느 정도 뜻을 유추할 수 있다.

다음 단어 중 3개 이상의 뜻을 알고 있다.
evident, significance, ancient, extent, categorise

긴 문장을 만나면 주절과 수식절을 구별할 수 있다.

다음 문장을 다른 표현으로 바꾸어 쓸 수 있다.
Not all of the benefits of diversity in the workplace are guaranteed.

한 문장의 주어와 동사를 찾을 수 있다.

생소한 주제의 지문도 대략적인 내용을 이해할 수 있다.

영어 신문이나 잡지를 보면 어떤 주제를 말하고 있는지 이해할 수 있다.

A타입   B타입   C타입   D타입

A타입 ✎ 독해 실력을 탄탄하게 다져야 하는 당신!

영어가 낯설지는 않지만 정확한 독해에 대한 자신감이 부족한 상황입니다. 따라서, 지금은 체계적인 접근법을 통해 영어 독해 실력을 키우는 것이 중요합니다. 시간이 좀 걸리더라도 모든 지문과 문제를 정확하게 해석하는 연습을 통해 확실히 내 것으로 만드는 것이 좋습니다. 2, 3주에 수록된 필수 구문도 반드시 학습하여 같은 구문을 다른 지문에서 만났을 때 당황하지 않도록 합니다.

4주 학습플랜

	Day 1	Day 2	Day 3	Day 4	Day 5	Day 6
Week 1	1주 1일	1주 2일	1주 3일	1주 4일	1주 5일	휴식
Week 2	2주 1일	2주 2일	2주 3일	2주 4일	2주 5일	휴식
Week 3	3주 1일	3주 2일	3주 3일	3주 4일	3주 5일	휴식
Week 4	4주 1일	4주 2일	4주 3일	4주 4일	4주 5일	Actual Test

B타입 ✎ 문제 풀이 능력을 길러야 하는 당신!

기본 독해 실력은 어느 정도 갖추고 있지만, 읽은 영어를 능동적으로 이해하고 활용하는 능력이 아직은 부족합니다. 2, 3주의 리딩 문제 유형을 집중적으로 학습하여, 읽은 내용을 정확히 이해하고 문제 풀이에 적용하는 연습을 하는 것이 좋습니다. 학습플랜에 따라 3주 동안 공부하되, 책이 쉽게 느껴지면 진도를 조금 빠르게 해도 괜찮습니다. 2, 3주의 필수 구문에서 모르는 부분이 있는지 반드시 확인합니다.

3주 학습플랜

	Day 1	Day 2	Day 3	Day 4	Day 5	Day 6
Week 1	1주 1~3일	1주 4~5일	2주 1일	2주 2일	2주 3일	2주 4일
Week 2	2주 5일	3주 1일	3주 2일	3주 3일	3주 4일	3주 5일
Week 3	4주 1일	4주 2일	4주 3일	4주 4일	4주 5일	Actual Test

나만의 학습플랜

C타입 ✎ 차근차근 독해의 기초를 다져야 하는 당신!

영어와 친숙하지 않은 지금은 무조건 읽고 문제 풀고 채점하는 것은 의미가 없습니다. 학습플랜에 따라 한 달 동안 처음부터 차근차근 공부하고, 2주 동안 같은 내용을 다시 한 번 복습하는 것이 좋습니다. 복습할 때는 2, 3주의 필수 구문도 확실히 내 것으로 만듭니다.

6주 학습플랜

	Day 1	Day 2	Day 3	Day 4	Day 5	Day 6
Week 1	1주 1일	1주 2일	1주 3일	1주 4일	1주 5일	휴식
Week 2	2주 1일	2주 2일	2주 3일	2주 4일	2주 5일	휴식
Week 3	3주 1일	3주 2일	3주 3일	3주 4일	3주 5일	휴식
Week 4	4주 1일	4주 2일	4주 3일	4주 4일	4주 5일	Actual Test
Week 5	1주 1~3일	1주 4~5일 2주 1일	2주 2~4일	2주 5일 3주 1~2일	3주 3~5일	휴식
Week 6	4주 1일	4주 2일	4주 3일	4주 4일	4주 5일	Actual Test

D타입 ✎ IELTS 리딩 실전 감각을 익혀야 하는 당신!

독해력과 문제 풀이 능력을 이미 모두 갖추고 있으니, IELTS 실전 감각을 키워 시험에 도전해도 되겠습니다. 독해 전략을 간단히 살핀 후, 익숙하지 않은 문제 유형들 위주로 체크해서 공부합니다.

2주 학습플랜

	Day 1	Day 2	Day 3	Day 4	Day 5	Day 6
Week 1	1주	2주 1~2일	2주 3~4일	2주 5일 3주 1일	3주 2~3일	3주 4~5일
Week 2	4주 1일	4주 2일	4주 3일	4주 4일	4주 5일	Actual Test

교재학습 TIP

1 매일 제시되는 전략을 학습한 뒤, 1주에서는 연습 문제를, 2, 3주에서는 Daily Check-up을 풀고 자신이 취약한 부분이 무엇인지 체크합니다. 부족한 부분은 전략을 통해 다시 점검해보고, 2, 3주는 Daily Test로 마무리합니다.

2 4주의 Progressive Test를 풀면서 1~3주에서 학습했던 내용을 총정리하고, 자신의 실력을 점검합니다.

3 Actual Test를 풀 때에는 앞에서 학습한 모든 내용을 종합해서 실전처럼 풀어 봅니다. 60분의 시간 제한을 두고 풀면서 실제 시험 시간에 익숙해지도록 하는 것이 중요합니다.

4 문제를 푼 후에는 단순히 답을 맞추는 데 그치지 말고, 유형마다 제공된 전략을 적용하여 분석합니다. '핵심어구'와 '정답의 단서'를 직접 찾아보고, '정답과 오답의 근거'를 고민한 후, 해석 · 해설을 보며 자신의 분석이 맞는지 확인합니다.

5 정답의 단서는 주로 바꾸어 표현된 문장에서 찾을 수 있으므로, 지문과 문제에서 바꾸어 표현된 부분을 직접 찾아보는 연습을 하는 것이 중요합니다. 직접 찾은 후에는, 해설의 '바꾸어 표현하기'를 참고하여 해당 문장들을 공부합니다.

6 복습을 할 때에는 문장 구조를 분석하면서 정독하는 것이 좋습니다. 완벽하게 문장 분석이 안되는 부분은 문법 책과 사전 등을 활용하여 확실하게 마무리 짓고 넘어가도록 합니다. 또한, 2~3주에서 제공되는 필수 구문을 반드시 확인하고 모르는 구문이 없도록 합니다.

7 자신에게 가장 잘 맞는 학습플랜을 선택하여 학습하고, 하루의 학습 분량을 다 끝내지 못했을 경우에는 반드시 그 주 내로 끝내도록 합니다.

8 스터디 학습을 할 때에는 각자 문제 유형 및 전략 부분을 충분히 학습한 후, 팀원들과 함께 시간을 정해 놓고 문제를 풀어봅니다. 채점을 하기 전에 답에 대해 먼저 토론하는 것이 좋은데, 이때 전략에 따른 논리적인 문제 풀이 방법을 제시하는 것이 중요합니다. 또한, 부가물로 제공되는 IELTS 리딩 주제별 필수 단어들에 대해서는 날짜를 정해 시험을 보고, 확실하게 암기했는지 서로 확인합니다.

HACKERS
IELTS
READING BASIC

goHackers.com
학습자료 제공·유학정보 공유

HACKERS IELTS READING BASIC

1st Week

1주에서는 리딩의 기본을 다지는 여러 가지 연습을 해보겠습니다. 글을 읽으면서 중심 내용과 세부 정보를 파악하고 정리하는 훈련을 통해 IELTS 리딩을 위한 기본기를 학습합니다.

리딩을 위한
기본 다지기

IELTS 리딩에서는 지문 전체의 중심 내용이 무엇인지 묻는 문제나, 단락의 주제를 바탕으로 각 단락에 가장 알맞은 제목을 고르는 문제가 출제됩니다. 이러한 문제 유형에 대비하기 위해, 1일에서는 중심 내용과 밀접한 주요 단어들을 보고 주제를 예상하는 연습과 알맞은 제목을 찾는 연습을 해 봅시다.

① 주요 단어를 보고 주제 예상하기

· 글을 읽다 보면 글의 중심 내용과 밀접한 단어들이 있습니다.
· 글을 훑어 내려가며 이러한 단어들을 파악하면 글의 주제를 쉽게 파악할 수 있습니다.

📋 다음은 어떤 글의 주요 단어들입니다. 단어들을 읽고 이 글의 주제를 예상해 보세요.

Ex rainforests, important, many reasons, carbon dioxide into oxygen, fight pollution, sustain the Earth, purify water, provide food

(A) Purified water in rainforest
(B) The importance of rainforests
(C) Rainforests on the Earth

해석	열대 우림, 중요한, 많은 이유, 이산화탄소를 산소로, 오염과 싸우다, 지구를 유지하다, 물을 정화하다, 식량을 공급하다
	(A) 열대 우림의 정화된 물
	(B) 열대 우림의 중요성
	(C) 지구의 열대 우림
해설	나열된 단어들은 크게 [열대 우림, 중요한, 많은 이유]로 나누어 볼 수 있으므로, 이 단어들을 포함한 글은 '열대 우림의 중요성'에 관한 내용을 다루고 있을 것이라고 생각할 수 있습니다. 따라서 보기 (B) The importance of rainforests가 정답입니다.
어휘	carbon dioxide phr. 이산화탄소 sustain v. 유지하다 purify v. 정화하다
정답	(B)

01 gorillas and humans, primates, similar, two arms and legs, ten fingers and toes, 32 teeth, face, care for their young, complex social structure

(A) Gorilla's complex social structure
(B) Characteristics of primates
(C) The similarities between gorillas and humans

02 packaging, purity and freshness, guard against elements, protect outside environment, identify contents, distribution

(A) Packaging and protection
(B) The role of packaging
(C) Types of packaging

03 bullfrog, size, six inches, dorsal, dull green, brownish, dark gray, black, ventral surface, white, yellow, habitat, central and eastern United States

(A) Traits of a bullfrog
(B) Colours of a bullfrog
(C) Description of frogs

04 Middle Ages, simple sundials, fourteenth century, public clocks, regulation difficulties, spring-powered clocks, accurate mechanical clocks, improved accuracy, today, digital clocks

(A) The accuracy of clocks
(B) Various clocks
(C) The development of clocks

정답·해석·해설 p.264

📖 Vocabulary _____

03 bullfrog n. 황소개구리 dorsal adj. 등의, 등에 있는 dull adj. 우중충한, 칙칙한 ventral adj. 배의, 복부의
04 sundial n. 해시계 regulation n. 조절, 규정, 규제

· 글의 제목은 그 글의 중심 내용을 함축적으로 표현하고 있습니다.
· 글에서 가장 중심이 되는 내용을 담고 있는 주제문을 찾으면 글에 어울리는 제목을 찾을 수 있습니다.

🗒️ **다음 글을 읽고 나머지 문장들을 아우르는 주제문으로 적합한 것에 밑줄을 치고, 가장 어울리는 제목을 고르세요.**

Ex Tornadoes have been observed on every continent except Antarctica. A significant percentage of the world's tornadoes occur in the United States. Other areas which often experience tornadoes are south-central Canada, northwestern Europe, east-central South America, South Africa, and south-central Asia.

(A) 수많은 지역에서 발생하는 토네이도
(B) 미국에서 발생하는 토네이도의 위험성
(C) 국가별로 발생하는 토네이도의 차이점

해석   <u>토네이도는 남극 대륙을 제외한 모든 대륙에서 관찰되어 왔다.</u> 전 세계 토네이도의 상당한 비율이 미국에서 발생한다. 토네이도를 자주 겪는 다른 지역으로는 중남부 캐나다, 북서 유럽, 중동부 남아메리카, 남아프리카, 그리고 남부 중앙아시아가 있다.

해설   나열된 문장들은 주로 토네이도가 어디에서 발생하는지를 설명하고 있으므로, 모든 대륙을 언급하며 나머지 세부 지역들을 아우르는 첫 번째 문장이 주제문으로 적합합니다. 주제문에서 '토네이도는 남극 대륙을 제외한 모든 대륙에서 관찰되어 왔다'고 하였으므로, 이 글의 제목으로 가장 알맞은 것은 보기 **(A) 수많은 지역에서 발생하는 토네이도**입니다.

어휘   **continent** n. 대륙   **significant** adj. 상당한, 중요한

정답   첫 번째 문장(Tornadoes ~), (A)

01 Most tadpoles are herbivorous, but they are able to adapt to a carnivorous lifestyle as well. When tadpoles are kept under herbivorous conditions, their guts become long and spiral. Under carnivorous conditions, the guts of tadpoles become shortened.

(A) 올챙이의 생애
(B) 초식 동물의 특징
(C) 조건에 따른 올챙이의 적응

02 The most common type of bird on the planet is known as passerines, a group that has many interesting traits. The visual and audio qualities possessed by the passerines have made them a popular species with many people. The size of passerines ensures that they are able to move quickly enough to thrive in many habitats.

(A) 연작류가 인기 있는 이유
(B) 연작류의 여러 가지 특성
(C) 연작류가 지구에 미치는 영향

03 A customs union is normally established to increase economic efficiency. A customs union also helps establish closer political and cultural ties between the member countries. Therefore, a customs union has many positive effects on member countries.

(A) 관세 동맹의 긍정적 영향과 부정적 영향
(B) 관세 동맹과 경제 효율 사이의 관계
(C) 관세 동맹의 장점

04 Kidneys help fishes control the amount of ammonia in their bodies. In saltwater fish, the kidneys concentrate wastes and return as much water as possible back to the body. The kidneys of freshwater fish are specially adapted to pump out large amounts of dilute urine. Some fish even have specialised kidneys that change their function, allowing them to move from fresh water to salt water.

(A) 물고기에게 있어 신장의 기능
(B) 민물고기와 바닷물고기의 차이점
(C) 민물고기의 신장이 특이한 이유

정답·해석·해설 p.264

📖 **Vocabulary**

01 tadpole n. 올챙이 herbivorous adj. 초식의, 초식성의 spiral adj. 나선형의 carnivorous adj. 육식의, 육식성의 gut n. 내장
02 passerine n. (조류) 연작류 trait n. 특성, 특징 thrive v. 번성하다
03 customs union phr. 관세 동맹 member country phr. 회원국, 가맹국
04 kidney n. 신장 saltwater fish phr. 바닷물고기 freshwater fish phr. 민물고기 pump out phr. ~을 쏟아내다
dilute adj. 묽은, 희석된 urine n. 소변

지금까지 주요 단어를 보고 주제 예상하기, 알맞은 제목 찾기를 연습해 보았습니다. 이제 연습한 내용을 실전 IELTS 리딩 문제에 적용해 봅시다.

READING PASSAGE 1

Cause for Concern about Autism

A Autism is an increasing dilemma in many countries around the world. Autism is a developmental disorder that impairs a person's ability to communicate and interact socially. According to the Center for Disease Control, the prevalence of autism rose by 5 to 15 per cent each year from 1990 to 2000. In 1990, it occurred in only 1 out of 150 children. By 2000, this figure had risen to 1 in 68.

B Autism is brought on by environmental and genetic factors. Environmental triggers include the use of dangerous substances, such as drugs or alcohol, by the mother during pregnancy. Also, measles infections during pregnancy have been linked to higher rates of autism. Scientists also know that heredity plays a key role, though no single gene has been conclusively connected to autism. An article by Daniel Geschwind reported that siblings of an autistic child are 25 times more likely to develop autism than the general population.

C Because the symptoms of autism are highly variable, a variety of treatment methods are often necessary. Behavioural issues may require intensive training and the participation of the whole family. Also, specialised therapy is often necessary for improving speech and physical coordination. Finally, medicines can help related psychological problems, such as anxiety and depression.

autism n. 자폐 disorder n. 장애 impair v. 손상시키다
prevalence n. 발병률, 널리 퍼짐 figure n. 수치 genetic adj. 유전적인
trigger n. 계기, 도화선 pregnancy n. 임신 measles n. 홍역
heredity n. 유전, 유전적 형질 conclusively adv. 확실하게, 결정적으로
intensive adj. 집중적인 coordination n. (신체 동작의) 조정력

자폐에 대한 우려의 원인

A ¹자폐는 전 세계 여러 국가에서 증가하고 있는 심각한 문제이다. 자폐란 의사소통을 하고 사회적으로 교류하는 개인의 능력을 손상시키는 발달 장애이다. 질병관리센터에 의하면, 자폐의 발병률은 1990년부터 2000년까지 매년 5퍼센트에서 15퍼센트까지 상승했다. 1990년에, 그것은 150명의 아이들 중 오직 1명에게만 발병했다. 2000년에 이르러, 이 수치는 68명 중 1명으로 올랐다.

B 자폐는 환경적인 요인과 유전적인 요인에 의해 야기된다. 환경적인 계기들은 임신 중 어머니에 의한 약물이나 알코올과 같은 위험한 물질의 사용을 포함한다. 또한, 임신 중 홍역 감염은 더 높은 자폐 비율과 관련되어 왔다. 과학자들은 또한 어떠한 단일 유전자도 확실하게 자폐와 연관되지는 않았지만, 유전이 주요한 역할을 한다는 것을 알고 있다. Daniel Geschwind의 한 기사는 자폐아의 형제자매들은 일반 인구보다 자폐가 발생할 가능성이 25배 더 높다고 보도했다.

C 자폐의 증상이 매우 가변적이기 때문에, 종종 다양한 치료법이 필요하다. 행동과 관련한 문제들은 집중적인 훈련과 가족 전체의 참여를 필요로 할 수 있다. 또한, 전문 요법이 종종 언어 능력과 신체 조정력을 개선하기 위해 필요하다. 마지막으로, 약물은 불안과 우울 같은 관련된 심리적 문제를 고치는 데 도움이 될 수 있다.

제목 고르기(Matching Headings) 문제

Reading Passage 1 has three paragraphs, **A–C**.

*Choose the correct heading for paragraph **A** from the list of headings below.*

*Write the correct number, **i–v**, in box 1 on your answer sheet.*

List of Headings

i   The various methods needed to treat autism

ii   How autism impacts the entire family

iii   The growing problem of autism

iv   The factors that cause autism

v   Some medicines used in treating autism

---

1   Paragraph **A**

해석

제목 리스트

i   자폐를 치료하기 위해 필요한 다양한 방법들

ii   자폐가 어떻게 가족 전체에 영향을 미치는지

iii   증가하는 자폐 문제

iv   자폐를 야기하는 요인들

v   자폐를 치료하는 데 사용되는 몇몇 약품들

---

1   단락 A

해설   **글의 주요 단어들을 보고 글의 주제를 예상한다 (① 적용)**

글의 주요 단어들인 autism, dilemma, many countries, the prevalence of autism을 통해 글의 주제가 여러 국가에서 발생하는 자폐 문제에 관한 것임을 알 수 있습니다.

단락의 주제문을 찾는다 (② 적용)

단락 A는 자폐가 전 세계 여러 국가에서 증가하고 있는 심각한 문제라고 한 뒤, 자폐 발병률의 증가를 구체적인 연도와 수치를 들어 언급하고 있습니다. 따라서 단락 A의 주제문은 'Autism is an increasing dilemma in many countries around the world.'가 됩니다.

주제문의 내용이 바르게 표현된 제목을 고른다 (② 적용)

단락 A의 주제문에서 자폐는 전 세계 여러 국가에서 증가하고 있는 심각한 문제라고 하였으므로, 이 내용을 바르게 표현한 제목인 보기 **iii** The growing problem of autism이 정답입니다. 'increasing dilemma'가 'growing problem'으로 바꾸어 표현되었습니다.

정답   **iii**

2일 세부 정보 확인하기

IELTS 리딩에서 출제되는 대부분의 문제는 지문 속에 등장한 특정 세부 정보에 대해 묻습니다. 이러한 문제 유형에 대비하기 위해, 2일에서는 세부 정보가 지문의 어느 부분에 언급되어 있는지를 파악하는 연습과 찾아낸 세부 정보를 정확히 이해하는 연습을 해 봅시다.

① 핵심어구로 지문에서 단서 찾기

· 핵심어구는 문장에서 가장 중요한 의미를 가지는 여러 단어들의 묶음입니다.
· 지문에서 세부 정보를 찾을 때는 먼저 문제의 핵심어구를 파악하고, 핵심어구와 관련된 내용이 지문의 어느 부분에 언급되었는지 확인합니다.

📝 문제의 핵심어구에 먼저 밑줄을 그은 후, 지문에서 문제의 핵심어구와 관련된 부분을 찾아 밑줄을 그으세요.

Ex Salmon breed in fresh waters and spend their adult life in the sea. When the adults reach a certain age, they migrate back towards the rivers where they were spawned and begin to swim upstream. Spawning occurs in fast-flowing, oxygen-rich water where the bottom consists of small stones and gravel. Once they have bred, it is usual for the adult salmon to die.

In which conditions do salmon lay eggs?

해석	연어는 민물에서 번식하며 성어가 되어서는 바다에 산다. 성어가 특정 나이에 이르면, 그들은 태어난 강을 향해 다시 이동하며 상류를 향해 헤엄치기 시작한다. 산란은 바닥이 작은 돌과 조약돌로 이루어진, 물살이 세고 산소가 풍부한 물에서 이루어진다. 일단 번식하고 나면, 다 큰 연어는 죽는 것이 일반적이다. 연어는 어떤 조건에서 알을 낳는가?
해설	문제의 핵심어구인 'lay eggs'와 관련된 내용을 지문에서 찾습니다. 세 번째 문장의 'Spawning occurs in fast-flowing, oxygen-rich water'에서, 연어의 산란은 물살이 세고 산소가 풍부한 물에서 이루어진다고 하며 알을 낳는 것과 관련된 조건을 언급하고 있음을 알 수 있습니다.
어휘	**breed** v. 번식하다, 새끼를 낳다 **migrate** v. 이동하다, 이주하다 **spawn** v. 산란하다, 알을 낳다 **upstream** adv. 상류로 **gravel** n. 조약돌
정답	lay eggs, Spawning occurs in fast-flowing, oxygen-rich water

01 At a certain time each day or each year, a chicken lays an egg, people feel sleepy, and a tree loses its leaves. All of these things, and many more, happen in a certain way. They take place because of something called an 'internal clock.' The word 'internal' means 'inside of,' and the internal clock is inside a certain part of every plant and animal. The internal clock receives a signal or message from the world around it. Some of these signals include light, heat and darkness.

Where does an internal clock get signs from?

02 Bat wings are made of greatly lengthened hand and arm bones covered by a wide membrane or skin. The skin is attached to the lower leg near the ankle so the wing is length of the body. Using powerful muscles, the bat doesn't just flap its wings up and down like a bird, but rather swims through the air reaching forward in an action much like a breast stroke of up to 20 beats a second. It can also glide on air currents much like a gull or hawk.

What motion does a bat make when it flies?

03 In October 1920, people began to panic and sell their shares rapidly. On a single day, almost 13 million shares were sold on the New York Stock Exchange. This started the crisis known as the 'Wall Street Crash.' It soon affected the whole world. Many people lost all their money, banks and businesses closed, and unemployment began to rise. The situation was made worse by a drought in the Great Plains.

What economic effects did the Wall Street Crash have?

04 The chameleon goby, a native fish of China, Korea, eastern Siberia, and Japan, was introduced into San Francisco Bay during the 1950s. It uses old oysters or clam shells as its nesting site, and lays eggs on the inner surface of the shell in a single layer. But because there are no oyster beds in the San Francisco Bay, the chameleon goby usually uses cans and bottles as spawning sites.

Why would the goby use discarded drinks as nests?

정답·해석·해설 p.265

📋 **Vocabulary**

01 internal clock phr. 내부 시계, 체내 시계 signal n. 신호
02 membrane n. (동·식물 조직의) 막 breast stroke phr. 평영 glide v. 활공하다 air current phr. 기류
03 panic v. 공황 상태에 빠지다 share n. 주식 the Great Plains phr. (Rocky 산맥 동부의 미국·캐나다에 걸친) 대초원 지대
04 oyster n. 굴 shell n. 껍데기 spawn v. 산란하다, 알을 낳다

- 지문에 나와 있는 정보는 문제에서 다르게 표현되는 경우가 많습니다.
- 지문에서 쓰인 표현과 문제에서 쓰인 표현을 비교하여 두 표현이 같은 의미를 가지는지 확인합니다.

📑 **지문을 읽고 주어진 문장을 지문에 근거한 사실이 되도록 완성하세요.**

Ex　A fan is a device used to induce airflow and generally made from broad, flat surfaces which revolve. Although the air circulated by a fan is refreshing, fans do not actually reduce air temperature. In order to make the room colder, an appliance like an air conditioner is required.

Fans are used _____.
(A) to lower the temperature
(B) to lower the humidity
(C) to move the air

해석　선풍기는 공기의 흐름을 유도하기 위해 사용되는 장치이며 대개 회전하는 넓고 평평한 면으로 이루어져 있다. 비록 선풍기에 의해 순환되는 공기가 상쾌하긴 하지만, 선풍기는 사실 공기의 온도를 낮추지는 않는다. 방을 더 시원하게 하기 위해서는 에어컨과 같은 기기가 필요하다.

선풍기는 -하기 위해 사용된다.
(A) 온도를 낮추기 위해
(B) 습도를 낮추기 위해
(C) 공기를 움직이게 하기 위해

해설　지문 내용 중 'the air circulated by a fan'에서 선풍기에 의해 순환되는 공기라고 하였으므로, 보기 (C) to move the air가 정답입니다. 지문의 'circulated'가 보기에서 'move'로 표현되었습니다.

(A)는 지문 내용 중 'fans do not actually reduce air temperature'에서 선풍기는 사실 공기의 온도를 낮추지는 않는다고 하였으므로 지문의 내용을 반대로 언급한 보기입니다.
(B)는 지문에 언급되어 있지 않은 내용이므로 답이 될 수 없습니다.

어휘　induce v. 유도하다　airflow n. 공기의 흐름, 기류　flat adj. 평평한　revolve v. 회전하다
circulate v. 순환하다　refreshing adj. 상쾌한　appliance n. 기기, 장비

정답　(C)

---

01 Before 1860, rubber was harvested from trees in the Amazon Rainforest in Brazil. The process was costly and it was difficult to ensure a constant supply. Then, botanists attempted to grow the rubber plants in greenhouses. This was successful, so the seeds were transported to Singapore and other British colonies in Asia. Organised farms, called plantations, were established and allowed widespread cultivation to occur.

After being transplanted, rubber trees were _____.
(A) grown on a large piece of land
(B) transferred to Britain to reduce its processing cost
(C) most abundant in the Amazon Rainforest

02 The region of Scandinavia is located in Northern Europe, and takes its name from the Scandinavian Peninsula. This area includes continental Denmark and the two largest countries on the peninsula, Norway and Sweden. Finland is sometimes included, although many Finnish nationalists oppose this practice. In English, the nations that make up Scandinavia are often known as the Nordic Countries.

Among the Nordic countries, _____.
(A) Finland is in favor of its Scandinavian identity
(B) Norway is located on the Scandinavian Peninsula
(C) Denmark is considered as the smallest one

03 In the 1920s, women's attire reflected their new economic and social freedoms. Women's fashion reflected their rebellious spirit and a desire to stray from tradition. Women's clothes became easier to put on, more casual, and comfortable. The hemlines of skirts became shorter, for example, and women started to wear more pantsuits.

Women's clothes in the 1920s _____.
(A) were sewn larger and loose-fitting
(B) represented an improved status
(C) followed traditional style

정답·해석·해설 p.266

📖 **Vocabulary** _____

01 botanist n. 식물학자　transport v. 옮기다, 수송하다　colony n. 식민지
　　plantation n. 플랜테이션(특히 열대 지방에서 커피·설탕·고무 등을 재배하는 대규모 농장)　cultivation n. 재배, 경작
02 peninsula n. 반도　continental adj. 대륙의　nationalist n. 민족주의자, 국가주의자　practice n. 관행
03 attire n. 의복, 옷　rebellious adj. 순종하지 않는　stray v. 벗어나다　hemline n. (드레스나 치마의) 기장, 단 길이
　　pantsuit n. 팬츠 슈트(여자용 슬랙스와 재킷이 한 벌이 된 슈트)

지금까지 핵심어구로 지문에서 단서 찾기, 다르게 표현된 정보 이해하기에 관하여 살펴보았습니다. 이제 연습한 내용을 실전 IELTS 리딩 문제에 적용해 봅시다.

READING PASSAGE 1

The Hot Air Balloon in History

Flight has always been a goal of mankind. However, early experiments using bird suits and other contraptions often ended in failure. The first real successes in manned flight came from the hot air balloon.

In 1783, French scientist Jean-Francois De Rozier ascended more than 80 metres in a balloon. It was tied to the ground using a rope, and it safely landed after 15 minutes in the air. A few months later, he made a similar flight but without being tied down. He travelled nearly 9 kilometres and rose 200 metres above the earth's surface. Rozier could achieve this by heating the balloon with fire using straw as fuel.

Over the years, designs became increasingly complex. Improvements, such as the use of hydrogen as fuel, led to many major accomplishments by adventurers like Swedish pilot Per Lindstrand. In 1987, Lindstrand crossed the Atlantic Ocean in a hot air balloon. Using the largest hot air balloon in history at the time, he covered more than 4,600 kilometres in only 33 hours. In 1991, he traversed the Pacific Ocean in a hot air balloon. With the goal of setting a new world record, Lindstrand used the jet stream, and finally succeeded in establishing a new record for distance.

contraption n. 기계 manned adj. 사람을 실은, 유인의 ascend v. 올라가다, 상승하다
cover v. 이동하다, 씌우다 traverse v. 횡단하다, 가로지르다

역사 속 열기구

비행은 항상 인류의 목표였다. 그러나, 새 모양의 의상과 다른 기계들을 사용한 초기의 실험들은 종종 실패로 끝났다. 사람을 실은 비행의 최초의 진정한 성공은 열기구에서 비롯되었다.

1783년에, 프랑스 과학자인 Jean-Francois De Rozier는 열기구를 타고 80미터 이상을 올라갔다. 그것은 밧줄을 사용해 지면에 묶였고, 공중에서 15분이 지난 후 안전하게 착륙했다. 몇 개월 후에, 그는 묶이지 않은 채로 비슷한 비행을 했다. 그는 거의 9킬로미터를 이동했으며 지표면으로부터 200미터 올라갔다. [1]Rozier는 짚을 연료로 사용하는 불로 열기구를 데움으로써 이를 달성할 수 있었다.

몇 년간, 설계는 점점 복잡해졌다. 수소를 연료로 사용하는 것과 같은 개선이 스웨덴 비행사 Per Lindstrand와 같은 모험가들에 의한 많은 주요한 성과들로 이어졌다. 1987년에, Lindstrand는 열기구를 타고 대서양을 횡단했다. 당시 역사상 가장 거대한 열기구를 사용하여, 그는 단 33시간 만에 4600킬로미터 이상을 이동했다. 1991년에, 그는 열기구를 타고 태평양을 횡단했다. [2]세계 신기록을 세우겠다는 목표를 가지고, Lindstrand는 제트 기류를 활용했고, 마침내 거리로 신기록을 세우는 데 성공했다.

문장 완성하기 (Sentence Completion) 문제

Complete the sentence below.

*Choose **ONE WORD ONLY** from the passage for the answer.*

Write your answer in box 1 on your answer sheet.

1 The balloon flown by Jean-Francois De Rozier used .... for fuel.

해석 Jean-Francois De Rozier에 의해 띄워진 열기구는 연료로 ....을 사용했다.

해설 **문제의 핵심어구를 바탕으로 지문에서 관련 내용이 언급된 곳을 찾는다 (① 적용)**

문제에서 핵심어구인 'Jean-Francois De Rozier'에 의해 띄워진 열기구가 연료로 무엇을 사용했는지를 묻고 있으므로, 이와 관련된 내용이 언급된 부분을 지문에서 찾습니다. 두 번째 단락의 'Rozier could achieve this by heating the balloon with fire using straw as fuel.'에서 관련 내용이 언급되어 있음을 확인합니다.

찾아낸 정답의 단서를 바르게 이해한다

Rozier는 짚을 연료로 사용하는 불로 열기구를 데움으로써 이를 달성할 수 있었다고 하였으므로, Rozier가 열기구를 띄우기 위해 연료로 짚을 사용했음을 알 수 있습니다. 따라서 **straw**가 정답입니다.

정답 **straw**

다지선다 (Multiple Choice) 문제

*Choose the correct letter, **A**, **B**, **C** or **D**.*

Write the correct letter in box 2 on your answer sheet.

2 Lindstrand used the jet stream

   A to fly faster than anyone else.

   B to propel his balloon higher.

   C to cross the Atlantic Ocean.

   D to set a world record.

해석 Lindstrand는 −을 하기 위해 제트 기류를 활용했다.

   A 그 누구보다도 빠르게 날기 위해

   B 그의 열기구를 더 높이 추진하기 위해

   C 대서양을 횡단하기 위해

   D 세계 기록을 세우기 위해

해설 **문제의 핵심어구를 바탕으로 지문에서 관련 내용이 언급된 곳을 찾는다 (① 적용)**

문제에서 핵심어구인 'Lindstrand'가 무엇을 하기 위해 제트 기류를 활용했는지를 묻고 있으므로, 이와 관련된 내용이 언급된 부분을 지문에서 찾습니다. 세 번째 단락의 'With the goal of setting a new world record, Lindstrand used the jet stream'에서 관련 내용이 언급되어 있음을 확인합니다.

정답의 단서가 바르게 표현된 보기를 찾는다 (② 적용)

세계 신기록을 세우겠다는 목표를 가지고 Lindstrand가 제트 기류를 활용했다고 하였으므로, Lindstrand는 세계 기록을 세우기 위해 제트 기류를 활용했음을 알 수 있습니다. 따라서 보기 **D** to set a world record가 정답입니다. 지문의 'with the goal of setting a new world record' 가 보기에서 'to set a world record'로 바꾸어 표현되었습니다.

C는 지문 내용 중 'Lindstrand crossed the Atlantic Ocean'에서 Lindstrand가 대서양을 횡단했다고는 하였지만, 대서양을 횡단하기 위해 제트 기류를 활용했다고는 하지 않았으므로 답이 될 수 없습니다.

정답 **D**

IELTS 리딩에서는 지문에 등장한 여러 대상들과 관련 있는 정보를 각각 찾아 짝을 짓는 문제나, 복잡한 도식에 대한 설명에 들어갈 알맞은 단어를 고르는 문제가 출제됩니다. 이러한 유형에 대비하기 위해, 3일에서는 서로 관련 있는 정보끼리 짝지어 파악하는 연습과 세부 정보를 도식화하여 이해하는 연습을 해 봅시다.

① 서로 관련 있는 정보끼리 짝지어 파악하기

· 지문을 읽다 보면 여러 대상에 대한 설명이 함께 제시되는 경우가 있습니다.
· 지문에 포함된 다양한 설명이 각각 어떤 대상에 관한 것인지에 주의하면서 읽으면 특정한 대상과 관련된 정보를 찾는 일이 쉬워집니다.

📄 지문을 읽고 등장한 사람과 관련 내용이 알맞게 짝지어진 것을 고르세요.

Ex The earliest Japanese writers were greatly influenced by the Chinese. Without a writing system of their own, the Japanese adopted and tailored Chinese characters to their own needs. As was evident from the complexity of the Chinese script, China was one of the most advanced civilisations in the world at this time.

(A) 일본인 – 중국인들에 의해 영향을 받았음
(B) 중국인 – 일본인들을 도왔음
(C) 일본인 – 한자를 개발했음

해석   가장 초기의 일본인 작가들은 중국인에 의해 크게 영향을 받았다. 그들만의 문자 체계가 없었기 때문에, 일본인들은 자신들의 필요에 따라 한자를 차용하고 맞추었다. 중국 활자의 복잡성에서 명백하듯이, 중국은 당시 세계에서 가장 진보된 문명 중 하나였다.

해설   지문 내용 중 'The earliest Japanese writers were greatly influenced by the Chinese.'에서 가장 초기의 일본인 작가들은 중국인에 의해 크게 영향을 받았다고 하였으므로, 보기 **(A)**가 정답입니다.
       (B)는 일본인들이 중국의 한자를 차용했다고는 하였지만 지문에서 중국인들이 일본인들을 도왔다고 하지는 않았으므로 답이 될 수 없습니다.
       (C)는 일본인들이 한자를 개발한 것이 아니라 중국인들의 한자를 차용하고 맞춰 썼다고 하였으므로 답이 될 수 없습니다.

어휘   **adopt** v. 차용하다   **tailor** v. 맞추다, 조정하다

정답   **(A)**

01 John B. Watson's Little Albert experiment aimed to discover whether an infant could be conditioned to fear something. Ivan Pavlov had earlier conducted a similar experiment with dogs. Watson let a baby play with a white rat, but made a loud noise every time the baby touched the rat, which eventually made the child associate the animal with fear.

(A) Ivan Pavlov – 아기가 쥐를 건드렸을 때 큰 소리가 나도록 했음
(B) John B. Watson – 아기들이 두려움을 느끼도록 훈련될 수 있는지를 실험했음
(C) John B. Watson – 개들이 두려움을 학습할 수 있는지 알고자 했음

02 For much of history people had no idea that germs caused disease. This changed in the late 19th century when Louis Pasteur demonstrated that liquids did not ferment after being boiled, proving that microorganisms were causing the fermentation. Robert Koch then discovered bacteria through experiments with anthrax. The first practical application of these ideas was Joseph Lister's development of antiseptic.

(A) Joseph Lister – 발효 기술을 개발했음
(B) Louis Pasteur – 소독제의 중요성을 발견했음
(C) Robert Koch – 실험을 통하여 박테리아를 발견했음

03 An anthropological theory that categorises societies based on types of punishment, the guilt-shame spectrum is highly influential. In guilt cultures, such as the United States, control is maintained through the assumption of individual guilt. In shame cultures, such as Japan and China, pride and honour are more important and criminals are punished through the application of shame.

(A) 중국 – 수치심 문화를 가지고 있음
(B) 미국 – 긍지와 명예를 통해 사회를 규제함
(C) 일본 – 명예가 덜 중요함

04 The Wars of the Roses was a series of conflicts for the English throne. The wars were fought between two competing sides which originated in the House of Plantagenet. On one side was Henry VI of the House of Lancaster, which was symbolised by a red rose. He was challenged by Richard of the House of York, symbolised by a white rose.

(A) 요크 왕가 – 헨리 6세를 배출했음
(B) 플랜태저넷 왕가 – 장미 전쟁을 치른 두 왕가가 유래했음
(C) 랭커스터 왕가 – 흰 장미로 상징됨

정답·해석·해설 p.267

📖 **Vocabulary**

01 infant n. 영아 condition v. (특정 조건에 반응을 보이거나 익숙해지도록) 훈련시키다, 조건 반사를 일으키게 하다 conduct v. 수행하다
associate v. 연상하다
02 germ n. 미생물, 세균 ferment v. 발효되다, 발효시키다 microorganism n. 미생물 anthrax n. 탄저병 antiseptic n. 소독제
03 anthropological adj. 인류학의 guilt n. 죄의식

· 지문에서 기계, 건물, 자연물 등의 특정 모양이나 형태에 대한 정보를 설명하는 경우가 있습니다.
· 지문을 읽으며 설명되고 있는 정보를 머릿속으로 그려보는 연습을 하면 복잡한 도식을 이해하는 것이 쉬워집니다.

📄 지문을 읽고 음영된 단어에 부합하는 그림을 고르세요.

Ex Brunelleschi's work on the cathedral of Florence made him famous. The cathedral featured a dome, measuring 130 feet (40 metres) in diametre. This dome usually looks like a large hemisphere which has eight supporting ribs on the exterior. The cathedral's decorative elements include circular windows and a beautifully proportioned cupola.

(A)   (B)   (C)

해석	브루넬레스키의 피렌체 대성당 작업은 그를 유명하게 만들었다. 그 성당은 직경 130피트(40미터)에 이르는 돔을 특징으로 한다. 이 돔은 대개 외부에 8개의 지지대를 갖고 있는 큰 반구 모양이다. 그 대성당의 장식 요소는 원형 창문과 아름답게 균형 잡힌 둥근 지붕을 포함한다.
해설	(A)는 둥근 지붕을 가지고 있지 않으며, 네모난 창문을 가지고 있으므로 답이 될 수 없습니다.
	(B)는 둥근 지붕을 가지고 있지 않으며, 원형 창문도 없으므로 답이 될 수 없습니다.
	(C)는 윗글에서 나타난 특징들을 가지고 있으므로 정답입니다.
어휘	cathedral n. 대성당 dome n. 돔(반구형 지붕) diametre n. 직경 hemisphere n. 반구
	proportioned adj. 균형 잡힌 cupola n. 둥근 지붕(의 꼭대기 탑)
정답	(C)

01 There are various types of jars, each of which has a specific purpose in the kitchen. In terms of preserving food or making pickles, the best type of jar is the clip top jar. Unlike screw top jars or jars with a separate lid, the metal clip and built-in seal of clip top jars make sure that no air or bacteria can enter. They are therefore much better for keeping perishable products safe from contamination for long periods.

(A)

(B)
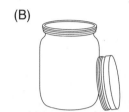

(C)

02 Fences, which are used to keep people or animals out of certain areas, can take many shapes, sizes, and forms. For instance, in well-timbered areas, such as the 19th-century North America, many types of timber fences were developed: the split rail, post and rail, and hurdle fences. The split rail fence was a movable fence and could be laid in a zigzag pattern around trees and other obstacles.

(A)

(B)
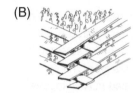

(C)
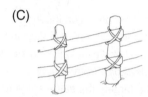

03 Geometry is the study of objects in space. One interesting object is the 'Reuleaux Triangle.' It is a three-sided figure in which each side is part of a circle whose center is at the opposite corner. As such, the "Reuleaux Heptangle" is similar looking with seven sides instead of three.

(A)
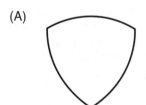

(B)
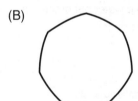

(C)
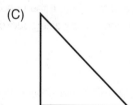

정답·해석·해설 p.268

📖 **Vocabulary** _____

01 screw top phr. 나사마개식의 separate adj. 분리된, 따로 떨어진 lid n. 뚜껑 built-in adj. 내장된 seal n. (용기의) 밀봉 부분
perishable adj. 잘 상하는 contamination n. 오염
02 well-timbered adj. 수목이 울창한 movable adj. 움직일 수 있는
03 geometry n. 기하학 figure n. 도형

지금까지 서로 관련 있는 정보끼리 짝지어 파악하기, 세부 정보를 도식화하여 이해하기에 관하여 살펴보았습니다. 이제 연습한 내용을 실전 IELTS 리딩 문제에 적용해 봅시다.

READING PASSAGE 1

Archimedes screw

The Archimedes screw is a water pumping device which has been used since ancient times. Although it is usually attributed to the Greek scientist Archimedes and was first used in Greece during his lifetime, he probably did not invent it. A cuneiform inscription by the Assyrian ruler Sennacherib also mentions a similar device being used in his kingdom 350 years before Archimedes was born.

The ancient variations on the Archimedes screw were powered by foot, but in AD 1405 the German engineer Konrad Kyeser introduced a handle that allowed a person to turn the screw with their hands. Apart from this alteration the design of the screw has stayed largely the same since it was used in Archimedes' time.

It is usually made up of a screw inside a cylindrical shaft, which is partly submerged in water. As the screw turns, either through someone treading on it or through someone turning the handle of the crank, the screw collects a volume of water and carries it up to the top of the shaft. It then pours the water out of the top of the screw and into a waiting bucket or trough.

cuneiform adj. 설형 문자로 쓴 inscription n. 글, 비문 variation n. 변형
alteration n. 개조 cylindrical adj. 원통형의 shaft n. 기둥, 수직 통로
submerge v. (물에) 잠그다 tread v. 밟다 crank n. 크랭크, ㄴ자형 손잡이
trough n. 물통, 홈통

나사 펌프

나사 펌프는 고대부터 사용되어온 양수기이다. 그것이 보통 그리스의 과학자인 아르키메데스의 작품으로 간주되며 그의 생애 동안 그리스에서 최초로 사용되기는 했지만, 그가 그것을 발명하지는 않았을 것이다. 아시리아의 통치자 세나케리브에 의한 설형 문자로 쓴 글 또한 아르키메데스가 출생하기 350년 전 그의 왕국에서 사용된 유사한 장치를 언급한다.

나사 펌프의 고대 변형들은 발로 작동되었으나, 서기 1405년에 [1]독일의 기술자인 Konrad Kyeser가 사람이 나사를 손으로 돌릴 수 있도록 한 손잡이를 도입했다. 이러한 개조를 제외하고는 나사의 설계는 아르키메데스 시대에 사용되었을 때부터 대체로 동일하게 유지되어 왔다.

[2]그것은 보통 원통형 기둥 안의 나사로 구성되어 있는데, 이것은 부분적으로 물 속에 잠겨 있다. 누군가 발로 밟음으로써 또는 크랭크의 손잡이를 돌림으로써 나사가 돌아갈 때, 나사는 대량의 물을 모아 기둥 꼭대기로 옮긴다. 그것은 그 후 나사 꼭대기 바깥쪽으로, 대기하고 있는 양동이나 물통 안으로 물을 쏟아 붓는다.

관련 정보 짝짓기(Matching Features) 문제

Look at the following statement (Question 1) and the list of people below.
*Match the statement with the correct person, **A** or **B**.*
*Write the correct letter, **A** or **B**, in box 1 on your answer sheet.*

1   He made a significant addition to the design of the screw.

> **List of People**
>
> **A** Sennacherib
> **B** Konrad Kyeser

해석   그는 나사의 설계에 중대한 추가를 했다.

해설   지문에 등장한 대상과 관련된 정보를 정확하게 파악한다 (① 적용)
        나사의 설계에 중대한 추가를 한 사람이 누구인지를 묻는 문제이므로, 지문에 등장한 사람들과 관련된 내용을 정리하여 파악합니다.
        A Sennacherib는 'A cuneiform inscription by the Assyrian ruler Sennacherib also mentions a similar device'에서 아시리아의 통치자
        세나케리브에 의한 설형문자로 쓴 글 또한 유사한 장치를 언급한다고 하였습니다. **B** Konrad Kyeser는 'the German engineer Konrad
        Kyeser introduced a handle that allowed a person to turn the screw with their hands'에서 독일의 기술자인 Konrad Kyeser가 사람이
        나사를 손으로 돌릴 수 있도록 한 손잡이를 도입했다고 하였습니다. 따라서 보기 **B** Konrad Kyeser가 정답입니다.

정답   **B**

도식 완성하기(Diagram Completion) 문제

Label the diagram below.
*Choose **NO MORE THAN TWO WORDS** from the passage for the answer.*
Write your answer in box 2 on your answer sheet.

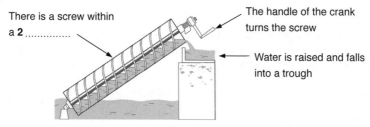

There is a screw within
a **2** ....

The handle of the crank
turns the screw

Water is raised and falls
into a trough

해석   2 .... 안에는 나사가 있다
        크랭크의 손잡이가 나사를 돌린다
        물이 퍼올려지고 물통으로 떨어진다

해설   주어진 정보를 머릿속에서 그림화하여 정확히 이해한다 (② 적용)
        지문 내용 중 'It is usually made up of a screw inside a cylindrical shaft, which is partly submerged in water.'에서 나사 펌프는 보통
        원통형 기둥 안의 나사로 구성되어 있는데, 이것은 부분적으로 물 속에 잠겨 있다고 하였습니다. 문제가 가리키는 부분이 나사의 바깥쪽을
        감싸고 있고, 아래쪽이 물에 잠겨 있으므로, 문제가 가리키는 것은 cylindrical shaft임을 확인할 수 있습니다. 따라서 **(cylindrical) shaft**가
        정답입니다.

정답   **(cylindrical) shaft**

IELTS 리딩에서는 재진술된 문장이 지문의 내용과 일치하는지, 일치하지 않는지, 혹은 전혀 언급되지 않은 내용인지 묻는 문제가 출제됩니다. 이러한 문제에 대비하기 위해, 4일에서는 정보의 진위를 파악하는 연습을 해 봅시다.

① 재진술된 문장이 올바른지 확인하기

· 문제의 문장은 주로 지문과는 다른 단어 또는 어구를 사용해 지문의 내용을 재진술한 문장입니다.
· 이렇게 바뀐 표현들을 중심으로 문제의 핵심 내용을 파악한 뒤 지문의 내용을 올바르게 재진술했는지 비교합니다.

📑 주어진 문장을 읽고 재진술된 문장의 내용이 바르면 T(True), 틀리면 F(False)라고 쓰세요.

Ex To improve the environment, many companies are striving to reduce pollution. They are doing so by switching to clean energy sources and using biodegradable material for packaging.

→ Many companies are trying to decrease pollution to help the environment. (   )

해석	환경을 개선하기 위해, 많은 회사들이 오염을 감소시키려고 노력하고 있다. 그들은 청정에너지 자원으로 바꾸거나 포장을 위해 자연분해성 재료를 사용함으로써 그렇게 하고 있다. → 많은 기업들이 환경을 돕기 위해 오염을 감소시키려고 노력하고 있다.
해설	주어진 글의 첫 번째 문장에서 많은 회사들이 오염을 감소시키려고 노력하고 있다고 하였습니다. 재진술된 문장에서는 'improve' 대신 'help', 'striving' 대신 'trying', 'reduce' 대신 'decrease'를 사용하여 첫 번째 문장의 내용을 올바르게 바꾸어 표현하였습니다. 따라서 정답은 **True**입니다.
어휘	strive v. 노력하다, 힘쓰다 biodegradable adj. 자연분해성의
정답	**True**

01 Due to severe drought, the inhabitants abandoned the region in approximately 1300. As their crops had completely dried up, they had no choice but to leave.

→ Around 1300, the residents deserted the area because of an environmental crisis. (　)

02 Alligator young generally stay with their mothers for around a year after they hatch. In spite of maternal protection, these alligator offspring frequently encounter the threat of predation.

→ Young alligators avoid the danger of predators because of their mother's protection.
(　)

03 Although most psychologists believe emotions are influenced by heredity, some disagree. They argue that environmental factors are entirely responsible for a person's emotional constitution.

→ Psychologists are in complete agreement about the notion that genes affect emotions.
(　)

04 Leonardo da Vinci is now more renowned for his paintings, including perhaps the most famous work of all, the Mona Lisa. However, his true genius lay in his ability to come up with completely new inventions.

→ The array of innovative devices he made is evidence of Leonardo da Vinci's creative brilliance. (　)

정답·해석·해설 p.268

📖 **Vocabulary** _____

01 severe adj. 극심한, 심각한　inhabitant n. 주민　abandon v. 떠나다, 버리다　approximately adv. 대략
02 hatch v. 부화하다　maternal adj. 어미의, 모성의　offspring n. 새끼, 자식　predation n. (동물의) 포식
03 heredity n. 유전　constitution n. 기질, 성질
04 genius n. 천재(성)　come up with phr. ~을 생각해내다, ~을 내놓다

· 지문에서 사용된 단어 또는 어구를 그대로 사용했더라도, 재진술된 문장의 주요 내용은 지문에서 언급되지 않는 경우가 있습니다.
· 지문을 꼼꼼히 읽고 지문의 내용을 재진술된 문장과 비교하여, 문장의 내용이 지문에 언급되었는지 확인합니다.

📝 다음 글을 읽고 주어진 문장의 내용이 글에서 언급되었다면 O, 언급되지 않았다면 X라고 쓰세요.

Ex The energy discharged by the volcano was on a par with that of 1600 atomic bombs. It released a cloud of ash that was visible from hundreds of miles away and the lava flowing out of the volcano destroyed most of the surrounding towns. There were fears that the seismic activity could lead to a tsunami, which would have been devastating for the inhabitants of the South American coast.

→ The volcano caused a tsunami on the coastline of South America. (   )

해석   화산에 의해 방출된 에너지는 원자 폭탄 1600개의 에너지와 동등했다. 그것은 몇 백 마일 떨어진 곳에서도 볼 수 있었던 화산재 구름을 날려보냈고 화산으로부터 흘러나오는 용암이 대부분의 주변 마을을 파괴했다. 그 지진 활동이 쓰나미로 이어질지도 모른다는 공포가 있었는데, 그것은 남아메리카 해안의 거주민들에게 대단히 파괴적일 수 있었다.

         → 그 화산은 남아메리카의 해안 지대에 쓰나미를 일으켰다.

해설   지문 내용 중 'There were fears that the seismic activity could lead to a tsunami, which would have been devastating for the inhabitants of the South American coast.'에서 그 지진 활동이 쓰나미로 이어질지도 모른다는 공포가 있었으며 그것은 남아메리카 해안의 거주민들에게 대단히 파괴적일 수 있었다고는 하였지만, 화산이 남아메리카의 해안 지대에 쓰나미를 일으켰다는 내용은 언급되지 않았음을 알 수 있습니다. 따라서 정답은 **X**입니다.

어휘   discharge v. 방출하다, 발사하다   on a par with phr. ~과 동등한   atomic adj. 원자의
         seismic adj. 지진의, 지진에 의한

정답   **X**

01 Gasoline and diesel account for the lion's share of the fuel used for cars around the world. However, this is rapidly changing as electric cars become cheaper and more reliable. It is estimated that in America there are 60 per cent more electric cars on the road this year than there were last year. Meanwhile, the Chinese market for electric cars has become the largest in the world, representing approximately 40 per cent of the global total.

→ The majority of the cars bought in America this year were electric. (   )

02 Although it was long believed to be a fake, Sunset at Montmajour has been recently discovered to be an authentic work by Vincent Van Gogh. When it was rediscovered in the 1990s, the painting was dismissed because it was unsigned. However, letters from Van Gogh to his brother mentioned a similar painting and after careful inspection, experts determined that Sunset at Montmajour was authentic.

→ The painting was questioned because it had no signature on it. (   )

03 The British governments of the 18th and 19th centuries paid little attention to the needs of the poor. This changed in the 20th century with the introduction of the Liberal welfare reforms of Prime Minister H. H. Asquith, which extended old age pensions, introduced free school meals and established national insurance. These reforms laid the ground work for the modern welfare state in the United Kingdom.

→ The United Kingdom was the first country to introduce a welfare state. (   )

04 The advertising industry has lost sight of the rapid evolution of consumer preferences. Furthermore, advertisers are increasingly reliant on product placement and online advertising, even though both of these strategies have been found to be largely ineffective. This has led many large brands to cut their advertising budget and rely more on word of mouth, for which social media is the perfect platform.

→ Advertisers are out of touch with the quickly changing tastes of consumers. (   )

정답·해석·해설 p.269

📖 **Vocabulary**

01 gasoline n. 휘발유, 가솔린 lion's share phr. (몫을 나눈 것 중에서) 가장 큰 몫
02 fake n. 모조품, 위조품 authentic adj. 진품의, 진본의 dismiss v. (고려할 가치가 없다고) 무시하다, 묵살하다 unsigned adj. 서명이 없는
inspection n. 검사, 점검
03 reform n. 개혁 pension n. 연금 ground work phr. 토대, 기초 작업
04 lose sight of phr. ~을 놓치다, ~이 더 이상 안보이게 되다 reliant adj. 의존하는 word of mouth phr. 구전

지금까지 재진술된 문장이 올바른지 확인하기와 언급된 정보인지 확인하기를 연습해 보았습니다. 이제 연습한 내용을 실전 IELTS 리딩 문제에 적용해 봅시다. .

READING PASSAGE 1

Understanding the Effects of Observation

Considered one of the most famous sociological theories of the 20th century, the Hawthorne Effect describes how the awareness of being observed can alter a person's behaviour. This had significant repercussions for the way in which scientific studies were conducted. The Hawthorne Effect has also been the subject of debate among sociologists, who have argued about its implications for society.

The Hawthorne Effect takes its name from the Western Electric Hawthorne Factory, where a series of studies was conducted in the 1920s on ways to improve efficiency. The initial study focused on working conditions and their relation to levels of productivity. This involved changing the brightness of the lights in the factory's workrooms. The researchers were surprised to find that productivity increased whether the rooms were dimmer or brighter.

These results were so bewildering that a second, longer study was carried out in which one group had their working conditions altered in various ways for five years. Incredibly, this study had similar results; the worker's productivity rose with every change. Eventually, sociologists determined that the reason productivity was going up was that the subjects knew they were being observed, a phenomenon which came to be known as the Hawthorne Effect.

alter v. 바꾸다 repercussion n. 영향 productivity n. 생산(성)
bewildering adj. 당혹스러운 phenomenon n. 현상

관찰의 효과를 이해하는 것

20세기의 가장 유명한 사회 이론 중 하나로 여겨지는 호손 효과는 관찰되는 것에 대한 의식이 어떻게 개인의 행동을 바꿀 수 있는지 설명한다. 이것은 과학 연구들이 수행되는 방식에 중대한 영향을 미쳤다. [1]호손 효과는 또한 사회학자들 사이에서 논쟁의 주제가 되었는데, 그들은 사회에 대한 그것의 영향에 대해 논쟁했다.

호손 효과는 Western Electric Hawthorne Factory에서 이름을 가져온 것인데, 이곳에서 1920년대에 능률을 개선하기 위한 방법들에 대한 일련의 연구들이 수행되었다. 초기의 연구는 근무 조건과 생산 수준에 대한 그것들의 연관성에 중점을 두었다. [2]이는 공장 작업실 조명의 밝기를 바꾸는 것을 포함했다. 연구원들은 작업실이 더 어둡든 더 밝든 생산성이 증가했다는 것을 발견하고 놀랐다.

이런 결과들은 매우 당혹스러워서 한 그룹이 5년 동안 여러 방식으로 근무 조건을 바꾸었던 두 번째의 더 긴 연구가 수행되었다. 놀랍게도, 이 연구는 유사한 결과를 보였는데, 노동자의 생산성은 모든 변화에 따라 증가했다. 결국, 사회학자들은 생산성이 증가했던 이유가 연구 대상들이 자신들이 관찰되고 있다는 것을 알았기 때문이라고 결론지었는데, 이 현상은 호손 효과로 알려지게 되었다.

참/거짓/알수없음 (True/False/Not Given) 문제

Do the following statements agree with the information given in Reading Passage 1?

In boxes 1 and 2 on your answer sheet, write

TRUE *if the statement agrees with the information*
FALSE *if the statement contradicts the information*
NOT GIVEN *if there is no information on this*

1 Sociologists disagree about the social consequences of the Hawthorne Effect.

2 The factory workrooms were considered too dark by the workers prior to the experiment.

해석　1 사회학자들은 호손 효과의 사회적 영향력에 대해 서로 동의하지 않는다.
　　　2 실험 이전에 공장 작업실은 노동자들에게 너무 어둡다고 여겨졌다.

해설　1
　　　문제의 내용이 지문에 언급되었는지 확인한다 (② 적용)
　　　문제의 핵심어구인 'Sociologists'가 호손 효과의 사회적 영향력에 대해 서로 동의하지 않는다는 내용이 지문에 언급되었는지 확인합니다. 'The Hawthorne Effect has also been the subject of debate among sociologists, who have argued about its implications for society.' 에서 관련 내용이 언급되었음을 확인합니다.

　　　재진술된 문장이 올바른지 확인한다 (① 적용)
　　　정답의 단서에서 호손 효과는 또한 사회학자들 사이에서 논쟁의 주제가 되었는데, 그들은 사회에 대한 그것의 영향에 대해 논쟁했다고 하였습니다. 따라서 정답은 **True**입니다. 지문의 'argued'가 문제에서 'disagree'로, 'implications for society'가 'social consequences'로 바꾸어 표현되었음을 확인합니다.

　　　2
　　　문제의 내용이 지문에 언급되었는지 확인한다 (② 적용)
　　　공장 작업실과 관련된 지문 내용 중 'This involved changing the brightness of the lights in the factory's workrooms.'에서 초기의 연구가 공장 작업실 조명의 밝기를 바꾸는 것을 포함했다고는 하였지만, 주어진 문장의 내용은 확인할 수 없습니다. 따라서 정답은 **Not given**입니다.

정답　1 **True**
　　　2 **Not given**

5일 요약된 정보 이해하기

IELTS 리딩에서는 지문 속 정답의 단서가 문제에서는 요약되어 표현되는 경우가 있습니다. 몇 개의 문장이 하나의 표현으로 요약되거나, 한 단락 이상의 내용이 몇 개의 문장으로 요약되기도 합니다. 이러한 문제에 대비하기 위해, 5일에서는 이렇게 요약된 정보를 이해하는 연습을 해 봅시다.

❶ 요약된 표현 이해하기

· 지문에 등장한 여러 개의 문장이 문제에서는 하나의 표현으로 요약됩니다.
· 문장들에서 설명하고 있는 내용의 공통점이 무엇인지 파악하면 요약된 표현을 이해하기 쉽습니다.

📑 다음 글의 내용을 바르게 요약한 것을 고르세요.

Ex In America, the popularity of chilli has spread north from the Mexican border, as more Mexican-Americans migrate to northern regions. Similarly, Maine lobsters and other East Coast seafood specialties are now served in the western regions of the country, as many residents of the East Coast have moved there.

(A) a reason why regional foods became available in other areas
(B) an example of a food chain which failed

해석 미국에서, 고추의 인기는 더 많은 멕시코계 미국인들이 북부 지역으로 이주함에 따라 멕시코의 국경으로부터 북쪽으로 확산되었다. 마찬가지로, 메인주의 바닷가재와 다른 동해안 해산물 특산품들은 이제 국가의 서부 지역에서 제공되는데, 이는 동해안의 많은 거주민들이 그곳으로 이동했기 때문이다.

(A) 지역 식품들이 다른 지역에서 이용 가능해진 이유
(B) 실패한 체인 음식점의 예시

해설 미국에서 멕시코계 미국인들이 북부 지역으로 이주하여 북쪽에서도 고추가 인기 있어졌다고 했고, 동해안의 거주민들이 서부 지역으로 이동하여 동해안 특산품들이 서부 지역에서 제공된다고 하며 한 지역에서 소비되었던 식품을 다른 지역에서도 이용할 수 있게 된 이유에 대해 언급하고 있습니다. 따라서 이를 '지역 식품들이 다른 지역에서 이용 가능해진 이유'로 요약한 보기 (A) a reason why regional foods became available in other areas가 정답입니다.

어휘 border n. 국경   migrate v. 이주하다   speciality n. 특산품

정답 (A)

---

01 The human digestive system is a complex mechanism, which allows us to transform food into nutrients that are used throughout the body. It requires the coordination of various organs in the body, each of which plays a part in breaking down food into fuel. It begins in the mouth, where saliva starts the process of digestion.

(A) how the digestive process converts food into fuel
(B) the importance of the mouth in the digestive process

02 Bed bugs feed on human blood and live inside bedding. They generally spread in luggage and can survive for several months without feeding. They can also lay eggs inside luggage or furniture. These eggs – which can lay dormant for several years – will then hatch when they are moved to new location.

(A) an example of a country with a bed bug problem
(B) a description of how bed bugs spread to new places

03 Marine mammals have the same characteristics as all other mammals, but they have adapted to life in the ocean. To be able to stay under water for long periods, they store extra oxygen in their muscles and also have more blood than land mammals in proportion to their body sizes.

(A) a comparison between two types of marine mammal
(B) how some mammals evolved to live in the ocean

04 The Cassini spacecraft was launched in 1997 on a mission to orbit Saturn. It arrived in the planet's atmosphere in 2004 and has collected an array of data since then. One of the most fascinating things Cassini found was a buried ocean on the moon Enceladus.

(A) a description of a discovery made by the spacecraft
(B) the way in which the spacecraft sent data to Earth

정답·해석·해설 p.269

📄 **Vocabulary**

01 digestive adj. 소화의 nutrient n. 영양분, 영양소 coordination n. 공동 작용 organ n. 기관, 장기 saliva n. 침
02 bedding n. 침구 luggage n. 짐 dormant adj. 휴면 상태의, 휴면기의
03 in proportion to phr. ~에 비례하여, ~치고는
04 spacecraft n. 우주선 launch v. (우주선 등을) 발사하다 orbit v. 궤도를 돌다 Saturn n. 토성 moon n. 위성

· 요약문은 글에서 가장 중요한 핵심 내용을 요약한 글입니다.
· 글의 주제와 관련 있는 단어들을 중심으로 글에서 주로 설명하고 있는 내용을 파악할 수 있습니다.

📖 **다음 요약문의 빈칸에 알맞은 보기를 고르세요.**

Ex The Domesday Book is the oldest surviving public record in the United Kingdom. It was created in 1086 by William the Conqueror, who had recently been crowned king and wanted to know how much his subjects owed in taxes. A country-wide investigation was therefore conducted, which recorded not only who owed tax but also details about land ownership, the size of estates and who had conducted military service. It thus provides an invaluable insight into life in England at the time.

→ William the Conqueror ordered a study of the whole country to be carried out. This collected information on his subject's ...., as well as on land owners and the number of people who had fought in the military.

(A) population　　　　　(B) taxes　　　　　(C) jobs

해석　토지대장은 영국에 잔존하는 가장 오래된 공식 문서이다. 그것은 정복자 윌리엄에 의해 1086년에 만들어졌는데, 그는 막 왕으로 왕위에 앉게 되었고 국민들이 얼만큼의 세금을 지불할 의무가 있는지 알고 싶어 했다. 그러므로 전국적인 조사가 실시되었는데, 이는 누가 세금을 지불할 의무가 있는지 기록했을 뿐만 아니라 토지 소유권, 부동산의 규모 그리고 누가 군 복무를 했는지에 대한 세부 사항도 기록했다. 그러므로 그것은 그 시기 영국의 삶에 대한 귀중한 통찰력을 제공한다.

→ 정복자 윌리엄은 전국에 대한 조사가 수행될 것을 명령했다. 이는 토지 소유주와 군대에서 전투를 한 사람들의 숫자뿐만 아니라 그의 국민들의 ....에 대한 정보를 수집했다.

(A) 인구 (B) 세금 (C) 직업

해설　'Domesday book', 'William the Conqueror', 'country-wide investigation', 'recorded' 등의 단어를 통해 주어진 글이 주로 영국의 왕 윌리엄이 만든 토지대장이 누구를 대상으로 무엇을 기록했는지에 대해 언급하고 있음을 알 수 있습니다. 정복자 윌리엄은 왕이 되자 세금을 지불해야 하는 사람들과 토지 소유권, 부동산, 군 복무에 관한 정보를 수집했다고 하였으므로, 보기 **(B)** taxes가 정답입니다.

어휘　**Domesday Book** phr. 토지대장　**crown** v. 왕위에 앉히다　**subject** n. 국민　**estate** n. 부동산, 토지
invaluable adj. 귀중한　**insight** n. 통찰력

정답　**(B)**

01 The Russian physiologist Ivan Pavlov is now remembered around the world for an experiment he conducted with a dog. Pavlov, who was interested in how conditioning could impact behaviour, noticed how a dog would salivate whenever the person responsible for feeding it came near. Pavlov decided to see if he could make the dog produce saliva in response to another stimulus. He used the sound of a bell, which he would ring whenever the dog was fed. Eventually, the dog would salivate upon simply hearing the bell.

→ Pavlov's experiment involved conditioning a dog to display signs of hunger in response to a ....

(A) drum   (B) bell   (C) piano

02 Gene editing, a new form of genetic manipulation, is set to transform agriculture in the coming years. This process simply involves tweaking a plant's DNA in certain places to make small but significant alterations. This can result in less waxy corn, or in mushrooms that stay brown for much longer. More importantly, it could result in crops that are flood resistant or that can survive on less water. It could also lead to crops that have much higher yields and can feed far more people.

→ Gene editing is a way of making tiny .... within the DNA of a plant. It could lead to the use of crops that are capable of withstanding harsher conditions.

(A) openings   (B) cuts   (C) changes

03 The Nazca Lines in Peru are one of the most astonishing sights in the world, as well as one of the most baffling. These immense representations were drawn in the Nazca Desert sometime between 500 BC and AD 500. They include depictions of birds, fish, llamas, jaguars, as well as an array of geometric shapes. It is thought that the Nazca people made them by digging into the red sand of the desert, which revealed the white soil beneath. However, their exact purpose remains unknown.

→ The Nazca Lines were created by the Nazca people by uncovering the white .... underneath the desert's red surface. Why the Nazca made them, however, is still a mystery.

(A) rocks   (B) vegetation   (C) soil

정답·해석·해설 p.270

📄 **Vocabulary** _____

01 conditioning n. 조건화, (특정 조건에 반응을 보이거나 익숙해지게 하는) 훈련   salivate v. 침을 흘리다   stimulus n. 자극
02 manipulation n. 조작   tweak v. 수정하다, 변경하다   alteration n. 변형   waxy adj. 말랑한   resistant adj. ~에 잘 견디는   yield n. 수확량
03 astonishing adj. 놀라운   baffling adj. 이해하기 힘든   geometric adj. 기하학적인

지금까지 알맞게 요약된 표현 고르기, 요약문 완성하기를 연습해 보았습니다. 이제 연습한 내용을 실전 IELTS 리딩 문제에 적용해 봅시다.

READING PASSAGE 1

The Fundamental Process of Cell Division

A Cell division is a process in which cells create new copies of themselves, either for growth, to repair damaged tissue, or to replace older cells. The process involves a 'parent' cell passing on its genetic information to new 'daughter' cells. This requires the replication of a cell's chromosomes, the DNA structure which determines the characteristics of an organism, and then the separation of the copied DNA before the cell splits into two cells.

B The two types of cell division are mitosis, which produces two genetically identical cells and is involved in repairing and maintaining the body, and meiosis, which is involved in sexual reproduction. Mitosis covers a variety of steps, such as the 'interphase', the main stage prior to cell division. During this period the cell will prepare to divide by gathering nutrients. It also begins to make a copy of its DNA to give to each of the daughter cells.

C The process of cell division is fundamental to life, and is therefore regulated by a number of genes. If problems occur in the process of cell division then serious health problems can result, including cancer. Problems with meiosis, which is involved in reproduction, can also result in developmental problems or even miscarriages.

cell n. 세포　replace v. 대체하다　replication n. 복제　chromosome n. 염색체
mitosis n. 유사 분열　identical adj. 동일한　meiosis n. 감수 분열
reproduction n. 생식, 번식　nutrient n. 영양분　regulate v. 통제하다
miscarriage n. 유산

세포 분열의 기본 과정

A 세포 분열은 세포들이 성장을 위해, 손상된 조직을 회복하기 위해, 또는 더 오래된 세포를 대체하기 위해 자신들의 새로운 복제품을 만들어내는 과정이다. 그 과정은 '모체' 세포가 유전 정보를 새로운 '딸' 세포에 전해주는 것을 수반한다. 이것은 세포가 유기체의 특성을 결정하는 DNA 구조인 염색체를 복제하고, 그 후 두 개의 세포로 분열되기 전 복제된 DNA를 분리시키는 것을 필요로 한다.

B 세포 분열의 두 유형은 유전자상으로 동일한 두 개의 세포를 생산하며 신체를 회복시키고 유지시키는 것과 관련된 유사 분열과, 유성 생식과 관련된 감수 분열이다. [2]유사 분열은 세포 분열 이전의 주요 단계인 '간기'와 같은 다양한 단계를 포함한다. 이 기간 동안 세포는 영양분을 축적함으로써 분열할 준비를 할 것이다. 그것은 또한 각각의 딸세포들에게 줄 DNA의 복제본을 만들기 시작한다.

C 세포 분열 과정은 삶에 있어 근본적이며, 그러므로 다수의 유전자에 의해 통제된다. [1]만약 세포 분열 과정에 문제가 생긴다면 암을 포함하여 심각한 건강 문제가 발생할 수 있다. 번식과 관련된 감수 분열의 문제는, 또한 발달 문제 혹은 심지어 유산까지도 야기할 수 있다.

단락 고르기(Matching Information) 문제

Reading Passage 1 has three paragraphs, **A–C**.

Which paragraph contains the following information?

*Write the correct letter, **A–C**, in box 1 on your answer sheet.*

1 an example of health conditions caused by faulty cell division

해석 잘못된 세포 분열에 의한 건강 문제들의 예시

해설 **요약된 표현을 이해한다 (① 적용)**

단락 C의 'If problems occur in the process of cell division then serious health problems can result, including cancer.'에서 만약 세포 분열 과정에 문제가 생긴다면 암을 포함하여 심각한 건강 문제가 발생할 수 있다고 했고, 'Problems with meiosis ~ can also result in developmental problems or even miscarriages.'에서 감수 분열의 문제는 또한 발달 문제 혹은 심지어 유산까지도 야기할 수 있다고 하며 잘못된 세포 분열에 의한 건강 문제들을 언급하였습니다. 따라서 단락 **C**가 정답입니다. 지문에 언급된 여러 건강 문제들이 문제에서 'health conditions'로 요약되어 있음을 확인합니다.

정답 **C**

요약문 완성하기(Summary Completion) 문제

*Complete the summary using the list of words, **A–C**, below.*

Write your answer in box 2 on your answer sheet.

Types of Cell Division

Cell division can be categorised as either mitosis or meiosis. Mitosis is the process that generates new cells so that the body can be repaired, while meiosis is when cells are produced during reproduction. There are various **2** .... to mitosis but the primary one is the interphase, during which the cell gets ready for its division.

A stages	**B** separation	**C** layers

해석 세포 분열의 종류

세포 분열은 유사 분열 또는 감수 분열로 분류될 수 있다. 유사 분열은 신체가 회복될 수 있도록 새로운 세포를 발생시키는 과정이며, 반면 감수 분열은 번식 중에 세포가 생산되는 것이다. 유사 분열에는 여러 가지 **2** ....이 있지만 주요한 것은 간기인데, 간기 동안에 세포는 분열을 위한 준비를 한다.

A 단계	B 분리	C 층

해설 **요약문을 완성한다 (② 적용)**

유사 분열과 관련된 지문 내용 중 'Mitosis covers a variety of steps, such as the 'interphase', the main stage prior to cell division.'에서 유사 분열은 세포 분열 이전의 주요 단계인 '간기'와 같은 다양한 단계를 포함한다고 하였으므로, 보기 **A** stages가 정답입니다. 지문의 'variety of steps'가 'various stages'로 바꾸어 표현되었음을 확인합니다.

정답 **A**

HACKERS
IELTS
READING BASIC

goHackers.com
학습자료 제공·유학정보 공유

HACKERS IELTS READING BASIC

2nd Week

2주에서는 IELTS 리딩 영역에 출제되는 여러 가지 문제 유형 중 다섯 가지 유형에
대해 먼저 공부해 보겠습니다. 문제 유형별로 핵심 전략을 꼼꼼히 학습하여 문제에
적용해 봄으로써, IELTS 리딩 영역에 출제되는 유형들을 확실히 익혀 봅니다.

문제 유형
공략하기 I

1일 다지선다 Multiple Choice

출제 경향

다지선다(Multiple Choice)는 여러 개의 보기 중 알맞은 답을 선택하는 객관식 문제입니다. 주로 완성되지 않은 문장 뒤에 들어갈 답을 선택하거나, 질문에 알맞은 답을 선택하는 형태로 출제됩니다.

IELTS 리딩 영역에서 가장 많이 출제되는 유형 중 하나로 거의 매 시험 출제되며, 3지문 중 모든 지문에서 출제되기도 합니다.

출제 형태

완성되지 않은 문장 뒤에 들어갈 답 선택하기

문장을 완성할 수 있는 알맞은 답을 선택하는 문제입니다. 보기는 4개가 주어집니다.

지시문 — *Choose the correct letter, **A**, **B**, **C** or **D**.*

Write the correct letter in boxes 1–3 on your answer sheet.

문제 — **1**   When the Polynesians came to the Hawaiian islands, they brought

보기 —   **A**   immigrants from Europe and Asia.
  B   a range of new diseases.
  C   new types of plants and animals.
  D   a new culture and language.

A, B, C, D 중 올바른 보기를 고르세요.

답안지의 1번–3번 칸에 올바른 알파벳을 적으세요.

1   폴리네시아인들이 하와이 제도에 도착했을 때, 그들은 –을 데려왔다.
  A   유럽과 아시아의 이주민들
  B   다양한 새로운 질병
  C   새로운 종류의 식물과 동물
  D   새로운 문화와 언어

질문에 맞는 답 선택하기

질문에 알맞은 답을 선택하는 문제입니다. 복수의 답을 고르는 경우 정답은 2~5개까지 출제될 수 있으며, 이때 보기는 5~10개까지도 출제될 수 있습니다.

지시문 — *Choose **TWO** letters, **A–E**.*

Write the correct letters in boxes 1 and 2 on your answer sheet.

문제 — Which **TWO** problems with fracking technology are mentioned?

보기 —   **A**   risk of chemical spills
  B   damage to ecosystems
  C   use of fossil fuels
  D   increase in air pollution
  E   local community opposition

A–E 중 **두 개**의 보기를 고르세요.

답안지의 1번과 2번 칸에 올바른 알파벳을 적으세요.

시추 기술과 관련된 어떤 **두 가지** 문제점이 언급되는가?

A   화학 물질 유출의 위험
B   생태계에 대한 피해
C   화석 연료의 사용
D   공기 오염 증가
E   지역 사회의 반대

핵심 전략

1. 지시문을 읽고 선택해야 하는 답의 개수를 확인합니다.

2. 지문을 읽기 전 먼저 문제를 읽고, 핵심어구와 문제에서 묻는 내용을 파악합니다.

> **1** When the Polynesians came to the Hawaiian islands, they brought
>
> ▶ 핵심어구: Polynesians came to the Hawaiian islands
> ▶ 문제에서 묻는 내용: 폴리네시아인들이 하와이 제도에 도착했을 때 무엇을 데려왔는지

3. 문제와 관련된 내용이 지문의 어떤 부분에 등장하는지 찾습니다.

지문에는 문제의 핵심어구가 그대로 언급되어 있거나 바꾸어 표현되어 있다는 것에 주의합니다.

> 지문에서 언급된 내용
> The Polynesians arrived and colonised the islands, bringing with them exotic species such as food crops and livestock.
> 폴리네시아인들이 도착하여 제도를 식민지화했는데, 그들은 식용 작물과 가축 같은 외래종을 그들과 함께 데려왔다.

4. 지문에서 확인한 내용을 토대로 정답을 선택합니다.

정답은 지문에 등장한 단서가 바꾸어 표현되어 있다는 것에 주의합니다.

5. 다음과 같은 오답 보기에 주의합니다.

다지선다(Multiple Choice) 문제에서는 지문에 등장한 표현을 활용하여 혼동을 주는 오답 보기가 자주 출제되므로, 정답을 고를 때 함정에 빠지기 쉽습니다. 따라서 대표적인 오답 보기의 유형을 알아두고 실수하지 않도록 주의합니다.

지문의 단어 혹은 어구를 활용한 오답
지문의 단어나 어구를 활용했으나 중심 내용은 지문에 언급되어 있지 않은 오답 유형입니다.

지문에 언급되지 않은 오답
지문에 관련 내용이 전혀 언급되어 있지 않은 오답 유형입니다.

지문의 내용과 반대되는 오답
지문에서 언급한 내용과 반대되는 내용을 언급하는 오답 유형입니다.

☑ **TIPS**

간혹 지문의 주제/목적/제목 등의 중심 내용을 묻는 문제가 출제되기도 합니다. 중심 내용을 묻는 문제의 경우, 지문을 읽으며 중심 내용을 나타내는 주제 문장을 찾습니다.

예시

The main topic discussed in the text is ~ 지문에서 논의되는 주제는 ~이다.

What is the writer's (overall) purpose in Reading Passage 1?
Reading Passage 1에서 글쓴이의 (전반적인) 의도는 무엇인가?

What is the best title for Reading Passage 1? Reading Passage 1에 가장 알맞은 제목은 무엇인가?

2. 핵심어구인 'Polynesians came to the Hawaiian Islands'가 'Polynesians arrived ~ the islands' 로 바꾸어 표현된 주변을 확인합니다.

1. 지시문을 읽고 한 개의 답을 고르는 문제임을 확인한 뒤, 문제의 핵심어구와 내용을 파악합니다. 핵심어구인 'Polynesians came to the Hawaiian Islands'를 통해 폴리네시아인들이 하와이 제도에 도착했을 때 무엇을 데려왔는지를 묻고 있습니다.

3. 정답의 단서에서 폴리네시아인들이 도착하여 하와이 제도를 식민지화했고 그들이 식용 작물과 가축 같은 외래종을 그들과 함께 데려왔다고 하였으므로, 'exotic species such as food crops and livestock'을 'new types of plants and animals'로 바꾸어 표현한 보기 **C**를 정답으로 선택합니다.

READING PASSAGE 1

For most of their history, the Hawaiian Islands were totally sheltered from human contact, and the arrival of new species was extremely rare. However, this changed sometime between 1,200 and 1,600 years ago. [1]The Polynesians arrived and colonised the islands, bringing with them exotic species such as food crops and livestock. Subsequently, waves of immigrants from European and Asian countries, each with their own plants and animals, brought more nonnative organisms to the islands. Over time, many of these organisms began to successfully reproduce in Hawaii.

---

*Choose the correct letter, **A**, **B**, **C** or **D**.*

Write the correct letter in box 1 on your answer sheet.

1   When the Polynesians came to the Hawaiian Islands, they brought

   A   immigrants from Europe and Asia.
   B   a range of new diseases.
   C   new types of plants and animals.
   D   a new culture and language.

해석   대부분의 역사에서, 하와이 제도는 사람과의 접촉으로부터 완전히 보호받았으며, 새로운 종들의 유입
      은 극히 드물었다. 그러나, 이것은 대략 1200년에서 1600년 전 사이에 달라졌다. ¹폴리네시아인들이
      도착하여 제도를 식민지화했는데, 그들은 식용 작물과 가축 같은 외래종을 그들과 함께 데려왔다. 이후
      에, 유럽과 아시아 국가들로부터 각기 그들 고유의 식물과 동물을 대동한 이주민들의 급증이 그 제도에
      더 많은 외래 생물들을 데려왔다. 시간이 지나면서, 이러한 생물들 중 대다수가 하와이에서 성공적으로
      번식하기 시작했다.

      1   폴리네시아인들이 하와이 제도에 도착했을 때, 그들은 -을 데려왔다.

          A   유럽과 아시아의 이주민들
          B   다양한 새로운 질병
          C   새로운 종류의 식물과 동물
          D   새로운 문화와 언어

정답   C

해설   문제의 핵심어구(Polynesians came to the Hawaiian Islands)와 관련된 지문 내용 중 'The
      Polynesians arrived and colonised the islands, bringing with them exotic species such as
      food crops and livestock.'에서 폴리네시아인들이 도착하여 제도를 식민지화했는데, 그들은 식용
      작물과 가축 같은 외래종을 그들과 함께 데려왔다고 하였으므로, 보기 **C** new types of plants and
      animals가 정답입니다.

      ┌─────────────────┐
      │ 바꾸어 표현하기 │
      └─────────────────┘

      exotic species such as food crops and livestock 식용 작물과 가축 같은 외래종
      ▶ new types of plants and animals 새로운 종류의 식물과 동물

      ┌─────────────────┐
      │ 오답 확인하기   │
      └─────────────────┘

      지문의 단어 혹은 어구를 활용한 오답
      A는 지문의 'waves of immigrants from European and Asian countries'를 활용하여 혼동을 주
      었지만, 지문에서 폴리네시아인들이 하와이 제도로 유럽과 아시아의 이주민들을 데려온 것이 아니
      라 이후에 유럽과 아시아 국가들로부터의 이주민들이 하와이 제도로 더 많은 외래 생물들을 데려왔
      다고 하였으므로 오답입니다.

      지문에 언급되지 않은 오답
      B와 D는 지문에 언급되지 않았으므로 오답입니다.

📖 **Vocabulary** ──

Hawaiian Islands phr. 하와이 제도   subsequently adv. 이후에, 뒤이어   organism n. 생물, 유기체   reproduce v. 번식하다

DAILY CHECK-UP

🎯 지문을 읽고 문제에 알맞은 답을 고르세요.

01 Unlike case studies, observational studies usually involve many different kinds of subjects at once. In observational studies, the researcher systematically observes and records behaviour without interfering in any way with the people being observed. Often, an observational study is the first step in a programme of research. Naturalistic observation is a type of observational study that describes behaviour as it occurs in the natural environment. Ethologists, such as Jane Goodall and Dian Fossey, used this method to study apes and other animals in the wild. Psychologists use naturalistic observation wherever people happen to be. This could be at home, on the playground, in a classroom, or in an office.

1   Naturalistic observation involves

(A) the observation of the natural world.
(B) the observation of actions in a natural setting.

02 In psychology, temperament refers to the parts of a person's character that are present from birth. According to psychologists, these are the result of their biological makeup. The factors that influence temperament are genetics and hormones. However, scientists have not found a clear link between biology and temperament. The majority of the research has been on categorising different temperaments. For example, Jerome Kagan tested four-month-old infants to see how they reacted to new things. He then categorised them as either 'low reactive' or 'high reactive'. Kagan believed that the high reactive children would grow up to be shy, while low reactive ones would grow up to be brave. Although many followed Kagan's predictions, a few of his subjects did not. This suggests that environment plays an equally important role as biology in development.

2   What did Jerome Kagan expect of low reactive infants?

(A) They would become courageous.
(B) They would become scared of new things.

📖 **Vocabulary**

01 case study phr. 사례 연구   observational study phr. 관찰 연구   systematically adv. 체계적으로
naturalistic observation phr. 자연적 관찰   ethologist n. 동물행동학자   ape n. 유인원

02 temperament n. 기질   biological adj. 생물학적인   makeup n. 구조   genetics n. 유전적 특징, 유전학   subject n. 피실험자, 연구 대상

03 Cognitive studies of animals have offered many insights into how animal brains are different from human brains. Studies have been carried out on animal perception, attention, learning, and categorisation. A famous study of animals' ability to categorise things in the world was carried out by Professor Richard J. Herrnstein of Harvard University. Herrnstein trained pigeons to peck photos with humans in them, and to leave photos without humans alone. Herrnstein's study revealed that pigeons were able to distinguish humans even though the images of people in the photos were very different in size and appearance. Another important area of the cognitive study of animals is memory. Among other insights, studies on this area have revealed that honeybees have a very specific type of memory related to searching for food and that it can last a lifetime.

3　　What did Professor Herrnstein's study show?

(A) Pigeons can spot humans from a distance.

(B) Pigeons can recognise humans in photos.

(C) Pigeons have a very long memory.

4　　A honeybee's memory

(A) can last a day.

(B) is related to their hive.

(C) is connected to feeding.

📖 **Vocabulary**

03 cognitive study phr. 인지 연구　insight n. 통찰, 이해　carry out phr. ~을 수행하다　perception n. 지각　peck v. 부리로 쪼다, 쪼아먹다
distinguish v. 구별하다

04 The 1973 oil crisis set off an international economic recession. The crisis was caused by Arab nations stopping the sale of oil to Israel's allies. The UK was one of the countries that Arab nations refused to sell oil to and was one of the worst affected by the global decline. In the UK, this recession lasted from 1973 until 1976 and led to a 4 per cent drop in GDP. This recession also prompted a series of political crises as successive governments tried and failed to sustain support for their economic plans and establish a strong majority in parliament.

The UK recession was characterised by stagflation, a combination of high unemployment and growing inflation. Inflation ultimately increased to over 20 per cent, significantly reducing people's ability to buy goods. The recession also coincided with a miners' strike, which put further pressure on the British economy. As a result of this strike, the UK prime minister Edward Heath proclaimed that commercial organisations could only use electricity on three days of the week. This radical policy, which came to be known as the 'Three Day Week', limited Britain's ability to recover from the recession even further and ultimately led to Heath resigning.

5 The recession led to various political crises in which

    A governments were unable to get backing for their policies.

    B there was a lack of support from foreign governments.

    C parliament was unable to pass any laws.

    D governments did not act to stop the recession.

6 What did Edward Heath declare in reaction to the miners' strike?

    A All electricity use was limited to three days of the week.

    B He quit his job as a prime minister.

    C Electricity could only be used by commercial organisations.

    D Commercial facilities had to limit their electricity use.

▤ Vocabulary

04 oil crisis phr. 석유 파동 set off phr. ~을 시작되게 하다 economic recession phr. 경기 불황 ally n. 동맹국 prompt v. 촉발하다 successive adj. 그 다음의, 연이은 majority n. 다수당, 과반수 parliament n. 의회 coincide with phr. ~과 동시에 일어나다 miner n. 광부 strike n. 파업 prime minister phr. 수상 proclaim v. 공표하다, 선언하다 radical adj. 급진적인

05 As the earliest examples of Greek pottery were relatively simple, the creation of the black-figure style represented significant progress. In order to achieve this effect, the design was sketched in outline and then filled in using refined clay as paint. The piece would then be baked in a kiln, where the oxidisation process produced a reddish-orange colour. The temperature was then increased and oxygen was removed, turning the vessel black. In the final stage, oxygen would return to the kiln, making the pot reddish-orange again apart from the painted layer, which remained glossy black. While the style was an improvement over previous techniques, black-figure pottery was restricted to only depicting figures and objects in silhouette.

Red-figure pottery, the mode that eventually overtook the black-figure style, is widely considered to be the peak of Hellenic pottery. In this method, the background is painted black, while the form itself is left unpainted. The result is that the figure takes on the reddish tone of iron-rich Athenian clay once the vessel has been baked. [※]It was this technique that made it possible to create accurate and natural depictions, thereby providing an enduring record of Greek life.

7 What caused the figures in black-figure pottery to turn black?

A The lack of oxygen at high temperatures

B Melting the clay in the kiln

C The use of refined clay

D Using glossy black paint

8 According to the writer, black-figure pottery was limited because

A it only allowed for the use of black.

B it was not an accurate form of depiction.

C it was complicated to achieve.

D it could only show the outlines of figures.

필수 구문

⊛ It ~ that – 강조구문: –한 것은 바로 ~이다

It was | this technique | **that** made it possible to create accurate and natural depictions, ...
　　　　　 강조대상

정확하고 자연스러운 묘사를 창조하는 것을 가능하게 한 것이 바로 이 기술이었는데 ...

➡ 위의 문장에서처럼 영어에서는 강조하여 말하고 싶은 대상을 it과 that 사이에 넣어서 쓰기도 합니다. 이러한 구문을 it ~ that – 강조구문이라 부르며, "–한 것은 바로 ~이다"라는 뜻으로 it과 that 사이에 온 대상을 강조하는 의미가 되도록 해석해 줍니다.

　강조되는 대상이 사람일 경우 that 대신에 who가, 사물인 경우 that 대신 which가 쓰이기도 합니다.

📖 **Vocabulary**

05 black-figure adj. (고대 그리스의) 흑화식의　in outline phr. 개략적으로　refined adj. 정제된, 세련된　kiln n. 가마　oxidisation n. 산화　vessel n. 그릇, 용기　glossy adj. 윤이 나는, 광이 나는　depict v. 묘사하다, 그리다　red-figure adj. 적회식의　mode n. 양식　overtake v. 따라잡다　Hellenic adj. 그리스의　enduring adj. 영속적인, 지속적인

06 Emeralds have been treasured for their transparent beauty for centuries, and they are still among the most highly prized gemstones in the world. It is thought that the first emerald mine was opened in ancient Egypt in around 1500 BCE. The Egyptian queen Cleopatra is known to have particularly desired them and even had one of Egypt's emerald mines named after her. She ^⑧<u>found emeralds enchanting and beautiful</u>, and therefore, claimed all those that were found in Egypt for herself.

The ancient Greeks and Romans also regarded emeralds highly, as is evident from the fact that the word emerald derives from the Greek word for green, 'smaragdus'. In ancient Rome, looking into emeralds was considered to be beneficial to eyesight, which was one reason why the emperor Nero wore emerald eyeglasses to watch gladiator games. Their healing force was thought to come from the softness of their transparent green colour. Thus, the Roman historian Pliny the Elder said that there is nothing greener than an emerald, and he documented gemcutters looking into emeralds to cure their 'weariness'.

Emeralds remained highly sought-after items in the centuries following the fall of the Roman Empire, and there are records of emerald mines in both Austria and India from around the 14th century AD. When the American continent was discovered, the Spanish colonists who came to South America were shocked to see the indigenous Incas wearing immensely huge emeralds. After several decades, the Spanish located the Inca's mine in Muzo, in what is now Colombia, and forced the indigenous people out. The gemstones they mined were sent back to Europe and made into magnificent pieces of jewellery. Today, the Muzo emerald mine is still producing high-quality emeralds, and Colombia is the world's largest emerald exporter.

9 The Egyptian queen Cleopatra desired emeralds so much she

    A opened Egypt's first emerald mine.

    B requested emeralds from her admirers.

    C had a certain type of emerald named after her.

    D had an emerald mine that was named after her.

10 The writer mentions the Greek word for green because

    A it exemplifies how important emeralds were to the Greeks.

    B it suggests that the Greeks discovered emeralds.

    C it shows that emeralds were thought to heal people's eyes.

    D it is the root of the English word for green.

11 The Roman emperor Nero wore emerald eye glasses because

    A he thought they were good for his eyes.

    B he preferred to watch gladiator games through them.

    C he wanted to show off his wealth.

    D he believed they had magical properties.

12 Why were the Spanish colonists surprised by the Incas?

    A They thought the American continent was empty.

    B Their emeralds were extremely large.

    C Their jewellery had a huge number of emeralds on it.

    D They were impressed by the size of their emerald mine.

정답·해석·해설 p.272

필수 구문

⭐ **find** + 목적어 + 목적격보어: (목적어)가 (목적격보어)라고 여기다

She **found** <u>emeralds</u> <u>enchanting and beautiful</u>, and therefore ...
          목적어   목적격보어

그녀는 에메랄드가 매혹적이고 아름답다고 여겼고, 그래서 ...

➡ 위의 문장에서처럼 동사 find는 뒤에 목적어와 목적격보어를 한꺼번에 가질 수 있습니다. 목적격보어 자리에는 주로 명사나 형용사가 오며, "(목적어)가 (목적격보어)라고 여기다"라는 뜻으로 해석해 줍니다.

find와 같이 목적어와 목적격보어를 가지는 동사로는 make, keep, consider 등이 있습니다.

📖 **Vocabulary**

06 transparent adj. 투명한   prized adj. 가치 있는   gemstone n. (보석의) 원석   mine n. 광산; v. 채굴하다   enchanting adj. 매혹적인   derive from phr. ~에서 유래하다, 파생하다   gladiator n. 검투사   weariness n. 피로, 지루함   sought-after adj. 인기 있는, 수요가 많은   colonist n. 식민지 개척자   indigenous adj. 토착의, 원산의

READING PASSAGE 1

How Humans Evolved Through Hunting

New research in the field of anthropology has suggested that the development of hunting practices two million years ago may have had an impact on human evolution. This is because the protein-rich meat that hunting provided could have encouraged a different form of development in humans. Once humans started eating meat, they no longer required a large digestive system to break down fruit or vegetables and had a source of food that contained far more energy. They therefore had more energy for internal developments, such as brain expansion. This is the argument put forward in the 'hunting hypothesis' by psychology professor David Buss of the University of Texas in Austin. According to Buss, the adoption of hunting was a turning point in human evolution that allowed humans to develop capacities far exceeding those of apes.

The use of tools in hunting is another example of how the practice may have allowed humans to evolve in more complex ways. One important development was the adoption of hand axes, which happened around the time of the emergence of Homo erectus, the first human species suited to living on the ground rather than in trees. The most important part of this development was what paleoanthropologist Thomas Wynn of the University of Colorado describes as tools becoming 'a more or less permanent day-to-day thing'. Unlike apes, these primitive humans would keep their tools and work to improve them rather than simply dropping them after one use. Furthermore, the need to share and preserve meat, and its role in social hierarchies, would have also greatly impacted the development of early human societies. Therefore, the adoption of hunting practices could be considered the root cause of the evolution of human society and intelligence.

Questions 1–4

*Choose the correct letter, **A**, **B**, **C** or **D**.*

1   How did eating meat affect the physical evolution of humans?

   A Humans developed externally.

   B Humans became physically stronger.

   C Protein was provided for brain development.

   D A big digestive system became unnecessary.

2   What happened around the same time as the development of hand axes?

   A Humans evolved to walk on two legs.

   B Humans evolved to live on the ground.

   C Humans developed agriculture.

   D Humans started to cook their food.

3   Humans and apes differed in their use of tools because

   A humans became more creative through the use of tools.

   B humans did not throw away their tools.

   C humans used tools to hunt larger prey.

   D humans used tools to share meat within a community.

4   The writer mentions social hierarchies to illustrate

   A how eating meat influenced humans' ability to communicate.

   B how meat was preserved in a society.

   C how hunting practices led to less civilised societies.

   D how meat affected the development of early social groups.

📑 **Vocabulary** ⸻

anthropology n. 인류학   digestive system phr. 소화기   put forward phr. 제기하다   hand axe phr. 손도끼   emergence n. 출현
paleoanthropologist n. 고인류학자   more or less phr. 거의, 어느 정도   permanent adj. 영구적인   hierarchy n. 계층, 계급

Global Warming's Impact on Animals

Discovering the destructive effect of climate change on animal species around the world

Much of the debate about global warming has focused on its impact on humans, but there is evidence that it will be even more devastating for animals. In fact, a recent study of 1,500 animal species in the journal *Nature* found that 80 per cent of those species had already suffered some negative consequences because of climate change. Furthermore, the International Union for the Conservation of Nature estimates that 47 per cent of the mammals on the 'red list' of highly endangered species will face further threats if global warming continues.

One way in which global warming is already becoming apparent in some parts of the world is the loss of vegetation due to rising temperatures. If this continues it will force many animal species to move away from their natural habitats to look for food. The species that will be most threatened by these changes are those that have a very specialised diet, such as koalas, who survive almost entirely on eucalyptus as their source of nourishment. Meanwhile, changes to the seasons, such as warmer springs, are disrupting the seasonal awareness of birds and causing them to migrate earlier. This means that they arrive at breeding grounds too soon and are unable to find enough food to survive and reproduce. These examples reveal the extent to which animals are already threatened by global warming, something that is set to increase considerably in the coming decades. Unless more people become aware of this environmental crisis and pressure is put on governments to act, animal species around the world will be at risk of extinction.

*Choose **TWO** letters, **A–E**.*

Which **TWO** reasons are mentioned for why global warming threatens animals?

   A the disappearance of mates

   B rising sea levels

   C shifts in the seasonal cycle

   D longer winters

   E loss of natural habitats

Questions 7 and 8

*Choose the correct letter, **A**, **B**, **C** or **D**.*

7   Koalas are in danger from global warming because

   A their habitat will become too dry.

   B they will be hunted by larger predators.

   C they only eat one type of food.

   D they are used to cold climates.

8   What is the writer's overall purpose in writing this article?

   A to increase awareness of the challenges facing humans

   B to compare the threat of climate change for animals and humans

   C to educate readers about global warming's impact on animals

   D to promote ways of dealing with climate change

정답·해석·해설 p.275

📖 **Vocabulary** ─────────────────────────────────────

devastating adj. 치명적인, 대단히 파괴적인 **consequence** n. 영향, 결과 **endangered** adj. 멸종 위기에 처한 **apparent** adj. 분명한, 명백한
habitat n. 서식지 **nourishment** n. 영양 **disrupt** v. 방해하다, 지장을 주다 **breed** v. 번식하다 **extinction** n. 멸종

출제 경향

참/거짓/알수없음(True/False/Not Given) 문제는 제시된 문제의 내용이 지문의 정보와 같은지, 같지 않은지, 혹은 알 수 없는지를 판단하는 문제입니다. 주로 사실을 다루는 지문에서 출제됩니다.

IELTS 리딩 영역에서 가장 많이 출제되는 유형 중 하나로, 거의 매 시험 출제됩니다.

출제 형태

참/거짓/알수없음(True/False/Not Given) 문제는 제시된 문장의 내용이 지문의 정보와 같다면 True, 같지 않다면 False, 알 수 없다면 Not Given을 적는 형태로 출제됩니다.

지시문 ● ── Do the following statements agree with the information given in Reading Passage 1?
In boxes 1–3 on your answer sheet, write

TRUE	*if the statement agrees with the information*
FALSE	*if the statement contradicts the information*
NOT GIVEN	*if there is no information on this*

문제 ● ── **1** Second language ability among UK immigrants is strongly linked to language similarity.

2 People who are fluent in two languages are more likely to be academically successful.

3 To gain British citizenship, applicants must be able to speak English fluently.

아래 진술들이 Reading Passage 1 에 주어진 정보와 같습니까?
답안지의 1번-3번 칸에,

*진술이 정보와 같다면 **참**,
진술이 정보와 모순된다면 **거짓**,
관련된 정보가 없다면 **알수없음***
이라고 적으세요.

1 영국 이주민들의 제2언어 능력은 언어 유사성과 강하게 연관되어 있다.

2 두 개의 언어에 능숙한 사람들은 학업적으로 성공할 가능성이 더 높다.

3 영국 시민권을 획득하기 위해서, 지원자들은 영어를 유창하게 구사할 수 있어야 한다.

1. 지문을 읽기 전 먼저 문제를 읽고, 핵심어구와 문제의 내용을 파악합니다.

참/거짓/알수없음(True/False/Not Given) 문제는 보통 여러 개의 문제가 한 번에 출제되므로, 모든 문제의 핵심어구를 한꺼번에 파악하기보다는 한 문제씩 핵심어구를 파악하여 답을 쓰고 다음 문제로 넘어가도록 합니다.

> 1 Second language ability among UK immigrants is strongly linked to language similarity.
> ▶ 핵심어구: Second language ability
> ▶ 문제의 내용: 영국 이주민들의 제2언어 능력이 언어 유사성과 강하게 연관되어 있다.

2. 문제와 관련된 내용이 지문의 어떤 부분에 등장하는지 찾습니다.

지문에는 문제의 핵심어구가 그대로 언급되어 있거나 바꾸어 표현되어 있다는 것에 주의합니다.

> 지문에서 언급된 내용
> In Britain, census data indicates a very strong link between linguistic similarity and second language performance of immigrants.
> 영국에서, 인구통계자료는 언어학적 유사성과 이주민들의 제2언어 실력 사이의 강한 연관성을 보여준다.

3. 정답의 단서와 문제의 내용을 비교하여 일치 여부를 판단합니다.

4. 참/거짓/알수없음(True/False/Not Given) 문제는 보통 지문 내용이 전개되는 순서대로 출제된다는 것을 기억합니다.

만약 정답의 단서를 찾지 못한 문제가 있다면, 이전 문제와 다음 문제의 단서 사이를 꼼꼼히 살펴봅니다.

✅ TIPS

False와 Not Given의 차이를 알아두면 문제를 풀 때 도움이 됩니다.

· **False**
지문에 나온 단어 또는 어구가 사용되지만, 지문과 반대되는 내용이 제시됩니다.
ex) 지문 어류는 기억력이 좋지 않다.
　　문제 어류는 기억력이 매우 좋은 생물이다.
　　→ 지문에서 어류는 기억력이 좋지 않다고 했는데, 어류가 기억력이 매우 좋은 생물이라는 반대 내용을 언급하였으므로 정답은 **False**입니다.

· **Not Given**
지문에 나온 단어 또는 어구기 사용되지만, 문제의 중심 내용은 지문에서 언급되지 않습니다.
ex) 지문 어류는 기억력이 좋지 않다.
　　문제 어류의 기억력은 여러 학자들에 의해 연구되었다.
　　→ 지문에서 어류의 기억력이 좋지 않다고만 했지, 여러 학자들에 의해 연구되었는지에 대한 언급은 하지 않았으므로 정답은 **Not Given**입니다.

2. 핵심어구인 'Second language ability'가 'second language performance'로 바꾸어 표현된 주변을 확인합니다.

1. 문제를 읽고 핵심어구인 'Second language ability'를 통해 영국 이주민들의 제2언어 능력이 언어 유사성과 강하게 연관되어 있다는 내용을 파악합니다.

3. 정답의 단서에서 영국의 인구통계 자료는 언어학적 유사성과 이주민들의 제2언어 실력 사이의 강한 연관성을 보여준다고 하였으므로, 정답은 **True**입니다.

READING PASSAGE 1

Learners of multiple languages are most successful when their native languages are linguistically close to the other languages. [1]In Britain, census data indicates a very strong link between linguistic similarity and second language performance of immigrants. When languages are extremely dissimilar, they are referred to as linguistically distant. Linguistic distance can prevent people from easily acquiring a new language due to the need to learn a different writing system, produce new sounds, or master a very different grammar system.

Do the following statements agree with the information given in Reading Passage 1?
In box 1 on your answer sheet, write

TRUE   if the statement agrees with the information
FALSE   if the statement contradicts the information
NOT GIVEN   if there is no information on this

1   Second language ability among UK immigrants is strongly linked to language similarity.

해석 여러 개의 언어를 배우는 사람들은 그들의 모국어가 다른 언어에 언어학적으로 가까울 때 가장 성공적인 결과를 거둔다. [1]영국에서, 인구통계자료는 언어학적 유사성과 이주민들의 제2언어 실력 사이의 강한 연관성을 보여준다. 언어들이 완전히 다를 때, 그것들은 언어학적으로 거리가 있다고 일컬어진다. 언어학적 거리는 서로 다른 문자 체계를 학습해야 하고, 새로운 소리를 발음해야 하거나, 혹은 아주 다른 문법 체계를 익혀야 할 필요성 때문에 사람들이 쉽게 새로운 언어를 습득하는 것을 방해한다.

1 영국 이주민들의 제2언어 능력은 언어 유사성과 강하게 연관되어 있다.

정답 **True**

해설 문제의 핵심어구(Second language ability)와 관련된 지문 내용 중 'In Britain, census data indicates a very strong link between linguistic similarity and second language performance of immigrants.'에서 영국에서 인구통계자료는 언어학적 유사성과 이주민들의 제2언어 실력 사이의 강한 연관성을 보여준다고 하였으므로, 주어진 문장은 지문의 내용과 일치함을 알 수 있습니다. 따라서 정답은 **True**입니다.

| 바꾸어 표현하기 |

a strong link between ~ 사이의 강한 연관성 ▶ is strongly linked to ~과 강하게 연관되어 있다

📖 **Vocabulary**

linguistically adv. 언어학적으로 census data phr. 인구통계자료 dissimilar adj. 다른 acquire v. 습득하다

DAILY CHECK-UP

🎙 지문을 읽고 문제의 내용이 지문과 일치하면 T(True), 일치하지 않으면 F(False)라고 쓰세요.

01 Video game history starts with Atari, an early producer of video games for public arcades and, ultimately, homes. The company's first hit was *Pong*, a tennis-like game in which a digital ball moved back and forth across the screen. Introduced in 1972, the arcade version sold for $1095 and was distributed to a variety of customers, including bars, shopping malls, and department stores.

Success with *Pong* and later arcade games like *Space Invaders* and *Pac-Man* provided the company with capital to invest in home consoles, which could be used with a television. The first of these was *Home Pong*, which was released in December of 1975 to an eager audience. It sold several hundred thousand copies and was a popular Christmas gift in its initial season.

1　Atari developed arcade games using the profits from home video games.

02 Between 1863 and 1869 the Central Pacific and Union Pacific railroad companies built America's first transcontinental railway, which connected the country's eastern and western coasts. The Central Pacific railroad company built tracks from Sacramento heading east over the Sierra Nevada Mountains. They had a very difficult time, as the project required building many bridges and digging tunnels through the mountains. At the same time, the Union Pacific company began building westward out of Omaha, Nebraska. Construction was faster across the plains, but they clashed with Native American tribes along the way. These Central Pacific and Union Pacific railroads met and joined together at Promontory, Utah, in May 1869. This historical event symbolised the taming of the wilderness and America's development as a modern country.

2　The Central Pacific tracks went south through the Sierra Nevada Mountains.

3　The builders of the railways came into conflict with Native American tribes.

📖 **Vocabulary**

01 distribute v. 배포하다 release v. 발표하다, 공개하다 eager adj. 열렬한, 간절히 바라는

02 transcontinental adj. 대륙 횡단의 clash v. 충돌하다, 격돌하다 symbolise v. 상징하다 tame v. 복종시키다, 길들이다
wilderness n. 황무지, 황야

🌳 지문을 읽고 문제의 내용이 지문과 일치하지 않으면 F(False), 알 수 없으면 NG(Not Given)라고 쓰세요.

03 Psychologists recognise two broad forms of memory: implicit and explicit. Implicit memory does not require active thought or mental effort. This category of memory functions automatically, such as when a person is driving a car. In contrast, explicit memory involves a more active recall of what one has experienced or learned. For example, remembering where one was last New Year's Eve exhibits explicit recall.

When testing implicit and explicit memory, a key difference is that subjects of implicit tests are not told what they will be tested on. Those in explicit memory tests, on the other hand, are instructed to study a given set of objects or items, such as a list of words, and are told that they will be tested on their recollection of those things.

4   Subjects are informed of their test materials in implicit tests.

5   A list of words is the most common item used in explicit memory tests.

04 Lasers, once thought to be the technology of the future, are now becoming increasingly common. Initially, scientists found that by shining light through certain crystals or gases, they could keep the light focused. At the same time, the light became amplified, or stronger, as mirrors reflected it back and forth. In this way, the light was forced to move in one straight super beam or laser.

A variety of lasers are available to do different jobs. In the construction industry, a laser's light energy can become heat to link metal parts and to burn away dirt from stone buildings. Lasers are also used in hospitals. The heating action of laser light beams can join tiny blood vessels during delicate surgery. Since they use ultraviolet or infrared radiation, these lasers can't be seen by the human eye. In communications, a laser beam can carry many voice messages and television signals at the same time.

6   Scientists discovered lasers by accident.

7   Lasers are not powerful enough to connect pieces of metal.

📋 **Vocabulary** ─────────────────────────────

03 implicit memory phr. 암묵 기억   automatically adv. 무의식적으로, 자동적으로   explicit memory phr. 외현 기억   subject n. 피실험자
recollection n. 기억하는 내용, 기억

04 crystal n. 결정체   amplify v. 증폭시키다   blood vessel phr. 혈관   delicate adj. 정교한, 섬세한   ultraviolet adj. 자외선의
infrared adj. 적외선의

05 Martian weather differs significantly from Earth's weather. On Mars, autumn and winter temperatures can drop to -143°C. This would create fatal conditions for unprotected human visitors. In spring and summer, temperatures rising to 18°C present a threat as well. This is because Mars has no ozone layer, and human skin burns due to exposure to sunlight. On Earth, the presence of the ozone layer helps protect human skin.

What the two planets do have in common is a four-season year, although the unusual egg-shaped orbit of Mars tends to make each season longer than those on Earth. On Mars, the longest season is spring, which lasts around seven months. The nearly circular orbit of Earth ensures that there are three-month seasons with distinct weather conditions.

The level of violent storms is another difference between the two planets. For example, Mars experienced long periods of rainfall several billion years ago. They were so destructive that they occasionally caused sudden floods in which waters travelled at more than 160 kilometres per hour. The water flow of these floods was 1,000 times stronger than that of a typical flood on the North American continent.

8   Earth's seasons are shorter than those on Mars.

9   Rainfall is currently not possible on Mars.

10 Floods on Mars had the same force as typical floods in North America.

📄 Vocabulary _____

05 Martian adj. 화성의 fatal adj. 치명적인 present v. 야기하다, 제시하다 orbit n. 궤도 ensure v. 반드시 ~하게 하다

06 The use of computer-generated imagery, or CGI, in films has become so common that even very realistic films will often use some form of CGI trickery. CGI techniques were pioneered in 1973's *Westworld*, which used a CGI shot to convey the point of view of a robot. This was followed in 1977 by *Star Wars*, which combined CGI with puppetry to depict battles in space. George Lucas, the director of *Star Wars*, created a special division within his production company Lucasfilm to develop new CGI techniques. Lucasfilm subsequently did CGI for many other groundbreaking films.

CGI is now so advanced that it is hard to detect, while many films that would previously have been animations are created entirely with computer design. This trend began with Pixar in 1995, who made the first completely CGI animation. However, CGI is now usually combined with live-action performances. This is often done through the use of motion-capture technology, which tracks an actor's body or facial movements and then maps CGI on to them. The use of green screens is also common, which allows film directors to incorporate actors into a completely computer-generated background. The ultimate aim of this technology is to create completely photo-realistic human character. <u>*Given the pace of technological development*</u>, that may soon be a reality.

11 The robot in *Westworld* was created using CGI.

12 Lucasfilm only worked on the CGI of *Star Wars* films.

13 A green screen allows actors to be placed in CGI setting.

필수 구문

⭐ **Given ~**: ~을 고려하면

Given the pace of technological development, that may soon be a reality.
기술 발전의 속도를 고려하면, 그것은 곧 현실이 될지도 모른다.

➡ 위의 문장에서처럼 동사 give의 과거분사형인 given이 문장의 맨 앞에 쓰이는 경우가 있으며, 이때 Given은 전치사와 같은 역할을 합니다. 따라서 뒤에는 주로 명사나 명사구가 오고, "~을 고려하면"이라는 뜻으로 해석해 줍니다.

명사(구) 이외에도 Given 뒤에는 'the fact that + 주어 + 동사'의 형태도 자주 쓰이며, 이때에는 "~라는 사실을 고려하면"이라는 의미로 해석해 줍니다.

Given the fact that the populations are increasing, agricultural production should also increase.
인구가 증가하고 있다는 사실을 고려하면, 농업 생산량 또한 증가해야 한다.

📖 **Vocabulary**

06 **trickery** n. 속임수, 사기 **pioneer** v. 개척하다 **puppetry** n. 인형극 **subsequently** adv. 그 후, 나중에 **groundbreaking** adj. 획기적인
live-action adj. 실사 촬영의 **map** v. 배치하다, 지도로 그리다 **photo-realistic** adj. 실사 수준의

07　Cotton farming became the main industry in the southern states of the United States after the introduction of Eli Whitney's cotton gin, a device for removing the seeds from cotton fibre, a process that had previously been done by hand. Producing cotton had been a long process in which a pound of thread took a day to make. Whitney's invention of the cotton gin in 1793 dramatically reduced the time it took to produce cotton, to the extent that it was possible to make fifty pounds of thread in a single day. After Whitney perfected his invention, he demonstrated it to a few colleagues in the cotton industry. When they saw how efficient the machine was, they planted their fields with cotton. Soon, there was a great demand for the machine, and the cotton industry took off.

A number of other factors contributed to the explosive growth of the cotton industry. The use of slaves was significant, since it allowed farm owners to continue production without paid labour. By the early 19th century, it seemed ⑧as if Britain had been overtaken as the global leader in cotton production. However, the growth of the US cotton industry had a positive impact in Britain as the British cotton industry largely depended on America for its raw materials. The cotton gin and cotton farms in the southern United States therefore powered much of the British economy. If they had not existed, a significant percentage of the British workforce would have been forced to find other jobs. *The London Economist*, in fact, mentioned that millions of workers in Britain would have been affected if a disaster had occured in the US cotton industry.

14 Whitney's invention ultimately increased the amount of cotton cultivated.

15 Cotton became America's biggest industry after the adoption of the cotton gin.

16 Only paid labour was used on American cotton farms.

17 The cotton gin led to the decline of the British economy.

정답·해석·해설 p.278

필수 구문

⭐ **as if** ~: (사실은 아니지만) 마치 ~인 것처럼

By the early 19th century, it <u>seemed</u> **as if** Britain <u>had been overtaken</u> as the global leader in cotton
　　　　　　　　　　　　　과거　　　　　　　　　　　　　　과거완료
production.

19세기 초에 이르러, 영국은 (사실은 아니지만) 마치 면화 생산에서 전 세계의 선두 자리를 추월당한 것처럼 보였다.

➡ 위의 문장에서처럼 '사실이 아니지만 사실인 것처럼'이라는 가정의 의미를 나타내기 위해 as if가 쓰일 수 있습니다.
이를 as if 가정법이라고 부르며, 이때 as if 뒤에는 과거의 일이라도 과거 시제가 아니라 과거완료형의 동사가
쓰입니다. as if 가정법 구문은 '사실은 아니지만'이라는 의미가 포함되어 있음에 주의하여 "마치 ~인 것처럼"이라는
뜻으로 해석해 줍니다.

as if 가정법 구문에서 현재의 일은 과거 시제 동사로 쓰입니다.
People often act **as if** they were not influenced by others.
(사실은 아니지만) 사람들은 종종 마치 그들이 다른 사람들에 의해 영향받지 않는 것처럼 행동한다.

📖 **Vocabulary** ──

07 cotton gin phr. 조면기　fibre n. 섬유　thread n. 실　dramatically adv. 극적으로　perfect v. 완성하다, 완벽하게 하다
take off phr. 유행하다　contribute v. 기여하다　explosive adj. 폭발적인　power v. 동력을 공급하다, 강화하다

Understanding Owls

Owls are far more complex and varied than most people realise

Owls are one of the most easily recognisable of all bird species, as well as one of the most widely distributed around the world. There are actually 216 species of owl, the majority of which are nocturnal creatures who sleep in the day and hunt at night. They mainly prey on small rodents, but some owls hunt other birds, rabbits, and even foxes. They are highly suited to this task, with talons that are similar in strength to those of eagles despite being much smaller.

There are two main families of owls, true owls and barn owls. True owls are the most typical, comprising 189 of the 216 owl species in existence. Barn owls are generally longer than true owls, and skinnier than their characteristically fluffy and round counterparts. The largest owl species is the great grey owl, a type of true owl that lives mainly in the Northern Hemisphere, and can reach 84 centimetres in length.

Female owls are larger than males in most owl species. This is thought to be because females have to stay with their eggs to incubate them, which requires more body mass, while males go out and get food. Owls are generally faithful to one mate for the duration of the mating season, and some owl species have been observed partnering up for life.

Although most owls live and nest in trees, this is by no means universal. The snowy owl, for example, often has no choice, since it lives on the barren and largely treeless Arctic tundra; it nests in holes in the ground. The burrowing owl, on the other hand, uses the abandoned burrows of prairie dogs. Barn owls, as their name suggests, will often nest in barns or other man-made structures.

Questions 1–5

Do the following statements agree with the information given in Reading Passage 1?

Write

> ***TRUE***   *if the statement agrees with the information*
> ***FALSE***   *if the statement contradicts the information*
> ***NOT GIVEN***   *if there is no information on this*

1   All owls hunt in the daytime.

2   Barn owls are fatter than true owls.

3   Male owls do not live as long as female owls.

4   Some owls stay with one mate for their whole life.

5   The snowy owl nests in holes in the earth.

📖 **Vocabulary** ──

recognisable adj. 알아볼 수 있는   nocturnal adj. 야행성의   prey on phr. ~을 먹이로 하다, ~을 잡아먹다   rodent n. 설치류   talon n. 발톱
true owl phr. 올빼미과   barn owl phr. 외양간올빼미   comprise v. 차지하다, 구성하다   fluffy adj. 북슬북슬한, 솜털로 뒤덮인
incubate v. 부화시키다, (알을) 품다   by no means phr. 결코 ~이 아닌   barren adj. 척박한, 황량한   burrowing owl phr. 굴올빼미
abandoned adj. 버려진   burrow n. 굴

The Invention of Paper

Although it now seems commonplace, paper is one of the most significant inventions in human history. It was first developed in China, with most accounts attributing it to the imperial eunuch Cai Lun, who is thought to have made a form of paper in AD 105. At first, it was used as wrapping for presents, but it was soon discovered to be an effective material to write on. In China, it played a significant role in the extension of literacy throughout the country and the development of a sophisticated literary culture.

It spread to the Middle East in the 9th century, during a period when the Islamic world was experiencing a cultural golden age. Paper allowed the artistic, scientific, and literary writings produced during this cultural boom to spread throughout the region, thereby facilitating the spread of Islamic culture. Europe was slow to adopt paper because literacy rates were so low there. Paper manufacturing did finally start to appear in Europe from around the 12th century, producing a similar effect on literacy and the spread of religious culture.

Prior to the 19th century, paper manufacturing relied on fibre from used textiles. This gave rise to people who would search through rubbish for discarded clothes and other rags. In the 1840s two men, Friedrich Gottlob Keller in Germany and Charles Fenerty in Canada, simultaneously invented a means of paper production using wood pulp. By the end of the 19th century, wood was the primary material used in the manufacture of paper. This significantly reduced the cost of paper and, along with the invention of mass-produced fountain pens and pencils at the same time, allowed it to be used for letters, journals, and mass-market books.

Questions 6–9

Do the following statements agree with the information given in the Reading Passage 2?

Write

TRUE	*if the statement agrees with the information*
FALSE	*if the statement contradicts the information*
NOT GIVEN	*if there is no information on this*

6 Initially, paper was widely used for writing Chinese manuscripts.

7 Islam was not widespread before the invention of paper.

8 Paper was once made out of clothes people had thrown away.

9 The two inventors of wood-based paper production worked together.

Question 10

Choose the correct letter, **A, B, C** or **D**.

10 Why did Europe take a long time to start using paper?

    A It was considered an Islamic invention.

    B Other materials were already available.

    C Many people could not read.

    D Europeans were not aware of its existence.

정답·해석·해설 p.281

📖 **Vocabulary**

commonplace adj. 평범한, 아주 흔한 imperial adj. 황실의, 제국의 eunuch n. 환관, 내시 literacy n. 읽고 쓰는 능력
sophisticated adj. 수준 높은, 세련된 literary adj. 문학의 facilitate v. 촉진하다, 조장하다
literacy rate phr. 식자율(국민 중 글을 아는 사람들의 비율) textile n. 직물, 옷감 give rise to phr. ~이 생기게 하다 rag n. 넝마 조각, 누더기
simultaneously adv. 동시에 mass-produced adj. 대량 생산의 fountain pen phr. 만년필

2주 2일 참/거짓/알수없음(True/False/Not Given) **81**

출제 경향

일치/불일치/알수없음(Yes/No/Not Given) 문제는 제시된 문제의 내용이 지문에 나타난 글쓴이의 견해와 일치하는지, 일치하지 않는지, 혹은 알 수 없는지를 판단하는 문제입니다. 주로 하나의 주제에 대한 의견이나 주장을 다루는 지문에서 출제됩니다.

IELTS 리딩 영역에서 가장 많이 출제되는 유형 중 하나로, 거의 매 시험 출제됩니다.

출제 형태

일치/불일치/알수없음(Yes/No/Not Given) 문제는 제시된 문제의 내용이 지문에 나타난 글쓴이의 견해와 일치한다면 Yes, 일치하지 않는다면 No, 알 수 없다면 Not Given을 적는 형태로 출제됩니다.

지시문 •—— Do the following statements agree with the claims of the writer in Reading Passage 1?

In boxes 1–3 on your answer sheet, write

YES	*if the statement agrees with the claims of the writer*
NO	*if the statement contradicts the claims of the writer*
NOT GIVEN	*if it is impossible to say what the writer thinks about this*

문제 •—— 1   A fall in crop productivity proves that invasive species are still a threat.

2   Invasive species should be eradicated from Hawaii.

3   It is impossible to stop invasive species from attacking farms.

아래 진술들이 Reading Passage 1에 나타난 글쓴이의 견해와 일치합니까?
답안지의 1번–3번 칸에,

진술이 글쓴이의 견해와 일치한다면 **일치**,
진술이 글쓴이의 견해와 모순된다면 **불일치**,
관련된 정보가 없다면 **알수없음**
이라고 적으세요.

1   농작물 생산성의 감소는 침입종이 여전히 위협이 된다는 것을 증명한다.

2   침입종들은 하와이에서 박멸되어야 한다.

3   침입종들이 농장을 공격하는 것을 방지하는 것은 불가능하다.

1. 지문을 읽기 전 먼저 문제를 읽고, 핵심어구와 문제의 내용을 파악합니다.

일치/불일치/알수없음(Yes/No/Not Given) 문제는 보통 여러 개의 문제가 한 번에 출제되므로, 모든 문제의 핵심어구를 한꺼번에 파악하기보다는 한 문제씩 핵심어구를 파악하여 답을 쓰고 다음 문제로 넘어가도록 합니다.

> 1 A fall in crop productivity proves that invasive species are still a threat.
> ▶ 핵심어구: A fall in crop productivity
> ▶ 문제의 내용: 농작물 생산성의 감소가 침입종이 여전히 위협이 된다는 것을 증명한다.

2. 문제와 관련된 내용이 지문의 어떤 부분에 등장하는지 찾습니다.

지문에는 문제의 핵심어구가 그대로 언급되어 있거나 바꾸어 표현되어 있다는 것에 주의합니다.

> 지문에서 언급된 내용
> Recently, declining agricultural yields have revealed that these exotic species are still a major problem.
> 최근에, 감소하는 농업 생산량은 이러한 외래종들이 여전히 심각한 문제임을 보여주었다.

3. 정답의 단서와 문제의 내용을 비교하여 일치 여부를 판단합니다.

4. 일치/불일치/알수없음(Yes/No/Not Given) 문제는 보통 지문 내용이 전개되는 순서대로 출제된다는 것을 기억합니다.

만약 정답의 단서를 찾지 못한 문제가 있다면, 이전 문제와 다음 문제의 단서 사이를 꼼꼼히 살펴봅니다.

✔ TIPS

No와 Not Given의 차이를 알아두면 문제를 풀 때 도움이 됩니다.

· **No**
지문에 나온 단어 또는 어구가 사용되지만, 지문과 반대되는 내용이 제시됩니다.
ex) 지문 자연 보호가 기술 발전보다 중요하다.
　　문제 기술 발전이 자연 보호보다 우선이다.
　　→ 지문에서 자연 보호가 기술 발전보다 중요하다고 했는데, 기술 발전이 자연 보호보다 우선이라는 반대 내용을 언급하였으므로 글쓴이의 견해와 일치하지 않습니다. 따라서 정답은 **No**입니다.

· **Not Given**
지문에 나온 단어 또는 어구가 사용되지만, 문제의 중심 내용은 지문에서 언급되지 않습니다.
ex) 지문 자연 보호가 기술 발전보다 중요하다.
　　문제 기술 발전 때문에 자연이 망가졌다.
　　→ 지문에서 자연 보호가 기술 발전보다 중요하다고 했지, 기술 발전 때문에 자연이 망가졌는지에 대한 언급은 하지 않았으므로 글쓴이의 견해가 어떤지 알 수 없습니다. 따라서 정답은 **Not Given**입니다.

2. 핵심어구인 'A fall in crop productivity'가 'declining agricultural yields'로 바꾸어 표현된 주변을 확인합니다.

1. 문제를 읽고 핵심어구인 'A fall in crop productivity'를 통해 농작물 생산성의 감소가 침입종이 여전히 위협이 된다는 것을 증명한다는 내용을 파악합니다.

3. 정답의 단서에서 감소하는 농업 생산량은 이러한 외래종들이 여전히 심각한 문제임을 보여주었다고 하였으므로, 정답은 **Yes**입니다.

READING PASSAGE 1

The influx of invasive species to Hawaii has caused irreparable damage to the island's ecosystem, while also harming the territory's agriculture and economy. Recently, [1]declining agricultural yields have revealed that these exotic species are still a major problem. The Hawaii Invasive Species Council, which was set up to deal with nonnative species, has been underfunded for the duration of its existence and has been subject to further budget cuts in recent years. Unless the Hawaiian state government takes the threat of invasive species seriously, it is likely that there will be further crop failures in the future.

Do the following statements agree with the claims of the writer in Reading Passage 1?
In box 1 on your answer sheet, write

YES	if the statement agrees with the claims of the writer
NO	if the statement contradicts the claims of the writer
NOT GIVEN	if it is impossible to say what the writer thinks about this

1 A fall in crop productivity proves that invasive species are still a threat.

해석 하와이로의 침입종의 유입은 또한 그 지역의 농업과 경제에 해를 끼친 동시에, 제도의 생태계에 회복할 수 없는 피해를 입혔다. 최근에, ¹감소하는 농업 생산량은 이러한 외래종들이 여전히 심각한 문제임을 보여주었다. 토종이 아닌 종들을 처리하기 위해 설립된 하와이의 해양외래종협회는, 존속하는 내내 자금 부족을 겪어왔으며 최근 몇 년 동안 추가적인 예산 삭감을 겪어왔다. 하와이주 정부가 침입종의 위협을 심각하게 받아들이지 않는 한, 미래에는 더한 흉작을 겪게 될 것이다.

1 농작물 생산성의 감소는 침입종이 여전히 위협이 된다는 것을 증명한다.

정답 **Yes**

해설 문제의 핵심어구(A fall in crop productivity)와 관련된 지문 내용 중 'declining agricultural yields have revealed that these exotic species are still a major problem'에서 감소하는 농업 생산량은 이러한 외래종들이 여전히 심각한 문제임을 보여주었다고 하였으므로, 주어진 문장은 글쓴이의 견해와 일치함을 알 수 있습니다. 따라서 정답은 **Yes**입니다.

─────────
│ 바꾸어 표현하기 │
─────────
major problem 심각한 문제 ▶ threat 위협

📖 **Vocabulary**

influx n. 유입 irreparable adj. 회복할 수 없는 yield n. 생산량, 수확 underfunded adj. 자금 부족을 겪는

🌳 지문을 읽고 문제의 내용이 글쓴이의 의견과 일치하면 Y(Yes), 일치하지 않으면 N(No)라고 쓰세요.

01 Polygraphs are instruments that monitor a person's physical and psychological reactions, but their usefulness is debatable. People call them 'lie detectors', but these instruments do not detect lies. They can only detect whether signs of abnormal behaviour are being displayed. In some cases, a truthful person may be considered a liar because he or she was nervous, embarrassed, or scared during an examination. Despite this, many American law enforcement agencies still use them, claiming that they are worthwhile for measuring the psychological reactions of subjects under pressure. However, there are no specific reactions associated with lying and, therefore, the polygraph usually functions as a means of reinforcing expectations. If this occurs in police work, it can lead to wrongful arrests, which is why the polygraph should be abandoned as a method of investigation.

1   It is essential for police forces to use the polygraph in criminal cases.

02 When two people engage in a conversation, they tend to keep a certain distance from one another. This personal distance is not due to body odour or disrespect, but rather to an invisible boundary. Everyone has such a boundary, which shows how familiar a person is with the person he or she is talking to. Interestingly, the average personal distance varies from culture to culture. This can lead to cultural misunderstandings, as tourists may find themselves uncomfortably close to locals, or vice versa. That's why it is important to remember that cultural norms are not universal. People must respect the fact that others have different definitions of personal distance, while not expecting the rest of the world to conform to their desired behaviours.

2   People's body odour makes others stay away from them.

3   Tourists can find that local people are too close to them.

📖 **Vocabulary**

01 polygraph n. 거짓말 탐지기   abnormal adj. 비정상적인   law enforcement agency phr. 법 집행기관   wrongful adj. 부당한, 불법의

02 body odour phr. 체취   invisible adj. 보이지 않는, 볼 수 없는   vice versa phr. 반대의 경우도 마찬가지   norm n. 규범
conform v. 따르다, 순응하다

🌐 지문을 읽고 문제의 내용이 글쓴이의 의견과 일치하지 않으면 N(No), 알 수 없으면 NG(Not Given)라고 쓰세요.

03 The railway system in the UK is the oldest in the world, which is unsurprising in a country with such an impressive history of industrialism. The first UK passenger train opened in 1807, but was actually pulled by horses rather than steam driven. It was not until 1825 that the first locomotive-hauled train in the world opened, and it was utilised to transport cargo, such as coal, between the cities of Stockton and Darlington. This was quickly followed in 1830 by the Liverpool and Manchester Railway, the world's first intercity passenger railway. This service introduced many of the elements of train travel that are now taken for granted, such as scheduled services. In the 1840s, the UK experienced a huge boom in railway expansion, to the extent that almost the whole country was connected by the close of the decade. This railway system unfortunately deteriorated in the 20th century, leaving Britain with one of the worst networks of all developed countries.

4　The Stockton and Darlington line was the first to move people between cities.

5　The British train network fell into decline due to a lack of investment.

04 Artificial reefs are often added to aquatic environments to increase fish populations, protect habitats, and enhance fishing opportunities. The argument for artificial reefs is that they increase the number of fish by drawing young fish to the area. However, extensive research into marine environments has yet to determine if artificial reefs merely attract fish or actually result in increased reproduction. An artificial reef was built in Lake Michigan to improve the fishing of a type of fish called smallmouth bass in the area. Researchers are investigating the effectiveness of this artificial reef in increasing the population size. The difference between attracting fish and boosting fish reproduction is critical. If the artificial reef attracts fish but does not promote reproduction, the population of smallmouth bass will decrease. Conversely, if the fish reproduce on the reef, it will help to create a more stable population.

6　Research has shown that fish reproduce more on artificial reefs.

7　The number of smallmouth bass in Lake Michigan is falling.

📖 **Vocabulary**
03 locomotive n. 기관차　haul v. 끌다, 운반하다　intercity adj. 도시 간의　scheduled service phr. 정기운송
04 artificial reef phr. 인공 어초　aquatic adj. 수생의　habitat n. 서식지　reproduction n. 번식, 생식　effectiveness n. 유효성

05 Traditionally, the mental processes of learning, remembering, and forgetting were considered distinct. Today, however, scientists studying memory development and retention have discovered that the contrast between these processes is less evident than previously thought. Research now suggests that memory should be perceived as a learning process with three steps that always occur in the following order: acquisition, short-term, and long-term. The application of this notion in the classroom could have a significant impact on students' ability to retain and understand material.

✻Recently processed sensory input, data provided by the sense organs, is first stored temporarily in short-term memory. Only a limited amount of information may stay here for 15 to 30 seconds before it is either suddenly erased or moved to long-term memory. In contrast, long-term memory has the capacity for storing an infinite amount of information and can be accessed for many years without being forgotten. Therefore, in a classroom environment, there should be more emphasis on stimulating students' long-term memory, rather than utilising material in a wide-ranging but superficial way. Making teachers understand the different ways in which the memory stores information would allow them to become better educators.

8 Memories can move from long-term to short-term memory.

9 There is a limited amount of space in the long-term memory.

10 Teachers should use material in a less broad manner.

필수 구문

✻ 두 개의 콤마(,) 사이 명사(구)가 있는 동격구문

Recently processed <u>sensory input</u>, **data provided by the sense organs**, is first stored temporarily

                          A   =   B

in short-term memory.

최근에 처리된 감각적 정보, 즉 감각 기관에 의해 제공된 정보는 우선 일시적으로 단기 기억에 저장된다.

➡ 위의 문장에서처럼 영어에서는 문장의 중간에 두 개의 콤마(,)를 사용하여 명사(구)를 넣기도 합니다. 이 경우 콤마 사이에 위치한 명사(구)는 주로 첫 번째 콤마 앞에 쓰인 다른 명사구와 같은 대상을 가리키게 되며, 이런 구문을 동격구문이라 부릅니다. 동격구문은 앞, 뒤의 대상을 같은 대상으로 해석해 줍니다.

📖 **Vocabulary**

05 **distinct** adj. 별개의, 뚜렷한 **retention** n. 유지력, 기억 **acquisition** n. 습득, 취득 **retain** v. 기억하다, 유지하다 **sensory** adj. 감각적인 **temporarily** adv. 일시적으로, 임시로 **capacity** n. 수용력, 용량 **stimulate** v. 자극하다, 활발하게 하다 **wide-ranging** adj. 광범위한, 폭넓은 **superficial** adj. 피상적인, 얄팍한

06 As the business world becomes more global, it is also likely to become more diverse. In fact, increasing diversity among the workforce and the customer base is now considered inevitable in most countries. And while there is a trend towards more workplace diversity, its advantages are not always assured. Therefore, businesses must learn to cultivate diversity and make sure that it is used strategically for gaining a business advantage. Generally speaking, workplace diversity includes all the attributes that the various employees bring with them. This includes national origin, race, religion, age, and many other variables. An effective business strategy that promotes diversity will be inclusive and avoid discrimination or hostility to individuals or groups with these various characteristics. This should be accomplished through both celebrating diversity and not engaging in any culturally exclusive activities, which might alienate people from certain cultures.

Managed properly, workplace diversity can result in a variety of benefits. When people of diverse backgrounds are brought together, it increases the range of perspectives. A broader set of opinions can be advantageous when a company needs to find a solution to a problem or develop a creative business plan. Moreover, diversity can create better community relations and help expand the customer base. Because most companies are in business to make profit, they usually do not concentrate on a single category of customers. Instead, they target customers from a range of socio-economic backgrounds. Having a culturally diverse staff enables employers to better understand their customers, and to know how best to communicate with them and attract them. In this globalised economy, the companies that come out on top will be those who both value cultural diversity and use it to their advantage.

11 Not all of the benefits of diversity in the workplace are guaranteed.

12 Discrimination in the workplace is common in the business world.

13 Businesses tend to focus on customers of a single type.

14 Diverse employees are better equipped to face crises.

📖 **Vocabulary**

06 diverse adj. 다양한 customer base phr. 고객층 inevitable adj. 불가피한 cultivate v. 기르다, 함양하다 strategically adv. 전략적으로 attribute n. 속성, 특성 national origin phr. 출신 국가 variable n. 변수 hostility n. 반감, 적대감 exclusive adj. 배타적인, 독점적인 alienate v. 소외시키다

07 Although many people are bilingual or trilingual, individuals with a high degree of proficiency in several languages are known as polyglots. Recently, there has been considerable debate within the scientific community over whether the extensive language ability of certain people can be attributed to biological or behavioural factors.

One theory is that polyglots are biologically different from those who are unable to learn more than one or two languages. An experiment run by Dr Narly Golestani at University College London has shown that these polyglots have a cerebral cortex with a distinct shape and structure, particularly in the parietal lobes, areas that are associated with the processing of audio information. In addition⊛, Golestani argues, the white matter that connects these components of the brain has a much greater volume. This suggests that certain people have a genetic inclination towards language acquisition.

It is widely accepted that genetics impacts an individual's ability to learn languages. However, these experiments are not definite proof that ability in new languages is based on biology. In fact, the distinctive brain structure of polyglots is more likely to be a result of the regular stimulus that occurs through learning languages. If a person uses certain areas of his or her brain more frequently, such as those associated with studying languages, it can lead to the alteration of the structure of this organ. Therefore, the physical differences found in polyglots are probably the result of behavioural factors such as regular language learning, rather than the cause.

15 Scientists generally agree that language ability is due to biological factors.

16 An area of the brain is a different shape in people who speak several languages.

17 Genetics can influence a person's ability in their native language.

18 A polyglot's different brain structure is not something they are born with.

필수 구문

⊛ **두 개의 콤마(,) 사이 절(주어 + 동사)이 있는 삽입구문**

In addition, <u>Golestani argues,</u> the white matter that connects these components of the brain ...
　　　　　　　　절(주어 + 동사)

게다가, Golestani가 주장하기를, 두뇌의 이러한 요소들을 연결하는 백질은 ...

➡ 위의 문장에서처럼 영어에서는 문장의 중간에 두 개의 콤마(,)를 사용하여 '주어 + 동사'를 끼워 넣기도 합니다. 이런 구문을 삽입구문이라고 부르며, 본래의 문장에 "(주어)가 (동사)하기를"이라는 의미를 덧붙여 해석해 줍니다.

콤마 사이에 위치한 절(주어+동사)에는 argue(주장하다), state(진술하다), believe(믿다)와 같은 동사가 자주 쓰입니다.

📖 **Vocabulary** ───

07 bilingual adj. 2개 국어를 사용하는　trilingual adj. 3개 국어를 사용하는　polyglot n. 여러 개 국어에 능통한 사람
be attributed to phr. ~에 기인하다　cerebral cortex phr. 대뇌 피질　parietal lobe phr. 두정엽　white matter phr. 백질
inclination n. 기질, 성향　alteration n. 변화, 변경

READING PASSAGE 1

Studying the Benefits of Cacao

Used to make chocolate and a range of other cacao products, cacao beans are actually the seeds of the cacao tree, which grows throughout the tropical regions of Central and South America. Eating these seeds has long been thought to have positive effects on people's health. Cacao is generally considered to be a good source of antioxidants including flavonoids, which can stop or prevent cell damage. One study conducted by Cornell University has discovered that a cup of hot cocoa, a warm chocolate drink made from cacao, has far more antioxidants than a similar serving of red wine or tea. Indeed, eating or drinking some chocolate is a good way to get a regular dose of cacao, the positive effects of which offset the calories if consumed in moderation.

Scientists have also studied the effects of consuming cacao on rates of heart disease, cancer, and diabetes, with some surprising results. Norman Hollenberg, a professor of radiology at Harvard Medical School, conducted a study on the Kuna people in Panama, who drink more than five cups of cacao every day. Hollenberg discovered that four of the five most common fatal diseases – strokes, heart failure, cancer and diabetes – were much less common among the Kuna than among other Panamanian people. While Hollenberg's study is fascinating, the observational nature of his research means his findings do not indicate scientific proof that cacao would have the same benefits for everyone. The isolation of the Kuna people from the outside world also makes Hollenberg's research results questionable. Nevertheless, it is apparent that cacao intake does have some link with reduced rates of disease. Therefore, although further studies need to be carried out on how exactly cacao affects the body, more people should consider eating it regularly.

Questions 1–5

Do the following statements agree with the claims of the writer in Reading Passage 1?

Write

YES	*if the statement agrees with the claims of the writer*
NO	*if the statement contradicts the claims of the writer*
NOT GIVEN	*it is impossible to say what the writer thinks about this*

1 There is a higher amount of antioxidants in cocoa than wine.

2 Regularly eating large amounts of chocolate is beneficial.

3 The Kuna people rely on cacao for many essential nutrients.

4 Cancer is the only disease that is less common among the Kuna.

5 The Kuna's isolation raises questions about the claim that eating cacao is beneficial to everyone.

📖 **Vocabulary**

antioxidant n. 항산화 물질, 산화방지제 regular dose phr. 표준 복용량 offset v. 상쇄하다 in moderation phr. 적당히, 알맞게
diabetes n. 당뇨병 radiology n. 방사선학 fatal adj. 치명적인 stroke n. 뇌졸중 observational adj. 관찰적인 isolation n. 고립, 분리
questionable adj. 의문의 여지가 있는, 의심스러운 intake n. 섭취

Families with Different 'Tongues'

In many families, parents speak two different native languages, and they must decide which one their child learns

Learning multiple languages is often said to be a positive activity. And in many cases, learning a second language is a choice. But what about bilingual families that have a mother and father whose native languages are different? Should the children of the household be forced to learn both the 'mother' and 'father' tongues? The truth is that it should be determined by the significance of the two languages globally. If both languages are of practical use to the children throughout their life, then the pros outweigh the cons. Imagine a family in Germany with a German-speaking father and a Chinese-speaking mother. It might seem impractical for a child in the household to learn Chinese. The languages are very different, so the effort and time involved in learning the mother's language would be significant. In addition, the opportunities to utilise it outside the household might be limited for a child.

Despite these drawbacks, learning Chinese for this child would be useful for several reasons. First, the child would be able to communicate with the mother's side of the family, such as during a visit to grandparents in China. Perhaps more importantly, though, learning both languages would give the child a competitive advantage in the job market. According to the Chinese embassy in Berlin, there are now several thousand Chinese companies with offices in Germany. There are also an increasing number of Chinese investors buying German firms. These companies often conduct their business in both languages, and therefore are in need of people who can use both. Thus, because demand for people who are bilingual in German and Chinese is on the rise, the child would have unique career opportunities that are not available to monolingual language users.

Questions 6–9

Do the following statements agree with the views of the writer in Reading Passage 2?

Write

> **YES**   *if the statement agrees with the views of the writer*
> **NO**   *if the statement contradicts the views of the writer*
> **NOT GIVEN**   *it is impossible to say what the writer thinks about this*

6   Parents should always teach their native language to their children.

7   Chinese is the most useful language to learn in the current global economy.

8   More and more German companies are being taken over by Chinese investors.

9   Many monolingual people are losing jobs to people who are bilingual.

Question 10

*Choose the correct letter, **A**, **B**, **C** or **D**.*

10   According to the writer, learning languages of both parents is beneficial if

     A   the child is not forced to learn them by the mother and father.
     B   the child has an interest in learning both of them.
     C   both of them are equally easy for the child to learn.
     D   both of them offer a useful advantage to the child.

정답·해석·해설 p.286

📖 **Vocabulary**

tongue n. 언어, 방언   significance n. 중요성, 의미   outweigh v. ~보다 더 크다, 능가하다   impractical adj. 비실용적인
utilise v. 활용하다, 이용하다   drawback n. 단점, 결점   competitive advantage phr. 경쟁 우위   embassy n. 대사관
monolingual adj. 하나의 언어를 사용하는

출제 경향

도식 완성하기(Note/Table/Flow-chart/Diagram Completion) 문제는 제시된 노트/표/순서도/다이어그램의 빈칸을 채워 완성하는 문제입니다. 주로 빈칸에 들어갈 답을 지문에서 찾아 적는 주관식 형태로 출제됩니다.

IELTS 리딩 영역에서 매 시험 출제되지는 않지만 자주 출제되고 있습니다.

출제 형태

노트 완성하기(Note Completion)

노트는 지문의 내용을 간략하게 요약하여 정리한 형태로, 하나의 큰 제목과 여러 개의 소제목이 있는 형태가 자주 출제됩니다.

지시문 •

Complete the notes below.

*Choose **ONE WORD ONLY** from the passage for each answer.*

Write your answers in boxes 1 and 2 on your answer sheet.

노트 •

> **Multilingual People in America**
>
> Survey:
> – 89 per cent mastered other **1** .... at home
> – 7 per cent got command of in other language from instruction at **2** ....

아래 노트를 완성하세요.

지문에서 각 답안에 들어갈 **한 개의 단어**를 고르세요.

답안지의 1번과 2번 칸에 답을 적으세요.

> **미국의 여러 언어 구사자**
>
> 조사:
> – 89퍼센트가 집에서 1 .... 을 익힘
> – 7퍼센트가 2 ....에서의 가르침으로부터 다른 언어를 익힘

표 완성하기(Table Completion)

표는 지문의 내용을 항목에 따라 분류하여 정리한 형태로 출제됩니다.

지시문 •

Complete the table below.

*Choose **NO MORE THAN TWO WORDS** from the passage for each answer.*

Write your answers in boxes 1–4 on your answer sheet.

아래 표를 완성하세요.

지문에서 각 답안에 들어갈 단어를 **두 단어 이내로** 고르세요.

답안지의 1번–4번 칸에 답을 적으세요.

표 •

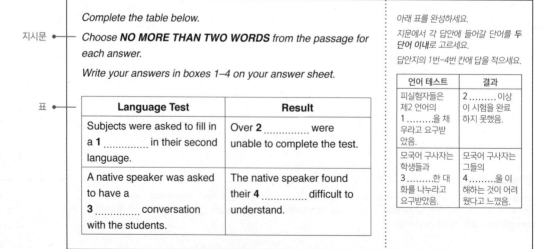

Language Test	Result
Subjects were asked to fill in a **1** .... in their second language.	Over **2** .... were unable to complete the test.
A native speaker was asked to have a **3** .... conversation with the students.	The native speaker found their **4** .... difficult to understand.

언어 테스트	결과
피실험자들은 제2 언어의 1 ....을 채우라고 요구받았음.	2 .... 이상이 이 시험을 완료하지 못했음.
모국어 구사자는 학생들과 3 ....한 대화를 나누라고 요구받았음.	모국어 구사자는 그들의 4 ....을 이해하는 것이 어려웠다고 느꼈음.

순서도 완성하기(Flow-chart Completion)

순서도는 지문에 등장한 특정 순서·절차 등을 요약하여 정리한 형태로, 주로 위에서 아래로 흐르는 형태로 출제됩니다.

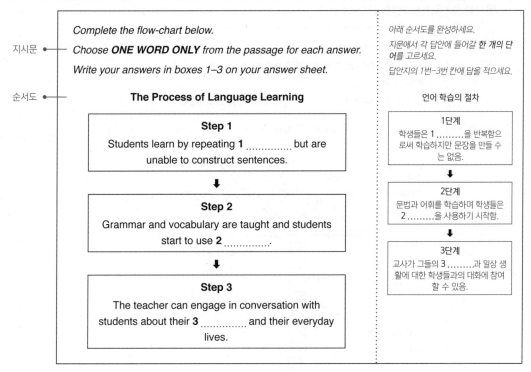

지시문 •——— Complete the flow-chart below.
Choose **ONE WORD ONLY** from the passage for each answer.
Write your answers in boxes 1–3 on your answer sheet.

아래 순서도를 완성하세요.
지문에서 각 답안에 들어갈 **한 개의 단어**를 고르세요.
답안지의 1번-3번 칸에 답을 적으세요.

순서도 •———

The Process of Language Learning

Step 1
Students learn by repeating **1** .... but are unable to construct sentences.

↓

Step 2
Grammar and vocabulary are taught and students start to use **2** ....

↓

Step 3
The teacher can engage in conversation with students about their **3** .... and their everyday lives.

언어 학습의 절차

1단계
학생들은 1 ....을 반복함으로써 학습하지만 문장을 만들 수는 없음.

↓

2단계
문법과 어휘를 학습하며 학생들은 2 ....을 사용하기 시작함.

3단계
교사가 그들의 3 ....과 일상 생활에 대한 학생들과의 대화에 참여할 수 있음.

다이어그램 완성하기(Diagram Completion)

다이어그램은 주로 건축물·기기·자연물 등의 구조 혹은 작동 과정을 그림으로 나타낸 형태로, 특정 부위의 명칭을 적거나 그에 대한 설명을 완성하는 형태로 출제됩니다.

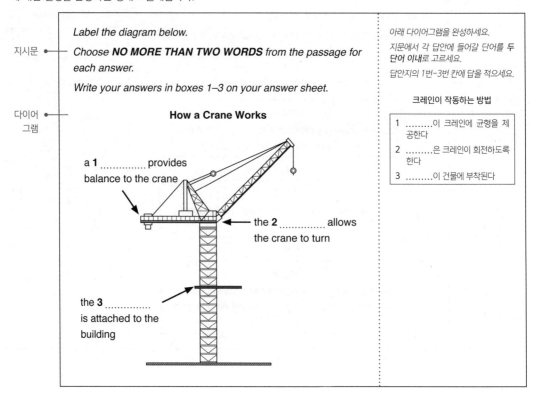

지시문 •——

Label the diagram below.

*Choose **NO MORE THAN TWO WORDS** from the passage for each answer.*

Write your answers in boxes 1–3 on your answer sheet.

다이어 •——
그램

How a Crane Works

a **1** .... provides
balance to the crane

the **2** .... allows
the crane to turn

the **3** ....
is attached to the
building

아래 다이어그램을 완성하세요.
지문에서 각 답안에 들어갈 단어를 두
단어 이내로 고르세요.
답안지의 1번–3번 칸에 답을 적으세요.

크레인이 작동하는 방법

1 ....이 크레인에 균형을 제
공한다

2 ....은 크레인이 회전하도록
한다

3 ....이 건물에 부착된다

1. 답안 작성 조건을 확인합니다.

지문을 읽기 전 먼저 지시문을 읽고 몇 개의 단어 혹은 숫자로 답안을 작성해야 하는지 확인합니다.

2. 제시된 노트/표/순서도/다이어그램의 핵심 내용을 파악합니다.

> 7 per cent got command of other language from instruction at 1 ....

- ▶ 핵심어구: **7 per cent got command of other language**
- ▶ 문제에서 묻는 내용: 7퍼센트의 사람들이 어디에서의 가르침을 통해 다른 언어에 유창하게 되었는지

- 도식 완성하기(Note/Table/Flow-chart/Diagram Completion) 문제에는 제목이 주어지기도 합니다. 이 경우 제목을 먼저 읽으면 지문에서 무엇과 관련된 내용을 찾아야 하는지 파악하기 쉬워집니다.
- 노트의 경우 하나의 큰 제목 아래에 항목별로 여러 개의 소제목이 주어지기도 합니다. 이 경우 소제목을 미리 확인해 두면 지문에서 정답의 단서를 더 쉽게 찾을 수 있습니다.
- 표의 경우 첫 행과 첫 열의 정보를 미리 확인하여 지문의 내용이 어떤 식으로 정리되어 있는지 파악합니다.

3. 문제와 관련된 내용이 지문의 어떤 부분에 등장하는지 찾습니다.

지문에는 문제의 핵심어구가 그대로 언급되어 있거나 바꾸어 표현되어 있다는 것에 주의합니다.

> 지문에서 언급된 내용
> In contrast, only **7 per cent of them gained mastery of a non-English language** from school instruction.
> 이와는 대조적으로, 그들 중 오직 7퍼센트의 사람들만이 영어가 아닌 언어를 학교의 가르침으로부터 익혔다.

4. 알맞은 단어를 답안으로 작성합니다.

문맥상 빈칸에 들어가기에 알맞은 단어를 찾아 답안 작성 조건에 맞게 답을 작성합니다. 조건에 맞지 않는 답안은 오답 처리된다는 것에 주의합니다.

✔ **TIPS**

대표적인 주관식 답안 조건들을 알아두면 답안을 작성할 때 도움이 됩니다.

- **ONE WORD ONLY** : 한 단어로만 답안을 작성합니다.

  ex) images (o), clear images (×)

- **ONE WORD AND/OR A NUMBER** : 한 단어 / 한 단어와 숫자 하나 / 숫자 하나로 답안을 작성합니다.

  ex) images (o), 2 images (o), 2 (o), 2nd (o), 2 clear images (×)

- **NO MORE THAN TWO WORDS** : 두 단어 이내로 답안을 작성합니다.

  ex) images (o), clear images (o), 2 clear images (×)

- **NO MORE THAN TWO WORDS AND/OR A NUMBER** : 두 단어 이내 / 숫자 하나 / 한 단어와 숫자 하나 / 두 단어 와 숫자 하나로 답안을 작성합니다.

  ex) images (o), clear images (o), 2 (o), 2nd (o), 2 images (o), 2 clear images (o)

READING PASSAGE 1

Strong ability in more than one language is far more likely in people from multilingual families. This is because immigrant families often teach children their native tongue in addition to the official language of their country of residence. According to the Pew Research Centre, the majority of Americans who are truly multilingual learn the language in the home. A survey of multilingual people found that 89 per cent of them mastered the non-English language in the home. In contrast, [1]only 7 per cent of them gained mastery of a non-English language from school instruction.

2. 핵심어구인 '7 per cent got command of other language'가 '7 per cent of them gained mastery of a non-English language'로 바꾸어 표현된 부분을 확인합니다.

1. 지시문을 읽고 한 단어로 된 답을 고르는 문제임을 확인한 뒤, 제목과 소제목을 읽고 여러 언어를 말하는 미국 사람들의 설문조사에 관한 노트임을 파악합니다. 문제의 핵심어구인 '7 per cent got command of other language'를 통해 7퍼센트의 사람들이 어디에서의 가르침을 통해 다른 언어를 익혔는지를 묻고 있음을 파악합니다.

Complete the notes below.
Choose **ONE WORD ONLY** from the passage for the answer.
Write your answer in box 1 on your answer sheet.

Multilingual People in America

Survey:
- 89 per cent mastered other language at home
- 7 per cent got command of other language from instruction at **1** ....

3. 정답의 단서에서 7퍼센트의 사람들만이 학교의 가르침으로부터 영어가 아닌 언어를 익혔다고 하였으므로, **school**을 정답으로 작성합니다.

해석 한 가지 이상의 언어에 있어 우수한 능력은 여러 언어를 사용하는 가정의 사람들에게 훨씬 가능성이 높다. 이는 이주민 가정들이 종종 그들이 거주하는 국가의 공식 언어뿐 아니라 그들의 모국어를 아이들에게 가르치기 때문이다. Pew Research Centre에 따르면, 여러 언어를 제대로 구사하는 대다수의 미국인들은 그 언어를 가정에서 배운다. 여러 언어를 구사하는 사람들에 대한 조사는 그들 중 89퍼센트가 영어가 아닌 언어를 가정에서 익혔다는 것을 알아냈다. 이와는 대조적으로, ¹그들 중 오직 7퍼센트의 사람들만이 영어가 아닌 언어를 학교의 가르침으로부터 익혔다.

미국에서 여러 언어를 구사하는 사람들

조사:

- 89퍼센트가 가정에서 다른 언어를 익혔음

- 7퍼센트가 1 ....에서의 가르침으로부터 다른 언어를 익혔음

정답 **school**

해설 문제의 핵심어구(7 per cent got command of other language)와 관련된 지문 내용 중 'only 7 per cent of them gained mastery of a non-English language from school instruction'에서 그들 중 오직 7퍼센트의 사람들만이 영어가 아닌 언어를 학교의 가르침으로부터 익혔다고 하였으므로, **school**이 정답입니다.

> **바꾸어 표현하기**

gained mastery of a non-English language 영어가 아닌 언어를 익혔다

▶ got command of other language 다른 언어를 익혔다

📖 **Vocabulary** ────────────────────────────────────

multilingual adj. 여러 언어를 사용하는 **immigrant** n. 이주민, 이민자 **native tongue** phr. 모국어

DAILY CHECK-UP

🌳 지문을 읽고 빈칸에 알맞은 단어를 쓰세요.

01 Like other stars, the sun is made up of very hot gases. At times, some of these hot gases cool slightly. The cooler gases look like dark spots on the sun and are called sunspots. But they are not really cool. Even the coolest sunspots are hotter than the hottest fire on Earth. Meanwhile, sunspots change in size and shape. Most last about 30 days, but some can last for a much longer or a much shorter time. Usually, small sunspots may last only a few days, while larger ones last longer. The number of sunspots on the surface of the sun also changes over time, depending on shifts in the solar cycle.

*Choose **ONE WORD ONLY** from the passage for the answer.*

Sunspots
– The sun's hot gases cool a little
– These form dark sunspots
– The solar cycle determines the **1** .... of sunspots

02 The difference between weather and climate is often misunderstood. Weather refers to atmospheric conditions, such as wind speed, rainfall, or temperature, at any given location. More precisely, it is the combination of these factors at a particular moment in time and place. Climate, on the other hand, is a description of the average weather conditions over a certain time period, for example, during the summer or winter seasons. It can also be said that geographic regions experience specific types of climate. Northern climates are usually cool and dry, while the area near the equator is generally hot and humid.

*Choose **ONE WORD ONLY** from the passage for the answer.*

Weather	**Climate**
– The weather depends on atmosphere conditions. – It is a combination of wind speed, rainfall, and temperature at a certain time.	– Climate describes the normal weather conditions during a period of time. – Northern climates are cool, but places around the **2** .... are hot.

📖 **Vocabulary** —————————————————————————————————————

01 be made up of phr. ~으로 이루어지다, 구성되다   sunspot n. 태양 흑점   solar cycle phr. 태양 주기
02 atmospheric adj. 대기의   geographic adj. 지리적인, 지리학의   equator n. 적도

102 무료 IELTS 학습자료·유학정보 goHackers.com

03 The Colosseum is one of the architectural wonders of the world, particularly because it has remained standing since its construction in AD 80. The durability of the Colosseum relies on one key element of its design: the use of arches. This structure is ideal for carrying heavy weights, since the weight is absorbed by the keystone that sits at the top of the arch. The Colosseum has 80 tall arches on its ground floor level that carry the weight of the upper levels as well as providing entrances and exits for thousands of visitors. The second and third floors of the building also have 80 arches each, making a total of 240 arches. Rather than arches, the top level has a series of small rectangular windows, on top of which are stone plinths that used to carry the posts for the Colosseum's canopy. This extended to cover visitors from rain or sun.

Choose **NO MORE THAN TWO WORDS** from the passage for each answer.

The Design of Rome's Colosseum

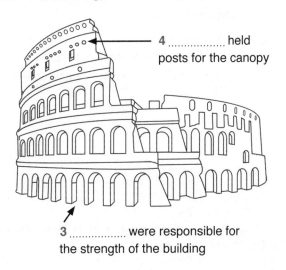

4 .... held posts for the canopy

3 .... were responsible for the strength of the building

─ **Vocabulary** ──

03 architectural adj. 건축학의, 건축의 durability n. 내구성 keystone n. 쐐기돌, 이맛돌 rectangular adj. 직사각형의, 직각의
stone plinth phr. 주춧돌 canopy n. 덮개, 차양

04 There are a number of reasons why desert snakes are ideally suited to life in the desert. Firstly, many desert snakes have jaws that are supported from above. This physical characteristic keeps sand out of their mouths as they move through the desert in search of prey. Secondly, they have bumps on their skin that allow them to move and dig into the sand easily. Moreover, desert snakes are good at dealing with the intense heat of their environment. They usually hunt at night when the air temperature is cool, and they avoid the heat during the day. To escape the heat, some desert snakes dig a hole under the sand ®– others find shelter under rocks or in the cool shade of caves. The most striking characteristic of the desert snake, though, is its ability to conserve water. Snakes take in valuable water both directly and indirectly. Directly, they can drink water when there is an available source. Indirectly, they can get water from the food they eat. However, in desert areas, it is not easy to obtain water. As a result, they keep the loss of water to a minimum by making sure that they make solid waste instead of liquid waste.

*Choose **NO MORE THAN TWO WORDS** from the passage for each answer.*

The Desert Snake

Physical characteristics:
 – 5 .... that stop sand from entering their mouths
 – 6 .... on their skin to help them dig

Escaping heat:
 – Hunt at night when the temperature is lower
 – Dig into the sand

Conserving water:
 – Drink from water sources or prey
 – Keep water by making solid rather than 7 ....

필수 구문

® 대시(–)로 연결된 문장

To escape the heat, some desert snakes dig a hole under the sand – others find shelter under rocks or in the cool shade of caves.
열기를 피하기 위해, 일부 사막 뱀들은 모래 아래에 구멍을 판다. 그리고 다른 뱀들은 바위 아래나 동굴의 시원한 그늘에서 은신처를 찾는다.
➡ 위의 문장에서처럼 영어에서는 한 문장과 다른 문장을 대시(–) 기호로 연결해서 쓰는 경우가 있습니다. 대시 기호는 앞서 나온 내용에 다른 내용을 덧붙이거나 더 세부적인 설명을 제시할 때 자주 사용되며, "그리고", "그런데" 등과 같이 문맥에 맞는 적절한 의미를 사용하여 문장이 연결되도록 해석해 줍니다.

📖 **Vocabulary**

04 bump n. 돌기, 요철 shelter n. 은신처 striking adj. 주목할 만한 conserve v. 보존하다, 유지하다 take in phr. ~을 섭취하다, 흡수하다
 waste n. 배설물

05 The root system of a plant is composed of many individual roots. While many variations exist, there are two primary types: the taproot system and the fibrous root system. The fibrous root system consists of many equal-sized roots that branch off from the stem, while a taproot is made up of a straight root that tapers as it grows down into the earth and forms a main root.

In the taproot system, other roots may develop from the main root. This makes these types of plants difficult to transplant, as the root system will often remain after the actual plant has been removed. The main taproot extends vertically downwards from the stem of the plant into the earth and acts as a storage organ for all the nutrients in the soil. As this main root grows downwards, secondary roots extend out of it. These then produce a third, even smaller, set of roots that grow further into the soil. Finally, tiny rootlets develop on the third set of roots. Many plants, such as trees, can begin to grow using the taproot system, before switching to the fibrous root system so that their roots can extend further into the soil.

*Choose **ONE WORD ONLY** from the passage for each answer.*

How the Taproot System Works

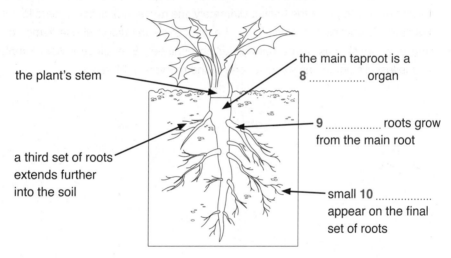

the plant's stem

the main taproot is a
8 .... organ

9 .... roots grow
from the main root

a third set of roots
extends further
into the soil

small 10 ....
appear on the final
set of roots

📖 **Vocabulary**

05 root system phr. 근계 be composed of phr. ~으로 구성되어 있는 variation n. 변형, 변화 taproot system phr. 주근계
fibrous root system phr. 수염뿌리계 branch off phr. 갈라지다 taproot n. 주근, 곧은 뿌리 taper v. 점점 가늘어지다
transplant v. 옮겨 심다, 이식하다 vertically adv. 수직으로 rootlet n. 지근, 작은 뿌리

06   As an engineer and architect, Filippo Brunelleschi was one of the most celebrated figures of the Florentine Renaissance. This was mainly because of his work on the dome of Florence's immense cathedral, the Santa Maria del Fiore. In 1418, a big competition was held to find an engineer capable of designing and building the dome. Brunelleschi entered and managed to convince the judges that he was the man to take on this challenge. Brunelleschi's brilliant plan incorporated two domes, one inside the other, built from brick, sandstone, and marble. His design did not require scaffolding, but it did need a lifting mechanism capable of carrying weights that were, at that time, considered too heavy to lift. Since no such device existed, Brunelleschi invented it himself. It was powered by oxen and included the first-ever reverse gear, which meant the oxen didn't have to be turned around when lowering the material.

Once Brunelleschi had the required tools, he began construction. His team of workmen constructed most of the two domes out of brick, which was light enough to stop them from collapsing. Giant brick arches were built to support the domes, which were also strengthened by five hoops of stone and iron. ®<u>Built to a very specific pattern</u>, the brickwork was able to support the weight of the dome without the need for scaffolding. Contemporary experts believe that Brunelleschi must have used a complex system of guide ropes to show his workmen how to place the bricks. Ultimately, the dome took sixteen years to complete. Upon his death, Brunelleschi was buried in the crypt of the cathedral whose dome he had designed and built, which was a rare honour for an engineer. Ever since it was completed in 1436, Brunelleschi's dome has stood as one of the marvels of Florence.

*Choose **ONE WORD ONLY** from the passage for each answer.*

Building Brunelleschi's Dome

Step 1
Brunelleschi won a **11** .... to find a design for the dome. His design featured two domes.

⬇

Step 2
Brunelleschi designed a device to lift heavy materials. It had the first reverse gear, which allowed objects to be brought down without turning the **12** .... around.

⬇

Step 3
The two domes were made out of **13** .... to make them light. The domes were supported by arches and hoops.

⬇

Step 4
After 16 years, the dome was completed.

정답·해석·해설 p.288

필수 구문

⭐ 분사로 시작되는 분사구문

Built to a very specific pattern, the brickwork was able to support the weight of the dome without
과거분사
└──── 분사구문 ────┘

the need for scaffolding.
매우 특별한 양식으로 지어졌기 때문에, 벽돌은 발판에 대한 필요 없이 돔의 무게를 지탱할 수 있었다.

➡ 위의 문장에서처럼 주어와 동사 없이 분사로 시작되는 구문을 분사구문이라고 부릅니다. 분사구문 뒤에 나오는 문장을 수식해 주는 역할을 하며, "~ 때문에", "~ 때" 등과 같이 문맥에 맞는 적절한 의미를 사용하여 뒤의 문장이 수식될 수 있도록 해석해 줍니다.

분사구문의 분사가 현재분사이면 능동의 의미를 살려 "~하기 때문에", "~할 때" 등으로 해석하고, 과거분사이면 수동의 의미를 살려 "~되기 때문에", "~될 때" 등으로 해석합니다.

Expanding rapidly, the company had to move to a larger office.
현재분사
급속히 확장했기 때문에, 그 회사는 더 큰 사무실로 옮겨야 했다.

📋 **Vocabulary**

06 celebrated adj. 유명한 figure n. 인물 Florentine adj. 피렌체의 cathedral n. 대성당 incorporate v. 포함하다, 통합하다 sandstone n. 사암 marble n. 대리석 scaffolding n. 발판, 비계 mechanism n. 장치, 기구 reverse gear phr. 후진 기어 guide rope phr. 유도줄 (기구나 비행선을 유도하는 끈이나 줄) crypt n. 지하실

READING PASSAGE 1

The Shift from Natural to Cultured Pearls

Due to the rare occurrence of their organic growth, pearls were once among the most sought-after items in the world. Natural pearls are produced within the shells of molluscs such as oysters, where they are formed as a means of defence against the invasion of irritants. If an irritant enters the shell, molluscs produce nacre. The irritant will eventually develop a shiny radiance as a result of the layers of nacre that form around it, transforming it into a pearl. The brightness of the pearl can vary depending on the levels of a mineral called aragonite in the shell, and some pearls can be red or black, while many are not actually round. For instance, freshwater pearls are usually oval shaped.

Pearl hunting is a very ancient profession, but for much of human history it was an extremely difficult job. Free divers would risk their lives by descending to depths of over 100 feet to collect molluscs. The oldest pearl fishing areas are in the Indian Ocean and the Red Sea. The discovery of the New World, where pearls were widespread in the basins of the Ohio, Mississippi, and Tennessee rivers, led to a dramatic expansion of the international pearl market. This trade was then disrupted by a manmade invention: the cultured pearl.

Cultured pearls, which were first developed in Australia by biologist William Saville-Kent in the late 19th century, are made by implanting a small piece of mantle tissue into a mollusc shell. This causes the mollusc to create a pearl around the tissue. The introduction of cultured pearls was initially resisted within the global pearl industry. Nevertheless, the contemporary industry is now almost entirely dominated by cultured pearls, which account for 99 per cent of all pearls sold internationally.

Questions 1–5

Complete the notes below.

Choose **ONE WORD ONLY** *from the passage for each answer.*

Natural and Cultured Pearls

Natural Pearls
- – once some of the most prized items in the world
- – produced in the shells of molluscs
- – formed as a **1** .... against irritants
- – layers of **2** .... make them shiny
- – **3** .... pearls are shaped like an oval

Cultured Pearls
- – pearl trade was changed by an artificial invention
- – first developed in Australia in the 19th century
- – produced by putting mantle **4** .... into a shell
- – cultured pearls were opposed in the **5** .... at first
- – most pearls sold now are cultured ones

문제 유형 공략하기 I

2nd Week

4일

Hackers IELTS Reading Basic

📑 **Vocabulary** ───────────────────────────────────────

cultured pearl phr. 양식 진주 **sought-after** adj. 인기 있는, 수요가 많은 **mollusc** n. 연체동물 **irritant** n. 자극물, 자극제
radiance n. 광채, 빛 **nacre** n. 진주층 **freshwater** adj. 담수의, 민물의 **oval** adj. 타원형의 **basin** n. (큰 강의) 유역, 분지
mantle n. 외투막 **tissue** n. 조직 **contemporary** adj. 현대의

How Hormones Relate to Behaviour

Personality and behaviour depend on many factors, but there is evidence that hormones play a significant role in both

Many doctors and scientists believe that hormones, which are known to regulate physiology, also influence behaviour and personality. Hormones are signalling molecules released by glands as a means of making changes in organs. In men, the most significant hormone is testosterone, the primary male sex hormone, which increases in production by around 10 times during adolescence. It facilitates the development of male reproductive tissues, but has also been linked to personality traits such as remoteness and hostility. In general, the male body produces 10 times more testosterone than the female body. Studies have shown that testosterone can make men act more competitively, particularly when their social status is at threat. Thus, if two men are competing for a professional achievement or for the attention of a potential partner, their testosterone levels will increase and make them display an assertive or even aggressive personality.

Testosterone is the dominant hormone for men, but for females, it is oestrogen, which women have in far larger quantities than men. This hormone can be found in particularly high amounts when a woman is pregnant, which is a time when hormones play a major role. This is when oestrogen and progesterone regulate female tissue development and increase maternal behaviour. According to some researchers, oestrogen can also be linked to several character traits, including a stable mood and a sense of contentment. This is particularly evident when oestrogen levels fall, during which time women can suffer from emotional problems such as depression. The hormone oxytocin, which is responsible for inducing labour and initiating contractions during childbirth, may also influence behaviour. Oxytocin is known as a social lubricant, and is sometimes called the 'love hormone', since, when people become physically intimate with their partners, it promotes bonding and affection.

Questions 6 and 7

Do the following statements agree with the information given in Reading Passage 2?

Write

TRUE	*if the statement agrees with the information*
FALSE	*if the statement contradicts the information*
NOT GIVEN	*if there is no information on this*

6   If men want to achieve the same goal, testosterone will help them work together.

7   Oestrogen is responsible for generating milk after pregnancy.

Questions 8–10

Complete the table below.

Choose **NO MORE THAN TWO WORDS** *from the passage for each answer.*

Hormones in Action

Event	Hormonal Activity
Women become pregnant.	Oestrogen and progesterone control tissue growth and boost **8** ....
Women deliver their babies.	Oxytocin starts labour and causes **9** ....
People become intimate with their partners.	Oxytocin, also known as the **10** ...., increases feelings of affection.

정답·해석·해설 p.292

📖 Vocabulary

physiology n. 생리 기능, 생리학   **molecule** n. 분자   **gland** n. 분비 기관, 선   **adolescence** n. 청소년기   **facilitate** v. 촉진하다, 용이하게 하다
hostility n. 적개심   **assertive** adj. 독단적인, 자기 주장이 강한   **maternal** adj. 어머니로서의   **contentment** n. 만족(감)
induce v. 유도하다, 유발하다   **labour** n. 분만   **initiate** v. 일으키다, 시작하다   **contraction** n. 진통, 수축   **lubricant** n. 윤활제

5일 문장 완성하기 | Sentence Completion

◉ 출제 경향

문장 완성하기(Sentence Completion) 문제는 지문의 내용과 일치하도록 문장을 완성하는 문제입니다. 완성되지 않은 문장의 뒤에 들어갈 내용을 보기 리스트에서 선택하거나, 지문에서 단어를 찾아 그대로 적는 주관식 형태로 출제됩니다.

IELTS 리딩 영역에서 간혹 출제되고 있습니다.

◉ 출제 형태

보기 리스트에서 알맞은 답 선택하기

주어진 보기 리스트에서 문장을 완성할 수 있는 알맞은 보기를 선택하는 문제입니다.

---

*Complete each sentence with the correct ending, **A–G**, below.*
*Write the correct letter, **A–G**, in boxes 1 and 2 on your answer sheet.*

문제 → **1** A native species was more at risk from exotic species when it

2 The most dangerous form of exotic species are those that have

보기 리스트 →
A evolved without any natural predators.
B competed with exotic species for food.
       ⋮
G was found in many different places.

아래 A–G 중 올바른 것을 골라 각각의 문장을 완성하세요.
답안지의 1번과 2번 칸에 A–G 중 올바른 알파벳을 적으세요.

1 토착종은 –할 때 외래종으로부터 더 위험에 처하게 되었다.
2 가장 위험한 형태의 외래종은 –했던 것들이다.

A 어떤 자연적 포식자도 없이 진화했다
B 먹이를 위해 외래종과 경쟁했다
   ⋮
G 서로 다른 다양한 장소에서 발견되었다

빈칸에 알맞은 답을 지문에서 찾아 적기

문장의 빈칸에 들어갈 알맞은 단어를 지문에서 찾아 적는 문제입니다.

지시문 →
Complete the sentences below.
*Choose **ONE WORD ONLY** from the passage for each answer.*
Write your answers in boxes 1 and 2 on your answer sheet.

문제 → **1** The giant panda's large .... is an adaptation to its environment.

2 Unlike other bear species, giant pandas do not ....

아래 문장들을 완성하세요.
지문에서 각 답안에 들어갈 **한 개의 단어**를 고르세요.
답안지의 1번과 2번 칸에 답을 적으세요.

1 자이언트 판다의 거대한 ....은 환경에 대한 적응이다.
2 다른 곰 종들과는 다르게, 자이언트 판다는 ....을 하지 않는다.

핵심 전략

1. 지문을 읽기 전 먼저 문제를 읽고, 핵심어구와 문제에서 묻는 내용을 파악합니다.

주관식으로 출제되는 경우, 지시문을 읽고 몇 개의 단어 혹은 숫자로 답안을 작성해야 하는지 반드시 확인합니다.

> **1** A native species was more at risk from exotic species when it
>
> ▶ 핵심어구: more at risk from exotic species
>
> ▶ 문제에서 묻는 내용: 토착종이 언제 외래종으로부터 더 위험에 처하게 되었는지

2. 문제와 관련된 내용이 지문의 어떤 부분에 등장하는지 찾습니다.

지문에는 문제의 핵심어구가 그대로 언급되어 있거나 바꾸어 표현되어 있다는 것에 주의합니다.

> 지문에서 언급된 내용
>
> Species such as native birds, which evolved in an ecosystem where there were no predators, were easier prey for invasive species ...
>
> 포식자가 없는 생태계에서 진화한 토착 조류와 같은 종들은 침입종들에게 더 손쉬운 먹이였다.

3. 보기 리스트에서 지문의 내용을 바르게 표현한 보기를 골라 답안을 작성합니다.

보기에는 정답의 단서의 내용이 바꾸어 표현되어 있다는 것에 주의합니다.

4. 문장 완성하기(Sentence Completion) 문제는 보통 지문 내용이 전개되는 순서대로 출제된다는 것을 기억합니다.

만약 단서를 찾지 못한 문제가 있다면, 이전 문제와 다음 문제의 단서 사이를 꼼꼼히 살펴봅니다.

✅ TIPS

1. 문장 완성하기(Sentence Completion) 문제는 보통 여러 개의 문제가 한 번에 출제되므로, 모든 문제의 핵심어구를 한꺼번에 파악하기보다는 한 문제씩 핵심어구를 파악하여 답을 쓰고 다음 문제로 넘어가는 것이 좋습니다.

2. 문장 완성하기(Sentence Completion) 문제에서 보기 리스트가 주어지는 경우에는 보기의 개수가 문제의 개수보다 더 많으므로, 정답으로 쓰이지 않는 보기들이 있습니다. 그러므로 보기를 미리 다 읽을 필요가 없습니다. 보기는 정답을 찾을 때 한 번만 읽어 시간을 효율적으로 사용합니다.

2. 핵심어구인 'more at risk from exotic species'가 'easier prey for invasive species'로 바꾸어 표현된 주변을 확인합니다.

1. 문제를 읽고 핵심어구인 'more at risk from exotic species'를 통해 토착종이 언제 외래종으로부터 더 위험에 처하게 되었는지를 묻고 있음을 파악합니다.

3. 정답의 단서에서 포식자가 없는 생태계에서 진화한 토착 조류와 같은 종들은 침입종들에게 더 손쉬운 먹이였다고 하였으므로, 보기 **A** evolved without any natural predators를 정답으로 선택합니다.

READING PASSAGE 1

When humans first arrived in Hawaii there were 140 or so species of indigenous birds, many of which were endemic, meaning they were found nowhere else in the world. But more than half of those original residents are now extinct, and exotic species are to blame. [1]Species such as native birds, which evolved in an ecosystem where there were no predators, were easier prey for invasive species like cats than those which evolved with natural predators. Meanwhile, rats that came over on cargo ships consumed bird eggs and competed with birds for food resources, such as fruit and insects.

---

*Complete the sentence with the correct ending, **A–C**, below. Write the correct letter, **A–C**, in box 1 on your answer sheet.*

1 A native species was more at risk from exotic species when it

A evolved without any natural predators.
B competed with exotic species for food.
C was found in many different places.

해석   하와이에 인간들이 처음 도착했을 때 그곳에는 140종 정도의 토착 조류가 있었고, 그것들 중 다수가 고유종이었는데, 이는 그들이 세계의 다른 어떤 곳에서도 발견되지 않았음을 뜻한다. 그러나 그러한 본래 거주종의 절반 이상이 지금은 멸종되었고, 이는 외래종 때문이다. [1]포식자가 없는 생태계에서 진화한 토착 조류와 같은 종들은 고양이와 같은 침입종들에게 자연적 포식자와 함께 진화한 종들보다 더 손쉬운 먹이였다. 한편, 화물선으로 건너온 쥐들은 새의 알을 먹어 치웠고, 과일과 곤충 같은 식량 자원을 두고 새들과 경쟁했다.

> A   어떤 자연적 포식자도 없이 진화했을 때
> B   먹이를 위해 외래종과 경쟁했을 때
> C   서로 다른 다양한 장소에서 발견되었을 때

1   토착종은 −할 때 외래종으로부터 더 위험에 처하게 되었다.

정답   **A** evolved without any natural predators

해설   문제의 핵심어구(more at risk from exotic species)와 관련된 지문 내용 중 'Species such as native birds, which evolved in an ecosystem where there were no predators, were easier prey for invasive species'에서 포식자가 없는 생태계에서 진화한 토착 조류와 같은 종들은 침입종들에게 더 손쉬운 먹이였다고 하였으므로, 보기 **A** evolved without any natural predators가 정답입니다.

바꾸어 표현하기

was more at risk from exotic species 외래종으로부터 더 위험에 처하게 되었다
▶ were easier prey for invasive species 침입종들에게 더 손쉬운 먹이였다

📖 **Vocabulary**

indigenous adj. 토착의   endemic adj. 고유의   cargo ship phr. 화물선

DAILY CHECK-UP

🔖 지문을 읽고 빈칸에 알맞은 것을 고르세요.

01 Linguists disagree about what distinguishes a language from a dialect. Some think that if two kinds of speech can be used in a conversation, they are dialects. In Scandinavia, for example, people from Denmark, Sweden, and Norway can talk to one another and be understood. Their languages are so closely related that they could be dialects, but for political reasons they are not. Conversely, Cantonese is known as a dialect of Mandarin, but a Cantonese speaker could not be understood by a Mandarin speaker. They do use the same standardised script, but language is formed in speech rather than in writing. The main reason Cantonese is labelled a dialect instead of a separate language, essentially, is the political dominance of Mandarin. This is also the reason why many of the languages spoken by China's ethnic minorities are dying out.

1 The main cause of Cantonese being a dialect is the .... influence of Mandarin.

(A) increasing (B) historical (C) political

02 In Europe and America, the tobacco industry spent millions on denying the link between smoking and cancer, and this postponed the creation of anti-smoking laws for decades. Now the industry is doing the same thing in the developing world. In some African countries, for example, tobacco companies are attempting to block new anti-smoking laws, while also holding marketing events aimed at young people. At one event, a company even handed out free cigarettes in shopping malls. Big tobacco firms in Kenya have also filed lawsuits to stop restrictions on the sale of cigarettes. Kenya, unlike Europe or America, does not have the resources to counter these huge companies. Therefore, smoking is increasing there, particularly among young people.

2 A tobacco firm distributed cigarettes for free in .... as a means of marketing.

(A) malls (B) parks (C) universities

3 Smoking is increasing in Kenya due to a lack of resources to fight against ....

(A) smugglers (B) officials (C) companies

📖 **Vocabulary**

01 linguist n. 언어학자 dialect n. 방언 Cantonese n. 광둥어; adj. 광둥어의 Mandarin n. 표준 중국어, 북방 중국어 script n. 문자, 대본 ethnic minority phr. 소수 민족
02 file a lawsuit phr. 소송을 제기하다 resource n. 수단, 방책 counter v. 대응하다

🌳 지문을 읽고 문장의 뒤에 들어갈 알맞은 보기를 고르세요.

03 Since the first large-scale bike-sharing scheme opened in Paris, similar schemes have popped up in major cities throughout the world, with Chinese cities leading the way in both the number of bikes available and the number of users. As a way to get fewer people to drive, these schemes have been largely successful. However, their safety remains an issue. Most city authorities do not require bike riders to wear helmets, although they do suggest that the riders do. Cities where helmets are a requirement, such as those in Seattle and Melbourne, have found that their schemes are not as popular. Nevertheless, riding a bike on busy city roads without a helmet is very dangerous, as several accidents have revealed. Furthermore, many cities are investing in bike schemes without investing in safe bike lanes. This has resulted in people using bikes, without helmets, on heavily congested roads.

4　Bike schemes in China are

5　Schemes that require helmets are

A　the biggest in terms of the number of bikes.
B　the fastest growing in the world.
C　not as successful as others.

📖 **Vocabulary**

03 scheme n. (정부 등의) 사업 계획, 제도 authority n. 당국 requirement n. 필수 조건 congested adj. 혼잡한

🌳 지문을 읽고 빈칸에 알맞은 단어를 쓰세요.

04
The search for alternatives to fossil fuels has led to an increase in the use of 'waste-to-energy' techniques of energy production, which use rubbish to generate power. *When done through incineration*, this generates emissions of ash, heavy metals, and carbon dioxide. However, state-of-the-art waste-to-energy facilities are now much more efficient at filtering out these harmful substances than they were in the past and are continually lowering emissions.

Furthermore, there are now cleaner alternatives to incineration, such as 'gasification'. This converts waste into combustible gases such as hydrogen, which are then used as synthetic fuels. This technique still requires high temperatures to treat the incoming waste material, but technologies are also being developed that do not require any form of heat.

Despite the downsides to using waste to generate energy, it is undeniable that these methods are far better for the environment than leaving it in landfills, which produce massive quantities of methane. As this technology continues to develop, it may provide an answer to the dual problems of waste and clean energy.

*Choose **ONE WORD ONLY** from the passage for each answer.*

6   Modern waste-to-energy facilities are better at removing .... elements.

7   Today, there are new technologies that can turn waste into .... to use as fuel.

8   Using waste to generate energy is better than putting it in ....

필수 구문

⊛ 접속사로 시작되는 분사구문

When done through incineration, this generates emission of ash, heavy metals, and carbon dioxide.
접속사 과거분사
└─────── 분사구문 ───────┘

소각을 통해 행해질 때, 이것은 재, 중금속, 그리고 이산화탄소 배출물을 발생시킨다.

➡ 분사구문이 분사로 시작하는 경우와 달리, 위의 문장에서처럼 When과 같은 접속사가 분사구문의 분사 앞에 있는 경우도 있습니다. 이때 접속사는 분사구문이 어떤 의미로 뒤의 문장을 수식하는지 명확히 하기 위해 쓰인 것으로, 일반적인 분사구문을 해석하는 방식으로 해석하되 접속사의 의미를 잘 살려 해석해 줍니다.

분사구문 앞에 쓰일 수 있는 접속사로는 when(~ 때), because(~ 때문에), if(~라면), once(일단 ~하면) 등이 있습니다.

Once exposed to the heat, the medicine becomes useless.
접속사
일단 열에 노출되면, 그 약은 쓸모 없게 된다.

📖 **Vocabulary**

04 alternative n. 대안 waste-to-energy n. 폐기물 에너지 incineration n. 소각, 화장 state-of-the-art adj. 최신의
gasification n. 가스화, 기화 combustible adj. 가연성의, 불이 잘 붙는 hydrogen n. 수소 synthetic fuel phr. 합성 연료
landfill n. (쓰레기) 매립지, 매립 dual adj. 이원적인, 이중의

05 The psychology of art and emotion is a relatively new field of study, but it is one that has already revealed some interesting insights into how art elicits emotions in a viewer. It has also revealed how the emotional response of an individual to a work of art differs from the way in which object recognition normally works. Whereas most objects are observed neutrally, art stimulates the emotional regions of the brain.

As far as visual art is concerned, it is difficult to assess how an artwork functions emotionally. This is due to the variety of artistic styles. Thus, theorists have grouped emotional responses to art into three categories: knowledge emotions, hostile emotions, and self-conscious emotions. Knowledge emotions are based on an analytical response to art, while hostile emotions are negative responses to an artwork and can include anger, disgust, and contempt. Self-conscious emotions, on the other hand, reflect the personal experience of the viewer. Viewing an artwork, people will naturally link its emotional content to their own lives.

A variety of theoretical models have also been proposed to explain how art generates emotional responses. The appraisal theory, for example, suggests that an emotional response arises largely through an evaluation of the art's technical quality. A person looking at a work of art in this way should have some artistic knowledge to support their judgement.

*Choose **NO MORE THAN TWO WORDS** from the passage for each answer.*

9   The emotional reaction to an artwork is different from the way .... usually works.

10   A 'knowledge emotion' begins with an .... reaction to art.

11   According to the appraisal theory, people respond mainly to an artwork's ....

📖 Vocabulary

05 insight n. 통찰, 이해   elicit v. 이끌어 내다   hostile adj. 적대적인   self-conscious adj. 의식적인, 자의식이 강한   analytical adj. 분석적인 disgust n. 혐오감, 역겨움   contempt n. 경멸, 멸시   theoretical adj. 이론의   appraisal n. 평가, 판단

06 The Romans developed the first sophisticated fortresses, which they used to expand their empire. Roman forts were known as 'castrum' and were strictly laid out in a rectangle. The benefit of these fortifications was that they could be built near the frontlines, allowing Rome to keep its soldiers in strategic locations. The medieval castle was a continuation of the Roman idea of fortifications, while also being the home of a ruler. European castles would typically include a motte, a hill made out of earth upon which a fortified structure would be built. This central structure on the hills would usually be what is called the keep and would be the home of the lord of the castle. From the keep, a typical castle would extend to incorporate several layers of defence, including a water-filled moat that could only be crossed by a drawbridge.

This medieval type of fortress became ineffective with the invention of the firearm and the cannon. The early varieties of these weapons were, however, fairly limited in strength and range. As a consequence, fortresses were built that allowed soldiers to fire from a safe distance and with some degree of shelter. This was evident in star-shaped fortifications such as Fort Bourtange in the Netherlands, in which the triangular points of the fortress's outer wall are intended to keep invaders at a distance. However, as weaponry advanced further in the 20th century, traditional fortresses became completely outdated because the force of modern bombs and missiles was ⓐtoo destructive for any structure to withstand.

12 The areas of castles known as keeps were

13 Star-shaped fortresses were

14 Weapons have been developed that are

> **A** constructed with thick stones.
>
> **B** capable of destroying fortresses.
>
> **C** built close to the battlefront.
>
> **D** designed to keep intruders far away.
>
> **E** central structures built on hills.
>
> **F** used for observational purposes.

정답·해석·해설 p.294

필수 구문

⊛ **too** + 형용사/부사 + **for** 명사(구) + **to** ~ : (명사(구))가 ~하기에 너무 (형용사/부사)하다

... because the force of modern bombs and missiles was **too** <u>destructive</u> **for** <u>any structure</u>
　　　　　　　　　　　　　　　　　　　　　　　　　　　　 형용사　　　　　　 명사(구)

to withstand.

근대의 폭탄과 미사일의 강도는 어떠한 구조물이 견디기에도 너무 파괴적이었기 때문에 ...

➡ '~하기에 너무 (형용사/부사)하다'라는 의미의 'too + 형용사/부사 + to ~' 구문에서, to 앞에 'for + 명사(구)'가 오는 경우가 있습니다. 이 경우 for 뒤에 오는 명사(구)를 to부정사의 주어처럼 해석하여, "명사(구)가 ~하기에 너무 (형용사/부사)하다"라는 뜻으로 해석해 줍니다.

📖 **Vocabulary**

06 sophisticated adj. 정교한 fortress n. 요새 fort n. 요새 lay out phr. 설계하다 fortification n. 방어 시설, 요새화 frontline n. 최전방 medieval adj. 중세의 motte n. 모트(성곽, 요새를 쌓아 올린 작은 언덕) keep n. (예전에 성의 일부이던) 아성 moat n. 해자(성 주위에 둘러 판 못) drawbridge n. 도개교, (옛날 성의 해자에 걸쳐놓은) 들어올리는 다리 firearm n. 화기

READING PASSAGE 1

Can Lack of Sleep Lead to Alzheimer's?

The importance of sleeping well has been emphasised by a study showing that a lack of sleep could cause Alzheimer's disease

As well as causing exhaustion and stress, sleep deprivation is known to increase the risk of developing obesity, depression, and even cancer. Recent studies have also identified a link between regular sleepless nights and Alzheimer's disease. Sufferers of Alzheimer's carry larger amounts of tau proteins, as well as displaying signs of brain inflammation and damaged brain cells. They also carry more beta-amyloid proteins. These biomarkers, which are found to a greater or lesser extent in all Alzheimer's patients, have now been revealed to be present in people who suffer from insomnia as well.

This link between Alzheimer's and lack of sleep was made clear by a study in the journal *Neurology*. It found that patients who had trouble sleeping had far more of the biomarkers associated with Alzheimer's in their systems. This was the conclusion of the study's co-author Barbara Bendlin of the Wisconsin Alzheimer's Disease Research Centre. According to Bendlin, the team's findings revealed that poor sleep may contribute to the accumulation of Alzheimer's-associated proteins in the brain. Sleep is known to be a cleaning agent in the brain, which removes neurotoxins like the beta-amyloid proteins. If a person is not getting enough sleep, these can build up, eventually leading to Alzheimer's.

However, some scientists disagree and state that the cause and effect in this scenario should be reversed. They suggest that the increase in these neurotoxins in the brain is the cause of people's inability to sleep, rather than the result. The research is therefore not as conclusive as it may appear, although there is no doubt about the benefits of a good night's sleep for our general health and well-being.

Questions 1–4

Complete the sentences below.

Choose **ONE WORD ONLY** *from the passage for each answer.*

1 Some symptoms of Alzheimer's include inflammation in the brain and weakened brain ....

2 Similar biomarkers occur in people who suffer from Alzheimer's and those who have ....

3 In the brain, sleep acts as a washing .... to flush out harmful neurotoxins.

4 Not all .... believe that sleeplessness causes Alzheimer's.

📖 **Vocabulary** ────────────────────────────────

Alzheimer's (disease) n. 알츠하이머병   **deprivation** n. 결핍   **inflammation** n. 염증
biomarker n. 생물지표(생물의 상태를 나타내는 지표로 사용되는 물질)   **contribute to** phr. ~의 원인이 되다, 기여하다   **neurotoxin** n. 신경독
conclusive adj. 확실한, 결정적인

Pelicans: Nature's Flying Giants

As one of the largest birds on the planet, pelicans are renowned for their huge wings, lengthy beak, and round throat pouch. The pelican actually has the longest beak of all birds, with the biggest growing up to 18.5 inches long. Their famous pouches dangle beneath the lower beak and are made up of what is known as gular skin.

There are currently eight pelican species in existence, which collectively make up the family Pelecanidae. The Dalmatian pelican is the largest of them and is also one of the weightiest of all the flying bird species, with large males weighing up to 33 pounds. Apart from size, the main differences among pelican species are colouring and location. For example, the great white pelican is largely white with black tips on its wings, while the Peruvian pelican has more black feathers than white.

All pelican habitats are in coastal areas, and they are generally sociable birds that move in flocks and work together when hunting. Their diet is mainly made up of fish, but they are also known to eat amphibians, turtles, and occasionally other birds. As well as hunting together, pelicans breed and raise their chicks in huge colonies.

Most pelican species have come under threat from human activity, and several are considered to be at risk of extinction. They are mainly declining because human overfishing has led to fewer fish for them to eat, but they are also threatened by chemical pollutants and the destruction of their habitats. However, environmental efforts to preserve pelican populations are ongoing, and there has been considerable success in pulling back certain species from the brink of extinction.

Questions 5–8

*Complete each sentence with the correct ending, **A–F**, below.*

5 Pelican pouches are

6 The Dalmatian pelican is

7 The Peruvian pelican is

8 Pelican chicks are

> **A** much darker in colour.
> **B** one of the heaviest flying birds.
> **C** categorised as a flightless bird.
> **D** underneath their beaks.
> **E** an exception in terms of its hunting techniques.
> **F** brought up in large communities.

Questions 9 and 10

Complete the notes below.

*Choose **ONE WORD ONLY** from the passage for each answer.*

Features of the Pelican

– its beak can be up to 18.5 inches long
– live in **9** .... regions
– they mostly live on a diet of **10** ....
– threatened by human overfishing, pollutants, and habitat loss

정답·해석·해설 p.298

📄 **Vocabulary**

dangle v. 매달리다 gular adj. 목주름의 family n. (동식물 분류상의) 과 Pelecanidae n. 펠리칸(과) Dalmatian pelican phr. 달마시안 펠리칸
great white pelican phr. 분홍사다새 amphibian n. 양서류 breed v. (새끼를) 낳다, 번식하다 chick n. 새끼 colony n. 집단 거주지
come under phr. ~의 (통제, 영향을) 받다, 포함되다 ongoing adj. 진행 중인 the brink of phr. ~의 직전

HACKERS
IELTS
READING BASIC

goHackers.com
학습자료 제공·유학정보 공유

3rd Week

3주에서는 2주에서 학습한 유형 이외에 IELTS 리딩 영역에 출제되는 다른 다섯 가지 유형에 대해 더 공부해 보겠습니다. 문제 유형별로 핵심 전략을 꼼꼼히 학습하여 문제에 적용해 봄으로써, IELTS 리딩 영역에 출제되는 유형들을 확실히 익혀 봅니다.

문제 유형 공략하기 II

1일 요약문 완성하기 Summary Completion

출제 경향

요약문 완성하기(Summary Completion) 문제는 지문의 내용과 일치하도록 요약문의 빈칸을 채워 완성하는 문제입니다. 주로 주어진 보기 리스트에서 알맞은 단어를 선택하거나, 지문에서 단어를 찾아 그대로 적는 주관식 형태로 출제됩니다.

IELTS 리딩 영역에서 가장 많이 출제되는 유형 중 하나로 거의 매 시험 출제되고 있습니다.

출제 형태

보기 리스트에서 알맞은 답 선택하기

주어진 보기 리스트에서 요약문을 완성할 수 있는 알맞은 보기를 선택하는 문제입니다.

요약문 •

*Complete the summary using the list of words, **A–F**, below.*
*Write the correct letter, **A–F**, in boxes 1 and 2 on your answer sheet.*

Is Language Ability Inborn?

Research suggests that there is an inborn **1** ....
in learning a new language. When nerve fibres in the right hemisphere are lined up, **2** .... of information becomes faster. A study on English speakers learning Chinese backs this up.

보기 •
리스트

A travel	**B** blockage	**C** storage
D flow	**E** movement	**F** element

아래 A–F의 단어를 사용하여 요약문을 완성하세요.
답안지의 1번과 2번 칸에 A–F 중 올바른 알파벳을 적으세요.

언어 능력은 타고난 것인가?

연구는 새로운 언어를 배우는 데 있어 타고난 **1** ....이 있다는 것을 보여준다. 우반구의 신경 섬유가 정렬되어 있을 때, 정보의 **2**.........은 더 빨라진다. 중국어를 배우는 영어 사용자에 관한 연구는 이를 뒷받침한다.

A 이동	B 차단	C 저장
D 흐름	E 움직임	F 요소

빈칸에 알맞은 답을 지문에서 찾아 적기

요약문의 빈칸에 들어갈 알맞은 단어를 지문에서 찾아 적는 문제입니다.

지시문 •

Complete the summary below.
*Choose **ONE WORD ONLY** from the passage for each answer.*
Write your answers in boxes 1 and 2 on your answer sheet.

요약문 •

The Battle of Cable Street

On the 4th of October 1936, a planned march by British fascists in the **1** .... of London was met by thousands of demonstrators. The **2** .... attempted to separate the marchers from the demonstrators, but eventually the fascists were forced to flee.

아래 요약문을 완성하세요.
지문에서 각 답안에 들어갈 **한 개의 단어**를 고르세요.
답안지의 1번과 2번 칸에 답을 적으세요.

Cable가에서의 전투

1936년 10월 4일에, 런던 **1** ....에서의 영국 국수주의자들의 계획된 행진은 수천 명의 시위자들과 마주쳤다. **2** ....은 시위자들로부터 행진하는 사람들을 분리하려고 시도했으나, 결국 국수주의자들은 도망쳐야만 했다.

핵심 전략

1. **먼저 요약문의 제목과 내용을 확인하여 무엇에 관한 요약문인지 파악합니다.**

   주관식으로 출제되는 경우, 먼저 지시문을 읽고 몇 개의 단어 혹은 숫자로 답안을 작성해야 하는지 반드시 확인합니다.

2. **문제를 읽고 핵심어구와 문제에서 묻는 내용을 파악합니다.**

   When nerve fibres in the right hemisphere are lined up, 2 .... of information becomes faster.
   - ▶ 핵심어구: nerve fibres ~ are lined up
   - ▶ 문제에서 묻는 내용: 신경 섬유가 정렬되어 있을 때 정보의 무엇이 빨라지는지

3. **문제와 관련된 내용이 지문의 어떤 부분에 등장하는지 찾습니다.**

   지문에는 문제의 핵심어구가 그대로 언급되어 있거나 바꾸어 표현되어 있다는 것에 주의합니다.

   지문에서 언급된 내용
   Thus, it is thought that when the fibres are aligned, information flows quicker and without obstruction.
   그러므로, 섬유가 정렬되어 있을 때, 정보는 더 빨리 그리고 방해 없이 흐른다고 여겨진다.

4. **보기 리스트에서 지문의 내용을 바르게 표현한 보기를 골라 답안을 작성합니다.**

   보기에는 지문에 등장한 단어가 그대로 언급되어 있거나 바꾸어 표현되어 있다는 것에 주의합니다.

✅ TIPS
요약문의 제목이 주어지지 않은 경우에는, 요약문 전체를 빠르게 훑어 전반적인 내용을 파악합니다.

READING PASSAGE 1

Research indicates that acquisition of a new language has an innate component. In other words, some people are naturally 'wired' for learning languages. A recent study in the *Journal of Neurolinguistics* revealed that nerve fibres in the right hemisphere of the brain were more aligned in successful language learners. Thus, it is thought that [1]when the fibres are aligned, information flows quicker and without obstruction. It travels like traffic on the express lane on a freeway. The study by Zhenghan Qi on native English speakers who were learning Chinese clearly supports this idea.

---

2. 핵심어구인 'nerve fibres ~ are lined up'이 'fibres are aligned'로 바꾸어 표현된 주변을 확인합니다.

1. '언어 능력은 타고난 것인가?'라는 제목과 새로운 언어를 배우는 데 있어 타고난 요소가 있다는 요약문의 내용을 확인합니다. 문제의 핵심어구인 'nerve fibres ~ are lined up'을 통해 우반구의 신경 섬유가 정렬되어 있을 때 정보의 무엇이 빨라지는지를 묻고 있음을 파악합니다.

3. 정답의 단서에서 섬유가 정렬되어 있을 때, 정보는 더 빨리 그리고 방해 없이 흐른다고 하였으므로, 보기 **A** travel을 정답으로 선택합니다.

*Complete the summary using the list of words, **A–C**, below. Write the correct letter, **A–C**, in box 1 on your answer sheet.*

Is Language Ability Inborn?

Research suggests that there is an inborn element in learning a new language. When nerve fibres in the right hemisphere are lined up, **1** .... of information becomes faster. A study on English speakers learning Chinese backs this up.

A travel	**B** blockage	**C** storage

해석　연구는 새로운 언어의 습득이 선천적인 요소를 가지고 있다는 것을 보여준다. 다시 말해, 어떤 사람들은 언어를 학습하는 것에 선천적으로 '무장되어' 있다. '신경언어학 저널'지에 실린 최근의 연구는 성공적인 언어 학습자들은 뇌의 우반구에 있는 신경 섬유가 더 잘 정렬되어 있다고 밝혔다. 그러므로, ¹섬유가 정렬되어 있을 때, 정보는 더 빨리 그리고 방해 없이 흐른다고 여겨진다. 그것은 마치 고속도로 위 급행 차로의 차량들처럼 이동한다. 중국어를 배우던 영어 사용자들에 관한 Zhenghan Qi의 연구는 이러한 주장을 명확히 뒷받침한다.

언어 능력은 타고난 것인가?

연구는 새로운 언어를 배우는 데 있어 타고난 요소가 있다는 것을 보여준다. 우반구의 신경 섬유가 정렬되어 있을 때, 정보의 1 ....은 더 빨라진다. 중국어를 배우는 영어 사용자에 관한 연구는 이를 뒷받침한다.

A 이동	B 차단	C 저장

정답　**A**

해설　문제의 핵심어구(nerve fibres ~ are lined up)와 관련된 지문 내용 중 'when the fibres are aligned, information flows quicker and without obstruction'에서 섬유가 정렬되어 있을 때, 정보는 더 빨리 그리고 방해 없이 흐른다고 하였으므로, 보기 **A** travel이 정답입니다.

바꾸어 표현하기

are aligned 정렬되어 있다 ▶ are lined up 정렬되어 있다

📖 **Vocabulary**

acquisition n. 습득　innate adj. 선천적인　component n. 요소　wired adj. 무장한　hemisphere n. 반구　align v. 정렬하다

지문을 읽고 빈칸에 알맞은 답을 고르세요.

01   In the early 1800s, the French army developed a writing system using raised dots on a page to convey sounds. This was intended to be used silently at night when soldiers could not see, but it was complicated to learn. It required combining symbols from multiple columns and rows. Later, the writing system found its way to Louis Braille, an educator who had been blind in both eyes since he was young. Braille thought the system could be used to allow blind people to read and write. He redesigned it, changing the twelve-dot letters to six-dot letters so that they could be understood without shifting the fingers. He also made it a direct translation of the alphabet. Louis Braille published his system of writing in 1821. It transformed the lives of blind people, who were from then on able to read, write, and enjoy an education.

The Invention of Braille

The French army created a system of writing that used raised dots to communicate sounds, but it was hard to learn. Louis Braille thought this system could be used by the blind, so he revised it. He made the 1 .... have six dots instead of twelve.

(A) columns
(B) rows
(C) letters

📖 **Vocabulary**

01 convey v. 전달하다   column n. 열, 세로단   row n. 행   find one's way to phr. ~에 도달하다, ~로 찾아가다

02 Many people work overtime because it offers the promise of professional success and economic freedom. Certainly, it can reduce financial stress. However, even though working long hours is common in a lot of industries, medical studies have shown that it can be detrimental for health. One such study revealed that too much overtime can lead to an inability to sleep. If this happens regularly over a long period, it can increase a person's risk of developing obesity. Another study found that working long hours can increase the risk of strokes. Working overtime has also been linked to an increase in negative habits and a decrease in positive ones. For example, people who work long hours eat unhealthy food more and exercise less.

Negative Effects of Overworking

Working long hours is common for many business people, but it can be bad for one's health. According to one study, it can have a negative effect on **2** .... It has also been linked to bad habits, such as exercising less and eating unhealthy food.

(A) freedom
(B) sleeping
(C) stress

📖 **Vocabulary**

02 overtime n. 초과 근무, 야근 professional adj. 직업상의 detrimental adj. 해로운 stroke n. 뇌졸중

03 Although anthropology is defined as the study of humans, some anthropologists combine their study of humans with a study of animals. This allows them to make comparisons between humans and animals and to better understand the relationship between them. One important aspect of this is the issue of animal rights. Many people suggest that animals should be granted more legal rights, such as the right not to suffer unnecessarily. These same campaigners believe that animals do not belong in laboratories and should not be utilised for experimental purposes. This is particularly relevant for mice and rats, which together make up 95 per cent of all animals used in labs. Some activists have gone further. Steven Wise, a former Harvard professor, has been fighting to grant all great apes the status of individuals with legal rights, and recently, several countries have already expanded the rights of these animals in their constitutions.

Fighting for the Rights of Animals

Some people think that animals should have more legal rights, including the right to avoid pain. These activists also do not want animals to be used in 3 .... They even want certain animals to have the same rights as people. For example, a professor has been striving to give 4 .... legal rights.

A operations	**B** experiments	**C** treatments
D mice	**E** individuals	**F** apes

📖 **Vocabulary**

03 anthropology n. 인류학 grant v. 부여하다, 허락하다 laboratory n. 실험실 make up phr. 차지하다, 구성하다 activist n. 운동가, 활동가
great ape phr. 유인원 status n. 자격, 신분, 지위 constitution n. 헌법

04 Stonefish have a spotty greenish-brown colour. This colouration provides them with camouflage and makes them look like rocks. Thus, they can be difficult to see. The spines on the back of stonefish contain glands that can release a toxic substance if the fish is attacked. Stonefish frequently inhabit shallow water, and they spend their time close to the ocean floor waiting for prey. Their venom can be lethal to humans, but stonefish are not aggressive. Therefore, poisoning usually results from a person accidentally stepping on the fish.

Fortunately, stonefish venom is rarely fatal, particularly if the victim receives medical care quickly. Nonetheless, if a person stepped on the spines of a stonefish, he or she would suffer extraordinary agony. This can be ⊛so intense that the victim is unable to move. Other symptoms include mild swelling around the area of the sting and slight muscle weakness. A sting can also cause swelling around the heart. In the worst cases, people may have fatal seizures. Although stonefish are very dangerous, they are nevertheless considered a luxury dish in parts of Asia, including Japan and China.

The Dangerous Stonefish

Deaths caused by the **5** .... of stonefish are not common, especially if the victim gets quick medical treatment. Still, a person who steps on the spines of a stonefish would experience extreme **6** .... There are other symptoms, including **7** .... that can be life threatening.

A bite	**B** venom	**C** numbness
D seizures	**E** pain	**F** bleeding

필수 구문

⊛ **so** + 형용사/부사 + **that ~** : 너무 (형용사/부사)해서 ~하다

This can be **so** <u>intense</u> **that** <u>the victim is unable to move</u>.
　　　　　　　　형용사
이것은 너무 극심해서 피해자가 움직이지 못할 수 있다.

➡ so는 '그래서'라는 뜻으로도 쓰이지만, 위의 문장에서처럼 '너무'라는 뜻으로도 형용사나 부사 앞에 쓰일 수 있습니다. 이때 so + 형용사/부사 + that ~이 자주 함께 쓰이며, "너무 (형용사/부사)해서 ~하다"라는 뜻으로 해석해 줍니다.

📋 **Vocabulary**

04 spotty adj. 얼룩덜룩한, 고르지 않은　colouration n. (생물의) 천연색　camouflage n. 위장, 변장　gland n. 분비선
　venom n. 독　lethal adj. 치명적인　fatal adj. 사망을 초래하는, 치명적인　agony n. (극도의) 고통　sting n. 쏘인 상처, 침　seizure n. 발작

05 The island of Luzon in the Philippines is home to the spectacular Taal Lake, a crater lake formed in the aftermath of a volcanic eruption. The lake mainly sits in the caldera of Taal Volcano, a large bowl-like hole that was formed after several major eruptions of the volcano 100,000 to 500,000 years ago. However, unlike other crater lakes, Taal Lake used to be connected to the sea by a river. This connection was broken due to an eruption in 1754, as it blocked the Pansipit River which connected the lake with the sea.

After this eruption, water levels in the lake began to rise and eventually, several towns were submerged. The remains of these towns can still be seen under the water. The lake is home to several unique fish that were once sea creatures, like the Lake Taal snake, which has only been found here. The lake is also home to an island known as Volcano Island, where recent eruptions have occurred. The impact of these eruptions has shaped the island in a unique way. It has its own crater, which is filled with a small lake called Crater Lake. Although the volcano has been dormant since 1977, it is still known to be active. This is evident [*]in the way the water of the lake is continually heated by the volcanic rocks beneath it.

*Choose **NO MORE THAN TWO WORDS** from the passage for each answer.*

The Natural Wonder of Taal Lake

Taal Lake is located on an island in the Philippines. It occupies part of the caldera of Taal Volcano. A river used to connect the lake to the **8** .... An eruption in the 18th century destroyed this connection. Following this, the water rose and completely covered towns, and their **9** .... are still visible beneath the water. Furthermore, the lake contains several former **10** .... such as the Lake Taal snake, which is found nowhere else on earth.

필수 구문

⭐ **in the way** (**that**) 주어 + 동사 : (주어 + 동사)라는 점에서

This is evident **in the way** <u>the water of the lake is continually heated</u> ...
이것은 호수의 물이 지속적으로 가열된다는 점에서 분명하다.

➡ 위의 문장에서처럼 in the way는 뒤에 '주어 + 동사'를 취할 수 있습니다. 이때, '주어 + 동사' 앞에는 that이 쓰일 수도 있고, 생략될 수도 있습니다. 'in the way (that) 주어 + 동사'는 "(주어 + 동사)라는 점에서"라는 뜻으로 해석해 줍니다.

in the way 대신 in how가 쓰이기도 합니다.
The conscious and unconscious differ considerably, particular **in how** <u>they record impressions</u>.
의식과 무의식은 특히 그것들이 인상을 기록하는 점에서 상당히 다르다.

📖 **Vocabulary**

05 crater lake phr. 화구호   aftermath n. 여파   eruption n. 폭발, 분출
caldera n. 칼데라(보통 화산의 폭발로 인해 화산 꼭대기가 거대하게 패여 생긴 부분)   submerged adj. 수몰된, 침수된
dormant adj. 휴지 상태에 있는

06   The counties of Cornwall and Devon in the south-west of England were historically rural regions, but in the 18th and 19th centuries this area was reshaped by a massive mining boom. The two counties were identified as being rich in copper and tin, resulting in the construction of hundreds of deep-lode mines throughout Cornwall and West Devon. With these mines came new towns, smallholdings, engine houses, foundries and ports, all of which contributed to the dramatic growth of the area's economy. At the height of this boom, Cornwall and Devon were supplying two-thirds of the world's copper.

The copper crash of 1866 – when prices plummeted – was devastating to the region, and it never recovered its dominance of the copper market. Many mines were abandoned, some of which remain largely untouched to this day. The historical significance of these mines was commemorated by UNESCO, who has declared the area a World Heritage Site. In rewarding this status, UNESCO recognised the well-preserved condition of many of the mines, along with the importance of the region culturally and economically. The technology that was developed in these mines spread across the globe, often through Cornish miners travelling to far-flung locations to impart their knowledge of mining techniques.

The cultural and economic significance of the mines to the region itself is now celebrated in the Redruth Pasty & Mining Festival. This annual festival in the Cornish town of Redruth honours the miners, with particular emphasis on those who lost their lives down the mines. The festival also pays tribute to the importance of the Cornish Pasty – a baked pastry filled with beef and vegetables – to the culture of the area. Miners would take these down the mines, as they could be eaten without cutlery and formed a complete, nutrient-rich meal.

Cornwall and Devon's World Heritage Mine

The copper and tin mining industry in Cornwall and Devon was at one time the biggest in the world. However, it lost its **11** .... position after the copper crash of the late 19th century. Recently, UNESCO acknowledged the importance of this mining industry by naming the area a World Heritage Site. The award recognised the history of the industry and the **12** .... state of the mines themselves. In recent years, the mines have been celebrated at an annual festival in Redruth. This event also commemorates the **13** .... value of the Cornish Pasty, a very **14** .... pastry that was eaten down the mines.

A undamaged	**B** dominant	**C** nourishing
D economic	**E** cultural	**F** costly

정답·해석·해설 p.301

📖 **Vocabulary** ───

06 copper n. 구리 tin n. 주석 lode n. 광맥 smallholding n. 소규모 경작지 foundry n. 주조 공장 plummet v. 급락하다
commemorate v. 기념하다 recognise v. 인정하다, 인식하다 Cornish adj. 콘월주의, 콘월주 사람의 far-flung adj. 멀리 떨어진
impart v. 전하다, 알리다 pay tribute to phr. ~에 찬사를 표하다, 경의를 표하다 cutlery n. 식기

READING PASSAGE 1

From the Traditional to the Modern

The Development of Modern Dance

Dance was once a very traditional and conventional art form, but that changed with the introduction of modern dance, which expanded the limits of what was possible in dance. Around the beginning of the 20th century, modern dance arose out of the avant-garde movement. Avant-garde dance was a form of innovative expression. It did not require dancers to perform in a conventional ballet costume. Rather, it allowed them to wear casual clothes, such as T-shirts and jeans, in order to express the feeling of everyday life. Most importantly, avant-garde dance was often performed in parks, churches and on the street. This contrasted with traditional dance, which was performed in official places like concert halls.

Indeed, the basic formats of traditional and modern dance were remarkably different. The traditional approach followed a systematic form and had a story to the dance, which was almost always produced by choreographers. Modern dance, on the other hand, needed only music and relied on improvisation. Occasionally, it did not even require this and sometimes took on the form of an interpretive dance. Avant-garde dance appealed to various audiences, including those who were not knowledgeable or refined patrons of the arts. Thus, whoever was interested and had an open mind could enjoy avant-garde dance.

An important stylistic difference in avant-garde dance was the way dancers chose to express themselves. For instance, they sometimes talked during the dance performance. Dance companies found new ways to incorporate their dancers' art in a broader performing context. One way in which this was reflected was in their choice of company names. Before the avant-garde movement, troupes were largely named after their resident choreographer, resulting in names such as 'Zeferelli's Dance Company' or 'The Radoyanov Ballet Troupe'. However, after the development of the movement, they took on unrelated, or more meaningful, titles like 'Acme', which means 'pinnacle'.

Questions 1–5

Complete the summary below.

Choose **NO MORE THAN TWO WORDS** *from the passage for each answer.*

A New Form of Dance

Modern dance was born from the **1** .... of the 20th century. It was a type of creative expression. This new form of dance did not require a traditional **2** .... but allowed casual clothes. Also, dances did not have to take place at official locations such as **3** .... Traditional dance was usually produced by **4** .... In contrast, modern dance just needed music and depended on **5** ....

📖 **Vocabulary** ───

conventional adj. 관습적인 avant-garde adj. 아방가르드의, 전위적인 choreographer n. 안무가 improvisation n. 즉흥적 공연, 즉흥
interpretive adj. 해석을 제공하는, 해석상의 knowledgeable adj. 박식한 refined adj. 품위 있는, 세련된 patron n. 후원자 troupe n. 공연단
resident adj. 상주하는, 거주하는 pinnacle n. 정점, 절정

Bees: The Substance of a Queen

There is always one queen in a hive, and she is significantly larger than a worker bee and longer than a drone, the non-working male bee. However, her wings are much shorter than her body and cannot cover her long and tapered abdomen. She has sparkling gold hairs on her shiny body. The queen also has a sting, but, unlike the aggressive workers, she does not fight hive intruders. Her sting is only used to fight rival queens. Furthermore, she does not go out to get pollen, nectar, or water, and therefore has no anatomical structures for gathering these things. Finally, as a queen, she usually does not feed herself.

Queens emit several pheromones that regulate the activity of the hive. Arguably, the most important of these is the 'queen substance', which suppresses the reproductive systems of other female bees, inhibiting them from building queen cells of their own and laying eggs. In this way, the pheromone ensures that the queen is the only reproductive female in the hive, and it also serves to attract drones for mating with her. The queen substance also keeps the bees together when the queen leaves the hive with the swarm. Swarming occurs when the old queen leaves to colonise a new area. Approximately 60 per cent of the bees follow her, while the others stay to maintain the old hive and nurture a new queen.

Additional pheromones produced by the queen are influential in stimulating comb building and the rearing of offspring. In the case of comb building, a study led by M. N. Ledoux at Simon Fraser University discovered that the specific chemicals that stimulate comb building are only produced in high quantities by queens that have mated.

Questions 6–9

*Complete the summary using the list of words, **A–F**, below.*

Life as a Queen

There is only one queen in each hive. The queen is bigger than the other bees, but her **6** .... are much shorter than her body. Although the queen has a sting, she does not fight **7** ....: The queen substance is an important pheromone and it guarantees that there is no **8** .... by other females. Also, it keeps the swarm together if the queen leaves the hive. Bees swarm when the old queen leaves to establish a new **9** ....

A invaders	**B** reproduction	**C** location
D legs	**E** wings	**F** colony

Questions 10 and 11

Complete the sentences below.

*Choose **ONE WORD ONLY** from the passage for each answer.*

10 A queen does not have .... on her body for collecting pollen or nectar.

11 Queens that have mated make large amounts of certain kinds of .... for comb building.

정답·해석·해설 p.304

📖 Vocabulary

hive n. 벌집 drone n. 수벌 taper v. 점점 가늘어지다 abdomen n. 복부, 배 intruder n. 침입자 pollen n. 꽃가루 nectar n. 꿀
anatomical adj. 해부학상의 arguably adv. 아마 틀림없이 swarm n. 벌떼; v. (벌이) 분봉하다 swarming n. 분봉
colonise v. ~에 군락을 이루다 rearing n. 양육 offspring n. 자손 comb n. 벌집

출제 경향

관련 정보 짝짓기(Matching Features) 문제는 문제에서 서술하고 있는 내용과 관계가 있는 학자 등을 주어진 보기 리스트에서 선택하는 객관식 문제입니다. 리스트에는 주로 학자, 연구원 등의 이름이 주어지며, 문제에는 리스트에 등장한 학자나 연구원의 의견이 언급됩니다.

IELTS 리딩 영역에서 매 시험 출제되지는 않지만 자주 출제되고 있습니다.

출제 형태

관련 정보 짝짓기(Matching Features) 문제는 문제와 관련된 알맞은 정보를 보기 리스트에서 고르는 형태로 출제됩니다.

Look at the following statements (Questions 1 and 2) and the list of researchers below.

*Match each statement with the correct researcher, **A–C**.*

*Write the correct letter, **A–C**, in boxes 1 and 2 on your answer sheet.*

***NB** You may use any letter more than once.* *

문제 →
1 Language learning success requires a two-part process.
2 Learning a language can improve a person's general mental ability.

보기 →
리스트

List of Researchers
A Fred Genesee
B Paul Pimsleur
C Charles Spearman

아래 진술들(1번과 2번)과 연구원 리스트를 보세요.

각 진술들을 A–C 중 올바른 연구원과 연결하세요.

답안지의 1번과 2번 칸에 A–C 중 올바른 알파벳을 적으세요.

NB 보기는 한 번 이상 쓰일 수 있습니다.

1 언어 학습의 성공은 두 부분으로 된 절차를 필요로 한다.

2 언어를 학습하는 것은 개인의 전반적인 지적 능력을 향상시킬 수 있다.

연구원 리스트
A Fred Genesee
B Paul Pimsleur
C Charles Spearman

---

*리스트의 보기 개수와 문제의 개수는 항상 일치하지는 않습니다. 이런 경우 정답으로 한 번도 사용되지 않거나 한 번 이상 정답으로 사용되는 보기가 있을 수 있습니다. 한 번 이상 정답으로 사용되는 보기가 있는 경우에는 **NB** You may use any letter more than once라는 지시문이 주어집니다. (**Nota Bene**: 주의)

핵심 전략

1. 지문을 읽기 전 먼저 문제를 읽고, 핵심어구와 문제의 내용을 파악합니다.

1 Language learning success requires a two-part process.
▶ 핵심어구: two-part process
▶ 문제의 내용: 언어 학습의 성공은 이중 절차를 필요로 한다.

2. 문제와 관련된 내용이 지문의 어떤 부분에 등장하는지 찾습니다.

지문에는 문제의 핵심어구가 그대로 언급되어 있거나 바꾸어 표현되어 있다는 것에 주의합니다.

지문에서 언급된 내용

To Spearman, success in language learning necessitated a dual process involving not just intelligence but also knowledge.

Spearman에게, 언어 학습의 성공은 단순히 지능뿐 아니라 또한 지식을 포함하는 이중 절차를 필요로 했다.

3. 정답의 단서 주변에서 언급된 올바른 이름을 보기 리스트에서 찾아 답안을 작성합니다.

✅ TIPS

관련 정보 짝짓기(Matching Features) 문제는 보통 여러 개의 문제가 한 번에 출제되므로, 모든 문제의 핵심어구를 한꺼번에 파악하기보다는 한 문제씩 핵심어구를 파악하여 답을 쓰고 다음 문제로 넘어가는 것이 좋습니다.

문제 유형 공략하기 II

3rd Week

2일

Hackers IELTS Reading Basic

READING PASSAGE 1

Success in mastering multiple languages is enhanced with greater cognitive ability. This has been demonstrated experimentally. In Quebec, psychologist Fred Genesee tested English-speaking students learning French as a second language. His tests revealed that performance in reading comprehension and language usage was clearly correlated with IQ.

Linguist Paul Pimsleur accepted this and felt that a student's grades in all subjects would predict his or her success in language learning. Charles Spearman went even further. [1]To Spearman, success in language learning necessitated a dual process involving not just intelligence but also knowledge. Whereas intelligence corresponded to 'general ability', knowledge referred to the specific skills, such as understanding of grammar.

2. 핵심어구인 'two-part process'가 'dual process'로 바꾸어 표현된 주변을 확인합니다.

1. 문제를 읽고 핵심어구인 'two-part process'가 언어 학습 성공에 필요하다는 내용을 파악합니다.

Look at the following statement (Question 1) and the list of researchers below.

*Match the statement with the correct researcher, **A–C**.*

*Write the correct letter, **A–C**, in box 1 on your answer sheet.*

1　Language learning success requires a two-part process.

List of Researchers

A　Fred Genesee
B　Paul Pimsleur
C　Charles Spearman

3. 정답의 단서에서 Spearman에게 언어 학습의 성공은 이중 절차를 필요로 했다고 하였으므로, 보기 **C** Charles Spearman을 정답으로 선택합니다.

해석   여러 언어를 익히는 것에 있어서의 성공은 더 높은 인지 능력으로 강화된다. 이것은 실험적으로 증명되었다. 퀘벡에서, 심리학자 Fred Genesee는 프랑스어를 제2언어로 배우고 있는 영어 사용자인 학생들을 실험했다. 그의 실험들은 독해와 언어 사용의 수행이 IQ와 명백하게 연관되어 있었다는 것을 보여주었다.

언어학자인 Paul Pimsleur는 이를 받아들였고 학생의 모든 과목에서의 성적이 언어 학습의 성공을 예견할 것이라고 여겼다. Charles Spearman은 한층 더 나아갔다. [1]Spearman에게, 언어 학습의 성공은 단순히 지능뿐 아니라 또한 지식을 포함하는 이중 절차를 필요로 했다. 지능이 '일반적 능력'에 해당한 반면, 지식은 문법을 이해하는 것과 같은 특별한 능력을 나타냈다.

1   언어 학습의 성공은 두 부분으로 된 절차를 필요로 한다.

연구원 리스트

A   Fred Genesee
B   Paul Pimsleur
C   Charles Spearman

정답   **C**

해설   문제의 핵심어구(two-part process)와 관련된 지문 내용 중 'To Spearman, success in language learning necessitated a dual process'에서 Spearman에게 언어 학습의 성공은 이중 절차를 필요로 했다고 하였으므로, 보기 **C** Charles Spearman이 정답입니다.

바꾸어 표현하기

dual process 이중 절차 ▶ two-part process 두 부분으로 된 절차

📖 **Vocabulary**

enhance v. 강화하다   cognitive adj. 인지의   experimentally adv. 실험적으로   necessitate v. 필요로 하다   dual adj. 이중의
correspond to phr. ~에 해당하다

DAILY CHECK-UP

🌳 지문을 읽고 서로 관련 있는 것끼리 연결하세요.

01 Languages do not last forever, and today they are disappearing at an increasing rate. Linguists like David Harrison, who has travelled all over the world to learn more about rare languages, want to document and preserve endangered languages. In one instance, Harrison lived with the Tuvan people in Siberia, where he worked with them and became a goat herder. While there, he learned the Tuvan language, which has only 280,000 speakers in the whole world. Similarly, Harrison's friend Bud Lane has worked to inform people about Siletz, the language of the Siletz Indians in Oregon. He is a member of a Siletz tribe, and the last fluent speaker of Siletz. Lane has helped to create an online dictionary with 14,000 Siletz words and hopes that scholars and other Native Americans will become interested in learning the language.

1　helped make an online Siletz dictionary　·　　　·　David Harrison

2　worked in Siberia with Tuvan people　·　　　·　Bud Lane

02 The Greek mathematician Euclid is known as the founder of geometry. For most of history, his version of geometry was accepted as the only possible form, and this original type of geometry is called 'Euclidean'. In Euclid's textbook *The Elements*, he established the fundamental principles that are taught in schools today. By the 19th century, however, mathematicians began to pursue geometry in new ways. Carl Gauss, for example, began to criticise Euclid's geometry. Gauss suggested that while Euclidean geometry was based on a flat universe, the universe could actually be curved. If the universe was curved, some assumptions of Euclidean geometry would not work. For example, Euclid assumed that parallel lines always remain the same distance from one another. But in a curved universe, they would become closer together, or further apart, as they stretch through space.

3　suggested that the universe
　might not be flat　·　　　·　Euclid

4　created the basic rules that are
　taught in today's schools　·　　　·　Carl Gauss

📖 **Vocabulary**

01 linguist n. 언어학자　endangered adj. 사라질 위기에 처한, 위험한　herder n. 목동, 목자　scholar n. 학자
02 mathematician n. 수학자　geometry n. 기하학　version n. 견해, 생각　curved adj. 곡선 모양의, 약간 굽은　parallel line phr. 평행선

03 Economists often assume that consumers make rational decisions. However, marketing professor Drazen Prelec believes that spending behaviour is not always rational, and he demonstrated this in an experiment with two groups. The first group was offered basketball tickets but could only pay in cash, and the second group was given the same offer but had to pay with a credit card. Prelec found that the second group was willing to pay twice as much as the first group for the same product just because the method of payment was different. Harvard psychologist Dan Gilbert thinks one reason people make such poor spending decisions is that they do not take into account the disadvantages of owning something. For example, buying a cabin in the mountains might seem exciting for many people, but actually living in a mountain cabin could be as boring as it is peaceful.

5   used an experiment to show that spending behaviour is sometimes irrational   •   •   Drazen Prelec

6   believes people do not think about the negative side of owning something   •   •   Dan Gilbert

7   discovered that the payment method influenced how much people were willing to pay   •

📖 **Vocabulary**

03 rational adj. 합리적인, 이성적인 demonstrate v. 입증하다, 보여주다 take into account phr. ~을 고려하다 disadvantage n. 불이익, 불리

04 Academic publishing concerns the publication of articles and research papers by academics and scholars. The field has recently been the focus of a debate as universities have complained that publishers are charging too much to print their journals. Academics have also criticised publishers who charge authors to be published in the journals. Most academic publishers do not pay authors, and many do not pay for the peer reviewing that guarantees a journal's quality. The issue was brought to light by the Cambridge academic Tim Gowers, who said that he would refuse to write or review for one of the major science and technology publishers, *Elsevier*. Gowers stated that he hoped his protest would effect a change in the publisher's business model.

On the other hand, Stephen Lotinga of the Publishers Association suggested that the fees were justified because academic publishers invest 'heavily in scholarly communication' and 'offer value to institutions'. Lotinga claims that there are many areas of publishing that 'the individual researcher' isn't aware of. This has been contested by numerous scholars including Adrian Sutton, a physicist at Imperial College, who said that academics 'are all slaves to publishers'. With academics and publishers holding such opposing beliefs, it appears unlikely that this issue will be resolved any time soon.

8   He stopped writing for an academic publisher as a protest.

9   He compared academic publishing to slavery.

10   He thinks that people do not know about many parts of academic publishing.

List of People
A Stephen Lotinga
B Tim Gowers
C Adrian Sutton

Vocabulary

04 academic adj. 학술의; n. 교수 scholar n. 학자 publisher n. 출판사, 출판업자 journal n. 학술지, 정기 간행물 bring ~ to light phr. ~을 폭로하다, 밝히다 scholarly adj. 학문적인 contest v. 논쟁하다, 다투다 physicist n. 물리학자

150 무료 IELTS 학습자료·유학정보 goHackers.com

05 Most tourists come to Canada to experience its natural beauty, but it also has a range of intriguing museums. One of the most popular is the Canadian Museum of Nature. This museum is split into seven galleries, each of which represents a particular aspect of natural history. The Fossil Gallery, for example, is notable for its dinosaur models. The Water Gallery, meanwhile, features a blue whale skeleton.

In recent decades, there has been more focus on Canada's diversity, which is evident in the Canadian Museum of Immigration at Pier 21. This museum occupies an ocean liner terminal that was once a processing facility for immigrants. Often compared to New York's Ellis Island, Pier 21 was utilised as an immigration facility between 1928 and 1971, during which time over one million immigrants were processed at the pier. The museum at Pier 21 does [*]not simply tell the story of Canadian immigration but rather shows how waves of migrants have shaped the nation's culture.

Another of Canada's major institutions is The Canadian Museum for Human Rights. The building was designed by the architect Antoine Predock, who created an innovative spiral structure topped with a tower known as the Tower of Hope. However, its opening was accompanied by controversy. Firstly, the building was built on an aboriginal graveyard, and secondly, critics said the museum did not address Canada's treatment of its indigenous peoples.

A The Canadian Museum of Nature

B The Canadian Museum of Immigration

C The Canadian Museum for Human Rights

---

11 It features an inventive architectural design.

12 It has been compared to a similar location in New York.

필수 구문

⭐ **not** A **but (rather)** B : A가 아니라 B

The museum at Pier 21 does **not** <u>simply tell the story of Canadian immigration</u> **but rather** <u>shows</u>
$\qquad\qquad\qquad\qquad\qquad\qquad\qquad$ A

<u>how waves of migrants have shaped the nation's culture.</u>
$\qquad$ B

제 21번 부두에 있는 이 박물관은 단순히 캐나다 이민자들의 이야기를 하는 것이 아니라 어떻게 이민자들의 물결이 나라의 문화를 형성했는지를 보여준다.

➡ '그러나'라는 의미의 접속사 but은 위의 문장에서처럼 not과 같은 단어와 짝을 지어 다른 의미로 쓰일 수도 있습니다. 'not A but (rather) B'는 'A가 아니라(A라기보다는) B'라는 뜻으로 해석해 주며, A와 B 자리에는 동사(구), 명사(구), 전치사(구), 형용사(구) 등이 올 수 있습니다.

📖 **Vocabulary**

05 split v. 나누다　notable adj. 유명한　ocean liner phr. 원양 정기선　spiral adj. 나선형의　accompany v. 수반하다
aboriginal adj. 원주민의　graveyard n. 묘지　indigenous adj. 토착의

06 In the early 20th century, airplanes revolutionised the way people sent and received mail. The first airmail planes were originally designed for warfare by British aviation engineer Geoffrey de Havilland. De Havilland's DH-4 aircraft were purchased all over the world. Yet they had to be modified for use in airmail. This required [*]not only converting the front cockpit to a cargo area, but also overhauling the steering system. The US postal service purchased a hundred of the modified airplanes and used them to establish an airmail service between San Francisco and New York.

In 1926, Bill Boeing unveiled his Model 40A airplane, which featured an air-cooled engine. This engine offered a significant advantage over previous water-cooled engines because it was 91 kilograms lighter. When it was used to carry airmail, the lightweight design allowed for more weight – up to 450 kilograms – to be carried by a single aircraft. 1926 also marked the last year in which a unified, government-run airmail service existed in America. From 1927 onwards, the airmail service was split into five routes and commercial companies were invited to bid to run them.

One of the most interesting ideas came from Lytle Adams, a dentist and aviation enthusiast. Knowing it would not be profitable for postal airlines to stop in small towns, Adams developed a system whereby mail could be delivered and picked up from rural areas without stopping. Planes simultaneously dropped mail cargo while using a hook to grab a bag of mail suspended on a line between two posts in the ground. The scheme was adopted in the US in 1938, and expanded rapidly during World War II, as the volume of mail skyrocketed. It was abandoned soon after the war however, as mail began to be transported by truck.

13 developed a non-stop airmail system for rural places

14 revealed an airplane featuring an engine cooled by air

15 designed warplanes that were later altered for use in airmail

List of People

A Geoffrey de Havilland

B Bill Boeing

C Lytle Adams

정답·해석·해설 p.307

필수 구문

⊛ **not only** A **but** (**also**) B : A뿐만 아니라 B 또한

This required **not only** <u>converting the front cockpit to a cargo area</u>, **but also** <u>overhauling the</u>
A

<u>steering system.</u>
B

이것은 앞쪽의 조종석을 화물 구역으로 전환하는 것뿐만 아니라, 조종 장치를 수리하는 것 또한 필요로 했다.

➡ 위의 문장에서처럼 접속사 but이 not only와 짝을 지어 'not only A but (also) B'의 형태로 쓰이면, "A뿐만 아니라 B 또한"이라는 뜻으로 해석해 줍니다. 이때에도 A와 B 자리에는 동사(구), 명사(구), 전치사(구), 형용사(구) 등 다양한 형태가 올 수 있습니다.

📖 **Vocabulary**

06 warfare n. 전쟁 aviation n. 항공, 비행 cockpit n. 조종석 overhaul v. 수리하다, 정비하다 steering system phr. 조종 장치 unveil v. 발표하다 air-cooled engine phr. 공랭식 엔진 water-cooled engine phr. 수랭식 엔진 lightweight adj. 경량의 bid v. 입찰에 응하다 profitable adj. 수익성이 있는 post n. 기둥

READING PASSAGE 1

Does Exercise Improve Cognitive Health?

New research suggests that as well as improving our physical health, exercise has a positive effect on our cognitive health. One such positive mental impact of exercise was discovered in a brain imaging study at the University of California. This study found that during exercise, the brain increases its intake of carbohydrates. According to Professor Richard Maddock, the brain uses carbohydrates as fuel to increase its production of neurotransmitters. Maddock believes that the brain is 'filling up its stores of essential ingredients' as a natural reaction while exercising, and that this can improve the performance of the brain as a whole.

Research has also shown that children's brain development could be affected by their level of physical exercise. This was revealed in a study at the University of Illinois, which found that 10-year-olds who exercised often were found to have a large hippocampus, the part of the brain responsible for memory. Doctoral student Laura Chaddock said that physically fit children also performed better on a 'relational memory task'. Professor Art Kramer, who led the study, said, 'If you get some inferior genes from your parents, you can't really fix that.' However, Kramer suggests that, through exercise, people can do something about their development.

Exercise may also have a similarly positive impact on our brain's capacity for creativity. A study by Stanford University researchers tested the hypothesis that walking boosts creativity. The researchers found that the majority of subjects were around 60 per cent more creative when walking than when they were sitting. The study's author Marily Oppezzo said this showed that walking could 'help you at the beginning stages of creativity'. This study reveals how important exercise could be to inspiration, and emphasises just how much the brain benefits from being part of a healthy, active body.

Questions 1–5

Look at the following statements (Questions 1–5) and the list of researchers below.

*Match each statement with the correct researcher, **A–D**.*

NB *You may use any letter more than once.*

1   The brain increases its intake of vital elements during exercise.

2   Children who were in good shape did better in a memory task.

3   Taking a walk can help someone who is in the early phases of inspiration.

4   Although bad genes can't be changed, exercise can help.

5   Carbohydrates are used as fuel in the brain during exercise.

List of Researchers
A Marily Oppezzo
B Richard Maddock
C Art Kramer
D Laura Chaddock

문제 유형 공략하기 Ⅱ

3rd Week

2일

Hackers IELTS Reading Basic

  Vocabulary

intake n. 섭취 carbohydrate n. 탄수화물 neurotransmitter n. 신경 전달 물질 fill up phr. ~을 가득 채우다 hippocampus n. 해마
fit adj. 건강한 inferior adj. 열등한 hypothesis n. 가설, 가정

Gender and Linguistics

Ever since the 1960s, a range of feminist theorists have questioned whether language could be inherently sexist

The idea that gender influences language is now generally accepted. However, for much of the latter half of the 20th century this idea was highly controversial and was the subject of intense academic debate. The linguistic analysis of gender and language began soon after the feminist movement took off in the 1960s. During this period, theorists started to see sexism as something embedded in the structure of language. This was accompanied by a new focus on what the feminist writer Susan Speer described as the way in which 'gender identity should be conceived', both linguistically and politically.

The feminist approach to language implied that sexism was a part of everyday language. The political theorist Robin Morgan said that the structure of language 'reflects women's condition'. Morgan explained that, 'We do not even have our own names, but bear that of the father until we exchange it for that of a husband.' This was echoed by Robin Lakoff, who argued that there is a 'woman's register' that maintains women's social position. Lakoff noted that women tend to apologise more, avoid curse words, and only make requests in a less direct way. Lakoff's work was extremely influential because it revealed how women are forced to limit their own speech.

The theorist Jennifer Coates provided a method of categorisation to describe the various theories of gender and language. Coates identified four approaches, one of which was the 'deficit approach', which suggested that women's use of language was inadequate. The 'difference approach', on the other hand, saw men and women as being linguistically distinct. This was illustrated by Deborah Tannen, who contrasted the 'report style' of men with the 'rapport style' of women. Tannen believed that this was apparent in the way men often talk about something they have knowledge about, such as sports, while women ask more questions and thus build relationships.

Look at the following statements (Questions 6–9) and the list of people below.

Match each statement with the correct person, **A–E**.

6 There are four ways to view gender and language.

7 Men use language to share their knowledge.

8 Women's situation is evident in the way names are used.

9 Women are more likely to ask for things indirectly.

List of People
A Deborah Tannen
B Robin Lakoff
C Jennifer Coates
D Susan Speer
E Robin Morgan

Questions 10 and 11

Complete the summary below.

Choose **NO MORE THAN TWO WORDS** from the passage for each answer.

The Start of the Analysis of Gender and Language

People began to study language in relation to gender during the 1960s, after the 10 .... began. Their analysis showed that sexism was rooted in the 11 .... of language. During the course of the next few decades, different theories were introduced that showed the variety of approaches one could take to understand discourse and gender.

정답·해석·해설 p.310

📖 **Vocabulary**

inherently adv. 본질적으로, 선천적으로   sexist adj. 성차별적인; n. 성차별주의자   take off phr. 급격히 인기를 얻다, 유행하다
embed v. 깊숙이 박다   be accompanied by phr. ~을 동반하다   conceive v. 이해하다   bear v. (특정 이름을) 지니다, 가지다
echo v. 그대로 되풀이하다, 되울리게 하다   register n. 언어 사용 형태, 언어 사용역   curse word phr. 욕설, 악담   rapport n. 관계, 친밀

출제 경향

단락 고르기(Matching Information) 문제는 문제에 언급된 정보가 지문의 어떤 단락에 등장하는지 선택하는 문제입니다. 문제에는 어떤 사실에 대한 언급, 설명, 예시 등 지문의 특정 부분에 포함된 정보가 무엇인지 서술한 내용이 제시됩니다.

IELTS 리딩 영역에서 매 시험 출제되지는 않지만 자주 출제되고 있습니다.

출제 형태

단락 고르기(Matching Information) 문제는 주어진 지문에서 문제에 제시된 내용을 포함하고 있는 단락을 찾아, 해당 단락의 알파벳을 적는 형태로 출제됩니다.

Reading Passage 1 has nine paragraphs, **A–I**.

Which paragraph contains the following information?

*Write the correct letter, **A–I**, in boxes 1–3 on your answer sheet.*

***NB** You may use any letter more than once.**

문제 •——— **1** mention of the country publishing laws in multiple languages

2 an example of a language which is dying out

3 reference to a country where everyone speaks three languages

Reading Passage 1에는 A–I까지 9개의 단락이 있습니다.

어떤 단락에 아래의 정보가 담겨 있습니까?

답안지의 1번–3번 칸에 A–I 중 올바른 알파벳을 적으세요.

NB 보기는 한 번 이상 쓰일 수 있습니다.

1 여러 언어로 법을 공표하는 나라에 대한 언급

2 소멸하고 있는 언어의 예시

3 모든 사람이 3개의 언어를 구사하는 나라에 대한 언급

*문제의 개수와 단락의 개수는 항상 일치하지는 않습니다. 이런 경우 정답으로 한 번도 사용되지 않거나 한 번 이상 정답으로 사용되는 단락이 있을 수 있습니다. 한 번 이상 정답으로 사용되는 보기가 있는 경우에는 ***NB** You may use any letter more than once*라는 지시문이 주어집니다. (Nota Bene: 주의)

핵심 전략

1. 지문을 읽기 전 먼저 문제를 읽고, 지문에서 찾아야 하는 정보의 내용과 핵심어구를 파악합니다.

> **1** mention of the country publishing laws in multiple languages
> ▶ 핵심어구: country publishing laws in multiple languages
> ▶ 문제의 내용: 여러 언어로 법률을 공표하는 나라에 대한 언급

2. 문제와 관련된 내용이 지문의 어떤 부분에 등장하는지 찾습니다.

지문에는 문제의 핵심어구가 그대로 언급되어 있거나 바꾸어 표현되어 있다는 것에 주의합니다.

> 지문에서 언급된 내용
> Bordering Germany, Austria, France, and Italy, Switzerland announces all national laws in Germen, French, and Italian.
> 독일, 오스트리아, 프랑스, 그리고 이탈리아와 접하고 있는 스위스는 모든 국법을 독일어, 프랑스어, 그리고 이탈리아어로 공표한다.

3. 관련 내용이 언급된 주변에서 정답의 단서가 등장하는 것이 맞는지 확인한 뒤, 올바른 단락을 정답으로 적습니다.

TIPS

단락 고르기(Matching Information) 문제는 보통 여러 개의 문제가 한 번에 출제되므로, 모든 문제의 핵심어구를 한꺼번에 파악하기보다는 한 문제씩 핵심어구를 파악하여 답을 쓰고 다음 문제로 넘어가는 것이 좋습니다.

2. 핵심어구인 'country publishing laws in multiple languages'와 관련된 내용이 언급된 주변을 확인합니다.

1. 문제를 읽고 핵심어구인 'country publishing laws in multiple languages'를 통해 여러 언어로 법률을 공표하는 나라가 언급된 부분을 지문에서 찾아야 함을 파악합니다.

3. 정답의 단서에서 스위스는 모든 국법을 독일어, 프랑스어, 이탈리아어로 공표한다고 하였으므로, 단락 **A**를 정답으로 선택합니다.

READING PASSAGE 1

A There is a better chance of multilingual fluency when it is a necessity. Many European countries require students to study multiple languages. Moreover, these countries often share borders with countries that speak other languages. Bordering Germany, Austria, France, and Italy, [1]Switzerland announces all national laws in German, French, and Italian. Swiss students must learn at least two of these.

B In contrast, there is no national requirement in the United States for learning a second language. The US is a huge country with only two borders, so most Americans do not feel compelled to become multilingual. Moreover, its longest border is with Canada, where English is the primary language in most provinces.

⋮

Reading Passage 1 has four paragraphs, **A–D**.

Which paragraph contains the following information?

*Write the correct letter, **A–D**, in box 1 on your answer sheet.*

NB *You may use any letter more than once.*

1 mention of the country publishing laws in multiple languages

해석 　A　불가피한 일일 때 여러 언어에 유창할 확률이 더 높다. 많은 유럽 국가들은 학생들에게 여러 언어를 공부할 것을 요구한다. 게다가, 이러한 국가들은 종종 다른 언어를 사용하는 국가들과 국경을 공유한다. 독일, 오스트리아, 프랑스, 그리고 이탈리아와 접하고 있는 [1]스위스는 모든 국법을 독일어, 프랑스어, 그리고 이탈리아어로 공표한다. 스위스의 학생들은 이것들 중 최소한 두 가지를 배워야만 한다.

　　　　B　그에 반해, 미국에서는 제2 언어를 배울 국가적인 필요성이 없다. 미국은 오직 2개의 국경선만이 있는 거대한 국가이므로, 대부분의 미국인들은 여러 언어를 할 줄 알아야 한다고 느끼지 않는다. 게다가, 미국의 가장 긴 국경선은 캐나다와 접해 있는데, 그곳에서는 대부분의 주에서 영어가 주 언어이다.

　　　1　여러 언어로 법을 공표하는 나라에 대한 언급

정답 　**A**

해설 　문제의 핵심어구(country publishing laws in multiple languages)와 관련된 지문 내용 중 단락 A의 'Switzerland announces all national laws in German, French, and Italian'에서 스위스는 모든 국법을 독일어, 프랑스어, 그리고 이탈리아어로 공표한다고 하였으므로, 단락 **A**가 정답입니다.

| 바꾸어 표현하기 |

announces all national laws in German, French, and Italian 모든 국법을 독일어, 프랑스어, 이탈리아어로 공표한다 ▶ publishing laws in multiple languages 여러 언어로 법을 공표하는

📖 **Vocabulary**

fluency n. 유창함　border n. 국경　province n. 주, 지방

DAILY CHECK-UP

🌐 다음 중 어떤 보기의 내용이 지문에 언급되었는지 고르세요.

01 The layer of rock below the earth's crust is called the mantle. At about 2,900 kilometres thick, it is the largest earth layer and contains most of the mass of the earth. The upper part of the mantle is solid and firm, but at greater depths, the intense heat causes the rock to behave more like a liquid. The extremely high pressure, however, stops the rock from melting completely. It becomes 'plastic' at temperatures in excess of 1,000 degrees Celsius and can flow. In this form, it is a similar consistency to the hot asphalt that is poured and spread to make roads and motorways. The materials that make up this part of the mantle are mainly composed of iron, magnesium, aluminium, silicon, and oxygen compounds.

1　(A) mention of how depth affects the mantle's firmness
　(B) a reference to the chemical composition of the earth's crust

02 Telepathy has been a controversial part of psychology for the past hundred years. It is often defined as the ability to read another person's mind. However, more specifically, it is one person accessing the thoughts or feelings of another person without the other person providing any tangible signals. Telepathy is often associated with identical twins, who report having the same thoughts and feelings regularly and have therefore been the subjects of many experiments. However, in tests conducted by psychologist Susan Blackmore, twins could not intentionally transfer a given thought or feeling to their counterparts. Scientists believe that the special connection reported in twins can be explained by shared preferences, being emotionally attached, and spending so much of their time together. Because telepathy cannot be consciously demonstrated and reproduced in experiments, it probably belongs in the field of fiction rather than science.

2　(A) a description of how telepathy has changed during the past hundred years
　(B) an explanation for why twins are reported to have a special bond

---

📖 **Vocabulary**

01 crust n. 지각　mass n. 질량　plastic adj. 가소성이 좋은, 형태를 바꾸기 쉬운　consistency n. 밀도, 농도　motorway n. 고속도로
　　be composed of phr. ~으로 구성되다　compound n. 화합물
02 controversial adj. 논란이 많은　tangible adj. 실체가 있는, 보이는　be associated with phr. ~과 관련 있다
　　identical twins phr. 일란성 쌍둥이　attach v. 애착을 느끼게 하다　consciously adv. 의식적으로　reproduce v. 재현하다, 복사하다

03   Moonlight is the light from the moon that reaches the earth. Virtually all moonlight is, in fact, sunlight that is reflected by the moon's surface and scattered in the night sky. However, a very small amount of moonlight also comes from the light of distant stars. During a full moon, moonlight appears intense to an observer looking directly at the moon, but even a full moon is a mere one-millionth of the brightness of the sun. And this brightness fades dramatically when the moon is not full. In the moon's first and last quarters, 50 per cent of the moon is illuminated, but these half-moons provide only around 8 per cent of the moonlight of a full moon. Still, even moderate amounts of moonlight can have a significant effect on the night sky, and it can obscure some of the fainter stars, nebulae, and comets from the view of astronomers.

3   (A) how the brightness of the sun compares with a full moon
    (B) examples of the best times to view certain objects in the solar system

📖 **Vocabulary** ───

03 virtually adv. 사실상, 거의 scatter v. 흩어지다 first quarter phr. 상현(달) last quarter phr. 하현(달) illuminate v. 밝게 비추다
    obscure v. 가리다, 흐리게 하다 nebula n. 성운 comet n. 혜성 astronomer n. 천문학자

04 **A** As a cultural practice, storytelling has been common throughout human history. This is because human beings are rooted in narrative, ⍟that is, we understand the world around us through stories. Storytelling is also vital in language learning since stories are both a means of engaging children and expanding their linguistic ability. This has been proven by numerous studies showing that storytelling has a positive effect on literacy levels. For example, one study in the *Early Childhood Education Journal* found that the language ability of children aged three to five noticeably improved if teachers regularly read stories with them.

B However, this basic element of children's education is at risk because of a decline in reading. It is estimated that the number of children who read regularly has dropped by around 10 per cent, while only around 50 per cent of young people aged between nine and seventeen say they enjoy reading books for fun. This is a startling trend, which could have a negative impact on the educational prospects of young children. It is up to parents and teachers to work together to remedy this before it is too late.

4 a reference to the positive impact of reading in school

5 mention of a decline in the number of children reading frequently

---

필수 구문

⍟ **that is** : 즉, 말하자면

This is because human beings are rooted in narrative, **that is**, we understand the world around us through stories.
이는 인간이 이야기에 깊게 뿌리 박고 있기 때문인데, 즉, 우리는 우리를 둘러싼 세계를 이야기를 통해 이해한다.

➡ that is는 보통 '저것/그것은 ~이다'라는 의미이지만, 위의 문장에서처럼 콤마와 함께 사용되면 "즉", "말하자면"이라는 의미로 해석해 줍니다. 같은 의미로 쓰일 수 있는 다른 표현으로는 'that is to say'(그것은 말하자면)와 'in other words'(다시 말해서)가 있습니다.

📖 **Vocabulary**

04 narrative n. 이야기, 담화 vital adj. 필수적인 engage v. (주의를) 사로잡다, 끌다 linguistic adj. 언어의 literacy n. 읽고 쓰는 능력
startling adj. 놀랄 만한, 아주 놀라운 prospect n. 전망, 가능성 remedy v. 바로잡다, 교정하다

05 **A** Back in the early 1800s, vast herds of bison stretched across the American Midwest as far as the eye could see. Although they had been hunted for centuries by Native Americans, their numbers were still substantial. Even after European colonisation, bison thrived in the areas west of the Mississippi River. In 1870, there were about 12 million bison on the American plains. By the mid-1880s, however, they had been hunted almost to extinction.

B Several factors contributed to their sudden decline. Guns became easier to acquire, so bison could be hunted in large numbers. Also, economic development created a steady market for bison skins, and a strong tanning industry developed for processing bison hide. Clothes made from bison skin became fashionable, and industrialists discovered that bison hides could be made into belts that powered machinery. The expansion of the railroad system also contributed to the sharp increase in bison hunting as hunters had easier access to bison territory.

C Some compared the boom in the bison hunt to the gold rush. Farm workers who suffered from difficult economic circumstances rushed to hunt for bison in hopes of making money. One consequence of this intensive hunting was that the supply of bison exceeded demand and the price of bison hide fell. In one famous historical image from Dodge City, Kansas, there is a stack of 40,000 bison hides in a yard. Such hides would be worth only a dollar in the mid-1870s.

6 an example of a purpose for which bison hides were used by industrialists

7 mention of how supply and demand influenced the price of bison hides

📖 Vocabulary ───

05 herd n. 무리, 가축의 떼 bison n. 들소 substantial adj. 상당한 tanning industry phr. 제혁업 hide n. (짐승의) 가죽
industrialist n. 제조업자, 기업가 power v. 동력을 공급하다 territory n. 영역
gold rush phr. 골드러시(새로 발견된 금광으로 사람들이 몰려드는 것) stack n. 무더기, 더미

06 **A** Symbolic interaction theory – also known as symbolic interactionism – is one of the key theoretical ideas used in sociology to explain individual actions. This theory can be traced to Max Weber, an influential German sociologist who believed that people make decisions based on their interpretation of the world around them. In the early 20th century, this idea was picked up by George Herbert Mead, who reframed it as a means of understanding how an individual relates to objects in the world.

B Mead's ideas, which were published in a book entitled *Mind, Self and Society*, showed how people's understanding of the world is created socially rather than being based on objective truths. This suggests that all material objects, abstract concepts, and social systems are defined by the subjective meanings that each person ascribes to them. These meanings are not innate in objects themselves but are created through social interactions. One example of this would be a bottle of champagne,[*] which signifies luxury and wealth. These are socially determined meanings that are not based on any properties of the champagne.

C The radical element of this theory was the idea that subjective symbols are more important than actual facts when it comes to individual actions or beliefs. Thus, teenagers will take up smoking because of its association with being cool, even though they are aware of the health risks. They therefore prioritise the symbolic meaning of smoking over its actual effects on their health. Similarly, racist ideas about the superiority of one race can persist in certain societies despite the evidence that they are false. In this situation, the socially constructed meaning of race takes the place of the facts.

8   a description of a certain age group acting on the basis of symbolic meanings

9   a reference to a theorist whose ideas inspired symbolic interaction theory

10   an example of a drink that is defined by socially constructed meanings

11   a reference to ideas about race being based on social meanings

정답·해석·해설 p.313

⊛ , which (관계대명사 계속적 용법)

One example of this would be <u>a bottle of champagne</u>, **which signifies luxury and wealth**.
선행사

이것의 한 예는 샴페인 한 병일 수 있는데, 이는 사치와 부를 의미한다.

➡ 위의 문장에서처럼 관계대명사 which 앞에 콤마(,)가 같이 쓰인 경우가 있으며, 이를 관계대명사의 계속적 용법이라고 부릅니다. 계속적 용법으로 쓰인 관계대명사는 앞서 나온 명사/명사구(선행사)에 대한 부가적인 설명을 덧붙이는 데 사용됩니다. 보통 관계대명사 who/which/that절이 앞에 쓰인 명사를 뒤에서 앞으로 수식하는 것과 달리 문장의 순서대로 자연스럽게 연결하여 해석해 줍니다.

계속적 용법으로 쓰인 관계대명사 which는 콤마 앞에 위치한 문장 전체에 대한 부가적인 설명을 덧붙이는 기능을 할 수도 있습니다.

<u>The number of migrating birds dropped rapidly</u>, **which** proved that they were negatively affected by the use of pesticides.

철새의 수가 급속히 감소했는데, 이러한 사실은 그들이 살충제의 사용에 의해 부정적으로 영향을 받았다는 것을 입증했다.

📖 Vocabulary

06 interpretation n. 해석, 이해   reframe v. 재구성하다   ascribe to phr. (성질, 특징을) ~에 속하는 것으로 생각하다
innate adj. 고유한, 본질적인   signify v. 의미하다, 나타내다   radical adj. 근본적인, 급진적인   when it comes to phr. ~에 관한 한
take up phr. 시작하다, 배우다   prioritise v. 우선시하다   racist adj. 인종 차별적인   superiority n. 우월함, 우세

READING PASSAGE 1

Failures of International Expansion: Why Some Companies Fail to Become Multinationals

A Once a company reaches a certain level of market dominance in a country, the natural assumption on the part of shareholders is that it will expand overseas. However, making this move successfully can be extremely difficult. In fact, there are many examples of retail companies, which make up a significant portion of companies that attempt to expand internationally, making strategic errors. These can often cost them millions or even billions of dollars.

B The most common mistake companies make when moving overseas is to assume that 'one size fits all'. This approach does not take into account the cultural differences between countries and assumes that the strength of the brand will make it successful. This was the case with a chain of British hardware stores. After dominating the domestic market, they planned an expansion in China, where a growing middle class and a booming housing market were seen as ideal conditions for success. However, they did not realise that Chinese people see doing renovations to their homes themselves as a sign of poverty – they prefer to hire others to do it. The chain soon abandoned its expansion.

C A leading American supermarket chain had a similar experience when it attempted to break into the German market. Their German stores adopted the American practices of telling sales clerks to smile at customers and bag their products. Unlike Americans, Germans found this style of customer service off-putting, with some customers interpreting the smiles as flirtation. The supermarket chain also failed to change their employment policies and relocated their employees from store to store, as they did in the US, a policy that led many Germans to quit. As with the hardware chain, the supermarket found that one size does not fit all.

Questions 1–4

Reading Passage 1 has three paragraphs, **A–C**.

Which paragraph contains the following information?

NB *You may use any letter more than once.*

1   how attitudes to customer service differ in two countries

2   an example of a country where people prefer to pay someone for home improvement

3   a mention of an unpopular practice of moving workers

4   a reference to an industry in which overseas expansion is common

📖 **Vocabulary** ───

multinational n. 다국적 기업   shareholder n. 주주   make a move phr. (작업을) 시작하다   retail n. 소매   hardware n. 철물
booming adj. 호황기의, 급속히 발전하는   poverty n. 가난, 빈곤   break into phr. 진입하다, 갑자기 ~하기 시작하다   off-putting adj. 불쾌한
flirtation n. 추파를 던짐   relocate v. 이동시키다

The Drone Revolution in Farming

A Most experts agree that over the course of the next decade, drones will make a significant impact in the agriculture sector by cutting costs for farmers and improving efficiency. Importantly, drones can provide farmers with real-time data about the health of their crops, thereby removing the need for costly and time-consuming human observation. This has led agriculture experts like Scott Shearer, a professor at Ohio State University, to predict that drones are 'going to change agriculture as we know it'.

B The potential applications of drones in agriculture are numerous, ranging from measuring soil moisture to mapping weeds and locating infestations of pests, all of which can be done from the air. YangQuan Chen, an engineering professor at UC Merced in California, says that the application of these drones is 'only limited by our imagination'. Indeed, modified drones could even land and pick up samples of soil so that its chemical composition can be analysed. This sort of flexibility means that, according to Chen, drones will be 'critical to farming'. Chen even goes so far as to suggest that the drone will be equivalent to the tractor in its effect on farming.

C This use of drones in farming is part of what Chris Anderson, the co-founder and CEO of 3D Robotics, calls 'a trend toward increasingly data-driven agriculture'. According to Anderson, farmers have to make sure their farms are working at maximum efficiency to ensure high crop yields. This means that farms are increasingly managed by computers, with assistance from farmers. Drones will be part of a network of computers that coordinate all farming activity. They will allow for a level of precision in farming that human labour could not achieve.

Questions 5–7

Reading Passage 2 has three paragraphs, **A–C**.

Which paragraph contains the following information?

5   a reference to drones providing up-to-date information

6   a mention of how drones will integrate with other farm technologies

7   an example of drones being used to find weeds

Questions 8 and 9

Look at the following statements (Questions 8 and 9) and the list of people below.

*Match each statement with the correct person, **A–C**.*

8   Drones are part of a movement towards an information-driven farm.

9   The impact of drones in agriculture will be similar to that of the tractor.

List of People
A YangQuan Chen
B Chris Anderson
C Scott Shearer

정답·해석·해설 p.316

📖 **Vocabulary**

drone n. 무인 항공기 **map** v. 발견하다, ~의 지도를 작성하다 **infestation** n. 출몰, 들끓음 **pest** n. 해충 **go so far as to** phr. ~하기까지 하다
equivalent adj. 상응하는, 동등한 **co-founder** n. 공동 창립자 **data-driven** adj. 데이터 기반의, 데이터에 따라 처리를 하는 **yield** n. 수확량
precision n. 정확도, 정밀함

출제 경향

제목 고르기(Matching Headings) 문제는 주어진 제목 리스트에서 지문의 각 단락에 알맞은 제목을 고르는 문제입니다. 문제와 리스트는 지문보다 앞에 주어지며, 1~2개 정도의 정답을 참고할 수 있는 예시를 함께 보여주기도 합니다.

IELTS 리딩 영역에서 가장 많이 출제되는 유형 중 하나로, 거의 매 시험 출제되고 있습니다.

출제 형태

제목 고르기(Matching Headings) 문제는 주어진 제목 리스트에서 단락에 알맞은 것을 골라 로마자를 적는 형태로 출제됩니다.

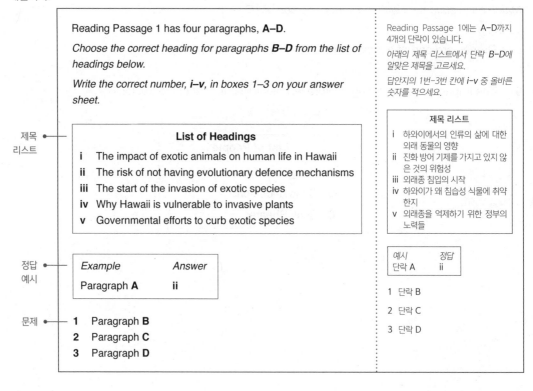

Reading Passage 1 has four paragraphs, **A–D**.

*Choose the correct heading for paragraphs **B–D** from the list of headings below.*

*Write the correct number, **i–v**, in boxes 1–3 on your answer sheet.*

제목 리스트 →

List of Headings

i   The impact of exotic animals on human life in Hawaii
ii The risk of not having evolutionary defence mechanisms
iii The start of the invasion of exotic species
iv Why Hawaii is vulnerable to invasive plants
v   Governmental efforts to curb exotic species

정답 예시 →

Example	*Answer*
Paragraph **A**	**ii**

문제 →

1   Paragraph **B**
2   Paragraph **C**
3   Paragraph **D**

Reading Passage 1에는 A–D까지 4개의 단락이 있습니다.

아래의 제목 리스트에서 단락 B–D에 알맞은 제목을 고르세요.

답안지의 1번–3번 칸에 i–v 중 올바른 숫자를 적으세요.

제목 리스트

i   하와이에서의 인류의 삶에 대한 외래 동물의 영향
ii 진화 방어 기제를 가지고 있지 않은 것의 위험성
iii 외래종 침입의 시작
iv 하와이가 왜 침습성 식물에 취약한지
v   외래종을 억제하기 위한 정부의 노력들

예시 단락 A	정답 ii

1   단락 B
2   단락 C
3   단락 D

핵심 전략

1. 지문을 단락별로 읽어 내려가며 각 단락의 중심 내용을 파악합니다.

중심 문장은 주로 단락의 앞부분 혹은 뒷부분에 주어지므로, 각 단락의 앞부분과 뒷부분을 주의 깊게 읽습니다.

2. 주어진 제목 리스트를 읽고, 중심 문장을 바꾸어 표현했거나 바르게 요약한 보기를 찾습니다.

중심 문장이 없는 경우, 단락 전체의 내용을 바르게 요약한 보기를 찾습니다.

지문에서 언급된 내용

Plants evolving without any predators do not develop any natural defence mechanisms, which can make them vulnerable to invasive species.

어떠한 포식자도 없이 진화하는 식물은 어떤 자연적 방어 기제도 발달시키지 않으며, 이는 그들을 침입종에 취약하게 만들 수 있다.

보기의 내용

ii The risk of not having evolutionary defence mechanisms

ii 진화 방어 기제를 가지고 있지 않은 것의 위험성

3. 찾은 보기가 단락 전체의 내용을 잘 반영하고 있는지 확인합니다.

✓ TIPS

제목 고르기(Matching Headings) 문제를 풀 때는 읽어야 할 단락이 많으므로, 한꺼번에 모든 단락의 중심 문장을 찾아두려고 하기보다는 한 단락의 중심 문장을 찾아 문제를 푼 뒤 다음 단락으로 넘어가는 식으로 푸는 것이 좋습니다.

Hackers IELTS Reading Basic

2. 중심 문장의 'natural defence mechanisms'가 'evolutionary defence mechanisms'로 바꾸어 표현되었음을 확인합니다.

3. 중심 문장과 하와이의 식물들이 초식 동물의 부재로 인해 새로 들어온 동물들에 의해 파괴되어 생태계의 균형이 붕괴되었다는 단락 전체의 내용을 통해 보기 **ii** The risk of not having evolutionary defence mechanisms를 정답으로 선택합니다.

1. 단락을 읽고 '어떠한 포식자도 없이 진화하는 식물은 어떤 자연적 방어 기제도 발달시키지 않으며, 이는 그들을 침입종에 취약하게 만들 수 있다'라는 중심 문장을 확인합니다.

READING PASSAGE 1

Reading passage 1 has six paragraphs, **A–F**.

*Choose the correct heading for paragraph **A** from the list of headings below.*

*Write the correct number, **i–iii**, in box 1 on your answer sheet.*

List of Headings

i   The impact of exotic animals on human life in Hawaii
ii The risk of not having evolutionary defence mechanisms
iii The start of the invasion of exotic species

---

1   Paragraph **A**

A   ¹Plants evolving without any predators do not develop any natural defence mechanisms, which can make them vulnerable to invasive species. In Hawaii this lack of indigenous herbivorous mammals meant that the plants had no defensive thorns. As a consequence, the animals that were introduced were able to easily destroy the plants. Although these animals were once domesticated, they soon became wild and invaded the forests. This eventually disrupted the natural balance in the forest ecosystem.

⋮

제목 리스트

i   하와이에서의 인류의 삶에 대한 외래 동물의 영향

ii   진화 방어 기제를 가지고 있지 않은 것의 위험성

iii   외래종 침입의 시작

1   단락 A

A   ¹어떠한 포식자도 없이 진화하는 식물은 어떤 자연적 방어 기제도 발달시키지 않으며, 이는 그들을 침입종에 취약하게 만들 수 있다. 하와이에서 이러한 토착 초식 동물들의 부재는 식물들이 방어를 위한 가시를 가지고 있지 않았다는 것을 의미했다. 그 결과로, 새로 들어온 동물들은 쉽게 그 식물들을 파괴할 수 있었다. 이러한 동물들이 한때는 사육되었음에도 불구하고, 그들은 곧 야생성을 띠게 되었고 숲을 침범했다. 이는 결국 숲 생태계의 자연 균형을 붕괴시켰다.

정답   ii The risk of not having evolutionary defence mechanisms

해설   단락 A의 중심 문장 'Plants evolving without any predators do not develop any natural defence mechanisms, which can make them vulnerable to invasive species.'에서 어떠한 포식자도 없이 진화하는 식물은 어떤 자연적 방어 기제도 발달시키지 않으며, 이는 그들을 침입종에 취약하게 만들 수 있다고 하였으므로, 보기 **ii** The risk of not having evolutionary defence mechanisms가 정답입니다.

바꾸어 표현하기

can make them vulnerable to invasive species 그들을 침입종에 취약하게 만들 수 있다
▶ The risk of not having evolutionary defence mechanisms 진화 방어 기제를 가지고 있지 않은 것의 위험성

📖 **Vocabulary**

predator n. 포식자   **defence mechanism** phr. 방어 기제   **indigenous** adj. 토착의   **herbivorous** adj. 초식의   **thorn** n. 가시
domesticate v. 사육하다

🌳 지문을 읽고 각 지문에 알맞은 제목을 고르세요.

01 In 1912, German scientist Alfred Wegener introduced the Pangaea theory. He claimed that Earth originally had one large landmass, which broke apart around 200 million years ago. Then the pieces drifted to form the current continents. Although many people accept this theory, it has some issues. Critics point out that the theory does not explain what force could move huge continents across the ocean floor. Wegener had suggested that it could have been achieved by tides, gravity, and the force generated by the rapid rotation of the earth. However, subsequent scientists demonstrated that these forces are too weak to explain continental drift. And even if there was such a force, the continents probably would not survive the movement. They would probably crumble, just like a glacier breaks into smaller and smaller pieces as it drags across the land surface.

1   (A) The evidence in support of Pangaea
      (B) Some problems with the Pangaea theory

02 Like other bees, bumblebees must look for nectar away from the nest. In 2001, biologists at the University of Southampton conducted an experiment to estimate the distance bumblebees will fly in search of food. The researchers collected bumblebees, took them away from the nest, and released them. Then they checked to see if the bumblebees could locate their nest. The bumblebees returned to the nest from distances of up to 9.8 kilometres away. However, despite being within an hour of flight time, many did not return quickly. At 2 kilometres away, the bumblebees returned in a matter of hours, but those released more than 3 kilometres away often took several days to return. Therefore, the scientists concluded that bumblebees probably forage within a few kilometres of their nest.

2   (A) Research into the distance travelled by bumblebees
      (B) Experimenting on bumblebees who have lost their nest

---

📖 **Vocabulary**

01 landmass n. 대륙 drift v. 표류하다, 부유하다 critic n. 비평가, 비판하는 사람 ocean floor phr. 대양저 subsequent adj. 이후의, 그 다음의 continental drift phr. 대륙 이동설 crumble v. 무너지다, 부서지다 glacier n. 빙하

02 bumblebee n. 호박벌 nectar n. 꿀, 과일즙 estimate v. 추산하다 in a matter of phr. 약, 대략 forage v. 먹이를 찾다

03 Psychologists believe that birth order can have a significant effect on children. They claim that being the youngest child comes with advantages and disadvantages. The latter were emphasised by Austrian psychiatrist Alfred Adler, who believed that the lastborn was pampered and spoiled. In his writings on the psychological effects of birth order, he emphasised the dangers of being the youngest. He thought that children that were born last were the most likely to develop negative behavioural traits or mental illness. However, author Jeffrey Kluger has focused on the positive attributes of being born last. He claims that the youngest children are often sociable and capable of getting along with all kinds of people. This makes them well suited to success in professions that require significant social interaction. Moreover, they tend to be funny, adventurous, and courageous enough to take risks.

3 (A) A plausible theory by Alfred Adler
  (B) Pros and cons of being the youngest child
  (C) The importance of birth order in sibling interactions

문제 유형 공략하기 II

3rd Week

4일

Hackers IELTS Reading Basic

📖 **Vocabulary**

03 psychiatrist n. 정신과 의사 pampered adj. 방자한, 제멋대로 하는 attribute n. 속성, 특질 profession n. 직업, 직종

🍄 지문을 읽고 각 단락에 알맞은 제목을 고르세요.

04

A In pre-modern societies, it was customary for women to make dresses on their own. Because ready-made dresses cost too much, ordinary women had no choice but to make their garments at home. This job was so time-consuming that sometimes just one dress was in use at a time. Only when the old one was worn out would a new one be made. Thus, many women would own just one dress at any given time in their lives.

B On the other hand, women who could afford ready-made dresses had more options in terms of colours and patterns. This is because the number of designs and materials available from professional seamstresses was substantial. In addition, ready-made dresses were of high quality. Expert dressmakers made precise measurements and could alter the garments to ensure an exact fit. And they made dresses that were durable. Moreover, they knew which fashions were trendy and which were not. Overall, ready-made dresses offered a range of benefits, including variety in design, precision and durability, and adaptability to changing styles.

List of Headings

i Designing garments for all social classes

ii The durability of homemade dresses

iii The various benefits of ready-made dresses

iv Women making their own dresses

---

4 Paragraph **A**

5 Paragraph **B**

📖 **Vocabulary**

04 pre-modern adj. 전근대의 customary adj. 일반적인 ready-made adj. 이미 만들어져 나오는 garment n. 의복
seamstress n. 재봉사 substantial adj. 상당한 precise adj. 정확한 alter v. 고치다

05

A The world's beaches are eroding faster than ever, and they are at risk due to several factors. Many of these are directly related to human activity. For instance, some communities rely on hydroelectric power and construct dams that prevent sand and soil in rivers from reaching the sea. In many places, this has caused beaches to shrink. Another reason for the erosion of coastlines is land development. When people build homes and buildings on beaches, it weakens the coast and makes it more vulnerable to natural phenomena. Therefore, the coastal regions ®where ocean storms do the most damage are often the ones that humans have used for development.

B Natural causes also contribute to erosion and the shrinking of beaches. Along coasts that have steep underwater slopes, waves naturally grow in size as they approach the shore. The constant crashing of large waves against the rocks continually erodes them and makes them weak. Climate change is also a real threat to the beaches. As the water level rises, the already shrinking sandy beaches will continue to get smaller and smaller. This could radically impact not only the way local residents live but also the coastal tourism industry.

List of Headings

i   Plans to reduce the human impact on beach erosion

ii   Nature's role in the loss of beaches

iii   The impact of shrinking beaches on tourism

iv   Human causes of beach erosion

---

6   Paragraph **A**

7   Paragraph **B**

필수 구문

® 관계부사 where

Therefore, <u>the coastal regions</u> **where** <u>ocean storms</u> <u>do</u> the most damage are ...
   장소 선행사 | 주어   동사

따라서, 해양 폭풍우가 가장 큰 피해를 입히는 해안 지역들이 ...

➡ 위의 문장에서처럼 where는 뒤에 '주어 + 동사'를 포함한 절을 이끌면서 앞에 온 명사/명사구(선행사)를 수식할 수 있습니다. 이렇게 쓰인 where를 관계부사라고 부르며, 앞에 온 명사/명사구는 주로 '장소'를 나타내는 표현이 됩니다. 관계부사 where는 where 뒤의 내용이 앞에 온 명사가 어떤 장소인지 수식하도록 해석해 줍니다.

📄 Vocabulary

05 erode v. 침식되다(시키다)   hydroelectric adj. 수력 발전의   shrink v. 줄어들다   coastline n. 해안 지대   vulnerable adj. 취약한
   steep adj. 가파른   slope n. 경사지, 비탈   radically adv. 근본적으로, 급진적으로

06

A Although medical technology is designed to protect patients, sometimes it can lead to injury. For example, medical tape has an adhesive designed to be strong, but it is so strong that it can damage the skin of certain patients, such as infants and the elderly. Infants do not have an epidermis, the thick outer layer of the human body, and the skin of older people gets thinner and weaker as they age. Because these patients can have thin and weak skin, the adhesive can easily tear the skin when it is removed. [8]The stickier it is, the more damaging it can be to people's skin. Each year, approximately 1.5 million people endure irritation or scarring of the skin due to medical tape.

B To solve this problem, scientists have been brainstorming ideas for new medical tape designs, and one of these is based on the webs of spiders. Spider webs are made of threads of spider silk. Although all of these threads are strong and elastic, only some of them are sticky. Thus, even though the adhesive is strong, it does not cover the entire surface area of the web. Scientists thought this same principle could be applied to medical tape.

C Jeffrey Karp, a professor at Harvard Medical School, led a team who attempted to create a modified medical tape based on a traditional design but with an added layer. Traditional medical tape has a backing and an adhesive, but these researchers added a layer of silicone between the two. This silicone layer is very slick. Then they used a laser to cut grid lines into the silicone layer so that only these grid lines would stick to the skin. The result was a medical tape that can easily be removed without harming sensitive skin.

List of Headings

i   An effort to produce a revised medical tape

ii   Spider webs inspiring medical tape

iii The chemical composition of spider webs

iv   Why medical tape can harm the skin of some patients

v   The use of a new medical tape in hospitals

---

8   Paragraph **A**

9   Paragraph **B**

10   Paragraph **C**

정답·해석·해설 p.318

필수 구문

⊛ **the** 비교급1 …, **the** 비교급2 … : ~할수록 더 −하다

The stickier it is, **the** more damaging it can be to people's skin.
　　　비교급 1　　　　　　　비교급 2
더 끈끈할수록, 그것은 사람들의 피부에 더 해로울 수 있다.

➡ 위의 문장에서처럼 '더 ~한/하게'라는 의미의 비교급 형용사/부사가 한 문장에서 the와 함께 두 번 연달아 쓰일 수 있습니다. 이 경우 비교급이 쓰인 순서대로 "(비교급1)할수록, 더 (비교급2)하다"라는 뜻으로 해석해 줍니다.

📖 **Vocabulary** ──

06 adhesive n. 접착제   epidermis n. 상피, 표피   tear v. 찢다   sticky adj. 끈끈한   irritation n. 염증   scarring n. 흉터
brainstorm v. 강구하다   elastic adj. 탄력적인   surface n. 표면   grid line phr. 격자 선

READING PASSAGE 1

The Optimism Bias

Most people think they act rationally, but they are actually influenced by a natural inclination towards optimism

A   Recent studies in both neuroscience and social science have revealed that the majority of people have a tendency to be optimistic. Social scientists have labelled this phenomenon the 'optimism bias'. Professor Chris Dawson of the University of Bath has shown that, in the business world, entrepreneurs are examples of people who have a particularly strong optimism bias since very few new businesses are successful. Only around 20 per cent of businesses last beyond their first year, and very few reach their fifth or tenth anniversaries. Considering this, entrepreneurs must be optimistic to go into business.

B   A similar trend can be seen in sports fandom. Researchers at University College London (UCL) found that football fans had wildly optimistic expectations of how their team would perform over the course of a season. These expectations were often based on opinions rather than actual evidence. The study's senior author, Professor Brad Love, stated that, 'fans can get focused on improvements or changes in the team that they follow,' without realising that other teams are doing the same.

C   This tendency towards optimism has also been studied by Tali Sharot, a neuroscientist at UCL, who suggests that the optimism bias is a 'cognitive illusion' which has a positive effect on people. According to Sharot, this illusion is very helpful in our daily lives and is necessary for the maintenance of well-being across society. Sharot suggests that the optimism bias is an antidote to mental problems like depression and anxiety and can improve a person's prospects. This is because optimism leads people to expect more from life, which makes them work harder to achieve their goals. Ultimately, as Sharot states, this allows them to have more fulfilling, successful and happy lives.

Questions 1–3

Reading Passage 1 has three paragraphs, **A–C**.

Choose the correct heading for each paragraph from the list of headings below.

List of Headings

i   The optimism bias and personal relationships

ii The effect of the optimism bias on business

iii The genetic basis for optimism

iv Personality relates to the optimism bias

v   Sports supporters rely on the optimism bias

vi The benefits of the optimism bias

---

1   Paragraph **A**

2   Paragraph **B**

3   Paragraph **C**

📖 **Vocabulary** ——

optimism n. 낙관주의 bias n. 편향, 편견 neuroscience n. 신경 과학 tendency n. 경향 entrepreneur n. 기업가
illusion n. 착각, 착시 antidote n. 해독제 depression n. 우울 anxiety n. 불안 prospect n. 가능성, 전망

The Mystery of Smell

A The sense of smell is often considered to be of less importance than seemingly more practical senses, such as vision and hearing. However, smell encodes sensations in ways that give information to other senses, so it is a vital tool for perception. Its influential role in taste is well documented, and it is thought to play a significant part in the recording of sense information more generally. Despite this, the exact relationship between the sense of smell and our brains is still largely unknown.

B The cognitive process behind smell can be altered by expectations, as was revealed in a study by cognitive psychologist Pamela Dalton at the Monell Centre. Dalton presented a harmless aroma to some asthma patients, telling half of them that it was a harmful compound. Those that thought it was harmful experienced lung inflammation over the course of the next 24 hours. According to Dalton, this proves that our perception of odour can even influence our physical reactions.

C Science has also demonstrated that the brain remembers odours differently in the presence or absence of pain. This was revealed in a study at Northwestern University in which subjects received mild electric shocks when they smelled a particular chemical. When the subjects were asked to identify the chemical via its smell, they managed to do so almost 70 per cent of the time when the electric shocks were administered. In contrast, subjects correctly identified the chemical scent only a third of the time in the absence of shocks.

Questions 4–6

Reading Passage 2 has three paragraphs, **A–C**.

Choose the correct heading for each paragraph from the list of headings below.

List of Headings
i Smell negatively affects attention
ii The influence of expectations about smells
iii The relation between smell and hearing
iv The importance of smell for perception
v Remembering smells with and without pain
vi Chemical influence on smell

4   Paragraph **A**

5   Paragraph **B**

6   Paragraph **C**

Questions 7 and 8

Complete the sentences below.

Choose **NO MORE THAN TWO WORDS** *from the passage for each answer.*

7   Dalton's experiment involved making .... sufferers smell a harmless substance.

8   In one experiment, participants identified a chemical most of the time when they were given
....

정답·해석·해설 p.320

📋 **Vocabulary**

vital adj. 필수적인 perception n. 지각, 인식 cognitive adj. 인지의 asthma n. 천식 compound n. 화합물 inflammation n. 염증
odour n. 냄새 via prep. ~을 통해

출제 경향

-◉ 출제 경향

단답형(Short Answer) 문제는 알맞은 답을 지문에서 찾아 쓰는 주관식 문제입니다. 주로 What/Which/How/Who 등의 의문사를 사용한 질문이나, What/Which + 명사구 형태의 질문에 알맞은 답을 작성하는 형태로 출제됩니다.

IELTS 리딩 영역에서 간혹 출제되고 있습니다.

출제 형태

-◉ 출제 형태

단답형(Short Answer) 문제는 알맞은 답을 지문에서 찾아 적는 형태로 출제됩니다.

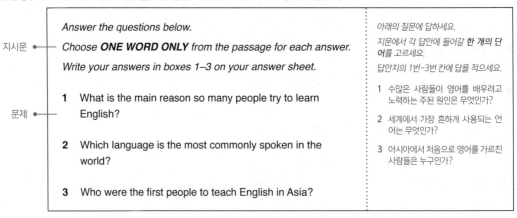

지시문 ●— Answer the questions below.

Choose **ONE WORD ONLY** from the passage for each answer.

Write your answers in boxes 1–3 on your answer sheet.

문제 ●—
1 What is the main reason so many people try to learn English?

2 Which language is the most commonly spoken in the world?

3 Who were the first people to teach English in Asia?

아래의 질문에 답하세요.

지문에서 각 답안에 들어갈 **한 개의 단어**를 고르세요.

답안지의 1번-3번 칸에 답을 적으세요.

1 수많은 사람들이 영어를 배우려고 노력하는 주된 원인은 무엇인가?

2 세계에서 가장 흔하게 사용되는 언어는 무엇인가?

3 아시아에서 처음으로 영어를 가르친 사람들은 누구인가?

1. 답안 작성 조건을 확인합니다.

지문을 읽기 전 먼저 지시문을 읽고, 몇 개의 단어 혹은 숫자로 답안을 작성해야 하는지 확인합니다.

2. 지문을 읽기 전 먼저 문제를 읽고, 핵심어구와 문제에서 묻는 내용을 파악합니다.

> **1** What is the main reason so many people try to learn English?
> ▶ 핵심어구: so many people try to learn English
> ▶ 문제에서 묻는 내용: 수많은 사람들이 영어를 배우려고 노력하는 주된 원인이 무엇인지

3. 문제와 관련된 내용이 지문의 어떤 부분에 등장하는지 찾습니다.

지문에는 문제의 핵심어구가 그대로 언급되어 있거나 바꾸어 표현되어 있습니다.

> 지문에서 언급된 내용
> Economics also provides significant motivation for people to learn multiple languages, and it is the primary reason so many people strive to master English.
> 경제 또한 사람들이 여러 언어를 배우게 하는 상당한 동기를 제공하며, 수많은 사람들이 영어를 익히려고 분투하는 주요한 원인이다.

4. 알맞은 단어를 답안으로 작성합니다.

문맥상 빈칸에 들어가기에 알맞은 단어를 찾아 답안 작성 조건에 맞게 답을 작성합니다. 답안을 작성한 후에는 질문의 의문사에 알맞은 답을 적었는지 확인합니다.

5. 단답형(Short Answer) 문제는 보통 지문 내용이 전개되는 순서대로 출제된다는 것을 기억합니다.

만약 단서를 찾지 못한 문제가 있다면, 이전 문제와 다음 문제의 단서 사이를 꼼꼼히 살펴봅니다.

✓ TIPS

단답형(Short Answer) 문제는 여러 개의 문제가 한 번에 출제되므로, 제시된 모든 문제의 핵심어구를 미리 파악해두기보다는 한 문제씩 핵심어구를 파악하여 답을 쓰고 다음 문제로 넘어가는 것이 좋습니다.

2. 핵심어구인 'so many people try to learn English'가 'so many people strive to master English'로 바꾸어 표현된 주변을 확인합니다.

1. 지시문을 읽고 한 개의 단어로 답을 쓰는 문제임을 확인한 뒤, 문제의 핵심어구와 내용을 파악합니다. 문제를 읽고 핵심어구인 'so many people try to learn English'를 통해 '수많은 사람들이 영어를 배우려고 노력하는 주된 원인'에 대해 묻고 있음을 파악합니다.

3. 정답의 단서에서 경제는 수많은 사람들이 영어를 익히려고 분투하는 주요한 원인이라고 하였으므로, **economics**를 정답으로 작성합니다.

READING PASSAGE 1

A language learner's success is dependent on interest level and the amount of effort the learner is willing to give. Certainly, a person who dreams of living in Paris one day will likely have more passion for learning French than a person who never intends to go to France. [1]Economics also provides significant motivation for people to learn multiple languages, and it is the primary reason so many people strive to master English. This is because these days English is widely considered to be the lingua franca of the business world.

⋮

Answer the question below.

Choose **ONE WORD ONLY** from the passage for the answer.

Write your answer in box 1 on your answer sheet.

1 What is the main reason so many people try to learn English?

해석 언어 학습자의 성공은 관심도와 그 학습자가 기꺼이 들이고자 하는 노력의 크기에 달려 있다. 분명히, 언젠가 파리에서 사는 것을 꿈꾸는 사람은 결코 프랑스에 가려고 하지 않는 사람보다 프랑스어를 배우는 데 더 큰 열정을 가지고 있을 가능성이 높다. ¹경제 또한 사람들이 여러 언어를 배우게 하는 상당한 동기를 제공하며, 수많은 사람들이 영어를 익히려고 분투하는 주요한 원인이다. 이는 오늘날 영어가 업계의 공통어로 널리 여겨지고 있기 때문이다.

1 수많은 사람들이 영어를 배우려고 노력하는 주된 원인은 무엇인가?

정답 **economics**

해설 문제의 핵심어구(so many people try to learn English)와 관련된 지문 내용 중 'Economics ~ is the primary reason so many people strive to master English.'에서 경제는 수많은 사람들이 영어를 익히려고 분투하는 주요한 원인이라고 하였으므로, **economics**가 정답입니다.

바꾸어 표현하기

strive to master English 영어를 익히려고 분투하다 ▶ try to learn English 영어를 배우려고 노력하다

📖 **Vocabulary**

economics n. 경제(학)   significant adj. 상당한   motivation n. 동기   lingua franca phr. 공통어, 국제어

🌑 지문을 읽고 물음에 답하세요.

01 Physiognomy, the idea that you can judge a person's character from their facial features, has been a topic of scientific debate since the time of the ancient Greeks. It has often been associated with the racist ideas of eugenics, but despite these troubling roots, it has recently been revived. This has resulted in numerous studies such as one at the University of Michigan in which undergraduates were asked to judge one another's faces. It found that their judgements were correct surprisingly often. This suggests that there could be some truth to the idea that one's character is evident in one's face. However, it is also possible that social prejudices play a part, particularly if factors such as garments have an effect on people's first impressions of someone. Furthermore, judging a person by their face can easily lead to generalisations about certain facial types that are not valid.

1   Which factor could influence a person's first impressions of another person other than facial features?

(A) clothing   (B) attitude

02 Although many terrible diseases have afflicted humankind throughout history, smallpox was perhaps the most devastating. It was originally known as the 'pox' and was characterised by fever, muscle pain, and other flu-like symptoms, as well as a rash that developed into painful blisters. Smallpox is believed to have originated in Africa several thousand years ago, but by the 6th century AD it was present throughout the Mediterranean. It was then carried around the world via trade and colonisation, with particularly destructive effects on indigenous populations in North America. In 1796, Edward Jenner finally discovered a vaccine that could stop smallpox. Countries around the world immediately began to implement it, although it wasn't until 1980 that smallpox was eliminated, which made it one of the few infectious diseases ever to be completely eradicated.

2   In which area of the world is smallpox thought to have first appeared?

(A) the Mediterranean   (B) North America   (C) Africa

📖 **Vocabulary**

01 physiognomy n. 인상학, 관상술 eugenics n. 우생학 revive v. 다시 시선을 끌게 되다, 부활하다 undergraduate n. 대학생, 학부생 prejudice n. 편견 generalisation n. 일반화 valid adj. 유효한, 근거가 확실한

02 afflict v. 괴롭히다, 피해를 입히다 smallpox n. 천연두 rash n. 발진 blister n. 수포, 물집 indigenous adj. 토착의, 원산의 implement v. 시행하다, 이행하다 infectious adj. 전염성의 eradicate v. 근절하다, 뿌리뽑다

03 According to a study conducted by the Henry J. Kaiser Family Foundation, American children spend around 4.5 hours every day watching television. This means that the average child sees around 40,000 commercials a year. Some studies claim that young children are unable to tell the difference between normal television programmes and these advertisements, meaning that they are far more susceptible to ads than adults. Advertisements also use a range of tactics to capture children's attention, an effect that can damage their ability to focus on other aspects of their lives. Another impact of advertising on children is its ability to cause hunger, given the high number of snack food commercials on TV. This has been shown to be a factor in obesity, something that is compounded by the unhealthy snacks in these ads. Thus, if children watch too many ads on TV, they could suffer problems with both their cognitive and physical well-being.

3 What can snack food advertisements cause in children?

(A) cavities
(B) laziness
(C) hunger

4 Which health condition can be made worse by the snack advertisements on TV?

(A) obesity
(B) diabetes
(C) cancer

📑 **Vocabulary**

03 commercial n. 광고 advertisement n. 광고 susceptible adj. 영향받기 쉬운, 민감한 a range of phr. 다양한 tactic n. 전략, 작전 given prep. ~을 고려하면, ~ 때문에 compound v. (문제를) 악화시키다, ~의 정도를 더하다

04 During the 1700s, the sugar trade between Britain's colonies in America and the Caribbean was extremely profitable. Sugar was so valuable that it was called 'white gold'. Britain wanted its sugar plantations in the Caribbean to monopolise America's sugar market. Therefore, Britain passed the Molasses Act of 1733, which required colonists to pay a tax if they imported sugar from non-British sources. This law led to widespread smuggling. To avoid the tax, colonists illegally imported sugar from places like the French West Indies. If they were caught, smugglers faced trial by American juries but were often released without punishment. Therefore, the Molasses Act had little effect.

In response, the British Parliament passed the Sugar Act of 1764. This law reduced the tax, but it implemented strict enforcement. Smugglers were tried by a British judge, and the right to trial by jury was eliminated. If found guilty, they had their entire shipload of goods taken without compensation. The colonists felt that this was extremely unfair. Ultimately, the Sugar Act and other unpopular policies caused Americans to distrust the British enough to begin the struggle for independence. Thus, the sugar trade helped fuel the American Revolution.

*Choose **NO MORE THAN TWO WORDS** from the passage for each answer.*

5   Which activity happened as a result of the Molasses Act of 1733?

6   What did the Sugar Act lead Americans to fight for?

📖 **Vocabulary**
04 profitable adj. 수익성이 있는 plantation n. 농장 monopolise v. 독점하다 colonist n. 식민지 주민 smuggling n. 밀수, 밀반입
trial n. 재판 jury n. 배심원단 enforcement n. 집행 eliminate v. 없애다, 제거하다 shipload n. 배 한 척 (분량의 선적물)
compensation n. 대가, 보상 fuel v. 부채질하다, 자극하다

05 One of the oldest species on the planet, the damselfly belongs to the same insect family as the dragonfly. Recently discovered fossils reveal this type of insect to be over 300 million years old. The wide variety of damselfly species in existence differs in size and appearance, but they can be categorised into 309 groups with distinct features. They are [*]as skilful in the air as dragonflies thanks to their unique wings – these allow them to perform rapid mid-air movements. Like the dragonfly, the lifecycle of this species has three distinct stages: the egg, the nymph, and the winged adult.

Damselflies mate while they are flying over lakes or ponds, and their eggs are usually laid in vegetation that floats on the water's surface. Many species prey on the damselfly, including fish, frogs, and birds. Therefore, the female ensures that the hundreds of eggs produced during the mating period are deposited in a variety of locations to increase their chances of survival.

It takes about one week for the nymph to emerge from the egg. This phase of the lifecycle is spent underwater, where the nymph is a dominant predator that feeds on larvae, tadpoles, and even small minnows. After several months, the nymph leaves the water. Its outer skin dries out then splits open, and an adult damselfly comes out. The body of the winged adult is a shiny blue or green and has a long midsection. After the wings have completely dried and its body has hardened, the adult is able to fly.

Choose **NO MORE THAN TWO WORDS AND/OR A NUMBER** *from the passage for each answer.*

7   What shows the age of the damselfly species?

8   How many different types of damselfly are there?

9   Where does the nymph spend its life?

필수 구문

⊛ **as** 형용사/부사 **as** A : A만큼 (형용사/부사)하다

They are **as** skilful in the air **as** dragonflies thanks to their unique wings ...
　　　　　　　　형용사　　　　　　　　　명사

그들은 특별한 날개 덕분에 잠자리만큼 공중에서 능란하다.

➡ 위의 문장에서처럼 as와 as 사이에 형용사나 부사가 와서 'as 형용사/부사 as A'의 형태로 쓰이는 경우에는 A 자리에 명사(구)가 주로 쓰이며, "A만큼 (형용사/부사)하다"라는 뜻으로 해석해 줍니다.

📖 **Vocabulary**

05 **damselfly** n. 실잠자리 **dragonfly** n. 잠자리 **group** n. (동식물 분류상의) 군 **mid-air** n. 공중 **nymph** n. 유충
lay v. (알을) 낳다, ~에 놓다 **vegetation** n. 식물, 초목 **prey on** phr. ~을 잡아먹다 **deposit** v. 놓다, 쌓이게 하다 **emerge** v. 나오다
predator n. 포식자 **larva** n. 애벌레, 유충 **tadpole** n. 올챙이 **minnow** n. 피라미 **midsection** n. 복부, 중앙부

06 Most people assume that their beliefs and opinions are shared by a majority of their peers. This assumption, which will often be the case despite evidence suggesting otherwise, is known in psychology as the 'false consensus effect'. It has been identified as an example of cognitive bias. It occurs because people tend to think of themselves as the norm and therefore believe that their habits, values, and preferences are widely shared. This can limit people's ability to understand opposing viewpoints since these views will be perceived as unpopular or irrelevant. The false consensus effect also makes people believe that anyone who holds a different viewpoint is defective. ^⑧<u>Rarely will a person</u> believe that they are in the minority. Even if they do, they will still overestimate the number of people who agree with them.

This psychological effect was first studied in 1977 by Stanford University social psychologist Professor Lee Ross. He conducted an influential experiment to prove that it existed. Ross asked a group of participants if they would walk around outside with a sandwich board saying 'Eat at Joe's' on it. He told them that they would receive some useful information after doing so. He then asked them how many people they thought would choose to wear the sandwich board. Sixty-two per cent of the people who agreed to wear the sandwich board said that the others would make the same choice, and 67 per cent of those who did not choose to do so said that everyone would do the same as them. All participants also thought that people who chose differently would have 'extreme' personalities. As Ross's study showed, people project their beliefs and opinions onto others, thereby creating a false consensus in their minds.

*Choose **NO MORE THAN TWO WORDS** from the passage for each answer.*

10 What do people generally believe themselves to be?

11 What are people who experience the false consensus effect less able to understand?

12 What did Professor Lee Ross ask people to walk around wearing?

13 Which term did the participants use to describe the personalities of those who disagreed with them?

정답·해석·해설 p.322

필수 구문

⊛ 동사가 주어 앞에 온 도치구문

Rarely will a person believe that they are in the minority.
       조동사 주어

사람은 그들이 소수에 속한다고 좀처럼 믿지 않을 것이다.

➡ 위의 문장에서처럼 부정과 제한의 의미를 가진 부사(rarely : 좀처럼 ~않다)나 부사구가 의미 강조를 위해 문장의 맨 앞에 올 수 있습니다. 이때, 주어 뒤에 동사가 오는 보통의 어순과 달리 조동사/be동사/do동사 등이 주어 앞에 오게 되며, 이를 도치 구문이라고 부릅니다. 부정/제한의 의미를 가진 부사(구)가 문장의 맨 앞에 온 도치구문에서는 조동사/be동사/do동사가 주어 앞에 있음에 주의하여 해석해 줍니다.

장소를 나타내는 부사구가 문장의 맨 앞에 쓰인 경우에도 도치가 일어날 수 있습니다.
On top of the ozone layer is the stratosphere.
               동사   주어

오존층의 위에 성층권이 있다.

📖 **Vocabulary**

06 be the case phr. 사실이 그러하다　false consensus phr. 합의성 착각　cognitive bias phr. 인지 편향　norm n. 표준, 일반적인 것
preference n. 선호도　opposing adj. 대립하는, 매우 다른　irrelevant adj. 부적절한, 상관없는　defective adj. 결함이 있는
overestimate v. 과대평가하다　sandwich board phr. (사람이 앞뒤로 매고 다니는) 광고판　extreme adj. 과격한, 극단적인
project v. 투영하다

READING PASSAGE 1

The History of the Circus, from Ancient Rome to Cirque du Soleil

Circuses were first popularised in ancient Rome, where the Latin word 'circus' meant 'circle' and referred to a building that was used for events like chariot races. The circus in a permanent location disappeared after the fall of the Roman Empire, but during much of the medieval period, travelling entertainers moved around Europe performing at local fairs. A new form of circus emerged in the 18th century with Philip Astley's outdoor horse-riding school, where visitors could watch horse-riding tricks. Astley added acts by strongmen, jugglers, and acrobats to these tricks. In 1773, he opened the first theatre for circus performances in London, Astley's Royal Amphitheatre, and it was here that the modern circus was born.

In America, the circus reached its most famous form in the 19th century with the 'big top', a circus performed inside a massive tent made of canvas. Soon, this became the standard American circus and remained so for the next century. The biggest circus company of that era was Ringling Bros. and Barnum & Bailey's Circus, which popularised the use of clowns as performers and even founded its own clown college to train them.

In recent decades, demand for traditional circuses has waned, while more theatrical productions such as Cirque du Soleil have gathered large followings globally. Having been inspired by the Moscow Circus, the Cirque du Soleil founders designed a show in which various circus styles from around the world were integrated into a single story. They avoided using a ring or animals, feeling that this model was outdated. The formula worked as Cirque du Soleil has established itself across the globe, generating more than $800 million in annual revenue.

Questions 1–5

Answer the questions below.

Choose **NO MORE THAN THREE WORDS** *from the passage for each answer.*

1   Which events in Europe did travelling entertainers perform at during medieval times?

2   What was the name of the first circus theatre in London?

3   What were 'big top' tents made out of?

4   What did Ringling Bros. and Barnum & Bailey's Circus establish to train performers?

5   From where did the founders of Cirque du Soleil get their inspiration?

📄 **Vocabulary**

popularise v. 대중화하다, 보급하다   chariot n. 전차, 마차   permanent adj. 상설의, 영구적인   strongman n. 괴력사, 장사
juggler n. 마술사, 요술쟁이   acrobat n. 곡예사   big top phr. (서커스가 공연되는) 대형 천막   wane v. 시들해지다, 줄어들다
theatrical adj. 연극적인, 공연의   integrate v. 통합시키다   outdated adj. 시대에 뒤떨어진, 구식의   revenue n. 수익, 수입

MOSE: Venice's Tide Barrier Project

A   Venice is well known for being one of the most popular tourist attractions in Italy, but it is also famous for flooding. Constructed on land barely above sea level, Venice is particularly susceptible to high tides. *Acqua alta* is the Italian term for the seasonal tides that occur in the northern Adriatic Sea and sometimes flood the city. Without protection, Venice occasionally must contend with water that covers the surface of the city. Therefore, Venice has implemented the MOSE project, which is intended to protect the city from these floods.

B   The attempt to protect Venice from high tides also entails the protection of the Venetian Lagoon, as well as the three entrances to the lagoon that regularly allow tides into the city. As these tides raise the water level in the lagoon, they also flood Venice. The city invested billions of dollars in the MOSE project to construct a series of steel gates that modify how water flows into the Venetian Lagoon. The gates are held in place on the lagoon floor by allowing them to fill with water. However, when high tides are anticipated, the gates are raised by introducing compressed air into them until they rise above the water. The gates then prevent the seawater from entering the lagoon.

C   By erecting these gates, the Venetians are able to control the influx of water. However, the gates prevent vessels from entering the lagoon. To address this, the MOSE project will involve the construction of locks at the three lagoon entrances: Malamocco, Lido, and Chioggia. The lock at Malamocco will function as the main lock, and it will mainly be used to accommodate large ships. The other two will allow for the passage of smaller vessels.

Questions 6–8

Reading Passage 2 has three paragraphs, **A–C**.

Choose the correct heading for each paragraph from the list of headings below.

List of Headings
i   The cost of modifying the flow of water
ii Efforts to protect the lagoon from high tides
iii Venice's development as a popular tourist destination
iv The continual problem of flooding in Venice
v Plans to use locks to allow ships into the lagoon

6   Paragraph **A**

7   Paragraph **B**

8   Paragraph **C**

Questions 9–11

Answer the questions below.

*Choose **NO MORE THAN TWO WORDS** from the passage for each answer.*

9   What term is used to describe the seasonal high tides that flood Venice?

10   What is put into the gates to make them rise when high tides are predicted?

11   What will use the lock at Malamocco to enter the Venetian Lagoon?

정답·해석·해설 p.325

📖 **Vocabulary**

tide barrier phr. 방조벽, 고조제 susceptible adj. 영향을 받기 쉬운 high tide phr. 만조, 밀물
lagoon n. 석호(해안의 만이 바다로부터 떨어져서 생긴 호소) modify v. 조정하다, 수정하다 compressed adj. 압축된 erect v. 세우다, 건설하다
influx n. 유입 vessel n. 선박 lock n. 갑문(선박이 통과하기 위한 상하류 수위를 조정해주는 장치) accommodate v. 수용하다

HACKERS
IELTS
READING BASIC

goHackers.com

학습자료 제공·유학정보 공유

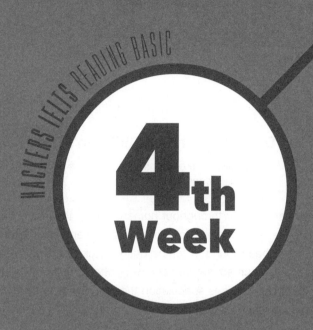

HACKERS IELTS READING BASIC

4th Week

4주에서는 앞서 공부한 내용을 토대로 실전에 가깝게 구성된 문제들을 풀어 보겠습니다. 3개의 지문으로 구성된 테스트를 매일 한 테스트씩 풀어 보면서 IELTS 리딩 실전 감각을 익혀 봅니다.

리딩
실전 대비하기

READING PASSAGE 1

The Doll: More Than a Children's Toy

Over the course of their long history, dolls have been used as religious offerings, fertility symbols, and consumer items

A   Although dolls have been popular throughout human history, they have varied widely in both construction and purpose. The earliest dolls known to contemporary historians are Egyptian paddle dolls, which have been found in tombs dating back to the 21st century BCE. These wooden boards had stylised human features and were often adorned with abstract forms made up of squares and triangles. There is speculation that they were representations of the dead, fertility symbols to ensure rebirth of the deceased, or primitive toys intended for children in the afterlife.

B   The use of dolls in the cultures of ancient Greece and Rome is well documented. While dolls were used as toys in these societies, historians have also speculated that they may also have been used as offerings to the gods or as charms to ward off bad luck. The use of dolls for purposes other than play was also common in Japan, in the form of the Dogū and Haniwa dolls. The highly stylised Dogū were in use from around 8000 BC to 200 BCE and were notable for their round faces. Their purpose is not clear, although their feminine features suggest that they may be connected to fertility. The clay figures known as Haniwa, on the other hand, were used as funerary figures and often dressed in military outfits.

C   As superstition and spirituality started to diminish in the 19th century, dolls developed a more recognisable, child-focused form. This coincided with the Industrial Revolution, after which dolls began to be mass-produced and became consumer items. In this period, manufacturers started making dolls' faces out of porcelain to give them a more lifelike skin tone. They were particularly popular in Germany, where millions were mass-produced. Starting in the 1850s, these dolls were more clearly defined as children's toys because they were made to look more childlike. Dolls also became more firmly associated with girls during this period, and more emphasis was placed on their clothing and accessories, a trend that would expand in the mid-20th century with the launch of Barbie.

Reading Passage 1 has three paragraphs, **A–C**.

Which paragraph contains the following information?

NB *You may use any letter more than once.*

1   a reference to a country where dolls were produced in large quantities

2   an explanation for why certain dolls had female characteristics

3   a mention of a material that made dolls look more human

Questions 4 and 5

*Complete the summary using the list of words, **A–F**, below.*

The First Dolls

The first dolls that historians are aware of were discovered in ancient Egyptian **4** .... They were wooden boards that had human features and were decorated with **5** .... They may have represented the dead, symbolised fertility, or have been toys to play with in the next world.

A graves	**B** pictures	**C** shapes
D palaces	**E** letters	**F** homes

Global Warming's Threat to the Rocky Mountains

The Rocky Mountains are one of the world's greatest mountain ranges, stretching across 3,000 miles of the North American continent. 'The Rockies', as they are known, contain many vital natural resources, the most abundant of which is water. The mountains supply around a quarter of all the water in North America, which is used for both consumption and agricultural irrigation. This mostly untouched terrain is now under threat from climate change, which could disrupt the mountains' delicate ecosystem.

In America's Rocky Mountain National Park, there has already been a 3.4 degree Fahrenheit increase in average annual temperatures over the last century. This is expected to continue, with some models suggesting the temperature will go up by another 6.5 degrees Fahrenheit by 2050, while others project a 2.5 degree rise. It is thus not surprising that National Park Service Director Jonathan Jarvis called climate change the biggest challenge national parks face in the next century. 'National parks are often located in relatively extreme environments', Jarvis stated, making them 'some of the most impacted environments that we have in the country'.

The Rockies' immense forests, which are home to a range of plants and animals, would be severely threatened by such a temperature rise.

A report released by the Union of Concerned Scientists stated that the main tree species forming the Rocky Mountain forests will have largely died out by 2060 due to higher temperatures. It suggests that the number of aspens will decline by around 61 per cent while the soil where conifers grow will decrease in size by around 50 per cent. The union's climate scientist Jason Funk emphasised just how disastrous this could be: 'These aren't tiny, rare tree species on the brink. They are massive, widespread species, the characteristic species of Rocky Mountain forests.'

A further damaging effect of climate change within the Rocky Mountains would be its impact on the area as a water source. Five of the biggest rivers in America have their sources in the Rocky Mountains, and they collectively feed nineteen western states with water for drinking and crop irrigation. These are fed by the melting of the Rocky Mountain snowpack, which could be significantly reduced in size by any rise in temperatures. Jeff Lukas of the Colorado Water Conservation Board stated: 'Already, snowmelt and runoff are shifting earlier, our soils are becoming drier, and the growing season has lengthened.'

Questions 6 and 7

Look at the following statements (Questions 6 and 7) and the list of people below.

*Match each statement with the correct person, **A–C**.*

6 The growing season in the Rocky Mountains is much longer than it once was.

7 The location of national parks means they are more exposed to climate change.

List of People
A Jason Funk
B Jonathan Jarvis
C Jeff Lukas

Questions 8 and 9

Do the following statements agree with the information given in Reading Passage 2?

Write

TRUE	*if the statement agrees with the information*
FALSE	*if the statement contradicts the information*
NOT GIVEN	*if there is no information on this*

8 All the water from the Rocky Mountains is used for farming.

9 Aspens will start to disappear from the mountains before conifers.

READING PASSAGE 3

Questions 10–14

Reading Passage 3 has five paragraphs, **A–E**.

Choose the correct heading for each paragraph from the list of headings below.

List of Headings

i	The unconscious basis of communication
ii	Unconscious desires that are formed in childhood
iii	Consciousness alone cannot explain the human mind
iv	The role of the unconscious in personality
v	Evidence that the subconscious is easily influenced
vi	Unconscious aspects of human attraction
vii	Inherent biases in the subconscious mind

---

10 Paragraph **A**

11 Paragraph **B**

12 Paragraph **C**

13 Paragraph **D**

14 Paragraph **E**

Unlocking the Role of the Subconscious in Human Relationships

A   According to Sigmund Freud, consciousness was not enough to explain the workings of the human mind. He contended that thoughts, desires, and behaviours were not always created by conscious choices. For him, the bulk of these were determined by the unconscious mind, which is characterised by thoughts, memories, and experiences that have been removed from the realm of the conscious. Thus, it served as a sort of mask, concealing some of the deepest aspects of our personalities. These hidden attributes affect human relationships in a variety of ways.

B   Many psychologists believe that some of the factors that make people seem attractive arise from the unconscious. In many societies, mutual attraction is a strong motivator for starting relationships. While a couple might be aware of some of the reasons for their attraction, the two people may not realise the underlying, subconscious, causes for it. For instance, a person might recognise physical attraction as 'He's handsome' or 'She's pretty', but this superficial awareness may be the result of an obscured yearning for beautiful offspring. Similarly, a person who is attracted to someone who is confident, strong, and successful may have a subconscious yearning for stability, security, and someone to look after them.

C   When interacting in any relationship, people are likely to use unconscious forms of communication. This occurs both in verbal and non-verbal forms of communicating, but it is the role of the subconscious mind in non-verbal communication that is often automatic or reflexive. An obvious example of this is body language. If two friends have dramatically different tendencies regarding personal space, it can create discomfort. For example, if one friend likes to stand very close during conversation or feels the need to use energetic gestures or touch the other person, it could result in the other person backing away. This pulling away is not the result of conscious effort but is merely an automatic and unconscious response, which communicates that the friend has 'invaded' his or her personal space.

D   Contained within the subconscious mind are prejudices that are ingrained. These biases impact people's views of other people naturally, without any conscious awareness. In fact, inherent biases may be in complete opposition to a person's conscious opinion. To better visualise this, consider views on cultural variety in the workplace. Business owners may believe that workplaces should not discriminate based on religion, race, or nationality. However, in practice these people might unconsciously avoid hiring people from certain ethnic or cultural groups. Even though these owners may consciously celebrate diversity, hidden fears or preferences may guide their hiring decisions.

E   To show the ease with which people's subconscious is influenced, a doctoral student at Yale University designed a simple experiment. He asked a female volunteer to accompany students, one at a time, in an elevator. The students did not know she was part of the study. During each ascent, she asked the student to hold her coffee while she wrote down some notes. In some cases, the student was handed hot coffee, in others, the coffee was cold. Later, all the students were given a questionnaire about a fictional person called 'Person A'. Although the physical description was always the same, the students who had held the hot coffee in the elevator rated Person A's personality more favourably. Apparently, warm hands subconsciously created warm feelings.

Questions 15–17

Complete the sentences below.

*Choose **ONE WORD ONLY** from the passage for each answer.*

15　A hidden desire for beautiful .... can be confused for superficial physical attraction.

16　Using touch or active .... during a conversation can cause the other person to move back.

17　Although business owners may think that they support ...., this might not direct who they actually hire.

정답 · 해석 · 해설 p.328

READING PASSAGE 1

The Story of the Mammoth

The mammoth is the classic ice age creature, often depicted wandering the steppe and towering over humans. Their closest contemporary relatives are elephants, but a mammoth typically had longer, curved tusks, and a covering of shaggy brown hair. As their name suggests, they were extremely large, with the biggest species reaching heights of around 13 feet at the shoulder. The mystery of the mammoth is why exactly these giant creatures died out.

Woolly mammoths are probably the best known of the mammoths because their remains have been so extensively studied and documented, as many well-preserved specimens have been found. They were not the largest mammoth species, but at between 9 and 11 feet tall they were around the same height as an African elephant. The woolly mammoth's habitat was the vast ecosystem known as the mammoth steppe. They were perfectly suited to the extreme conditions on the steppe, which included freezing temperatures and a dry climate.

As with other mammoth species, most woolly mammoths died out in the early Holocene (the geological era that followed the last ice age), around 10,000 years ago. However, a small number of woolly mammoths survived on Wrangel Island in the Arctic Circle, where they lived until around 2500 BC, the time the pyramids were built in Egypt. The reasons for the extinction of the mammoth are still debated, with some claiming climate change was the most significant factor, while others speculate that it was disease, or that humans killed them off. Humans did migrate across areas where mammoths resided during this period, while also developing new weapons which could have allowed them to hunt large creatures like mammoths.

However, the most likely scenario is that a variety of factors contributed to the mammoth's disappearance. The warming climate in the early Holocene did have an impact on the habitat of the mammoth steppe, which gradually changed from grassy terrain to wetlands. This could have forced mammoths into much smaller habitats, where they could easily be targeted by human hunters. Furthermore, these small, isolated populations of mammoths were prey to disease and general weakness because of inbreeding.

Questions 1–3

*Complete each sentence with the correct ending, **A–E**, below.*

1   Woolly mammoth remains could be studied

2   Mammoths were alive in the Arctic Circle

3   The mammoth steppe began transforming into a wetland

> **A** after the end of the Holocene.
> **B** when the climate heated up.
> **C** because they were found in a good condition.
> **D** when the pyramids were being constructed.
> **E** when the mammoths had migrated away.

Questions 4 and 5

Do the following statements agree with the information given in Reading Passage 1?

Write

TRUE	*if the statement agrees with the information*
FALSE	*if the statement contradicts the information*
NOT GIVEN	*if there is no information on this*

4   The debate over why the mammoths went extinct has been settled.

5   Humans' weapons were useless against mammoths.

Stone Circles Remain Shrouded in Mystery

Over 4,000 years ago, people in what is today the United Kingdom were building circles of stone. At least 1,300 still exist, though probably twice that many have been lost to time. Various explanations for their existence have been put forward, including suggestions that they may have been built for religious rituals, to honour the dead, or to commemorate the passing of the seasons. Yet nobody has discovered the reason behind their construction. Certainly, the most famous of them is Stonehenge, a huge collection of five-tonne bluestones surrounded by much heavier standing stones called sarsen stones (hard sandstones that can be found throughout the south of England).

Geological studies in the early 20th century showed that the bluestones originated from mountains in Wales, approximately 140 miles from Stonehenge. There is an ongoing controversy about whether they were moved by glaciers or humans. If the latter is true, the tremendous effort involved indicates that they were valued for some extraordinary, perhaps mystical, reason. Archaeologist Geoffrey Wainwright has claimed that the particular choice of stone was no accident. Wainwright made the bold contention that the stones represented healing powers, and Stonehenge was a destination for those seeking relief from their ailments.

As for who built the stone circles, there have been several 'theories'. The first held that they were the result of supernatural forces, such as giants or wizards. A second, and somewhat more plausible explanation, was that they were constructed for religious purposes. Some scholars think that Celtic priests – who were known as Druids – built them. This position was held by historian John Aubrey, who was the first to link the Druids with Stonehenge. It was also accepted and popularised through the work of Dr William Stukeley. However, his fascination with the Druid faith has been criticised as an indicator of strong bias in his research. Modern dating methods have also cast doubt on this theory. The third hypothesis, supported by most mainstream archaeologists, is that construction of the stone circles was carried out in stages by different cultures over the course of many centuries. For example, some archaeologists think the Bell Beaker people transported the bluestones to Stonehenge and the Wessex people completed Stonehenge sometime later.

Questions 6–8

Do the following statements agree with the information given in Reading Passage 2?

Write

TRUE	*if the statement agrees with the information*
FALSE	*if the statement contradicts the information*
NOT GIVEN	*if there is no information on this*

6　The stone circles may have celebrated seasonal changes.

7　Wales contains more bluestones than any other place in the UK.

8　Wainwright believes the stones were randomly chosen.

Questions 9 and 10

Choose **TWO** letters, **A–E**.

Which **TWO** challenges to the theory that Druids built the stone circles does the writer mention?

A　a researcher's attraction to the Druid faith

B　the Druids' inability to transport the stones

C　the distance between the Druids' community and the stones

D　the evidence of dating technology

E　the lack of historical evidence for Druid society

Questions 11–15

Reading Passage 3 has five paragraphs, **A–E**.

Choose the correct heading for each paragraph from the list of headings below.

List of Headings

i	Language complicates the official view of geographical names
ii	A lack of consistency in applications of the rules
iii	The appeal of a standard system of country names
iv	Authorities say which names include the definite article
v	Geographical features associated with the name of countries
vi	How geographical names result from political and ethnic causes
vii	Contemporary media's refusal to follow PCGN standards

---

11 Paragraph **A**

12 Paragraph **B**

13 Paragraph **C**

14 Paragraph **D**

15 Paragraph **E**

When You Travel, Do You Go to Ukraine or Do You Go to The Ukraine?

The complex history of using the definite article with certain country names

A   Geographical names are not chosen arbitrarily, and there are often specific political reasons for their use. For example, names frequently reflect the interests of the ruling class and change over time as regimes change. This is the reason many areas in Eurasia had different names before and after the breakup of the Soviet Union. Ethnic considerations also play a key role; the same town in Iraq is called 'Arbīl' by Arabs but is known as 'Hewlêr' to Kurds.

B   Such variability in geographical names can impede communication, so a system of standardisation is desirable. The need for a standardised system of geographic names in English was recognised by the commanders of the Royal Navy during World War I. To serve this purpose, they created the Permanent Committee on Geographical Names (PCGN) in 1919. The PCGN sets and applies the rules for all geographical names in the UK. The committee also publishes a list of all recognised conventions for foreign place names and promotes the international standardisation of geographical names in cooperation with the United Nations.

C   One of the most challenging decisions in practice for many people is whether to use the definite article in the name of a country. For example, should we write 'United Kingdom' or '*The* United Kingdom'? According to the PCGN and other authorities, only two official names should carry a definite article: The Bahamas and The Gambia. In the case of The Gambia, the decision seems to have been in part due to political will. The PCGN still has a 1964 letter from the prime minister of Gambia specifically instructing the committee to use 'The Gambia', reportedly to help distinguish itself from another African country with a similar name: Zambia.

D   Yet this official position on geographical names is sometimes complicated by linguistic issues. When inserted into sentences, some geographical names seem to require the definite article to meet grammatical expectations or simply to sound natural. This is particularly true with country names that are associated with geographical features, such as rivers, islands, or deserts. It is also common when the English user knows the literal meaning of the country name. In such cases, people may include the definite article as part of the name. For instance, 'Netherlands' means 'low countries' in English, so it makes perfect sense to use 'I'm going to the Netherlands' because 'I'm going to the low countries' requires 'the'. But in this case, 'the' is not part of the official name, so it is not capitalised.

E   In fact, there is a lack of widespread uniformity in the way people implement the prescribed standards. This can be seen in the use of 'Ukraine'. One may find that one media source writes 'Ukraine' while another uses 'The Ukraine'. Which is correct? According to the Ukrainian Embassy, the name of the country should not be accompanied by the definite article in text written after 1991, the year of Ukrainian independence. The definite article stems from the period of Soviet rule, when the region was known as The Ukrainian Soviet Socialist Republic. This means that the many writers who routinely retain the definite article to refer to this period are technically incorrect. But expecting the general population to keep track of changes like this is a tall order.

Answer the questions below.

Choose **NO MORE THAN TWO WORDS** from the passage for each answer.

16 What country has a town that is known by different names by two ethnic groups?

17 Who sent a letter to the PCGN on the correct name for Gambia?

18 Which event was mentioned in relation to removing an article from a country's name?

정답·해석·해설 p.332

READING PASSAGE 1

Tree Tapping

A method of resin and sap extraction that has been used for centuries

Tree tapping is an ancient means of extracting substances from trees or other plants. It takes different forms around the world depending on the type of tree and the substance being extracted. Most commonly, it is a means of getting either the sap or resin from a tree, both of which are important for making a range of products and foodstuffs. Sap from the sugar maple tree, for example, is used to make maple syrup, and the sap of the aloe vera plant is now a common element in many cosmetics. Resin, on the other hand, is used in the production of varnishes and adhesives for woodwork. It is not common in edible products although it is found in food glazing substances as well as many perfumes.

Although tree tapping varies considerably, most practitioners use a variation on a common method. In the case of resin extraction, a pine tree – usually of the slash pine or longleaf variety – is used. Firstly, some of the bark of the pine tree will be hacked away with an axe to expose a six-inch tall area of wood. A v-shaped metal trough will be nailed to the bottom of this. Beneath this trough, a metal bucket is hung onto another nail. Finally, lines should be cut into the sapwood to create a series of v-shapes. These help the resin drip downwards. The tree will repair the damage done to it through producing this resin, which will also drip into the bucket where it can be collected over a series of days.

Tree tapping is also used to extract latex from rubber trees, which is a complicated procedure that requires some skill to do correctly. However, when it is done by experts, it is one of the most sustainable forms of land use as it causes very little damage to the environment. This is because only one half of the tree is used at a time to allow the other half of the tree to heal. This is a common practice in many parts of South East Asia. Mucilage is another substance that is extracted from trees in a similar way. At one time, this was used as a cough medicine, but it is most famous as the basis for marshmallows.

Questions 1–3

Label the diagram below.

*Choose **ONE WORD ONLY** from the passage for each answer.*

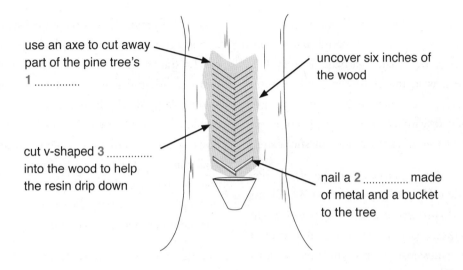

use an axe to cut away
part of the pine tree's
1 ....

uncover six inches of
the wood

cut v-shaped **3** ....
into the wood to help
the resin drip down

nail a **2** .... made
of metal and a bucket
to the tree

Questions 4 and 5

Do the following statements agree with the information given in Reading Passage 1?

Write

TRUE	*if the statement agrees with the information*
FALSE	*if the statement contradicts the information*
NOT GIVEN	*if there is no information on this*

4   Resin is commonly used as an ingredient for food.

5   The extraction of latex is an eco-friendly form of tree tapping.

Doing Something about an Increasingly Plastic World

Plastic waste has become a huge problem in the modern world. It is estimated that a mere 10 per cent of plastic garbage is recycled, and once it is in the ecosystem or in landfill sites, plastic takes many years to decompose. Therefore, researchers are trying to come up with ways to significantly reduce plastic waste.

One viable option is to convert the plastic into light crude oil. In 2005, geochemist Bill Ullom discovered a process of converting plastic waste into this precious commodity. He later worked with a businessman to put the process into practice. The process starts by putting various plastic items in a shredder. The shredded plastic is then heated repeatedly to produce vapour, which is collected and distilled. The distilled vapour creates consumer products such as gasoline for fuel. The remaining solid by-products can be used in the production of rubber.

Another potential solution is to replace plastic with similar materials that are more ecologically sustainable. Plastic film used in the food industry is rarely recyclable due to food contamination, which means most recycling centres do not accept it. An environmentally friendly substitute is collagen film. Collagen is a fibrous material found in the connective tissue of animals. If it is combined with water and a moisture-preserving substance, collagen can be transformed into a plastic-like material that is nearly transparent and easily adheres to slightly damp foods like meats. In addition, it is edible and can be cooked with the food. One downside to most of the collagen film currently available is that it is not as water resistant as plastic. Still, scientists such as Peter Kunz are seeking ways to increase the water resistance of this natural, biodegradable film.

Recent experiments have found that a very common organism could be the key to reducing the world's plastic garbage. Professor Jun Yang discovered that mealworms, the larvae of a species of beetle, devour polyethylene, a form of plastic commonly known as Styrofoam. Bacteria in the gut of mealworms break down the plastic into a biodegradable form so that it can be safely used as a horticultural potting mix or incorporated into the soil for agriculture. Federica Bertocchini of the Spanish National Research Council has since made a similar discovery with a species of caterpillar that is even more effective at consuming plastics, suggesting that insects may be the answer to humanity's plastic problem.

Questions 6–8

Look at the following statements (Questions 6–8) and the list of researchers below.

Match each statement with the correct researcher, **A–C**.

6   He is looking for ways to add water resistance to a film.

7   He learned that a type of beetle larva eats a common form of plastic.

8   He found a process for turning plastic into a valuable product.

> **List of Researchers**
> **A**   Bill Ullom
> **B**   Peter Kunz
> **C**   Jun Yang

Questions 9 and 10

Complete the summary below.

Choose **ONE WORD ONLY** from the passage for each answer.

A Natural Substitute for Plastic

Plastic film often cannot be recycled. This is because most recycling centres do not take it due to its 9 .... by food. A more sustainable choice is collagen film. Collagen is a material found in animal 10 .... It can be made into a film that is almost clear and very similar to plastic.

READING PASSAGE 3

Questions 11–14

Reading Passage 3 has four paragraphs, **A–D**.

Choose the correct heading for each paragraph from the list of headings below.

List of Headings

i	Altruism in different ape species
ii	Evidence against chimp altruism
iii	Chimp behaviour alone and in groups
iv	Research investigating why male chimps undertake risky patrols
v	Testing chimp generosity through a game
vi	Campaigns against using chimpanzees in experimental studies
vii	Possibility of altruism in the natural world

---

11   Paragraph **A**

12   Paragraph **B**

13   Paragraph **C**

14   Paragraph **D**

Generosity in Chimpanzees

A   The idea that animals can be altruistic, that they may choose generosity over self-interest, appears to contradict the basic tenets of the natural world. Nevertheless, new research reveals that animals can exhibit altruism by choosing to sacrifice their own gain so that another can benefit. This research has focused on chimpanzees, to whom humans are closely related, which means that it could also offer insights into how self-sacrifice and altruism influenced the development of cooperative human social groups. It may also reveal whether chimpanzees and animals in general are capable of experiencing empathy. While this is a basic human emotion, it is not usually apparent in the animal world.

B   The first study of animal altruism was conducted by psychologists Martin Schmelz and Sebastian Grüneisen at the Max Planck Institute for Evolutionary Anthropology in Germany. They trained six chimps to play a game in which a pair of them would take turns pulling four ropes. The first rope would give the chimp a banana pellet, the second would give the chimp's partner a pellet, the third would give both of them pellets, and the last would mean the chimp gave up its turn and wanted its partner to choose. However, one of the chimps, a female named Tai, was trained to only pull the last rope. This gave the other chimps the chance to choose to reward her, which they did 75 per cent of the time by choosing the rope that gave treats to both partners. Grüneisen claims that this activity was a 'kind of reciprocity', which is 'a landmark of human cooperation'.

C   The second study, which was carried out at Arizona State University in Tempe, aimed to discover why male chimps embark on risky patrol missions. These involve circling their group's territory to sniff out any intruders. While this activity would make sense if the chimps were protecting their children, researchers studying these primates in Uganda found that almost a quarter of the male chimps who went on patrol did not have any relations in the group. The study's lead author, anthropologist Kevin Langergraber, believes that the chimps were motivated by something called 'group augmentation'. This means that because an increased amount of patrolling would allow the chimps to hold on to their territory and attract more females, it would eventually increase every male's chances of reproducing. Thus, the chimps suppressed their self-interest because they were motivated by long-term benefits. According to Langergraber, these mechanisms could have 'served as building blocks for the subsequent evolution of even more sophisticated cooperation later in human evolution'.

D   Although these two experiments appear to present compelling evidence for chimp generosity, critics have claimed that, actually, there is no basis for thinking that their behaviour is altruistic, and that chimps are in fact indifferent to altruism. This was evident in an experiment led by the

University of Manchester. In this experiment, chimps were given the chance to feed a fellow chimp that they could observe through a glass panel. Unlike other experiments involving chimp altruism, the chimp subject was not rewarded in any way for his or her actions. The study found that the chimp was not more likely to release the food when it could see the other chimp through the glass, suggesting that chimpanzees are not altruistic when there is no immediate or long-term gain for themselves. Dr Keith Jensen of the University of Manchester suggested that this could mean that 'pro-social behaviour' actually developed later in evolution, 'after our split with the other apes'.

Questions 15–17

Do the following statements agree with the views of the writer in Reading Passage 3?

Write

YES	*if the statement agrees with the views of the writer*
NO	*if the statement contradicts the views of the writer*
NOT GIVEN	*if it is impossible to say what the writer thinks about this*

15　Empathy can often be observed among animals.

16　The chimps who were partnered with Tai were all males.

17　Dr Jensen believes humans developed as social creatures after evolving from apes.

정답·해석·해설 p.337

READING PASSAGE 1

The Life and Work of Virginia Woolf

Widely considered to be one of the greatest writers of her generation, Virginia Woolf was a defining figure in 20th century literature. Woolf's work is notable for its experimentation – she is credited with perfecting the 'stream-of-consciousness' style pioneered by Dorothy Richardson – and its ability to encapsulate emotional suffering and social strife. She was born Adeline Virginia Stephen in 1882 into a wealthy and well-connected London family. Along with her older sister Vanessa, she was home schooled, but she did benefit from the broad selection of acquaintances who would visit her family home. When she was thirteen, her mother passed away, a loss that led to Woolf's first nervous breakdown and began her life-long battle with mental health. After the death of her father, she moved with her siblings to 46 Gordon Square in Bloomsbury.

During this period of her life, a group of artists and writers began to form around Woolf and her sister Vanessa. They eventually became known as the Bloomsbury Group and were renowned for their artistic and political radicalism. Woolf embarked on her literary career in the years following her marriage to Leonard Woolf, another member of the group, publishing her first novel *The Voyage Out* in 1915. In 1925, Woolf published her most famous work, *Mrs Dalloway*, which is renowned for its use of the stream-of-consciousness technique. The novel focuses on a day in the life of Clarissa Dalloway, a society lady preparing to host a party in her London home.

Woolf would follow up this work with several other well-regarded novels, as well as the essay 'A Room of One's Own', which foreshadowed feminism with its argument that 'a woman must have money and a room of her own if she is to write'. Woolf illustrates her point through a depiction of 'Shakespeare's sister,' a fictional character who, despite having been endowed with all the talent of her brother, is trapped in her home. Despite her success as a writer, Woolf's struggles with mental health continued, and in 1941 she took her own life. Since her death, her reputation has soared, and her works are now cherished around the world.

Do the following statements agree with the information given in Reading Passage 1?

Write

>   **TRUE**   *if the statement agrees with the information*
>   **FALSE**   *if the statement contradicts the information*
>   **NOT GIVEN**   *if there is no information on this*

1   Virginia Woolf invented the stream-of-consciousness style of writing.

2   Woolf was educated but did not attend a school.

3   Woolf was the most famous member of the Bloomsbury Group.

Questions 4 and 5

Complete the notes below.

Choose **ONE WORD ONLY** *from the passage for each answer.*

Virginia Woolf: Novelist and Feminist

• Woolf's first novel, entitled *The Voyage Out*, was released after her 4 ....

• *Mrs Dalloway* depicts a hostess setting up a party in her house in London.
  – Woolf suggested that a 5 .... of Shakespeare could not have been as successful as he had been.

• Woolf's reputation has grown significantly since her death.

Food Miles: Assessing the Environmental Impact of Food Transportation

A   The transportation of food has grown tremendously in recent decades. In the UK, the amount of food being flown in doubled during the 1990s. And the distance food travels by road has doubled since the 1970s. These trends have raised concerns about the environmental impact of shipping food. In 1994, the Sustainable Agriculture Food and Environment (SAFE) Alliance coined the term 'food miles' to highlight the ecological danger of long-distance food transport. In its simplest form, this term pertains to the distance food travels from the producer to the retail consumer. The potential environmental impact of food miles has caused many environmentalists to instead recommend the 'farm-to-table' concept, which involves buying only fresh, local food.

B   To estimate the environmental impact of food miles, the 'miles' must be calculated using additional information, such as the quantity of energy used and the amount of carbon emitted. The goal is to determine the level of pollution a given shipment creates overall. A common calculation used by corporations for their emissions multiplies the distance (D), the weight (W), and an emission factor (EF). Multiplying the distance and weight provides the number of tonne-kilometres. Thus, a truck travelling 1,000 kilometres with 10 tonnes of cargo results in 10,000 tonne-kilometres. The emission factor is a known rate for a given truck, such as 160 grams of CO_2 per tonne-kilometre. Such a shipment would release 1,600,000 grams, or 1.6 tonnes, of CO_2 into the atmosphere.

C   Yet some researchers feel that focusing on post-production food miles obscures the big picture. Christopher Weber and Scott Matthews of Carnegie Mellon University have compared the greenhouse gas emissions of long-distance food transport with those of the food production process itself. According to them, transportation from producer to consumer represents only four per cent of the total 'carbon footprint'. In contrast, the actual production of food represents an astonishing 83 per cent. Consequently, the researchers believe that eating food that can be produced with less energy has a much bigger impact than simply buying foods produced closer to home. For instance, beef production generates 1.5 times more greenhouse gas emissions than producing chicken. Therefore, substituting chicken for beef at meals would significantly cut these food-related emissions.

Questions 6 and 7

Complete the summary below.

*Choose **NO MORE THAN TWO WORDS** from the passage for each answer.*

Calculating the Impact of Food Trade

The import and export of food around the world is a massive business that has a significant impact on the environment. To emphasise the **6** .... of food transport over long distances, SAFE Alliance came up with the term 'food miles'. The term refers to how far food travels from the producer to the **7** .... This idea of calculating the environmental effect of food transportation has been influential in encouraging people to buy local produce.

Questions 8 and 9

Reading Passage 2 has three paragraphs, **A–C**.

Which paragraph contains the following information?

8   a reference to the different levels of pollution caused by two types of food

9   a description of the formula used to calculate corporate emissions

The Spread of Agriculture in the Neolithic Era

The most significant revolution in human history happened in the Neolithic era

The Neolithic era marks humanity's shift from hunting its food to farming it, a change that would have immense consequences. This era is also known as the 'New Stone Age', to distinguish it from the 'Old Stone Age' or palaeolithic period. The name 'Neolithic' is in fact derived from the Greek for stone, 'lithic', and 'neo', meaning new. In Europe, the Neolithic period began around 7000 BCE, which is when the first farming communities appeared in Greece. According to archaeologists, the Neolithic expansion then gradually moved from the southeast to the northwest of Europe, spreading at a pace of one kilometre every year and thereby overlapping with both the Mesolithic era and the Bronze Age.

Europe's Neolithic development was part of the wider 'Neolithic Revolution', which saw a large-scale change in human existence. The fundamental difference was the shift away from the hunter-gatherer lifestyle towards settled agriculture. Agricultural techniques such as irrigation were essential to this shift since they allowed humans to produce a surplus of food, which would subsequently facilitate the growth of the population. Eventually, the shift to agriculture also led to the growth of political systems, trade, and tools of communication such as writing.

The Neolithic Revolution began in what is now the Middle East, starting in the Levant in around 10,000 BCE, before spreading to Europe via Anatolia. The evidence for this spread is mainly confined to the types of plants that were being grown in Neolithic sites in Europe, which included lentils, barley and einkorn. Genetic research has even shown that all domesticated animals in Neolithic Europe were probably from the Levant. Although the evidence for the spread of settled agriculture from the Levant into Europe is compelling, archaeologists are divided on how exactly this influence occurred. Some claim that it was caused by migration from the Middle East into Europe, while others believe that it was a result of trading between Europeans and communities from the Levant.

Three competing models have been proposed to explain how Europeans adopted agriculture. These are the replacement model, which suggests that migrating famers managed to oust the European populations; the cultural diffusion model, which states that trade was responsible for this shift; and the pioneer model, which synthesises the two other models. If the replacement model is correct, then Europeans would be descended from Levantine farmers since the latter's advanced food production methods would have allowed them to forcibly push the European hunter-gatherers out of their territory. The most likely scenario, however, given the irregular spread of agriculture throughout Europe, is the pioneer model, which combines migration and trade.

Almost all Neolithic people across Europe eventually survived on a diet of locally grown crops and domesticated animals. This diet has been cited as one reason that the Neolithic revolution was a negative development, since it meant that the nutrition levels of settled populations were substandard compared to those of hunter-gatherers, who would eat an array of wild produce. Archaeologists have also argued that living in agricultural settlements actually led to lower life expectancy and a weaker, smaller body. There is indeed evidence that the average height of people living in the Neolithic period fell by around five inches and did not recover until the twentieth century. Furthermore, the settled existence of Neolithic farmers led to the spread of disease and infection, either from human waste or from animals. These long-term consequences were, of course, not visible to the Neolithic people themselves and are only evident when events are viewed through the long lens of history.

Questions 10 and 11

*Choose the correct letter, **A, B, C** or **D**.*

10 Agricultural techniques were important because they

   A produced enough food for a growing population.

   B made growing crops much faster.

   C led to the development of religious practices.

   D provided clean drinking water.

11 The spread of the Neolithic Revolution in Europe was evident in

   A the new political systems that emerged.

   B the type of settlement that was being built.

   C the development of a writing system.

   D the type of crops that were harvested.

Questions 12 and 13

*Choose **TWO** letters, **A–E**.*

Which **TWO** reasons are mentioned for why settled agriculture was a negative phenomenon?

   A It led to conflict between communities.

   B It promoted an unhealthier diet.

   C It meant that people had to work longer in the fields.

   D It led to the loss of hunter-gatherer traditions.

   E It contributed to an increase in illnesses.

Questions 14–18

Do the following statements agree with the claims of the writer in Reading Passage 3?

Write

> **YES**　　　　*if the statement agrees with the claims of the writer*
> **NO**　　　　*if the statement contradicts the claims of the writer*
> **NOT GIVEN**　*if it is impossible to say what the writer thinks about this*

14　Levantine animals were used in Neolithic Europe.

15　The replacement theory suggests that the Levantines forced the hunter-gatherers out.

16　It is most likely that Neolithic agriculture practices were spread solely through migration.

17　The smaller bodies of the Neolithic people made them more vulnerable to attack.

18　The Neolithic people were aware of the long-lasting impact of agriculture on them.

정답·해석·해설 p.342

READING PASSAGE 1

Urban Farming, the Kenyan Way

Currently, around one-third of Africans live in urban areas. Within 30 years, half of the continent's population is expected to be urban. New problems come with urbanisation, such as providing enough food for the millions of impoverished people in Africa's many crowded city slums. In Nairobi, Kenya, around half of all residents live with food insecurity, and food diversity is low, resulting in undernourishment. Around 85 per cent of people living in Nairobi's slums face food insecurity, due to both an inability to afford fresh produce, and a lack of any retailers providing fruit or vegetables within the slums themselves. This has led some of the inhabitants to turn to urban farming as a solution.

One project, led by the Italian charity Cooperazione Internationale (COOPI), is creating urban mini-farms using sacks full of soil. This 'farm-in-a-sack' project provides participating families in Nairobi's Mathare slum with everything they need to grow their own food. Each family receives a sack and 43 seedlings. More than half of these are spinach seedlings, and approximately a third of them are kale. The participants also receive two pepper plants and one spring onion seedling. People in the COOPI programme also receive expert instruction on the proper soil mix to use and the appropriate watering schedule to implement. The growers are able to provide fresh produce for their families while also selling any surplus items at a profit.

A similar project has begun in Kibera, Nairobi's largest slum. As a way of alleviating the problems with food supply in Kibera, organic farmer Su Kahumbu worked with the Youth Reform Group to create an urban farm. The first step was to clear away three feet of rubbish from half an acre of land. Next, soil samples were sent for analysis to determine if it was contaminated. Then, for irrigation, Kahumbu and the group installed pipes that were linked to a water tank. When the soil analysis arrived, it revealed a high level of zinc. The team removed it by planting sunflowers, which naturally take zinc out of soil. Vegetable scraps and earthworms were then used to create compost to enrich the soil since most of the soil in Kibera is infertile. Finally, the group planted vegetables, which they began to harvest within months.

Do the following statements agree with the information given in Reading Passage 1?

Write

TRUE	*if the statement agrees with the information*
FALSE	*if the statement contradicts the information*
NOT GIVEN	*if there is no information on this*

1 There is a wide variety of food available in Nairobi slums.

2 Kale and spinach are the most commonly eaten vegetables in Kenya.

3 Kibera's soil had to be treated with vegetable material and worms to make it fertile.

Questions 4–6

Complete the flow-chart below.

Choose **ONE WORD ONLY** from the passage for each answer.

Birth of a Sustainable Urban Farm

Step 1
Removed a deep layer of **4** .... from the land

↓

Step 2
Sent soil for analysis to find out if it was polluted

↓

Step 3
Pipes for **5** .... were connected to a water tank

↓

Step 4
Prepared soil by planting **6** .... to remove zinc

The Medical Applications of 'Sharkskin'

While seeking ways to preserve sunken ships in Pearl Harbor, Professor Tony Brennan was inspired by the idea of sharks. Brennan noticed that the skin of sharks seemed to avoid the accumulation of microorganisms that normally build up on underwater surfaces. Observing that sharkskin is composed of millions of tiny scales in a distinctive geometric pattern, Brennan thought that this sharkskin pattern might have antibacterial properties. When he tested this hypothesis, he discovered that a sharkskin-like pattern resulted in an 85 per cent reduction in microorganism colonisation compared to a smooth surface.

Brennan's findings led him to develop a type of medical film based on the diamond pattern of sharkskin. As a result, he is now marketing his product to hospitals and other medical facilities, where antibiotics are essential for preventing the spread of disease. Brennan promotes the product by comparing it to the use of antibiotics. As he points out, antibiotics produce resistant bacteria, or 'superbugs', which are hard to destroy. Antibiotics must also be replenished regularly so that hospitals have an available supply. 'Sharkskin' film, in contrast, could reduce infection rates without the risk of superbugs or the constant cost of restocking antibiotics.

According to Brennan, this technology could be used in hospitals as a means of stopping infections from spreading by touch. For example, frequently touched items could be covered with sharkskin-inspired material to create surface areas that are unfavourable for bacterial growth. This would result in a significant reduction in the need for continual hand sanitisation after touching these objects.

However, medical specialists want to make clear that even though 'sharkskin' technology inhibits the spread of microbes, it does not eliminate their presence entirely. Moreover, it does not kill them. Thus, some precautions, such as the use of antiseptics, must be used in conjunction with these new protective films. Even though the technology considerably limits the presence of microbes, some bacteria may still be present. In the case of dangerous microbes that can cause disease or death, the presence of even a small number creates significant risk in a medical environment.

Questions 7–9

Complete the table below.

*Choose **ONE WORD ONLY** from the passage for each answer.*

Idea	Result
The potential antibacterial qualities of the sharkskin pattern	A test revealing an 85 per cent reduction in 7 .... by microorganisms
Create a type of medical 8 .... based on the diamond shapes in sharkskin	Try to sell the product to hospitals and other medical facilities
Cover items that are often touched with sharkskin material	Greatly reduce the need for hand 9 ....

Question 10

*Choose the correct letter, **A**, **B**, **C** or **D**.*

10 What point does the writer emphasise in the fourth paragraph?

    A The technology is less effective than other methods.

    B Some microbes are immune to the technology.

    C Relying solely on the technology is potentially dangerous.

    D The way the technology kills microbes is unique.

The Ainu People of Japan

The secret history of the Ainu, Japan's marginalised indigenous community

Japan has a reputation as an ethnically homogenous nation, populated almost entirely by Japanese people with a limited number of foreign immigrants. However, this idea of Japanese homogeneity obscures the history of the Ainu people, an indigenous ethnic group which has resided in northern Japan for centuries. The Ainu have their own distinctive culture and traditions, both of which were largely destroyed by the Japanese government's efforts to enforce homogeneity. They are now experiencing a renaissance, and are gradually resurrecting their cultural identity.

The Ainu are indigenous to both Japan and Russia, but historically have lived mainly on the Japanese island of Hokkaido. During the Edo period, they controlled most of Hokkaido and traded with Japanese merchants from Honshu. The Japanese gradually dominated the Ainu, which led to several violent uprisings in the pre-Meiji period, including Shakushain's revolt of 1669 and the Menashi-Kunashir rebellion of 1789.

The Ainu people were notable for having several physical Caucasian characteristics, particularly in terms of their amount of body hair, with some Western observers even suggesting they had hair all over their bodies. The Ainu did have a tradition of growing full, thick beards from a very young age, which may have given rise to this idea. Another unique characteristic of the Ainu was that women tattooed their mouths, encircling their lips in a black tattoo. Both men and women wore earrings, and women also wore beaded necklaces.

With the dawn of the Meiji Restoration in 1868, the Japanese government formally annexed Hokkaido and began to impose Japanese identity on the Ainu. To do so they made the Ainu use the Japanese language and relocated their communities to unfamiliar areas. The Ainu were also forced to take on Japanese names and give up cultural practices such as animal sacrifice and tattooing.

The Japanese government encouraged the migration of its people to Hokkaido during this period, as a means of developing the island and marginalising the Ainu. A policy of forced marriage between Ainu women and Japanese men exacerbated this marginalisation, and meant that many descendents of the Ainu were unaware of their origins. These policies made the Ainu second-class citizens in Hokkaido. The historical marginalisation of the Ainu was perhaps most evident in the banning of their language, which severed the connection between the Ainu and their culture. Currently there are only around ten native speakers of the language left. Efforts are being made to revive the language, including publishing Ainu-Japanese dictionaries, as well as teaching Ainu in schools.

Today there are officially estimated to be 25,000 Ainu living in Japan, although that number would be closer to 200,000, if those who have assimilated are taken into account. The Japanese government officially recognised them as a distinct indigenous people in 2008, and Ainu culture is now celebrated. However, the marginalisation of the Ainu will take longer to rectify, and is still evident in the fact that Ainu are half as likely to go to university as ethnic Japanese.

Though the efforts to revive the Ainu language and culture have experienced some success, there are only a few more speakers of Ainu as a second language than there were a small number of decades ago. Ainu is unlikely to ever recover as a native language, and most of Ainu culture has already been permanently lost due to assimilation. The Japanese government now must ensure it makes amends for this historic marginalisation.

Do the following statements agree with the views of the writer in Reading Passage 3?

Write

YES	*if the statement agrees with the views of the writer*
NO	*if the statement contradicts the views of the writer*
NOT GIVEN	*if it is impossible to say what the writer thinks about this*

11 The Ainu have been hidden due to ideas of Japanese homogeneity.

12 There was no conflict between the Ainu and the Japanese before the Meiji era.

13 Ainu is one of the most difficult languages to learn.

14 The government figure for the number of Ainu people in Japan is incorrect.

15 The Ainu have regained most of their culture.

*Complete the summary using the list of words, **A–F**, below.*

Ainu Characteristics and the Dawn of their Marginalisation

Notably, the Ainu people possessed some physical traits that were considered Caucasian. From youth, men were known to have **16** .... And women had a black, circular **17** .... However, some things changed after the Meiji Restoration. The Ainu were required to give up their traditions and adopt Japanese **18** .... Ainu women were forced to marry Japanese men, so Ainu descendants did not know about their **19** .... The Japanese policies promoted discrimination against the Ainu.

A children	**B** beards	**C** roots
D tattoo	**E** names	**F** necklaces

정답·해석·해설 p.347

HACKERS
IELTS
READING BASIC

goHackers.com
학습자료 제공·유학정보 공유

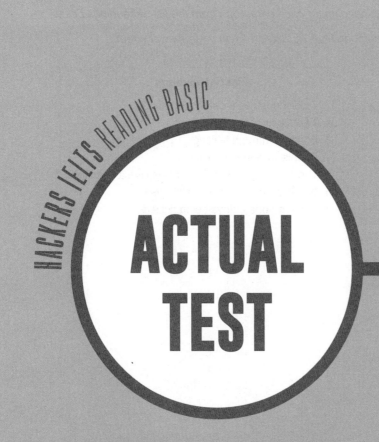

HACKERS IELTS READING BASIC

ACTUAL TEST

*Answer sheet는 교재 마지막 페이지(p. 261)에 수록되어 있습니다.

READING PASSAGE 1

*You should spend about 20 minutes on **Questions 1–13**, which are based on Reading Passage 1 on the following pages.*

Questions 1–5

Reading Passage 1 has five paragraphs, **A–E**.

Choose the correct heading for each paragraph from the list of headings below.

*Write the correct number, **i–vii**, in boxes 1–5 on your answer sheet.*

List of Headings

i Ticklishness as a defence method

ii Two types of tickling

iii Bonding through tickling

iv People who are not ticklish

v The centuries-old mystery of why we are ticklish

vi When infants begin to feel ticklish

vii Not everyone enjoys being tickled

---

1   Paragraph **A**

2   Paragraph **B**

3   Paragraph **C**

4   Paragraph **D**

5   Paragraph **E**

Why are we ticklish?

Being ticklish is something most people take for granted, but why it happens is actually a scientific mystery

A Being ticklish is a basic human attribute, shared by almost everybody to varying degrees, but it is also a biological and psychological mystery that has intrigued scientists and philosophers for centuries. From Aristotle to Francis Bacon, a range of thinkers have considered the question of why we are ticklish, particularly as it appears to be an entirely useless trait. One persistent mystery that has baffled many is why we cannot tickle ourselves: if being tickled is a biological phenomenon then why does it only work when someone else does it? The evolutionary basis for being ticklish has also been the subject of study for many scientists, from Darwin onwards, who have been confused by the strange fact that a sensitivity to touch should prompt laughter. As many have pointed out, this reaction appears to be completely counter-intuitive. The element of laughter may therefore be evidence that being ticklish is more of a psychological or social phenomenon than a biological one, and that there are complex social forces behind this unique trait.

B Laughter is not the only reaction that tickling prompts; other common responses include involuntary twitching, goose bumps, and a rapid withdrawal from the tickler. These are all evident to varying degrees in the two categories of tickling: knismesis and gargalesis. The first category, knismesis, refers to a mild but irritating sensation and is more like a 'moving itch'. This can be prompted by very light pressure on the skin, rather like when someone very gently strokes a feather across your arm, and it generally only sets off a bout of scratching. On the other hand, gargalesis is tickling action which induces laughter. This involves pressure from another individual on certain parts of the body, particularly the feet, armpits, underarm area and ribs, and causes a wriggling laughter which is a mixture of pleasure and pain. Surprisingly, these areas that are the most vulnerable to tickling are not the parts of the human body with the most nerves – the hand has many more nerves relating to touch than the foot for example – which suggests that tickling is not simply a side effect of human beings' sensitivity to touch.

C Tickling can also depend on the relationship between the tickler and the person being tickled, since a tickle from a stranger could very easily prompt anger rather than laughter and can be a form of harassment. This supports a social view of tickling as a ritual which strengthens interpersonal relationships. Many child psychologists have thus characterised tickling as an integral bonding activity between peers and family members. When it happens among parents and their children it is considered an essential trust building exercise which teaches children about touch and sensation. Psychologists have thus categorised tickling within the highest grade of social intimacy which can exist between individuals, whether they are family members or friends. Many theorists have also speculated that, in the case of close family interactions, the reaction to being tickled actually depends on anticipation of the tickle as much as actual contact.

D   It is important to note, however, that tickling can be unpleasant for many people, and that even though they are laughing this may be masking a feeling of anxiety. In fact, a survey conducted among American college students found that only 32 per cent of them enjoyed being tickled, whereas 36 per cent said that they do not enjoy the experience. This lack of consensus about the pleasure of tickling suggests that, as a bonding experience, it may be more ambiguous. It also explains the use of tickling as a torture mechanism; a practice that was common in both Europe and Japan in medieval times. In Europe a victim's feet were covered in salty water and a goat was encouraged to continually lick them, while in Japan a form of tickle punishment called *kusuguri-zeme*, or 'merciless tickling' was inflicted on reluctant victims.

E   Some researchers have cited the unpleasantness of being tickled as evidence that tickling could be part of our natural defence mechanisms, and that the response to tickling is a protective reflex. Scientists have even suggested that the laughter prompted by tickling could be defensive, since it could act as a warning to kin. Another theory is that the laughter is a sign of surrender, and that it signals a person's submission to the tickler. Whatever the answer, it seems that tickling will continue to be a subject of research by psychologists, neuroscientists and philosophers for the foreseeable future.

Questions 6–9

*Choose the correct letter, **A**, **B**, **C** or **D**.*

Write the correct letter in boxes 6–9 on your answer sheet.

6 Tickling has interested many scientists and philosophers because
   A it is a trait we do not share with animals.
   B it varies from person to person.
   C it is something that we cannot control.
   D it does not seem to have a practical use.

7 The fact that tickling causes laughter implies that
   A it may be a social explanation rather than a biological one.
   B it is a purely physical reaction.
   C it developed as a defence against predators.
   D it is an enjoyable experience.

8 What defines the type of tickling known as knismesis?
   A It is done using an object.
   B It is gentle and similar to feeling itchy.
   C It compels people to move away.
   D It can be so light the person can't detect it.

9 The areas of the body that are usually the most ticklish
   A can change depending on how ticklish the person is.
   B are the parts of the body which are vulnerable.
   C are not the parts with the most nerves.
   D are the ones with the most nerves related to pain.

Questions 10–13

Complete the sentences below.

*Choose **ONE WORD ONLY** from the passage for each answer.*

Write your answers in boxes 10–13 on your answer sheet.

10 Scientists have questioned why the sensitivity to touch encourages ....

11 Tickling can provoke someone to back away, or it can cause .... twitching.

12 Tickling between a parent and child is thought to be an important way of creating ....

13 Tickling was used as a form of torture in the .... period.

*You should spend about 20 minutes on **Questions 14–26**, which are based on Reading Passage 2 below.*

The History of Steel

Due to its high tensile strength and relatively low cost, steel is one of the most commonly used materials in modern construction. As an alloy of iron and carbon – among other materials – steel is produced through a process known as smelting. This involves heating iron ore in blast furnaces to remove its impurities before adding carbon. Smelting is a technique that has been used by humans since around the 13th century BCE, when early blacksmiths discovered that iron ore was stronger when heated by charcoal. However, the first large-scale steel production occurred in southern India and Sri Lanka in the 6th century BCE. The steel produced there was known as wootz steel and was renowned for its strength. It was exported throughout the world, but became particularly prevalent in the Middle East, where it was used to make weapons.

While wootz steel was produced in a crucible, a metal container in which pure iron and carbon were heated and then cooled, other methods of steel production were used in both China and Europe. These included the tempering of steel, a method to reduce steel's brittleness which was discovered by the Romans for use in strengthening weapons. In China meanwhile, steel was common throughout the country from the 3rd century BCE onwards. Some of this steel was probably produced through combining wrought iron and high-quality cast iron, as was the case with the sword of Liu Bang,

the first Han emperor. Sophisticated methods of steel production were in use in China from at least the 11th century AD, including an early version of the Bessemer process which would revolutionise European steel manufacturing around eight centuries later.

The start of the Industrial Revolution in Europe in the 18th century saw a massive increase in the use of steel. This steel boom was facilitated by several innovations. The first was Benjamin Huntsman's invention of a technique for producing high-quality steel in a crucible in 1740. Huntsman was a clockmaker who wanted to make a better quality of steel for his clock springs. He came up with the idea of heating carbon steel in a crucible until it melted, a method that gave the resulting steel a more uniform composition. The invention of the steam engine during this period also boosted demand for steel, while Henry Cort's invention of the steel rolling system in 1783 – a new way of producing steel rapidly – led to a much higher output.

The next significant milestone in the history of steel was the invention of the Bessemer process, a means of steel production in which impurities were removed through the introduction of air to molten iron. This resulted in much stronger steel that could also be produced relatively cheaply. It was developed by Henry Bessemer in 1856, although it had been used in various forms for centuries, and subsequently allowed for the inexpensive mass production of steel. Following the adoption of this process, steel became the most important material in industrialisation. It could now be produced at prices low enough to make it a cost-effective material for large-scale buildings, bridges and railroads, where it would soon replace less durable wrought iron rails.

The use of steel in large constructions was most evident in two huge projects in America: the Brooklyn Bridge – the first steel suspension bridge – and the Home Insurance Building in Chicago – the first steel skyscraper. Both were completed in the 1880s and symbolised America's new position as global leader in steel production. This was driven, in part, by the Scottish-American industrialist Andrew Carnegie, who built a massive steel empire which stretched across the United States. Much of the steel produced by Carnegie's steelworks was used in building the railroads which were being laid throughout the continent in the latter decades of the 19th century.

In the early 20th century steel's role as the material of modern industry was further established by the invention of stainless steel in 1912. This rust-resistant material increased the range of applications in which steel could be used. It led to the use of steel tools in housewares, surgical instruments and storage tanks, which were now able to transport liquids. In the next few decades of the 20th century, the two world wars both resulted in a spike in the production of steel, which was used for weapons and vehicles. Despite this high demand, steel was still relatively abundant and even replaced copper, which was much rarer, as the material of the American one cent coin for the duration of the Second World War. In recent decades, the steel industry has continued to grow, although China has replaced America as the main producer and consumer of steel. Indeed, it is estimated that China is now responsible for over 50 per cent of the world's steel production.

Questions 14–18

Look at the following statements (Questions 14–18) and the list of people below.

Match each statement with the correct person, **A–E**.

Write the correct letter, **A–E**, in boxes 14–18 on your answer sheet.

14 He created a way to cheaply produce large quantities of steel.

15 He wanted to make better steel for clocks.

16 He had a weapon made of two types of iron.

17 He invented a steel rolling production system.

18 He constructed a huge steel business in America.

List of People

A Benjamin Huntsman
B Andrew Carnegie
C Henry Bessemer
D Liu Bang
E Henry Cort

Questions 19–22

Complete the summary below.

Choose **NO MORE THAN TWO WORDS** from the passage for each answer.

Write your answers in boxes 19–22 on your answer sheet.

The Steel Industry in the 20th Century

The steel industry grew significantly in the early decades of the 20th century due to the creation of **19** .... Steel could now be used in a much wider range of applications, including for surgery, storage, and as **20** .... The steel industry expanded further due to the two **21** ...., which required a massive amount of steel for weapons. Although steel was in demand during these conflicts, there was still enough steel for it to replace **22** .... as the material of one of the American coins.

Questions 23–26

Do the following statements agree with the information given in Reading Passage 2?

In boxes 23–26 on your answer sheet, write

> **TRUE**   *if the statement agrees with the information*
> **FALSE**   *if the statement contradicts the information*
> **NOT GIVEN**   *if there is no information on this*

23 Wootz steel was only exported to the Middle East.

24 A form of the Bessemer process was used in China before its use in Europe.

25 Wrought iron rails lasted longer than steel ones.

26 The Brooklyn Bridge remains the largest steel suspension bridge in the world.

*You should spend about 20 minutes on **Questions 27–40**, which are based on Reading Passage 3 below.*

Social Smiling

A   Psychologists hoping to unlock the secrets of human emotion have focused on infants, as young babies can provide indicators of early emotional growth and development. Among these changes are modifications of facial expressions that provide cues for determining how an infant's reaction to a given experience or situation conveys meaning. Infants' facial expressions are particularly useful for understanding the nature of human emotion because they have not yet been significantly conditioned by social norms and conventions. This lack of social conditioning is perhaps best expressed when infants smile, which makes this facial expression an especially interesting object of study.

B   The most fundamental type of smile in infants is the endogenous smile, which can occur in the first week following birth and is usually associated with sleeping. Endogenous smiles happen automatically due to unconscious changes in the nervous system and are not caused by external stimuli. A smile reflex produced by an external stimulus – such as tickling or a pleasing sound – is known as an exogenous smile. Exogenous smiles occur when the infant is awake, and they begin to appear by the second or third week of life.

C   An important type of exogenous smile is the 'social smile', which, as its name suggests, arises through social interaction. The social smile is particularly associated with grinning in response to seeing the faces of mothers and other caregivers as well as hearing their voices. Yet social smiles also occur in interactions with strangers, and the term may even be extended to describe how an infant smiles at inanimate, though familiar, objects like teddy bears. According to psychologist Daniel G. Freedman, generalised social smiles develop by the end of the first month, and at around five weeks old, selective social smiling begins. It is in this selective stage that the child learns to smile in response to familiar faces.

D   Experts view the social smile as a strong indicator of infants' growing curiosity and a higher level of engagement with their surroundings. It logically follows that the social smile, as one of explicit interaction, also indicates a child's growing awareness of himself or herself as a distinct individual and active agent in a social environment. Of crucial importance is what is known as social referencing, in which an infant looks to his or her caregiver before reacting to a situation. Many studies have revealed that around seven months of age, infants begin to become scared of strangers and often show fear or distress when encountering unfamiliar faces. However, a study by the psychologists Feiring, Lewis, and Starr revealed that by fifteen months, babies were cautiously attentive to their mother's response to strangers. In an experiment, the researchers found that if the mother smiled at a stranger, the baby was far more likely to smile.

E   Technically, some experts solely use the term social smile for smiles that involve only the zygomaticus major muscles, which are responsible for raising the corners of the lips. If smiles are accompanied by open mouths and contraction of the orbicularis oris muscles – movements that make the outer corners of the eyes wrinkle – they are said to be 'emotional' smiles. This view is partly a result of unscientific attempts to directly connect human emotions with anatomical movements, which have been proved to be incorrect. One example of this was Paul Eckman's Facial Action Coding System (FACS) which attempted to give emotions an objective basis and allow investigators to identify emotional expressions without cultural bias.

F   According to this method of analysis, the social smile is primarily a false smile. This argument has some merit because the social smile can happen even in the absence of emotion. Infants sometimes merely imitate what they see, and the social smile at times may be nothing more than an attempt to get some form of support from the mother. And it is well known that the social smile continues into adulthood. It is common to use a social smile in numerous social contexts in a way that may be fake. For instance, imagine a grown person receiving a birthday present that is a huge disappointment. Rather than expressing a true emotion via a frown, the person receiving the gift is far more likely to smile.

G   The difficulty with distinguishing 'social' from 'emotional' smiles, however, is that there is a broad spectrum of facial expressions and emotional states between the two extremes. Certainly, a smile can be both social and emotional at the same time. Viewed this way, social smiles can vary tremendously in the extent of emotion they convey, from simple grins that may show a less intense emotion to fuller smiles involving the whole face that are displays of pure joy.

Complete the notes below.

Choose **ONE WORD ONLY** from the passage for each answer.

Write your answers in boxes 27–31 on your answer sheet.

Analysing an Infant's Smile

- Infants' facial expressions reveal the essence of **27** ....
- No social conditioning makes studying infants more revealing

Endogenous Smile:

- Occurs in the week after birth
- Most often related to **28** ....
- Result of **29** .... that are not conscious in the nervous system

Exogenous Smile:

- Set off by an outside **30** ....
- Happens when an infant is awake
- Starts in the second or third week of life

Social Smile:

- A type of exogenous smile
- Comes about through social **31** ....
- Common when infants see their mothers

Questions 32–36

Do the following statements agree with the views of the writer in Reading Passage 3?

In boxes 32–36 on your answer sheet, write

YES	*if the statement agrees with the views of the writer*
NO	*if the statement contradicts the views of the writer*
NOT GIVEN	*if it is impossible to say what the writer thinks about this*

32 The social smile is evidence of an increasing self-awareness in infants.

33 Smiles should be categorised according to anatomical movements.

34 The Facial Action Coding System is widely used by researchers.

35 The social smile only occurs when there is emotion involved.

36 Telling the difference between social smiles and emotional smiles is easy to do.

Questions 37–40

Reading Passage 3 has seven paragraphs, **A–G**.

Which paragraph contains the following information?

*Write the correct letter, **A–G**, in boxes 37–40 on your answer sheet.*

37 mention of an infant reacting to its mother's interaction with a stranger

38 a reference to an infant smiling at nearby objects

39 mention of the particular muscles involved in certain smiles

40 an example of a person reacting to getting a gift

정답·해석·해설 p.353

HACKERS
IELTS
READING BASIC

goHackers.com
학습자료 제공·유학정보 공유

HACKERS IELTS READING BASIC

부록

미국 영어와
영국 영어의 차이

IELTS 리딩 영역에서는 영국식 어휘와 철자가 등장합니다. 그동안 미국식 영어에 많이
노출되어 있던 한국 학습자들에게 영국식 영어는 낯설게 느껴질 수 있으므로, 기본적인 어휘와
철자의 차이를 숙지하여 두는 것이 좋습니다.

미국 영어와 영국 영어의 어휘와 철자 차이

IELTS 리딩 영역에서는 영국 영어와 어휘의 철자가 지문과 문제에 출제됩니다. 미국 영어와 영국 영어에서 사용하는 어휘와 철자가 서로 다른 경우는 많지 않지만, 시험에 자주 등장하므로 꼭 알아두도록 합니다.

어휘 차이

미국 영어와 영국 영어에서는 사용되는 어휘가 다른 경우가 있습니다. 같은 어휘이지만 다른 의미로 쓰이는 경우도 있습니다.

1. 동일한 뜻, 다른 어휘

	미국	영국
1층, 2층	first floor, second floor	ground floor, first floor
대중 교통	public transportation	public transport
고속도로	highway; freeway	motorway
공립학교	public school	state school
주택 단지	housing development	housing estate
대학교 1학년	freshman	first-year student
대학교 2학년	sophomore	second-year student
대학교 3학년	junior	third-year student
대학교 4학년	senior	fourth-year student
변호사	attorney/lawyer	barrister/solicitor
영화관	theater	cinema
왕복 여행	round trip	return trip
우편	mail	post
우편번호	zip code	postal code
일정표	schedule	timetable
주차장	parking lot	car park
줄을 서다	stand in line	queue
지폐	bill	note
지하철	subway	tube/underground
초등학교	elementary school	primary school
화물차	truck	lorry
휘발유	gas/gasoline	petrol
휴가	vacation	holiday

2. 동일한 어휘, 다른 뜻

	미국	영국
football	미식 축구	축구
homely	잘나지 못한	가정적인
merchant	소매 상인	도매상, 무역상
pavement	포장도로	보도
pocketbook	핸드백	수첩
public school	공립학교	사립 중등학교
subway	지하철	지하도
vest	조끼	속옷

철자 차이

미국 영어와 영국 영어에서 사용되는 어휘와 의미는 같지만, 철자가 조금씩 다른 경우가 있습니다.

차이	의미	미국	영국
-ck/-k & -que	수표	check	cheque
	체크무늬	checker	chequer
-er & -re	영화관	theater	theatre
	중심	center	centre
-ll & -l	달성하다	fulfill	fulfil
	입학, 등록	enrollment	enrolment
-og & -ogue	독백	monolog	monologue
	목록	catalog	catalogue
-or & -our	색	color	colour
	행동	behavior	behaviour
-se & -ce	방어	defense	defence
	허가	license	licence
-ze & -se	인식하다	recognize	recognise
	준비하다	organize	organise
기타	계획표	program	programme
	쟁기	plow	plough

goHackers.com

학습자료 제공·유학정보 공유

IELTS READING ACTUAL TEST ANSWER SHEET

Test Date (Shade ONE box for the day, ONE box for the month and ONE box for the year)

Day: 01 02 03 04 05 06 07 08 09 10 11 12 13 14 15 16 17 18 19 20 21 22 23 24 25 26 27 28 29 30 31

Month: 01 02 03 04 05 06 07 08 09 10 11 12   **Year** (last 2 digits): 17 18 19 20 21 22 23 24 25

Reading	Reading	Reading	Reading	Reading	Reading	Reading

1		**21**	
2		**22**	
3		**23**	
4		**24**	
5		**25**	
6		**26**	
7		**27**	
8		**28**	
9		**29**	
10		**30**	
11		**31**	
12		**32**	
13		**33**	
14		**34**	
15		**35**	
16		**36**	
17		**37**	
18		**38**	
19		**39**	
20		**40**	

Reading Total	

아이엘츠 입문자를 위한 맞춤 기본서

HACKERS IELTS Reading BASIC

초판 15쇄 발행 2024년 12월 2일
초판 1쇄 발행 2018년 1월 2일

지은이	해커스 어학연구소
펴낸곳	(주)해커스 어학연구소
펴낸이	해커스 어학연구소 출판팀

주소	서울특별시 서초구 강남대로61길 23 (주)해커스 어학연구소
고객센터	02-537-5000
교재 관련 문의	publishing@hackers.com
동영상강의	HackersIngang.com

ISBN	978-89-6542-242-6 (13740)
Serial Number	01-15-01

**외국어인강 1위,
해커스인강(HackersIngang.com)**

해커스인강

1. **리딩 필수 단어암기장** 및 **단어암기 MP3**
2. 내 답안을 고득점 에세이로 만드는 **IELTS 라이팅 1:1 첨삭**
3. 해커스 스타강사의 **IELTS 인강**

**전세계 유학정보의 중심,
고우해커스(goHackers.com)**

고우해커스

1. **IELTS 라이팅/스피킹 무료 첨삭 게시판**
2. **IELTS 리딩/리스닝 실전문제** 등 다양한 IELTS 무료 학습 콘텐츠
3. **IELTS Q&A 게시판** 및 **영국유학 Q&A 게시판**

헤럴드 선정 2018 대학생 선호브랜드 대상 '대학생이 선정한 외국어인강' 부문 1위

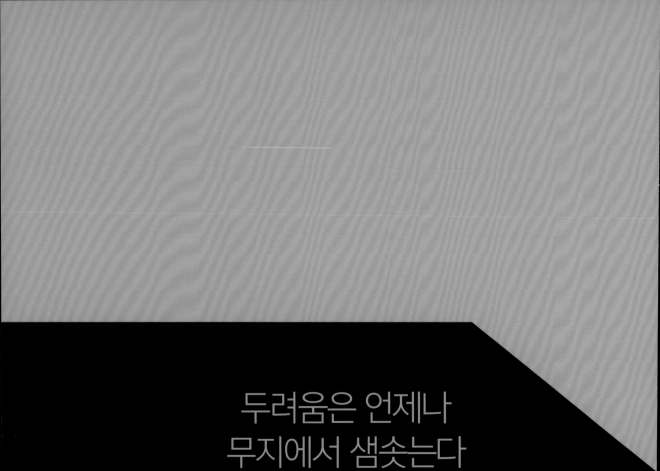

두려움은 언제나
무지에서 샘솟는다

HACKERS IELTS Reading

BASIC

정답 · 해석 · 해설

해커스 어학연구소

아이엘츠 입문자를 위한 맞춤 기본서

HACKERS
IELTS
Reading
BASIC

정답 · 해석 · 해설

해커스 어학연구소

① 주요 단어를 보고 주제 예상하기 　　　　p.23

01 (C)　**02** (B)　**03** (A)　**04** (C)

01

고릴라와 인간, 영장류, 비슷한, 두 팔과 다리, 열 개의 손가락과 발가락, 32개의 이, 얼굴, 새끼를 돌보다, 복잡한 사회 구조

(A) 고릴라의 복잡한 사회 구조
(B) 영장류의 특징
(C) 고릴라와 인간의 유사성

> 해설　나열된 단어들은 크게 [고릴라와 사람들, 유사한]으로 나누어 볼 수 있으므로, 이 단어들을 포함한 글은 '고릴라와 인간의 유사성'에 관한 내용을 다루고 있을 것이라고 생각할 수 있습니다. 따라서 보기 **(C) The similarities between gorillas and humans**가 정답입니다.

02

포장, 청결과 신선함, 요소들로부터 보호하다, 외부 환경을 보호하다, 내용물을 식별하다, 배포

(A) 포장과 보호
(B) 포장의 역할
(C) 포장의 유형

> 해설　나열된 단어들은 크게 [포장, 포장으로 얻을 수 있는 다양한 효과]로 나누어 볼 수 있으므로, 이 단어들을 포함한 글은 '포장의 역할'에 대해 다루고 있을 것이라고 생각할 수 있습니다. 따라서 보기 **(B) The role of packaging**이 정답입니다.

03

황소개구리, 크기, 6인치, 등의, 우중충한 녹색, 갈색의, 짙은 회색, 검은색, 배 표면, 흰색, 노란색, 서식지, 중부와 동부 미국

(A) 황소개구리의 특징
(B) 황소개구리의 색깔
(C) 개구리에 대한 묘사

> 해설　나열된 단어들은 크게 [황소개구리, 크기, 색, 서식지]로 나누어 볼 수 있으므로, 이 단어들을 포함한 글은 '황소개구리의 특징'에 대해 다루고 있을 것이라고 생각할 수 있습니다. 따라서 보기 **(A) Traits of a bullfrog**가 정답입니다.

04

중세, 단순한 해시계, 14세기, 공공 시계, 조절의 어려움, 스프링 시계, 정확한 기계식 시계, 개선된 정확성, 오늘날, 디지털시계

(A) 시계의 정확성
(B) 다양한 시계들
(C) 시계의 발전

> 해설　나열된 단어들은 크게 [중세, 시계, 개선된 정확성, 오늘날]로 나누어 볼 수 있으므로, 이 단어들을 포함한 글은 '시계의 발전'에 대해 다루고 있을 것이라고 생각할 수 있습니다. 따라서 보기 **(C) The development of clocks**가 정답입니다.

② 알맞은 제목 찾기 　　　　p.25

01 첫 번째 문장(Most ~), (C)
02 첫 번째 문장(The most ~), (B)
03 세 번째 문장(Therefore ~), (C)
04 첫 번째 문장(Kidneys ~), (A)

01

대부분의 올챙이는 초식이지만, 육식 생활 방식에도 적응할 수 있다. 올챙이가 초식 상태로 유지되면, 올챙이들의 내장은 길어지고 나선형이 된다. 육식 상태에서는, 올챙이의 내장은 짧아진다.

> 해설　나열된 문장들은 주로 올챙이의 식성에 따른 두 가지 적응 방식을 설명하고 있으므로, 초식과 육식 생활 방식 모두를 언급하며 모든 적응 양식을 아우르는 첫 번째 문장이 주제문으로 적합합니다. 주제문에서 '대부분의 올챙이는 초식이지만, 육식 생활 방식에도 적응할 수 있다'고 하였으므로, 이 글의 제목으로 가장 알맞은 것은 보기 **(C) 조건에 따른 올챙이의 적응**입니다.

02

지구에서 가장 흔한 새의 종류는 여러 가지 흥미로운 특성을 가진 무리인 연작류로 알려져 있다. 연작류가 지닌 시각 및 청각 특징들은 그들을 많은 사람들에게 인기 있는 종으로 만들었다. 연작류의 크기는 그들이 많은 서식지에서 번성할 수 있도록 충분히 빨리 움직이게 한다.

> 해설 나열된 문장들은 연작류가 가지는 다양한 특성을 설명하고 있으므로, 연작류에게 여러 가지 흥미로운 특성이 있음을 언급하며 나머지 세부 특성들을 아우르는 첫 번째 문장이 주제문으로 적합합니다. 주제문에서 '지구에서 가장 흔한 새의 종류는 여러 가지 흥미로운 특성을 가진 무리인 연작류로 알려져 있다'고 하였으므로, 이 글의 제목으로 가장 알맞은 것은 보기 (B) 연작류의 여러 가지 특성입니다.

03

관세 동맹은 보통 경제적 효율을 높이기 위해 설립된다. 관세 동맹은 또한 회원국들 간에 더욱 긴밀한 정치 및 문화적 유대 관계를 맺는 것을 돕는다. 그러므로, 관세 동맹은 회원국에 여러 긍정적인 효과를 미친다.

> 해설 나열된 문장들은 주로 관세 동맹의 긍정적인 역할을 설명하고 있으므로, 관세 동맹이 회원국에 긍정적인 효과를 미칠 수 있음을 언급하며 나머지 세부 효과를 아우르는 마지막 문장이 주제문으로 적합합니다. 주제문에서 '관세 동맹은 회원국에 여러 긍정적인 효과를 미친다'고 하였으므로, 이 글의 제목으로 가장 알맞은 것은 보기 (C) 관세 동맹의 장점입니다.

04

신장은 물고기가 체내 암모니아의 양을 조절하도록 돕는다. 바닷물고기의 경우, 신장은 배설물을 농축시켜서 가능한 한 많은 물을 몸으로 다시 보낸다. 민물고기의 신장은 많은 양의 묽은 소변을 쏟아내는 것에 특히 적합하다. 일부 물고기들은 어떤 물고기는 심지어 기능을 바꾸는 특수화된 신장을 가지고 있는데, 이는 그들이 민물에서 바닷물로 이동할 수 있게 한다.

> 해설 나열된 문장들은 주로 서식지에 따른 물고기 신장의 역할을 설명하고 있으므로, 물고기 신장의 전반적인 역할을 언급하며 바닷물고기와 민물고기 신장의 서로 다른 기능을 아우르는 첫 번째 문장이 주제문으로 적합합니다. 주제문에서 '신장은 물고기가 체내 암모니아의 양을 조절하도록 돕는다'고 하였으므로, 이 글의 제목으로 가장 알맞은 것은 보기 (A) 물고기에게 있어 신장의 기능입니다.

(2일) 세부 정보 확인하기

① 핵심어구로 지문에서 단서 찾기　　　　p.29

> 01 internal clock get signs from,
>   다섯 번째 문장(The internal clock ~)
> 02 motion does a bat make, 세 번째 문장(Using ~)
> 03 economic effects, 다섯 번째 문장(Many ~)
> 04 goby use discarded drinks, 세 번째 문장(But ~)

01

매일 또는 매년 특정한 시간에 닭은 알을 낳고, 사람들은 졸음이 오고, 나무는 잎을 떨어뜨린다. 이런 모든 것들, 그리고 더 많은 것들이 일정한 방식으로 일어난다. 그것들은 '내부 시계'라고 불리는 어떤 것 때문에 발생한다. '내부'라는 말은 '~의 안'을 의미하며, 내부 시계는 모든 동식물의 특정 부위의 안에 존재한다. 내부 시계는 주위 세계로부터 신호나 메시지를 받는다. 이러한 신호 중 일부는 빛, 열 그리고 어둠을 포함한다.

내부 시계는 어디에서 신호를 얻는가?

> 해설 문제의 핵심어구인 'internal clock get signs from'과 관련된 내용을 지문에서 찾습니다. 다섯 번째 문장 'The internal clock receives a signal or message from the world around it.'에서, 내부 시계는 주위 세계로부터 신호나 메시지를 받는다고 하며 내부 시계가 신호를 얻는 장소를 언급하고 있음을 알 수 있습니다.

02

박쥐 날개는 넓은 막이나 피부로 덮인 크게 연장된 손과 앞다리 뼈로 이루어져 있다. 피부가 발목 근처의 아래쪽 다리에 붙어 있기 때문에 날개가 몸의 길이이다. 강한 근육을 이용해서, 박쥐는 새처럼 단지 날개를 위아래로 퍼덕거리는 것이 아니라 초당 20회까지 평영과 같은 동작으로 앞쪽으로 나아가며 공기를 가르며 유영한다. 박쥐는 또한 갈매기나 매와 상당히 비슷하게 기류를 타고 활공할 수 있다.

박쥐는 비행할 때 어떤 동작을 하는가?

> 해설 문제의 핵심어구인 'motion does a bat make'와 관련된 내용을 지문에서 찾습니다. 세 번째 문장 'Using powerful muscles, the bat ~ swims through the air reaching forward in an action much like a breast stroke of up to 20 beats a second.'에서, 강한 근육을 이용해서 박쥐는 초당 20회까지 평영과 같은 동작으로 앞쪽으로 나아가며 공기를 가르며 유영한다고 하며 비행할 때의 박쥐의 동작을 언급하고 있음을 알 수 있습니다.

03

1920년 10월에, 사람들은 공황 상태에 빠져 그들의 주식을 급히 팔기 시작했다. 단 하루 만에, 거의 1,300만 주가 뉴욕 증권 거래소에서 팔렸다. 이것은 'Wall Street Crash'라고 알려진 위기를 시작되게 했다. 그것은 곧 전 세계에 영향을 미쳤다. 많은 사람들이 모든 돈을 잃었고, 은행과 기업들은 문을 닫았으며, 실업률이 높아지기 시작했다. 상황은 대초원 지대에서의 가뭄으로 더 악화되었다.

Wall Street Crash는 어떤 경제적 영향을 미쳤는가?

해설   문제의 핵심어구인 'economic effects'와 관련된 내용을 지문에서 찾습니다. 다섯 번째 문장 'Many people lost all their money, banks and businesses closed, and unemployment began to rise.'에서, 많은 사람들이 모든 돈을 잃었고 은행과 기업들은 문을 닫았으며, 실업률이 높아지기 시작했다고 하며 Wall Street Crash가 미친 경제적 영향을 언급하고 있음을 알 수 있습니다.

04

중국, 한국, 동부 시베리아, 그리고 일본의 토종 물고기인 카멜레온 망둥이는 1950년대에 샌프란시스코만에 들어왔다. 그것은 오래된 굴이나 조개 껍데기를 보금자리를 짓는 장소로 이용하고, 껍질 내부 표면 위에 한 겹으로 알을 낳는다. 그러나 샌프란시스코만에는 굴 양식장이 없기 때문에, 카멜레온 망둥이는 대개 산란 장소로 캔과 병을 이용한다.

망둥이는 왜 버려진 음료 용기를 둥지로 사용하겠는가?

해설   문제의 핵심어구인 'goby use discarded drinks'와 관련된 내용을 지문에서 찾습니다. 세 번째 문장 'But because there are no oyster beds in the San Francisco Bay, the chameleon goby usually uses cans and bottles as spawning sites.'에서, 그러나 샌프란시스코만에는 굴 양식장이 없기 때문에 카멜레온 망둥이는 대개 산란 장소로 캔과 병을 이용한다고 하며 망둥이가 버려진 음료 용기를 둥지로 사용하는 이유를 언급하고 있음을 알 수 있습니다.

② 다르게 표현된 정보 이해하기   p.31

01 (A)   02 (B)   03 (B)

01

1860년 이전에는, 고무가 브라질에 있는 아마존 열대 우림의 나무에서 수확되었다. 그 공정은 비쌌으며 지속적인 공급을 확실히 하는 것이 어려웠다. 따라서, 식물학자들은 고무나무를 온실에서 기르는 것을 시도했다. 이것은 성공적이었고, 고무나무의 종자는 싱가포르와 아시아의 다른 영국 식민지들로 옮겨졌다. 플랜테이션이라고 불린 조직적인 농장이 설립되었으며 고무나무의 광범위한 재배를 가

능하게 했다.

옮겨 심어진 후, 고무나무는
(A) 넓은 땅에서 재배되었다.
(B) 공정 비용을 낮추기 위해 영국으로 옮겨졌다.
(C) 아마존 열대 우림에서 가장 풍부했다.

해설   지문 내용 중 'the seeds were transported to Singapore and other British colonies in Asia'와 'Organised farms ~ were established and allowed widespread cultivation to occur.'에서 고무나무의 종자는 싱가포르와 아시아의 다른 영국 식민지들로 옮겨졌고 조직적인 농장이 설립되었으며 고무나무의 광범위한 재배를 가능하게 했다고 하였으므로, 보기 (A) grown on a large piece of land가 정답입니다. 지문의 'widespread cultivation'이 보기에서 'grown on a large piece of land'로 표현되었습니다.

02

스칸디나비아 지역은 북유럽에 위치해 있으며, 스칸디나비아 반도에서 그 이름이 유래한다. 이 지역은 대륙의 덴마크와 스칸디나비아 반도의 가장 큰 두 나라인 노르웨이와 스웨덴을 포함한다. 많은 핀란드 민족주의자들이 이 관행을 반대하기는 하나, 핀란드가 포함되기도 한다. 영어에서는, 스칸디나비아를 이루는 나라들은 종종 Nordic 국가라고 알려져 있다.

Nordic 국가들 중,
(A) 핀란드는 스칸디나비아 국가로 여겨지는 것에 호의적이다.
(B) 노르웨이는 스칸디나비아 반도에 위치해 있다.
(C) 덴마크는 가장 작은 국가로 여겨진다.

해설   지문 내용 중 'This area includes ~ the two largest countries on the peninsula, Norway and Sweden.'에서 스칸디나비아 지역은 스칸디나비아 반도의 가장 큰 두 나라인 노르웨이와 스웨덴을 포함한다고 하였으므로, 보기 (B) Norway is located on the Scandinavian Peninsula가 정답입니다. 지문의 'This area includes ~ Norway'가 보기에서 'Norway is located on'으로 표현되었습니다.

03

1920년대에, 여성들의 의복은 여성들의 새로운 경제적 사회적 자유를 반영했다. 여성들의 패션은 여성들의 순종하지 않는 경향과 전통으로부터 벗어나려는 욕구를 반영했다. 여성들의 의복은 입기 쉬워졌으며, 더욱 캐주얼해지고 편해졌다. 예를 들어, 치마의 기장은 짧아졌으며, 여성들은 팬츠 슈트를 더 많이 입기 시작했다.

1920년대 여성들의 의복은
(A) 크게 재봉되었고 헐렁했다.
(B) 향상된 지위를 나타냈다.
(C) 전통적인 양식을 따랐다.

해설 지문 내용 중 'In the 1920s, women's attire reflected their new economic and social freedoms.'에서 1920년대에 여성들의 의복은 여성들의 새로운 경제적 사회적 자유를 반영했다고 하였으므로, 보기 (B) represented an improved status가 정답입니다. 지문의 'reflected their new economic and social freedoms'가 보기에서 'represented an improved status'로 표현되었습니다.

(3일) 정보 재정리하기

① 서로 관련 있는 정보끼리 짝지어 파악하기 p.35

01 (B) **02** (C) **03** (A) **04** (B)

01

존 B. 왓슨의 어린 앨버트 실험은 영아가 무언가를 두려워하도록 훈련될 수 있는지 아닌지를 알아내는 것을 목표로 했다. 이반 파블로프는 그보다 먼저 개를 가지고 비슷한 실험을 수행했다. 왓슨은 아기가 흰 쥐와 함께 놀게 했지만, 아기가 쥐를 만질 때마다 큰 소리를 냈는데, 이는 결국 아이가 그 동물에서 두려움을 연상하게 했다.

해설 지문 내용 중 'John B. Watson's Little Albert experiment aimed to discover whether an infant could be conditioned to fear something.'에서 존 B. 왓슨의 어린 앨버트 실험은 영아가 무언가를 두려워하도록 훈련될 수 있는지 아닌지를 알아내는 것을 목표로 했다고 하였으므로, 보기 (B)가 정답입니다.
(A)는 아기가 쥐를 건드렸을 때 큰 소리가 나도록 했던 사람은 이반 파블로프가 아니라 존 B. 왓슨이라고 하였으므로 답이 될 수 없습니다.
(C)는 개들이 두려움을 학습할 수 있는지 알고자 했던 사람은 존 B. 왓슨이 아니라 이반 파블로프라고 하였으므로 답이 될 수 없습니다.

02

역사상 오랫동안 사람들은 미생물이 질병을 유발한다는 것을 전혀 알지 못했다. 이것은 루이 파스퇴르가 미생물이 발효를 야기하고 있었다는 것을 증명하면서, 액체는 끓여진 뒤에는 발효되지 않는다는 것을 입증했던 19세기 후반에 바뀌었다. 로베르트 코흐는 그 후에 탄저병에 대한 실험을 통해 박테리아를 발견했다. 이러한 생각들의 첫 번째 실용적인 적용은 조지프 리스터의 소독제의 개발이었다.

해설 지문 내용 중 'Robert Koch then discovered bacteria through experiments with anthrax.'에서 로베르트 코흐는 그 후에 탄저병에 대한 실험을 통해 박테리아를 발견했다고 하였으므로, 보기 (C)가 정답입니다.
(A)는 조지프 리스터가 발효 기술을 개발한 것이 아니라 소독제를 개발했다고 하였으므로 답이 될 수 없습니다.
(B)는 루이 파스퇴르가 소독제의 중요성을 발견한 것이 아니라 미생물이 발효를 야기한다는 사실을 증명했다고 하였으므로 답이 될 수 없습니다.

03

처벌의 유형에 근거하여 사회들을 분류하는 인류학 이론에서, 죄의식-수치심의 스펙트럼은 상당히 영향력이 있다. 미국과 같은 죄의식 문화에서, 규제는 개개인의 죄의식에 대한 가정을 통해 유지된다. 일본과 중국 같은 수치심 문화에서는, 긍지와 명예가 더 중요하며 범죄자는 수치심의 적용을 통해 처벌된다.

해설 지문 내용 중 'In shame cultures, such as Japan and China, pride and honour are more important and criminals are punished through the application of shame.'에서 일본과 중국 같은 수치심 문화에서는 긍지와 명예가 더 중요하며 범죄자는 수치심의 적용을 통해 처벌된다고 하였으므로, 보기 (A)가 정답입니다.
(B)는 미국에서 규제가 긍지와 명예를 통해서가 아니라 개개인의 죄의식에 대한 가정을 통해 유지된다고 하였으므로 답이 될 수 없습니다.
(C)는 일본은 다른 나라들보다 명예가 덜 중요한 것이 아니라 명예를 더 중요하게 여긴다고 하였으므로 답이 될 수 없습니다.

04

장미 전쟁은 영국 왕좌를 위한 일련의 충돌이었다. 플랜태저넷 왕가에서 유래한 두 개의 대립하는 편 사이에 전쟁이 치러졌다. 한쪽 편에는 랭커스터 왕가의 헨리 6세가 있었는데, 이는 붉은 장미로 상징되었다. 그는 흰 장미로 상징되는 요크 왕가의 리처드에게 도전받았다.

해설 지문 내용 중 'The wars were fought between two competing sides which originated in the House of Plantagenet.'에서 플랜태저넷 왕가에서 유래한 두 개의 대립하는 편 사이에 전쟁이 치러졌다고 하였으므로, 보기 (B)가 정답입니다.
(A)는 헨리 6세를 배출한 왕가는 요크 왕가가 아니라 랭커스터 왕가라고 하였으므로 답이 될 수 없습니다.
(C)는 흰 장미로 상징된 왕가는 랭커스터 왕가가 아니라 요크 왕가라고 하였으므로 답이 될 수 없습니다.

01 (A)   **02** (B)   **03** (A)

01

다양한 종류의 단지들이 있는데, 그것들 각각은 주방에서 특정한 목적을 가지고 있다. 음식을 저장하거나 오이절임을 만드는 것에 있어서, 가장 좋은 종류의 단지는 클립 마개 단지이다. 나사마개식의 단지나 분리된 뚜껑을 가진 단지와 다르게, 클립 마개 단지의 금속 클립과 내장된 밀봉 부분은 공기나 박테리아가 들어가지 않는 것을 확실히 한다. 그러므로 그것들은 잘 상하는 제품들을 오염으로부터 안전하도록 장기간 보관하는 데 훨씬 뛰어나다.

> 해설   (A)는 윗글에서 나타난 특징들을 가지고 있으므로 정답입니다.
> (B)는 금속 클립이 아니라 분리된 뚜껑을 가지고 있으므로 답이 될 수 없습니다.
> (C)는 금속 클립을 가지고 있지 않으며, 내장된 밀봉 부분도 가지고 있지 않으므로 답이 될 수 없습니다.

02

사람이나 동물들을 특정 지역으로부터 경계 짓는 울타리는 많은 모양과 크기와 형태를 취한다. 예를 들면, 19세기 북미와 같은 수목이 울창한 지역에서는 split rail fence, post and rail fence, hurdle fence와 같은 많은 형태의 목재 울타리들이 발달되었다. split rail fence는 움직일 수 있는 울타리였고 나무나 다른 장애물들 주변에 지그재그 형태로 놓일 수 있었다.

> 해설   (A)는 움직일 수는 있으나 나무와 다른 장애물들 주변에 지그재그 형태로 놓을 수 없으므로 답이 될 수 없습니다.
> (B)는 윗글에서 나타난 특징들을 가지고 있으므로 정답입니다.
> (C)는 움직일 수 없으며 나무와 다른 장애물들 주변에 지그재그 형태로 놓을 수도 없으므로 답이 될 수 없습니다.

03

기하학은 공간에 있는 물체를 연구하는 것이다. 한 가지 재미있는 물체는 'Reuleaux Triangle'이다. 그것은 3개의 변이 있는 도형으로 각 변은 중심이 맞은편 모서리에 있는 원의 일부이다. 이와 같은 맥락에서, 'Reuleaux Heptangle'은 3개의 변 대신에 7개의 변을 가진 비슷한 모양이다.

> 해설   (A)는 윗글에서 나타난 특징들을 가지고 있으므로 정답입니다.
> (B)는 3개의 변을 가진 도형인 삼각형이 아니며, 7개의 변을 가지고 있으므로 답이 될 수 없습니다.
> (C)는 3개의 변을 가진 삼각형이지만, 각 변이 중심이 맞은편 모서리에 있는 원의 일부가 아니므로 답이 될 수 없습니다.

---

④일   정보의 진위 파악하기

01 True   **02** False   **03** False
04 True

01

극심한 가뭄 때문에, 주민들은 대략 1300년경 그 지역을 떠났다. 그들의 작물이 완전히 말라 죽었기 때문에, 그들은 떠날 수밖에 없었다.
→ 약 1300년에, 거주민들은 환경적 위기 때문에 그 지역을 버렸다.

> 해설   첫 번째 문장에서 극심한 가뭄 때문에 주민들은 그 지역을 떠났다고 하였습니다. 재진술된 문장에서는 'drought' 대신 'environmental crisis', 'abandoned' 대신 'deserted'를 사용하여 첫 번째 문장의 내용을 올바르게 바꾸어 표현하였습니다. 따라서 정답은 **True**입니다.

02

악어의 새끼들은 부화하고 난 뒤 일반적으로 약 1년간 어미와 함께 머문다. 어미의 보호에도 불구하고, 이 악어 새끼들은 자주 포식의 위협을 맞닥뜨린다.
→ 어린 악어들은 어미의 보호 때문에 포식자의 위험을 피한다.

> 해설   두 번째 문장에서 어미의 보호에도 불구하고 악어 새끼들은 자주 포식의 위협을 맞닥뜨린다고 하였습니다. 재진술된 문장에서는 'encounter the threat' 대신 'avoid the danger'를 사용하여 어린 악어가 어미의 보호 때문에 포식자의 위험을 피한다고 하였으므로, 두 번째 문장의 내용과 반대되는 내용을 언급하고 있습니다. 따라서 정답은 **False**입니다.

03

비록 대부분의 심리학자들이 감정이 유전에 의해 영향을 받는다고 생각하기는 하지만, 일부는 동의하지 않는다. 그들은 환경적 요인이 한 사람의 감정적인 기질에 전적으로 책임이 있다고 주장한다.
→ 심리학자들은 유전자가 감정에 영향을 미친다는 개념에 대해 완전히 동의한다.

> 해설   첫 번째 문장에서 비록 대부분의 심리학자들이 감정이 유전에 의해 영향을 받는다고 생각하기는 하지만, 일부는 동의하지 않는다고 하였습니다. 재진술된 문장에서는 'some disagree' 대신 'in complete agreement'를 사용하여 심리학자들이 유전자가 감정에 영향을 미친다는 개념에 대해 완전히 동의한다고 하였으므로, 첫 번째 문장의 내용과 반

대되는 내용을 언급하고 있습니다. 따라서 정답은 **False**입니다.

04

레오나르도 다빈치는 모든 작품 중 아마도 가장 유명한 '모나리자'를 포함하여 그의 그림들로 현재 더 잘 알려져 있다. 그러나, 레오나르도 다빈치의 진정한 천재성은 완벽히 새로운 발명품들을 생각해내는 그의 능력에 있다.

→ 그가 만든 다수의 혁신적인 장비들은 레오나르도 다빈치의 창의적인 탁월함에 대한 증거이다.

> 해설 두 번째 문장에서 레오나르도 다빈치의 진정한 천재성은 완벽히 새로운 발명품들을 생각해내는 그의 능력에 있다고 하였습니다. 재진술된 문장에서는 'genius' 대신 'creative brilliance', 'new inventions' 대신 'innovative devices'를 사용하여 두 번째 문장의 내용을 올바르게 바꾸어 표현하였습니다. 따라서 정답은 **True**입니다.

② 언급된 정보인지 확인하기
p.43

01 X **02** O **03** X **04** O

01

휘발유와 디젤은 전 세계의 자동차에 사용되는 연료에서 가장 큰 몫을 차지한다. 그러나, 이는 전기 자동차가 더 싸고 신뢰할 수 있게 됨에 따라 빠르게 변화하고 있다. 미국에서는 작년에 있던 것보다 올해 60퍼센트 더 많은 전기 자동차가 거리에 있다고 추정된다. 한편, 전기 자동차에 대한 중국 시장은 전 세계의 대략 40퍼센트에 해당하며, 세계에서 가장 규모가 커졌다.

→ 올해 미국에서 구매된 자동차 중 대다수는 전기 자동차였다.

> 해설 지문 내용 중 'It is estimated that in America there are 60 per cent more electric cars on the road this year than there were last year.'에서 미국에서는 작년에 있던 것보다 올해 60퍼센트 더 많은 전기 자동차가 거리에 있다고 추정된다고는 하였지만, 올해 미국에서 구매된 자동차 중 대다수가 전기 자동차였다는 내용은 언급되지 않았음을 알 수 있습니다. 따라서 정답은 **X**입니다.

02

오랫동안 모조품이라고 믿어져 왔지만, '몽마르주의 일몰'은 최근 빈센트 반 고흐의 진품으로 밝혀졌다. 이것이 1990년대에 재발견되었을 때, 그 그림은 서명이 없었기 때문에 무시되었다. 그러나, 반 고흐가 남동생에게 보낸 편지들에서 비슷한 그림을 언급했고 정밀한 검사 후에, 전문가들은 '몽마르주의 일몰'이 진품이라는 것을 밝혀냈다.

→ 그 그림은 서명이 없었기 때문에 의심받았다.

> 해설 지문 내용 중 'the painting was dismissed because it was unsigned'에서 그 그림은 서명이 없었기 때문에 무시되었다고 하였습니다. 따라서 정답은 **O**입니다.

03

18세기와 19세기의 영국 정부는 빈민들의 요구에 거의 관심을 기울이지 않았다. 이는 20세기 허버트 헨리 애스퀴스 수상의 Liberal 복지 개혁의 도입으로 바뀌었는데, 이는 노령 연금을 확대했고, 교내 무상 급식을 도입했으며 국민 보험을 설립했다. 이러한 개혁들은 영국에 현대 복지 국가로서의 토대를 마련했다.

→ 영국은 사회 보장 제도를 도입한 첫 번째 나라였다.

> 해설 지문 내용 중 'This changed in the 20th century with the introduction of the Liberal welfare reforms'에서 이는 20세기 Liberal 복지 개혁의 도입으로 바뀌었다고는 하였지만, 영국이 사회 보장 제도를 도입한 첫 번째 나라였다는 내용은 언급되지 않았음을 알 수 있습니다. 따라서 정답은 **X**입니다.

04

광고 산업은 소비자 선호도의 급속한 변화를 놓쳐 왔다. 더욱이, 이러한 전략들이 모두 대체로 비효율적이라는 것이 밝혀졌음에도 불구하고, 광고주들은 제품 배치나 온라인 광고에 갈수록 더 의존한다. 이는 많은 브랜드가 광고 예산을 삭감하고 구전에 더 의존하는 것으로 이어졌는데, 여기에 소셜 미디어는 완벽한 플랫폼이다.

→ 광고주들은 소비자들의 빠르게 변화하는 기호를 이해하지 못한다.

> 해설 지문 내용 중 'The advertising industry has lost sight of the rapid evolution of consumer preferences.'에서 광고 산업은 소비자 선호도의 급속한 변화를 놓쳐 왔다고 하였습니다. 따라서 정답은 **O**입니다.

⑤일 요약된 정보 이해하기

① 요약된 표현 이해하기
p.47

01 (A) **02** (B) **03** (B) **04** (A)

01

인간의 소화 체계는 복잡한 메커니즘인데, 이는 우리가 음식을 신체 전체에서 사용되는 영양분으로 바꿀 수 있게 한다. 그것은 신체의 다양한 기관들의 공동 작용을 요구하는데, 그들 각각은 음식을 연료로 분해하는 데 관여한다. 그것은 입에서 시작하는데, 이곳에서 침이 소화 과정을 시작한다.

(A) 소화 과정이 어떻게 음식을 연료로 전환하는지
(B) 소화 과정에서 입의 중요성

해설 인간의 소화 체계가 음식을 영양분으로 바꾼다고 했고, 다양한 기관이 이 과정에 관여한다고 하며 인간의 소화 과정이 어떻게 음식을 연료로 바꿀 수 있는지에 대해 언급하고 있습니다. 따라서 이를 '소화 과정이 어떻게 음식을 연료로 전환하는지'로 요약한 보기 (A) how the digestive process converts food into fuel이 정답입니다.

02

빈대는 인간의 피를 먹고 침구 안에 산다. 그들은 일반적으로 짐 안에서 퍼지며 먹지 않고 수달간 생존할 수 있다. 그들은 또한 짐이나 가구 안에 알을 낳을 수 있다. 수년간 휴면 상태로 있을 수 있는 이 알들은 새로운 장소로 옮겨진 다음에 부화한다.

(A) 빈대 문제를 겪는 나라의 예
(B) 빈대가 어떻게 새로운 장소들로 퍼지는지에 대한 설명

해설 빈대가 일반적으로 짐 안에서 퍼진다고 했고, 짐이나 가구 안에 낳은 알들이 휴면 상태로 있다가 새로운 장소로 옮겨진 다음에 부화한다고 하며 빈대가 어떻게 다른 장소로 퍼질 수 있는지에 대해 언급하고 있습니다. 따라서 이를 '빈대가 어떻게 새로운 장소들로 퍼지는지에 대한 설명'으로 요약한 보기 (B) a description of how bed bugs spread to new places가 정답입니다.

03

해양 포유류는 다른 모든 포유류와 동일한 특징을 갖고 있지만, 그들은 해양에서의 삶에 적응했다. 긴 기간 해저에 머물 수 있게 되기 위해서, 그들은 근육에 여분의 산소를 저장하며 또한 육지 포유류보다 신체 크기에 비례하여 더 많은 혈액을 가지고 있다.

(A) 해양 포유류의 두 가지 유형 간의 비교
(B) 일부 포유류들이 바다에서 살기 위해 어떻게 진화했는지

해설 해양 포유류는 해양의 삶에 적응했다고 했고, 그들이 근육에 여분의 산소를 저장하거나 더 많은 혈액을 가지고 있다고 하며 해양 포유류가 어떻게 바다에 적응했는지에 대해 언급하고 있습니다. 따라서 이를 '일부 포유류들이 바다에서 살기 위해 어떻게 진화했는지'로 요약한 보기 (B) how some mammals evolved to live in the ocean이 정답입니다.

04

카시니 우주선은 1997년에 토성의 궤도를 도는 임무를 위해 발사되었다. 그것은 2004년에 그 행성의 대기에 도달했고 그때 이후로 다량의 자료를 수집해왔다. 카시니가 찾은 가장 매혹적인 것 중 하나는 위성 엔칼라두스에 있는 땅에 묻힌 바다였다.

(A) 우주선이 한 발견에 대한 설명
(B) 우주선이 지구로 자료를 보내는 방법

해설 우주선이 토성에서 자료를 수집해왔다고 했고, 토성의 위성에서 바다를 찾았다고 하며 우주선이 무엇을 발견했는지에 대해 언급하고 있습니다. 따라서 이를 '우주선이 한 발견에 대한 설명'으로 요약한 보기 (A) a description of a discovery made by the spacecraft가 정답입니다.

② 요약문 완성하기 p.49

01 (B)　02 (C)　03 (C)

01

러시아 심리학자 이반 파블로프는 이제 전 세계에서 그가 개를 데리고 수행했던 실험으로 기억된다. 조건화가 어떻게 행동에 영향을 미칠 수 있는지에 관심이 있었던 파블로프는, 개에게 먹이를 주는 것을 책임지고 있는 사람이 가까이 올 때마다 어떻게 개가 침을 흘리게 되는 것인지에 주목했다. 파블로프는 개가 다른 자극에 대한 반응으로 침을 분비하게 만들 수 있을지에 대해 알아보기로 결심했다. 그는 종소리를 이용했는데, 개가 먹이를 받을 때마다 그는 그것을 울릴 것이었다. 마침내, 개는 단순히 종소리를 듣기만 해도 침을 흘리게 되었다.

→ 파블로프의 실험은 개가 ....에 대한 반응으로 배고픔의 신호를 나타내게 하는 조건화를 수반했다.

(A) 드럼　(B) 종　(C) 피아노

해설 'conditioning', 'salivate', 'feeding', 'another stimulus' 등의 단어를 통해 주어진 글이 주로 심리학자 파블로프가 먹이를 주는 사람이 아닌 다른 자극에 대해서도 개가 침을 흘리게 할 수 있을지 알아보고자 수행한 실험에 대해 언급하고 있음을 알 수 있습니다. 파블로프는 이 실험을 위해 종소리를 이용했다고 하였으므로, 보기 (B) bell이 정답입니다.

02

유전자 편집, 즉 유전자 조작의 새로운 형태는 향후 수년간 농업을 완전히 바꿔놓을 예정이다. 이 과정은 작지만 중요한 변형을 가하기 위해 식물의 특정 부위의 DNA를 단순히 수정하는 것을 수반한다. 이는 덜 말랑한 옥수수나 더 오랫동안 갈색으로 유지되는 버섯을 만들어낼 수 있다. 더욱 중요한 것은, 그것이 홍수에 잘 견디거나 더 적은 물로도 살아남을 수 있는 농작물을 만들어낼 수 있다는 것이다. 그것은 또한 훨씬 많은 수확량을 내는 농작물을 만들어낼 수 있고 더 많은 사람들에게 식량을 공급할 수 있다.

→ 유전자 편집은 식물의 DNA 안에 아주 작은 ....을 가하는 방법이다. 이것은 더 거친 환경에 견디는 것이 가능한 농작물의 활용으로 이어질 수 있다.

(A) 구멍　　(B) 상처　　(C) 변화

해설 'Gene editing', 'tweaking a plant's DNA', 'flood resistant', 'survive on less water' 등의 단어를 통해 주어진 글이 주로 유전자 편집 기술이 식물의 DNA를 수정함으로써 기존보다 더 나은 농작물을 만들어낼 수 있다는 것에 대해 언급하고 있음을 알 수 있습니다. 유전자 편집은 식물의 특정 부위의 DNA에 작지만 중요한 변형을 가한다고 하였으므로, 보기 (C) changes가 정답입니다.

03

페루의 나스카 라인은 세계에서 가장 이해하기 힘든 것 중 하나일 뿐 아니라, 가장 놀라운 광경 중 하나이다. 이 거대한 그림들은 기원전 500년과 서기 500년 사이의 어느 때에 나스카 사막에 그려졌다. 그것들은 다수의 기하학적 형태뿐 아니라, 새, 물고기, 라마, 재규어의 묘사를 포함한다. 나스카인들이 사막의 붉은 모래를 파냄으로써 그것들을 만들었다고 여겨지는데, 이는 아래의 하얀 토양을 드러냈다. 그러나, 그것들의 정확한 목적은 여전히 알려지지 않고 있다.

→ 나스카 라인은 사막의 붉은 표면 아래의 하얀 ....을 드러나게 함으로써 나스카인들에 의해 만들어졌다. 그러나 나스카인들이 왜 그것을 만들었는지는 여전히 수수께끼이다.

(A) 암석　　(B) 초목　　(C) 토양

해설 'Nazca Lines', 'depictions', 'Nazca people', 'digging', 'desert' 등의 단어를 통해 주어진 글이 주로 나스카 라인이 다양한 형태를 묘사한 그림이었으며 나즈카인들이 사막의 모래를 파냄으로써 그것들을 만들었다는 것에 대해 언급하고 있음을 알 수 있습니다. 나스카인들은 붉은 모래를 파내 아래의 하얀 토양을 드러냈다고 하였으므로, 보기 (C) soil이 정답입니다.

정답·해석·해설

Hackers IELTS Reading Basic

DAILY CHECK-UP
p.58

1 (B)	2 (A)	3 (B)	4 (C)	5 A	6 D
7 A	8 D	9 D	10 A	11 A	12 B

01

사례 연구와 달리, 관찰 연구는 대개 여러 종류의 대상을 동시에 포함한다. 관찰 연구에서, 연구자는 관찰되는 사람들을 어떤 방식으로도 방해하지 않고 체계적으로 행동을 관찰하고 기록한다. 종종, 관찰 연구는 연구 프로그램의 첫 번째 단계이다. ¹자연적 관찰은 자연스러운 환경에서 일어나는 대로 행동을 묘사하는 관찰 연구의 한 유형이다. Jane Goodall과 Dian Fossey와 같은 동물행동학자들은 야생에서 유인원과 다른 동물들을 연구하기 위해 이 방법을 사용했다. 심리학자들은 사람들이 어디 있든지 간에 자연적 관찰을 이용한다. 이는 집, 운동장, 교실, 또는 사무실에서일 수 있다.

1 자연적 관찰은 –을 포함한다.
(A) 자연계의 관찰
(B) 자연스러운 환경에서의 행동 관찰

해설 문제의 핵심어구(Naturalistic observation)와 관련된 지문 내용 중 'Naturalistic observation is a type of observational study that describes behaviour as it occurs in the natural environment.'에서 자연적 관찰은 자연스러운 환경에서 일어나는 대로 행동을 묘사하는 관찰 연구의 한 유형이라고 하였으므로, 보기 (B) the observation of actions in a natural setting이 정답입니다.

바꾸어 표현하기
natural environment 자연스러운 환경 ▶ natural setting 자연스러운 환경

02

심리학에서, 기질이란 날 때부터 존재하는 개인 성격의 부분들을 말한다. 심리학자들에 의하면, 이것들은 그들의 생물학적 구조의 결과이다. 기질에 영향을 미치는 요소들은 유전적 특징과 호르몬이다. 그러나, 과학자들은 생물학과 기질 사이의 명확한 연관성을 발견하지는 못했다. 연구의 대부분은 서로 다른 기질들을 분류하는 것에 관한 것이었다. 예를 들어, Jerome Kagan은 새로운 것들에 어떻게 반응

하는지를 보기 위해 생후 4개월 된 영아들을 실험했다. 그 다음에 그는 그들을 '저 반응성' 또는 '고 반응성'으로 분류했다. ²Kagan은 고 반응성의 아이들은 성장하여 수줍음을 많이 타게 되는 반면, 저 반응성의 아이들은 성장하여 용감해질 것이라고 믿었다. 비록 많은 아이들이 Kagan의 예측을 따랐지만, 몇몇 피실험자들은 그렇지 않았다. 이는 환경이 발달에 있어서 생물학과 똑같이 중요한 역할을 한다는 것을 시사한다.

2 Jerome Kagan은 저 반응성의 영아들에게 무엇을 기대했는가?
(A) 그들은 용감해질 것이다.
(B) 그들은 새로운 것을 두려워하게 될 것이다.

해설 문제의 핵심어구(Jerome Kagan expect of low reactive infants)와 관련된 지문 내용 중 'Kagan believed that ~ low reactive ones would grow up to be brave.'에서 Kagan은 저 반응성의 아이들은 성장하여 용감해질 것이라고 믿었다고 하였으므로, 보기 (A) They would become courageous가 정답입니다.

바꾸어 표현하기
grow up to be brave 성장하여 용감해지다 ▶ become courageous 용감해지다

03

동물에 대한 인지 연구는 동물의 두뇌가 인간의 두뇌와 어떻게 다른지에 대한 많은 통찰을 제공해 왔다. 동물의 지각, 주의력, 학습, 그리고 분류에 관한 연구들이 수행되어 왔다. 세상의 사물들을 분류하는 동물의 능력에 관한 한 유명한 연구는 하버드 대학의 Richard J. Herrnstein 교수에 의해 수행되었다. Herrnstein은 사람들이 있는 사진은 부리로 쪼고, 사람들이 없는 사진은 그대로 두도록 비둘기들을 훈련시켰다. ³Herrnstein의 연구는 사진 속 사람들의 이미지가 크기와 겉모습에서 매우 달랐음에도 불구하고 비둘기들이 사람들을 구별해낼 수 있었다는 것을 밝혀냈다. 동물의 인지 연구에 있어 또 다른 중요한 영역은 기억력이다. 다른 통찰들 가운데에서도, 이 분야의 연구들은 ⁴꿀벌들이 먹이를 찾는 것과 관련된 매우 특정한 종류의 기억력을 가지고 있다는 것과 그것이 평생 지속될 수 있다는 것을 밝혀냈다.

3 Herrnstein 교수의 연구는 무엇을 증명했는가?
(A) 비둘기들은 멀리서 사람을 알아챌 수 있다.
(B) 비둘기들은 사진 속의 사람들을 알아볼 수 있다.
(C) 비둘기들은 기억력이 매우 좋다.

해설 문제의 핵심어구(Herrnstein's study)와 관련된 지문 내용 중 'Herrnstein's study revealed that pigeons were able to distinguish humans even though the images of people in the photos were very different in size and appearance.'에서 Herrnstein의 연구는 사진 속 사람들의 이미지가 크기와 겉모습에서 매우 달랐음에도 불구하고 비둘기들이 사람들을 구별해낼 수 있었다는 것을 밝혀냈다고 하였으므로, 보기 (B) Pigeons can recognise humans in photos가 정답입니다.

바꾸어 표현하기
distinguish 구별하다 ▶ recognise 알아보다

4   꿀벌의 기억력은
(A) 하루 동안 지속될 수 있다.
(B) 벌집과 관련이 있다.
(C) 먹이 섭취와 관련이 있다.

해설 문제의 핵심어구(honeybee's memory)와 관련된 지문 내용 중 'honeybees have a very specific type of memory related to searching for food'에서 꿀벌들이 먹이를 찾는 것과 관련된 매우 특정한 종류의 기억력을 가지고 있다고 하였으므로, 보기 (C) is connected to feeding이 정답입니다.

바꾸어 표현하기
related to searching for food 먹이를 찾는 것과 관련이 있다
▶ connected to feeding 먹이 섭취와 관련이 있다

04

1973년의 석유 파동은 국제적인 경기 불황이 시작되게 했다. 이 위기는 아랍 국가들이 이스라엘의 동맹국들에 대해 석유 판매를 중단함으로써 야기되었다. 영국은 아랍 국가들이 석유를 판매하는 것을 거부한 국가들 중 하나였으며 전 세계적 쇠퇴에 의해 가장 심하게 영향을 받은 국가들 중 하나였다. 영국에서는, 이 불황이 1973년부터 1976년까지 지속되었으며 국내 총생산의 4% 하락으로 이어졌다. ⁵이 불황은 또한 그 다음 정부들이 그들의 경제 계획에 대한 지지를 유지하고 의회에서 강력한 다수당을 형성하고자 노력했으나 실패함에 따라 일련의 정치적 위기를 촉발했다.

영국의 불황은 높은 실업률과 점점 심화되는 인플레이션의 결합인 스태그플레이션으로 특징지어졌다. 인플레이션은 궁극적으로 20% 이상으로 증가했는데, 이는 사람들의 재화 구매력을 크게 감소시켰다. 불황은 또한 광부들의 파업과 동시에 일어났는데, 이는 영국 경제에 더 큰 압박을 가했다. ⁶이 파업의 결과로, 영국의 수상 에드워드 히스는 상업 기관들은 주 3일만 전기를 사용할 수 있다고 공표했다. 'Three Day Week'로 알려지게 되었던 이 급진적인 정책은 불황에서 회복할 영국의 능력을 더욱 제한했고 결국 히스가 사임하는 것으로 이어졌다.

5   불황은 –한 다양한 정치적 위기로 이어졌다.
A 정부들이 그들의 정책들에 대한 지원을 얻을 수 없었던
B 외국 정부로부터의 지원이 부족했던
C 의회가 어떠한 법도 통과시킬 수 없었던
D 정부들이 불황을 막기 위해 행동을 개시하지 않았던

해설 문제의 핵심어구(political crises)와 관련된 지문 내용 중 'This recession also prompted a series of political crises as successive governments tried and failed to sustain support for their economic plans'에서 이 불황은 또한 그 다음 정부들이 그들의 경제 계획에 대한 지지를 유지하고자 노력했으나 실패함에 따라 일련의 정치적 위기를 촉발했다고 하였으므로, 보기 **A** governments were unable to get backing for their policies가 정답입니다.

바꾸어 표현하기
failed to sustain support 지지를 유지하는 것에 실패했다
▶ were unable to get backing 지원을 얻을 수 없었다

오답 확인하기
D는 지문 내용 중 'successive governments tried ~ to sustain support for their economic plans'에서 그 다음 정부들이 그들의 경제 계획에 대한 지지를 유지하고자 노력했다고 하였으므로 지문의 내용과 반대되는 오답입니다.

6   에드워드 히스는 광부들의 파업에 대한 반응으로 무엇을 선언했는가?
A 모든 전기 사용이 주 3일로 제한되었다.
B 그는 총리직을 그만두었다.
C 전기는 오직 상업 단체들에 의해서만 사용될 수 있었다.
D 상업 시설들은 그들의 전기 사용을 제한해야 했다.

해설 문제의 핵심어구(Edward Health declare in reaction to the miners' strike)와 관련된 지문 내용 중 'As a result of this strike, the UK prime minister Edward Heath proclaimed that commercial organisations could only use electricity on three days of the week.'에서 이 파업의 결과로 영국의 수상 에드워드 히스는 상업 기관들이 주 3일만 전기를 사용할 수 있다고 공표했다고 하였으므로, 보기 **D** Commercial facilities had to limit their electricity use가 정답입니다.

바꾸어 표현하기
could only use electricity on three days of the week 주 3일만 전기를 사용할 수 있다 ▶ had to limit their electricity use 그들의 전기 사용을 제한해야 했다

오답 확인하기
A는 지문의 'commercial organisations could only use electricity on three days of the week'를 활용하여 혼동을 주었지만, 모든 전기 사용이 아니라 상업 기관들의 전기 사용이 주 3일로 제한되었다고 하였으므로 오답입니다.

B는 지문의 'This radical policy ~ ultimately led to Heath resigning.'을 활용하여 혼동을 주었지만, 에드워드 히스가 광부들의 파업에 대한 반응으로 스스로 사임하겠다고 선언한 것이 아니라 'Three Day Week' 정책의 실패로 사임하게 되었다고 하였으므로 오답입니다.

05

그리스 도기의 가장 초기 전형들은 비교적 단순했기 때문에, 흑화식 기법의 창조는 상당한 진보를 의미했다. 이러한 효과를 얻기 위해, 도안이 개략적으로 그려진 다음 정제된 점토를 도료처럼 사용하여 채워졌다. 그 다음에 그것은 가마에서 구워졌는데, 여기에서 산화 과정이 주홍색을 만들어냈다. [7]그 후 온도가 높여지고 산소가 제거되었는데, 이는 그릇을 검은색으로 바꾸었다. 마지막 단계에서, 산소는 가마 안으로 다시 들어오게 되었는데, 이는 윤이 나는 검은색으로 남게 되는 도색된 층을 제외하고 도기를 다시 주홍색으로 만들었다. 비록 이 기법은 이전 기술들보다 개선된 것이기는 했지만, [8]흑화식 도기는 인물들과 사물들을 윤곽으로 묘사하는 데에만 한정되었다.

이 흑화식 도기를 결국 따라잡게 되었던 양식인 적회식 도기는, 그리스 도기의 절정으로 널리 여겨진다. 이 방식에서는, 배경이 검정으로 도색되며, 반면 그 형태 자체는 도색되지 않은 채로 남겨진다. 그 결과 일단 그릇이 구워지고 나면 형태들은 철이 풍부한 아테네 점토의 붉은 색조를 띠게 된다. 정확하고 자연스러운 묘사를 창조하는 것을 가능하게 한 것이 바로 이 기술이었는데, 그렇게 함으로써 그리스인들의 삶에 대한 영속적인 기록을 제공했다.

7 무엇이 흑화식 도기의 무늬를 검은색으로 바뀌도록 했는가?

- A 고온에서의 산소 부족
- B 가마 속에서 점토를 녹이는 것
- C 정제된 점토의 사용
- D 윤이 나는 검은 도료를 사용하는 것

해설 문제의 핵심어구(black-figure pottery to turn black)와 관련된 지문 내용 중 'The temperature was then increased and oxygen was removed, turning the vessel black.'에서 그 후 온도가 높여지고 산소가 제거되었는데, 이는 그릇을 검은색으로 바꾸었다고 하였으므로, 보기 **A** The lack of oxygen at high temperatures가 정답입니다.

바꾸어 표현하기

The temperature was ~ increased and oxygen was removed 온도가 높여지고 산소가 제거되었다 ▶ The lack of oxygen at high temperatures 고온에서의 산소 부족

오답 확인하기

C는 지문의 'the design was ~ filled in using refined clay as paint'를 활용하여 혼잡을 주었지만, 지문에서 정제된 점토를 사용한 것이 흑화식 도기의 무늬를 검은색으로 바뀌도록 했다는 내용은 언급하지 않았으므로 오답입니다.

8 글쓴이에 따르면, 흑화식 도기는 −했기 때문에 제한적이었다.

- A 검은색의 사용만 가능하게 했기 때문에
- B 묘사의 정확한 형태가 아니었기 때문에
- C 완성하는 것이 복잡했기 때문에
- D 형태의 윤곽만을 보여줄 수 있었기 때문에

해설 문제의 핵심어구(black-figure pottery was limited)와 관

련된 지문 내용 중 'black-figure pottery was restricted to only depicting figures and objects in silhouette'에서 흑화식 도기는 인물들과 사물들을 윤곽으로 묘사하는 데에만 한정되었다고 하였으므로, 보기 **D** it could only show the outlines of figures가 정답입니다.

바꾸어 표현하기

was restricted to only depicting ~ in silhouette 윤곽으로 묘사하는 데에만 한정되었다 ▶ only show the outlines of figures 형태의 윤곽만을 보여준다

06

에메랄드는 수세기 동안 그 투명한 아름다움으로 대단히 귀하게 여겨져 왔으며, 여전히 세계에서 가장 가치 있는 원석 중 하나이다. 최초의 에메랄드 광산은 기원전 1500년경 고대 이집트에서 시작되었다고 여겨진다. [9]이집트의 여왕 클레오파트라는 특히 그것들을 원했던 것으로 알려져 있으며 심지어 이집트의 에메랄드 광산 중 하나를 그녀의 이름을 따서 이름짓도록 했다. 그녀는 에메랄드가 매혹적이고 아름답다고 여겼고, 그래서 이집트에서 발견되었던 그것들 모두가 자신의 것이라고 주장했다.

[10]에메랄드라는 단어가 녹색이라는 뜻의 그리스어 'smaragdus'에서 유래한다는 사실에서 분명히 드러나듯이, 고대 그리스인들과 로마인들 또한 에메랄드를 매우 높이 평가했다. 고대 로마에서는, [11]에메랄드를 들여다보는 것이 시력에 도움이 되는 것으로 여겨졌는데, 이는 네로 황제가 검투사 시합을 보기 위해 에메랄드 안경을 착용했던 한 가지 이유였다. 그것의 치유력은 투명한 녹색의 부드러움에서 비롯되는 것으로 생각되었다. 따라서, 로마의 역사학자 Pliny the Elder는 에메랄드보다 더 녹색인 것은 없다고 말했으며, '피로'를 치료하기 위해 에메랄드를 들여다보는 보석 조각가들에 대해 기록했다.

에메랄드는 로마 제국의 몰락 이후 수세기에 걸쳐 매우 인기 있는 물품으로 여전히 남아 있었으며, 서기 14세기경부터 오스트리아와 인도의 에메랄드 광산에 대한 기록이 있다. 아메리카 대륙이 발견되었을 때, [12]남아메리카에 온 스페인 식민지 개척자들은 잉카 토착민들이 엄청나게 거대한 에메랄드를 착용하고 있는 것을 보고 충격을 받았다. 수십 년 후, 스페인들은 지금의 콜롬비아에 있는 Muzo에 있던 잉카 광산의 위치를 찾아냈고, 토착민들을 내쫓았다. 그들이 채굴한 원석은 유럽으로 돌려 보내졌고 화려한 장신구로 만들어졌다. 오늘날, Muzo 에메랄드 광산은 여전히 고품질의 에메랄드를 생산하고 있으며, 콜롬비아는 세계에서 가장 큰 에메랄드 수출국이다.

9 이집트의 여왕 클레오파트라는 에메랄드를 너무나도 원했기 때문에 그녀는 −했다.

- A 이집트 최초의 에메랄드 광산을 열었다.
- B 그녀의 추종자들에게 에메랄드를 요구했다.
- C 그녀의 이름을 따서 이름을 지은 특정한 에메랄드의 종류를 가지고 있었다.
- D 그녀의 이름을 따서 이름을 지은 에메랄드 광산을 가지고 있었다.

해설 문제의 핵심어구(The Egyptian queen Cleopatra)와 관련된 지문 내용 중 'The Egyptian queen Cleopatra ~ had one of Egypt's emerald mines named after her.'에서 이집트의 여왕 클레오파트라는 이집트의 에메랄드 광산 중 하나를 그녀의 이름을 따서 이름짓도록 했다고 하였으므로, 보기 **D** had an emerald mine that was named after her가 정답입니다.

바꾸어 표현하기

had one of Egypt's emerald mines named after her 이집트의 에메랄드 광산 중 하나를 그녀의 이름을 따서 이름짓도록 했다 ▶ had an emerald mine that was named after her 그녀의 이름을 따서 이름을 지은 에메랄드 광산을 가지고 있었다

10 글쓴이는 −하기 때문에 녹색을 뜻하는 그리스 단어를 언급한다.
A 그리스인들에게 에메랄드가 얼마나 중요했는지에 대한 전형적인 예가 되기 때문에
B 그리스인들이 에메랄드를 발견했다는 것을 시사하기 때문에
C 에메랄드가 사람들의 눈을 치유해 준다고 여겨졌다는 것을 보여주기 때문에
D 녹색을 뜻하는 영어 단어의 어원이기 때문에

해설 문제의 핵심어구(the Greek word for green)와 관련된 지문 내용 중 'The ancient Greeks and Romans also regarded emeralds highly, as is evident from the fact that the word emerald derives from the Greek word for green, 'smaragdus'.'에서 에메랄드라는 단어가 녹색이라는 뜻의 그리스어 'smaragdus'에서 유래한다는 사실에서 분명히 드러나듯이, 고대 그리스인들과 로마인들 또한 에메랄드를 매우 높이 평가했다고 하였으므로, 글쓴이가 그리스인들에게 에메랄드가 얼마나 중요했는지에 대한 전형적인 예를 들기 위해 녹색을 뜻하는 그리스 단어를 언급했음을 알 수 있습니다. 따라서 보기 **A** it exemplifies how important emeralds were to the Greeks가 정답입니다.

오답 확인하기

D는 지문 내용 중 'the word emerald derives from the Greek word for green'에서 녹색을 뜻하는 그리스 단어는 에메랄드의 어원이라고 했지 녹색을 뜻하는 영어 단어의 어원이라고 하지는 않았으므로 오답입니다.

11 로마 황제 네로는 −했기 때문에 에메랄드 안경을 썼다.
A 그것이 눈에 좋다고 생각했기 때문에
B 그것을 통해 검투사 시합을 보는 것을 선호했기 때문에
C 부를 과시하고 싶었기 때문에
D 그것이 마술적인 특성을 가지고 있다고 믿었기 때문에

해설 문제의 핵심어구(Nero wore emerald eye glasses)와 관련된 지문 내용 중 'looking into emeralds was considered to be beneficial to the eyesight, which was one reason why the Emperor Nero wore emerald eyeglasses to watch gladiator games'에서 에메랄드를 들여다보는 것은 시력에 도움이 되는 것으로 여겨졌는데, 이는 네로 황제가 검투사 시합을 보기 위해 에메랄드 안경을 착용했던 한 가지 이유였다고 하였으므로, 보기 **A** he thought they were good for his eyes가 정답입니다.

바꾸어 표현하기

beneficial to the eyesight 시력에 도움이 되다 ▶ good for ~ eyes 눈에 좋다

12 스페인 식민지 개척자들은 왜 잉카족을 보고 놀랐는가?
A 그들은 아메리카 대륙이 비어있다고 생각했다.
B 그들의 에메랄드는 매우 컸다.
C 그들의 장신구에 많은 에메랄드가 있었다.
D 그들은 에메랄드 광산의 크기에 깊은 인상을 받았다.

해설 문제의 핵심어구(the Spanish colonists)와 관련된 지문 내용 중 'the Spanish colonists ~ were shocked to see the indigenous Incas wearing immensely huge emeralds'에서 스페인 식민지 개척자들은 잉카 토착민들이 엄청나게 거대한 에메랄드를 착용하고 있는 것을 보고 충격을 받았다고 하였으므로, 보기 **B** Their emeralds were extremely large가 정답입니다.

바꾸어 표현하기

immensely huge 엄청나게 거대한 ▶ extremely large 매우 큰

오답 확인하기

C는 지문의 'jewellery'를 활용하여 혼동을 주었지만, 스페인 식민지 개척자들은 잉카 토착민들의 장신구에 에메랄드가 많아서 놀란 것이 아니라 에메랄드가 거대했기 때문에 충격을 받았다고 하였으므로 오답입니다.

DAILY TEST

p.64

1 D	2 B	3 B	4 D	5-6 C, E
7 C	8 C			

READING PASSAGE 1

인간이 어떻게 사냥을 통해 진화했는지

인류학 분야에서의 새로운 연구는 200만 년 전 사냥 풍습의 발달이 인간의 진화에 영향을 미쳤을 수 있다는 것을 시사해 왔다. 이것은 사냥이 제공해준 단백질이 풍부한 고기가 인간에게 있어 다른 형태의 발달을 촉진할 수 있었을 것이기 때문이다. ¹일단 인간이 고기를 먹기 시작하면서, 그들은 더 이상 과일이나 채소를 분해하기 위한 큰 소화기를 필요로 하지 않게 되었으며 훨씬 더 많은 에너지가 들어있는 식량 원천을 확보하게 되었다. 그러므로 그들은 두뇌의 확장과 같은 체내 발달을 위한 더 많은 에너지를 보유하게 되었다. 이것은 오스틴에 있는 텍사스 대학의 심리학 교수 David Buss에 의한 '사냥 가설'에

서 제기된 주장이다. Buss에 따르면, 사냥의 채택은 인간이 유인원을 훨씬 능가하는 역량을 발달시킬 수 있게 해주었던 인간 진화에 있어서의 전환점이었다.

사냥에서 도구의 사용은 이 풍습이 어떻게 인간이 더욱 복잡한 방식으로 진화할 수 있도록 했을 수 있는지에 대한 또 다른 예이다. [2]한 가지 중요한 발전은 손도끼의 차용이었는데, 이는 나무보다는 땅 위에 살기에 적합했던 최초의 인종인 호모 에렉투스가 출현했던 시기 즈음에 일어났다. 이 발전에서 가장 중요한 부분은 콜로라도 대학의 고인류학자 Thomas Wynn이 도구가 '거의 영구적인 일상의 일'이 되었다고 묘사하는 것이다. [3]유인원과 달리, 이 원시 인류는 단지 한 번 사용한 후에 버리기보다는 그들의 도구를 계속 가지고 있었고 개선하기 위해 노력했을 것이다. 더욱이, [4]고기를 공유하고 보존해야 할 필요성과, 사회 계층 내에서의 그것의 역할은 초기 인간 사회 발전에도 큰 영향을 미쳤을 것이다. 그러므로, 사냥 풍습의 채택은 인간 사회와 지능 진화의 근본적인 원인으로 여겨질 수 있다.

[1-4]

1   고기를 먹는 것은 인간의 육체적 진화에 어떻게 영향을 미쳤는가?
   A   인간은 외적으로 발달했다.
   B   인간은 육체적으로 더 강해졌다.
   C   단백질이 두뇌 발달을 위해 제공되었다.
   D   큰 소화기가 불필요하게 되었다.

해설   문제의 핵심어구(eating meat)와 관련된 지문 내용 중 'Once humans started eating meat, they no longer required a large digestive system'에서 일단 인간이 고기를 먹기 시작하면서, 그들은 더 이상 큰 소화기를 필요로 하지 않게 되었다고 하였으므로, 보기 **D** A big digestive system became unnecessary가 정답입니다.

바꾸어 표현하기

no longer required 더 이상 필요로 하지 않게 되었다 ▶ became unnecessary 불필요하게 되었다

오답 확인하기

C는 지문의 'brain expansion'을 활용하여 혼동을 주었지만, 지문에서 인간이 두뇌의 확장과 같은 체내 발달을 위한 더 많은 에너지를 보유하게 되었다고 했지 고기를 먹는 것이 두뇌 발달을 위한 단백질을 제공했다는 내용은 언급하지 않았으므로 오답입니다.

2   손도끼의 발달과 거의 같은 시기에 어떤 일이 일어났는가?
   A   인간은 두 다리로 걷도록 진화했다.
   B   인간은 땅에 살도록 진화했다.
   C   인간은 농업을 발달시켰다.
   D   인간은 음식을 조리하기 시작했다.

해설   문제의 핵심어구(the development of hand axes)와 관련된 지문 내용 중 'One important development was the adoption of hand axes, which happened around the time of the emergence of Homo erectus, the first human species suited to living on the ground rather than in trees.'에서 한 가지 중요한 발전은 손도끼의 차용이었는데, 이는 나무보다는 땅 위에 살기에 적합했던 최초의 인종인 호모 에렉투스가 출현했던 시기 즈음에 일어났다고 하였으므로, 보기 **B** Humans evolved to live on the ground가 정답입니다.

3   인간과 유인원은 −했기 때문에 도구의 사용에 있어서 달랐다.
   A   인간은 도구의 사용을 통해 더 창의적으로 변했기 때문에
   B   인간은 그들의 도구를 버리지 않았기 때문에
   C   인간은 더 큰 먹이를 사냥하기 위해 도구를 사용했기 때문에
   D   인간은 공동체 내에서 고기를 공유하기 위해 도구를 사용했기 때문에

해설   문제의 핵심어구(Humans and apes differed)와 관련된 지문 내용 중 'Unlike apes, these primitive humans would keep their tools ~ rather than simply dropping them after one use.'에서 유인원과 달리, 이 원시 인류는 단지 한 번 사용한 후에 버리기보다는 그들의 도구를 계속 가지고 있었을 것이었다고 하였으므로, 보기 **B** humans did not throw away their tools가 정답입니다.

바꾸어 표현하기

dropping 버리다 ▶ throw away 버리다

4   글쓴이는 −을 설명하기 위해 사회 계층을 언급한다.
   A   고기를 먹는 것이 인간의 의사소통 능력에 어떻게 영향을 미쳤는지
   B   고기가 사회에서 어떻게 보존되었는지
   C   사냥 풍습이 어떻게 덜 문명화된 사회들로 이어졌는지
   D   고기가 초기 사회 집단의 발달에 어떻게 영향을 미쳤는지

해설   문제의 핵심어구(social hierarchies)와 관련된 지문 내용 중 'the need to share and preserve meat, and its role in social hierarchies, would have also greatly impacted the development of early human societies'에서 고기를 공유하고 보존해야 할 필요성과, 사회 계층 내에서의 그것의 역할은 초기 인간 사회 발전에도 큰 영향을 미쳤을 것이라고 하였으므로, 글쓴이는 고기가 초기 사회 집단의 발달에 어떻게 영향을 미쳤는지를 설명하기 위해 사회 계층을 언급했음을 알 수 있습니다. 따라서 보기 **D** how meat affected the development of early social groups가 정답입니다.

READING PASSAGE 2

지구 온난화가 동물에 미치는 영향

전 세계 동물 종에 대한 기후 변화의 파괴적인 영향을 발견하는 것

[8]지구 온난화에 관한 많은 논쟁은 인간에 대한 영향에 초점을 맞춰왔지만, 그것이 동물에게는 훨씬 더 치명적일 것이라는 증거가 있다. 실제로, 'Nature'지에 실린 1,500종의 동물에 대한 최근 연구는 기후

변화 때문에 그 종들의 80퍼센트가 이미 부정적인 영향을 겪었다고 밝혔다. 더욱이, 국제자연보호연맹은 지구 온난화가 계속되면 심각한 멸종 위기에 처한 종들의 '위험 목록'에 올라 있는 포유 동물의 47퍼센트가 더 심한 위협에 직면할 것이라고 추정한다.

지구 온난화가 세계의 일부 지역에서 이미 분명해지고 있는 한 가지 방식은 기온 상승으로 인한 식물의 손실이다. 만약 이것이 지속된다면 ⁵많은 동물 종들이 먹이를 찾기 위해 그들의 자연 서식지를 떠나야 할 것이다. ⁷이러한 변화에 의해 가장 위협받게 될 종은 코알라와 같이 매우 특수화된 식단을 가진 것들인데, 코알라는 그들의 영양 공급원으로 거의 전적으로 유칼리나무를 먹고 산다. 한편, ⁶더 따뜻해진 봄과 같은 계절의 변화는 계절에 대한 새들의 지각을 방해하고 그들이 더 빨리 이동하게 하고 있다. 이는 그들이 번식지에 너무 빨리 도착하여 생존하고 번식하기에 충분한 먹이를 찾을 수 없다는 것을 의미한다. 이러한 예들은 동물들이 지구 온난화에 의해 이미 위협받고 있는 정도를 보여주는데, 이것은 앞으로 몇 십 년 동안 상당히 증가할 예정이다. ⁸더 많은 사람들이 이러한 환경 위기를 인식하고 정부가 행동을 취하도록 압력이 가해지지 않는 이상, 전 세계의 동물 종은 멸종 위기에 놓이게 될 것이다.

[5-6]

5-6 지구 온난화가 동물을 위협하는 이유로 어떤 **두 가지**가 언급되었는가?

A 짝의 실종
B 해수면 상승
C 계절 주기의 변화
D 길어진 겨울
E 자연 서식지의 상실

해설 문제의 핵심어구(why global warming threatens animals)와 관련된 지문 내용 중 'it will force many animal species to move away from their natural habitats'와 'changes to the seasons ~ are disrupting the seasonal awareness of birds'에서 많은 동물 종들이 그들의 자연 서식지를 떠나야 할 것이며, 계절의 변화는 계절에 대한 새들의 지각을 방해하고 있다고 하였으므로, 보기 **C** shifts in the seasonal cycle과 보기 **E** loss of natural habitats가 정답입니다.

바꾸어 표현하기

changes to the seasons 계절의 변화 ▶ shifts in the seasonal cycle 계절 주기의 변화

[7-8]

7 코알라는 -하기 때문에 지구 온난화의 위험에 처해 있다.

A 그들의 서식지가 너무 건조해질 것이기 때문에
B 그들이 더 큰 포식자에 의해 사냥될 것이기 때문에
C 그들이 오직 한 종류의 먹이만 먹기 때문에
D 그들이 추운 기후에 익숙하기 때문에

해설 문제의 핵심어구(Koalas are in danger)와 관련된 지문 내용 중 'The species that will be most threatened by these changes are those that have a very specialised diet, such as koalas, who survive almost entirely on eucalyptus as their source of nourishment.'에서 이러한 변화에 의해 가장 위협받게 될 종은 코알라와 같이 매우 특수화된 식단을 가진 것들인데, 코알라는 그들의 영양 공급원으로 거의 전적으로 유칼리나무를 먹고 산다고 하였으므로, 보기 **C** they only eat one type of food가 정답입니다.

바꾸어 표현하기

very specialised diet 매우 특수화된 식단 ▶ one type of food 한 종류의 먹이

8 이 기사를 쓴 글쓴이의 전반적인 목적은 무엇인가?

A 인간들이 직면한 문제에 대한 인식을 높이기 위해
B 동물과 인간에 대한 기후 변화의 위협을 비교하기 위해
C 동물에 대한 지구 온난화의 영향을 독자들에게 교육하기 위해
D 기후 변화에 대처하는 방법들을 홍보하기 위해

해설 이 지문에는 목적을 나타내는 문장이 없으므로 지문 전체를 읽고 목적을 파악합니다. 지문의 첫 번째 문장 'Much of the debate about global warming has focused on its impact on humans, but there is evidence that it will be even more devastating for animals.'에서 지구 온난화에 관한 많은 논쟁은 인간에 대한 영향에 초점을 맞춰왔지만 그것이 동물에게는 훨씬 더 치명적일 것이라는 증거가 있다고 하며, 동물에 미치는 지구 온난화의 부정적인 영향에 대해 언급하였습니다. 그 뒤 마지막 문장 'Unless more people become aware of this environmental crisis and pressure is put on governments to act, animal species around the world will be at risk of extinction.'에서 더 많은 사람들이 이러한 환경 위기를 인식하고 정부가 행동을 취하도록 압력이 가해지지 않는 이상, 전 세계의 동물 종은 멸종 위기에 놓이게 될 것이라고 하였으므로, 지문의 목적은 동물에 대한 지구 온난화의 영향을 독자들에게 교육하기 위함임을 알 수 있습니다. 따라서 보기 **C** to educate readers about global warming's impact on animals가 정답입니다.

②일 참/거짓/알수없음
True/False/Not Given

DAILY CHECK-UP

p.72

1 False	**2** False	**3** True	**4** False
5 Not given	**6** Not given	**7** False	**8** True
9 Not given	**10** False	**11** Not given	**12** False
13 True	**14** True	**15** Not given	**16** False
17 False			

01

비디오 게임의 역사는 공공 아케이드와, 궁극적으로, 가정용 비디오 게임의 초기 제작자인 Atari사와 함께 시작된다. 이 회사의 첫 번째 인기작은 'Pong'으로, 디지털 공이 화면을 가로질러 앞뒤로 움직이는 테니스 같은 게임이었다. 1972년에 출시된 아케이드 버전은 1095달러에 판매되었으며 바, 쇼핑몰, 백화점을 포함하여 다양한 고객에게 배포되었다.

¹'Pong'과 이후의 'Space Invaders'나 'Pac-Man'과 같은 아케이드 게임의 성공은 회사가 가정용 콘솔에 투자할 자금을 제공했는데, 이는 텔레비전과 함께 사용될 수 있었다. 그 중 첫 번째는 'Home Pong'이었는데, 이는 1975년 12월 열렬한 팬들에게 발표되었다. 그것은 몇 십만 대가 팔렸고 첫 시즌에 인기 있는 크리스마스 선물이었다.

1 Atari사는 가정용 비디오 게임으로부터의 수익을 이용하여 아케이드 게임을 개발했다.

> 해설 문제의 핵심어구(developed arcade games using the profits)와 관련된 지문 내용 중 'Success with ~ arcade games ~ provided the company with capital to invest in home consoles'에서 아케이드 게임의 성공은 회사가 가정용 콘솔에 투자할 자금을 제공했다고 하였으므로, 주어진 문장은 지문의 내용과 일치하지 않음을 알 수 있습니다. 따라서 정답은 **False**입니다.

02

1863년에서 1869년 사이에 Central Pacific과 Union Pacific 철도 회사는 미국의 첫 번째 대륙 횡단 철도를 건설했는데, 이것은 나라의 동부와 서부 해안을 연결했다. ²Central Pacific 철도 회사는 새크라멘토부터 시에라네바다 산맥을 넘어 동쪽으로 향하는 철도를 건설했다. 그 사업은 많은 다리를 건설하고 산을 관통하여 터널을 파내는 것을 필요로 했기 때문에, 그들은 매우 어려움을 겪었다. 동시에, Union Pacific 회사는 네브래스카주 오마하 바깥으로 서쪽을 향해 건설하기 시작했다. ³공사는 평원에서는 더 빨랐지만, 그들은 그 과정에서 아메리카 원주민 부족들과 충돌했다. 이 Central Pacific과

Union Pacific 철도들은 1869년 5월에 유타주 프로몬토리에서 만나 합쳐졌다. 이 역사적인 사건은 황무지를 복종시키는 것과 현대 국가로서의 미국의 발전을 상징했다.

2 Central Pacific 철도는 시에라네바다 산맥을 통과하여 남쪽으로 향했다.

> 해설 문제의 핵심어구(The Central Pacific tracks went south)와 관련된 지문 내용 중 'The Central Pacific railroad company built tracks from Sacramento heading east over the Sierra Nevada Mountains.'에서 Central Pacific 철도 회사는 새크라멘토부터 시에라네바다 산맥을 넘어 동쪽으로 향하는 철도를 건설했다고 하였으므로, 주어진 문장은 지문의 내용과 일치하지 않음을 알 수 있습니다. 따라서 정답은 **False**입니다.

3 철도 건설업자들은 아메리카 원주민 부족들과 충돌했다.

> 해설 문제의 핵심어구(came into conflict with Native American tribes)와 관련된 지문 내용 중 'Construction was faster across the plains, but they clashed with Native American tribes along the way.'에서 공사는 평원에서는 더 빨랐지만, 그들은 그 과정에서 아메리카 원주민 부족들과 충돌했다고 하였으므로, 주어진 문장은 지문의 내용과 일치함을 알 수 있습니다. 따라서 정답은 **True**입니다.
>
> 바꾸어 표현하기
>
> clashed with ~과 충돌했다 ▶ came into conflict with ~과 충돌했다

03

심리학자들은 두 가지 일반적인 기억의 형태를 인정하는데, 암묵 기억과 외현 기억이다. 암묵 기억은 능동적인 생각이나 정신적 노력을 필요로 하지 않는다. 이러한 기억의 범주는 사람이 자동차를 운전할 때처럼 무의식적으로 작동한다. 이와 대조적으로, 외현 기억은 개인이 경험했던 것 또는 학습했던 것에 대한 더 능동적인 회상을 수반한다. 예를 들어, 지난 12월 31일에 있었던 장소를 기억하는 것은 모두 외현 회상을 보여준다.

암묵 기억과 외현 기억을 검사할 때, 핵심적인 차이는 ⁴암묵 기억 실험의 피실험자들은 무엇에 대해 검사받을지 듣지 못한다는 것이다. ⁵반면에, 외현 기억을 검사받는 사람들은, 단어 목록과 같이 일련의 주어진 사물이나 항목들을 검토하도록 지시받으며, 그것들에 대해 기억하는 내용을 검사받게 될 것이라고 듣게 된다.

4 암묵 기억 검사에서 피실험자들은 실험 자료에 대해 통지받는다.

> 해설 문제의 핵심어구(test materials in implicit tests)와 관련된 지문 내용 중 'subjects of implicit tests are not told what they will be tested on'에서 암묵 기억 실험의 피실험자들은 무엇에 대해 검사받을지 듣지 못한다고 하였으므

로, 주어진 문장은 지문의 내용과 일치하지 않음을 알 수 있습니다. 따라서 정답은 **False**입니다.

5 단어 목록은 외현 기억 검사에 사용되는 가장 흔한 항목이다.

해설 문제의 핵심어구(A list of words)와 관련된 지문 내용 중 'Those in explicit memory tests ~ are instructed to study a given set of objects or items, such as a list of words'에서 외현 기억을 검사받는 사람들은 단어 목록과 같이 일련의 주어진 사물이나 항목들을 검토하도록 지시받는다고는 하였지만, 주어진 문장의 내용은 확인할 수 없습니다. 따라서 정답은 **Not given**입니다.

04

한때 미래의 기술로 여겨졌던 레이저는 이제 점점 더 보편화되고 있다. [6]처음에, 과학자들은 특정한 결정체나 기체를 통과시켜 빛을 비춤으로써, 빛을 집중시킬 수 있음을 발견했다. 동시에, 반사경이 그것을 앞뒤로 반사할 때 빛은 증폭되거나 더 강해졌다. 이런 방식으로, 빛은 하나의 큰 직선 광선 또는 레이저 광선으로 움직이게 되었다.

여러 레이저들이 다양한 작업을 수행하는 데 이용될 수 있다. 건설 산업에서, [7]레이저의 빛 에너지는 금속 부품을 연결하고 석조 건물의 먼지를 태우기 위한 열이 될 수 있다. 레이저는 또한 병원에서도 사용된다. 레이저 광선의 가열 작용은 정교한 수술을 하는 동안 작은 혈관들을 연결할 수 있다. 자외선이나 적외선의 방사선을 사용하기 때문에, 이 레이저들은 육안으로 볼 수 없다. 통신에서, 레이저 광선은 많은 음성 메시지와 텔레비전 신호를 동시에 전송할 수 있다.

6 과학자들은 우연히 레이저를 발견했다.

해설 문제의 핵심어구(Scientists discovered)와 관련된 지문 내용 중 'Initially, scientists found that by shining light through certain crystals or gases, they could keep the light focused.'에서 처음에 과학자들이 특정한 결정체나 기체를 통과시켜 빛을 비춤으로써 빛을 집중시킬 수 있음을 발견했다고는 하였지만, 주어진 문장의 내용은 확인할 수 없습니다. 따라서 정답은 **Not given**입니다.

7 레이저는 금속 조각들을 연결할 만큼 강력하지 않다.

해설 문제의 핵심어구(connect pieces of metal)와 관련된 지문 내용 중 'a laser's light energy can become heat to link metal parts'에서 레이저의 빛 에너지는 금속 부품을 연결하기 위한 열이 될 수 있다고 하였으므로, 주어진 문장은 지문의 내용과 일치하지 않음을 알 수 있습니다. 따라서 정답은 **False**입니다.

05

화성의 날씨는 지구의 날씨와 크게 다르다. 화성에서, 가을과 겨울

의 기온은 영하 143도까지 떨어질 수 있다. 이것은 무방비 상태의 인간 방문객들에게는 치명적인 환경을 조성할 것이다. 봄과 여름에, 18도까지 상승하는 기온 역시 위험을 야기한다. 이는 화성에 오존층이 없는데다, 사람의 피부가 햇빛에 대한 노출로 인해 화상을 입기 때문이다. 지구에서는, 오존층의 존재가 사람의 피부를 보호하는 것을 돕는다.

두 행성이 공통적으로 가지고 있는 것은, 비록 [8]화성의 특이한 달걀 모양 궤도가 각 계절을 지구에서보다 길게 만드는 경향이 있기는 하지만, 한 해가 사계절로 이루어진다는 것이다. 화성에서, 가장 긴 계절은 봄인데, 이는 약 7개월 동안 지속된다. 거의 원형인 지구의 궤도는 뚜렷이 다른 기상 조건을 가진 3개월씩의 계절이 반드시 있도록 한다.

폭풍의 정도는 두 행성 사이의 또 다른 차이점이다. 예를 들어, [9]화성은 수십억 년 전에 오랜 기간의 강우를 겪었다. 그것들은 너무나도 파괴적이어서 때때로 물이 시간당 160킬로미터 이상을 이동했던 갑작스런 홍수를 일으켰다. [10]이 홍수들의 물의 흐름은 북아메리카 대륙의 일반적인 홍수의 물의 흐름보다 1,000배 더 강했다.

8 지구의 계절은 화성의 계절보다 더 짧다.

해설 문제의 핵심어구(Earth's seasons are shorter)와 관련된 지문 내용 중 'the unusual egg-shaped orbit of Mars tends to make each season longer than those on Earth'에서 화성의 특이한 달걀 모양 궤도가 각 계절을 지구에서보다 길게 만드는 경향이 있다고 하였으므로, 주어진 문장은 지문의 내용과 일치함을 알 수 있습니다. 따라서 정답은 **True**입니다.

| 바꾸어 표현하기 |

tends to make each season longer than ~ on Earth 각 계절을 지구에서보다 길게 만드는 경향이 있다 ▶ Earth's seasons are shorter 지구의 계절이 더 짧다

9 현재 화성에서는 강우가 불가능하다.

해설 문제의 핵심어구(Rainfall)와 관련된 지문 내용 중 'Mars experienced long periods of rainfall several billion years ago'에서 화성이 수십억 년 전에 오랜 기간의 강우를 겪었다고는 하였지만, 주어진 문장의 내용은 확인할 수 없습니다. 따라서 정답은 **Not given**입니다.

10 화성의 홍수는 북아메리카의 일반적인 홍수와 같은 강도였다.

해설 문제의 핵심어구(Floods on Mars)와 관련된 지문 내용 중 'The water flow of these floods was 1,000 times stronger than that of a typical flood on the North American continent.'에서 이 홍수들의 물의 흐름은 북아메리카 대륙의 일반적인 홍수의 물의 흐름보다 1,000배 더 강했다고 하였으므로, 주어진 문장은 지문의 내용과 일치하지 않음을 알 수 있습니다. 따라서 정답은 **False**입니다.

06

영화에서 컴퓨터 영상 합성기술, 즉 CGI의 사용은 매우 보편화되어서 매우 사실적인 영화조차도 종종 어떤 형태의 CGI 속임수를 사용할 것이다. [11]CGI 기술은 1973년 'Westworld'에서 개척되었는데, 여기에서는 로봇의 시점을 전달하기 위해 CGI 장면을 사용했다. 1977년에 '스타워즈'가 그 뒤를 이었는데, 이것은 우주에서의 전투를 묘사하기 위해 CGI와 인형극을 결합했다. '스타워즈'의 감독인 조지 루카스는 새로운 CGI 기술을 개발하기 위해 그의 제작사인 Lucasfilm사에 특별 부서를 만들었다. [12]Lucasfilm사는 그 후 다른 많은 획기적인 영화들을 위해서도 CGI를 만들었다.

CGI는 이제 매우 발전하여 간파하기 어려운 한편, 이전에는 애니메이션이었을 많은 영화들이 전적으로 컴퓨터 디자인으로 제작된다. 이 추세는 1995년 Pixar사와 함께 시작되었는데, 그들은 최초의 완전한 CGI 애니메이션을 만들었다. 그러나, CGI는 이제 일반적으로 실사 촬영과 결합된다. 이는 보통 모션 캡처 기술의 사용을 통해 수행되는데, 이것은 배우의 신체 또는 얼굴의 움직임을 추적하고 그 다음 그 위에 CGI를 배치한다. [13]또한 녹색 칸막이를 사용하는 것이 일반적인데, 이는 영화감독이 완전히 컴퓨터로 생성된 배경에 배우들을 집어넣을 수 있게 해준다. 이 기술의 최종적인 목표는 완전히 실사 수준인 인간 캐릭터를 만드는 것이다. 기술 발전의 속도를 고려하면, 그것은 곧 현실이 될지도 모른다.

11 'Westworld'의 로봇은 CGI를 사용하여 만들어졌다.

> 해설 문제의 핵심어구(The robot in *Westworld*)와 관련된 지문 내용 중 'CGI techniques were pioneered in 1973's *Westworld*, which used a CGI shot to convey the point of view of a robot.'에서 CGI 기술은 1973년 'Westworld'에서 개척되었는데, 여기에서는 로봇의 시점을 전달하기 위해 CGI 장면을 사용했다고는 하였지만, 주어진 문장의 내용은 확인할 수 없습니다. 따라서 정답은 **Not given**입니다.

12 Lucasfilm사는 스타워즈 영화의 CGI만 작업했다.

> 해설 문제의 핵심어구(Lucasfilm ~ worked on the CGI)와 관련된 지문 내용 중 'Lucasfilm subsequently did CGI for many other groundbreaking films.'에서 Lucasfilm사는 그 후 다른 많은 획기적인 영화들을 위해서도 CGI를 만들었다고 하였으므로, 주어진 문장은 지문의 내용과 일치하지 않음을 알 수 있습니다. 따라서 정답은 **False**입니다.

13 녹색 칸막이는 배우들이 CGI 배경에 배치될 수 있게 한다.

> 해설 문제의 핵심어구(A green screen)와 관련된 지문 내용 중 'The use of green screens ~ allows film directors to incorporate actors into a completely computer-generated background.'에서 녹색 칸막이를 사용하는 것이 영화감독이 완전히 컴퓨터로 생성된 배경에 배우들을 집어넣을 수 있게 해준다고 하였으므로, 주어진 문장은 지문의 내용과 일치함을 알 수 있습니다. 따라서 정답은

True입니다.

> **바꾸어 표현하기**
> incorporate actors 배우들을 집어넣다 ▶ actors to be placed 배우들이 배치되다

07

목화 농업은 엘리 휘트니의 조면기 도입 이후 미국 남부의 주들에서 주요 산업이 되었는데, 이는 목화 섬유에서 씨를 제거하는 기구이며, 이전에는 손으로 처리되었던 과정이었다. 면화를 생산하는 것은 실한 파운드를 만드는 데 하루가 걸렸던 긴 과정이었다. 1793년 휘트니의 조면기 발명은 면화를 생산하는 데 걸리는 시간을 하루만에 50 파운드의 실을 만드는 것이 가능한 정도로까지 극적으로 단축시켰다. [14]휘트니는 발명품을 완성한 후, 목화 산업의 몇몇 동료들에게 사용법을 보여주었다. 그 기계가 얼마나 효율적인지 알았을 때, 그들은 자신들의 밭에 목화를 심었다. [14]머지않아, 기계에 대해 엄청난 수요가 있게 되었고, 목화 산업이 유행하게 되었다.

[15]다른 많은 요인들도 목화 산업의 폭발적인 성장에 기여했다. [16]농장 주인이 유급 노동 없이도 생산을 계속할 수 있게 해주었기 때문에, 노예의 이용은 중요했다. 19세기 초에 이르러, 영국은 마치 면화 생산에서 전 세계의 선두 자리를 추월당한 것처럼 보였다. 그러나, 영국 목화 산업이 원자재에 있어 미국에 주로 의존했기 때문에 미국 목화 산업의 성장은 영국에 긍정적인 영향을 미쳤다. [17]따라서 미국 남부의 조면기와 목화 농장들은 영국 경제의 많은 부분에 동력을 공급했다. 그것들이 존재하지 않았다면, 영국 노동력의 상당 부분이 다른 일자리를 찾아야 했을 것이었다. 실제로, 'London Economist'지는 미국 목화 산업에 재앙이 일어났다면 영국의 수백만 명의 근로자들이 영향을 받았을 것이라고 언급했다.

14 휘트니의 발명은 궁극적으로 재배되는 목화의 양을 증가시켰다.

> 해설 문제의 핵심어구(Whitney's invention ~ increased the amount of cotton)와 관련된 지문 내용 중 'After Whitney perfected his invention, he demonstrated it to a few colleagues in the cotton industry.'와 'Soon, there was a great demand for the machine, and the cotton industry took off.'에서 휘트니는 발명품을 완성한 후, 목화 산업의 몇몇 동료들에게 사용법을 보여주었으며, 머지않아 기계에 대해 엄청난 수요가 있게 되었고 목화 산업이 유행하게 되었다고 하였으므로, 주어진 문장은 지문의 내용과 일치함을 알 수 있습니다. 따라서 정답은 **True**입니다.

> **바꾸어 표현하기**
> the cotton industry took off 목화 산업이 유행하게 되었다 ▶ increased the amount of cotton cultivated 재배되는 목화의 양을 증가시켰다

15 목화는 조면기의 채택 이후 미국의 가장 큰 산업이 되었다.

> 해설 문제의 핵심어구(Cotton became America's biggest industry)와 관련된 지문 내용 중 'A number of other factors contributed to the explosive growth of the cotton industry.'에서 다른 많은 요인들도 목화 산업의 폭발적인 성장에 기여했다고는 하였지만, 주어진 문장의 내용은 확인할 수 없습니다. 따라서 정답은 **Not given**입니다.

16 미국 목화 농장에서는 유급 노동만이 이용되었다.

> 해설 문제의 핵심어구(paid labour)와 관련된 지문 내용 중 'The use of slaves was significant, since it allowed farm owners to continue production without paid labour.'에서 농장 주인이 유급 노동 없이도 생산을 계속할 수 있게 해주었기 때문에, 노예의 이용은 중요했다고 하였으므로, 주어진 문장은 지문의 내용과 일치하지 않음을 알 수 있습니다. 따라서 정답은 **False**입니다.

17 조면기는 영국 경제의 쇠퇴로 이어졌다.

> 해설 문제의 핵심어구(the British economy)와 관련된 지문 내용 중 'The cotton gin ~ powered much of the British economy.'에서 조면기가 영국 경제의 많은 부분에 동력을 공급했다고 하였으므로, 주어진 문장은 지문의 내용과 일치하지 않음을 알 수 있습니다. 따라서 정답은 **False**입니다.

DAILY TEST
p.78

1 False	**2** False	**3** Not given	**4** True
5 True	**6** False	**7** Not given	**8** True
9 Not given	**10** C		

READING PASSAGE 1

올빼미를 이해하는 것

올빼미는 대부분의 사람들이 알고 있는 것보다 훨씬 복잡하고 다양하다

올빼미는 가장 쉽게 알아볼 수 있는 조류 중 하나일 뿐만 아니라, 전 세계에 가장 널리 분포되어 있는 조류 중 하나이다. [1]실제로 216종의 올빼미가 있는데, 그 중 대부분은 낮에 수면을 취하고 밤에 사냥을 하는 야행성 동물이다. 그들은 주로 작은 설치류를 먹이로 하지만, 일부 올빼미는 다른 새, 토끼, 그리고 심지어 여우까지 사냥한다. 그들이 훨씬 더 작음에도 불구하고, 강도에 있어 독수리의 것과 유사한 발톱을 가지고 있어 이 일에 매우 적합하다.

올빼미에는 두 개의 주된 과가 있는데, 올빼미과와 외양간올빼미이다. 올빼미과가 가장 일반적인데, 이들은 존재하는 216종의 올빼미

종 중 189종을 차지한다. [2]외양간올빼미는 일반적으로 올빼미과보다 길이가 길며, 특징상 북슬북슬하고 둥그스름한 그들의 상대보다 더 날씬하다. 가장 큰 올빼미 종은 큰회색올빼미인데, 주로 북반구에 살며, 길이가 84cm까지 이를 수 있는 올빼미과의 한 종류이다.

[3]대부분의 올빼미 종에서 암컷 올빼미는 수컷보다 크다. 이는 수컷이 나가서 먹이를 찾는 동안 암컷은 부화시키기 위해 알과 함께 있어야 하기 때문인 것으로 여겨지는데, 이는 더 큰 신체 부피를 필요로 한다. 올빼미는 일반적으로 짝짓기 기간 동안 하나의 짝에게 충실하며, [4]일부 올빼미 종들은 평생 짝을 유지하는 것으로 관찰되었다.

대부분의 올빼미가 나무에 살며 둥지를 틀긴 하지만, 이것은 결코 보편적인 것은 아니다. [5]예를 들어, 흰올빼미는 척박하고 나무가 거의 없는 북극 툰드라에 살기 때문에 종종 선택의 여지가 없으며, 땅 속의 구덩이에 둥지를 짓는다. 다른 한편으로, 굴올빼미는 프레리도그의 버려진 굴을 이용한다. 외양간올빼미는, 이름이 암시하듯이, 종종 헛간이나 다른 인공 구조물에 둥지를 틀 것이다.

[1-5]

1 모든 올빼미는 낮에 사냥을 한다.

> 해설 문제의 핵심어구(All owls hunt)와 관련된 지문 내용 중 'There are actually 216 species of owl, the majority of which are nocturnal creatures who sleep in the day and hunt at night.'에서 실제로 216종의 올빼미가 있는데, 그 중 대부분은 낮에 수면을 취하고 밤에 사냥을 하는 야행성 동물이라고 하였으므로, 주어진 문장은 지문의 내용과 일치하지 않음을 알 수 있습니다. 따라서 정답은 **False**입니다.

2 외양간올빼미는 올빼미과보다 더 뚱뚱하다.

> 해설 문제의 핵심어구(Barn owls are fatter)와 관련된 지문 내용 중 'Barn owls are generally longer than true owls, and skinnier'에서 외양간올빼미는 일반적으로 올빼미과보다 길이가 길며 더 날씬하다고 하였으므로, 주어진 문장은 지문의 내용과 일치하지 않음을 알 수 있습니다. 따라서 정답은 **False**입니다.

3 수컷 올빼미는 암컷 올빼미만큼 오래 살지 않는다.

> 해설 문제의 핵심어구(Male owls)와 관련된 지문 내용 중 'Female owls are larger than males in most owl species.'에서 대부분의 올빼미 종에서 암컷 올빼미는 수컷보다 크다고는 하였지만, 주어진 문장의 내용은 확인할 수 없습니다. 따라서 정답은 **Not given**입니다.

4 일부 올빼미들은 평생 동안 하나의 짝과 함께 한다.

> 해설 문제의 핵심어구(one mate for their whole life)와 관련된 지문 내용 중 'some owl species have been observed partnering up for life'에서 일부 올빼미 종들은 평생 짝을

유지하는 것으로 관찰되었다고 하였으므로, 주어진 문장은 지문의 내용과 일치함을 알 수 있습니다. 따라서 정답은 **True**입니다.

partnering up for life 평생 짝을 유지하다 ▶ stay with one mate for their whole life 평생 동안 하나의 짝과 함께 한다

5 흰올빼미는 땅 속의 구덩이에 둥지를 튼다.

해설 문제의 핵심어구(The snowy owl)와 관련된 지문 내용 중 'The snowy owl ~ often has no choice; ~ it nests in holes in the ground.'에서 흰올빼미는 종종 선택의 여지가 없으며 땅 속의 구덩이에 둥지를 짓는다고 하였으므로, 주어진 문장은 지문의 내용과 일치함을 알 수 있습니다. 따라서 정답은 **True**입니다.

in the ground 땅 속의 ▶ in the earth 땅 속의

READING PASSAGE 2
종이의 발명

이제는 평범한 것처럼 보이지만, 종이는 인류 역사상 가장 중요한 발명품들 중 하나이다. 그것은 최초로 중국에서 만들어졌으며, 대부분의 기록들은 그것을 황실의 환관 Cai Lun의 덕으로 돌리는데, 그는 서기 105년에 종이의 형태를 만들었다고 여겨진다. [6]처음에, 이것은 선물을 위한 포장지로 사용되었지만, 곧 글을 쓰기에 효과적인 재료라는 것이 밝혀졌다. 중국에서, 이것은 국가 전역에 걸쳐 읽고 쓰는 능력의 확산과 수준 높은 문학 문화의 발전에 중요한 역할을 했다.

이것은 이슬람 세계가 문화적 황금기를 겪고 있던 기간 동안인 9세기에 중동으로 퍼졌다. [7]종이는 이 문화적 호황기 동안 생산된 예술, 과학, 그리고 문학적 저작물들이 이 지역 곳곳에 퍼지도록 했고, 그렇게 함으로써 이슬람 문화의 확산을 촉진했다. [10]유럽은 식자율이 그곳에서 너무 낮았기 때문에 종이를 채택하는 것이 지체되었다. 제지는 마침내 12세기경부터 유럽에서 나타나기 시작했는데, 이는 읽고 쓰는 능력과 종교 문화 확산에 대한 비슷한 효과를 낳았다.

[8]19세기 이전에, 제지는 중고 직물의 섬유에 의존했다. 이것은 버려진 옷과 다른 넝마 조각들을 찾기 위해 쓰레기를 샅샅이 뒤지는 사람들이 생기게 했다. 1840년대에 [9]독일의 Friedrich Gottlob Keller와 캐나다의 Charles Fenerty 두 남자가 동시에 목재 펄프를 사용하는 종이 생산 방법을 발명했다. 19세기 말에 이르러서는, 나무가 제지에 사용된 주재료였다. 이것은 종이의 가격을 크게 낮췄고, 동시에 대량 생산 만년필과 연필의 발명과 더불어, 편지, 잡지, 그리고 대량 판매 시장용 서적에 종이가 사용되도록 했다.

[6-9]

6 초기에, 종이는 중국어 필사본을 작성하는 데 널리 사용되었다.

해설 문제의 핵심어구(Initially, paper was ~ used)와 관련된

지문 내용 중 'At first, it was used as wrapping for presents'에서 처음에 종이는 선물을 위한 포장지로 사용되었다고 하였으므로, 주어진 문장은 지문의 내용과 일치하지 않음을 알 수 있습니다. 따라서 정답은 **False**입니다.

7 이슬람교는 종이의 발명 이전에는 널리 보급되지 않았다.

해설 문제의 핵심어구(Islam was not widespread)와 관련된 지문 내용 중 'Paper allowed the artistic, scientific, and literary writings produced during this cultural boom to spread throughout the region, thereby facilitating the spread of Islamic culture.'에서 종이는 이 문화적 호황기 동안 생산된 예술, 과학, 그리고 문학적 저작물들이 이 지역 곳곳에 퍼지도록 했고, 그렇게 함으로써 이슬람 문화의 확산을 촉진했다고는 하였지만, 주어진 문장의 내용은 확인할 수 없습니다. 따라서 정답은 **Not given**입니다.

8 종이는 한때 사람들이 버린 옷으로 만들어졌다.

해설 문제의 핵심어구(Paper was once made out of clothes)와 관련된 지문 내용 중 'Prior to the 19th century, paper manufacturing relied on fibre from used textiles. This gave rise to people who would search through rubbish for discarded clothes and other rags.'에서 19세기 이전에 제지는 중고 직물의 섬유에 의존했으며 이것은 버려진 옷과 다른 넝마 조각들을 찾기 위해 쓰레기를 샅샅이 뒤지는 사람들이 생기게 했다고 하였으므로, 주어진 문장은 지문의 내용과 일치함을 알 수 있습니다. 따라서 정답은 **True**입니다.

discarded clothes and other rags 버려진 옷과 다른 넝마 조각들 ▶ clothes people had thrown away 사람들이 버린 옷

9 목재 기반 제지의 두 발명가는 함께 작업했다.

해설 문제의 핵심어구(two inventors of wood-based paper production)와 관련된 지문 내용 중 'two men ~ simultaneously invented a means of paper production using wood pulp'에서 두 남자가 동시에 목재 펄프를 사용하는 종이 생산 방법을 발명했다고는 하였지만, 주어진 문장의 내용은 확인할 수 없습니다. 따라서 정답은 **Not given**입니다.

[10]

10 왜 유럽은 종이 사용을 시작하는 데 오랜 시간이 걸렸는가?
    A 그것이 이슬람교의 발명품으로 간주되었다.
    B 다른 재료들이 이미 이용 가능했다.
    C 많은 사람들이 글을 읽을 줄 몰랐다.
    D 유럽인들은 그것의 존재를 알지 못했다.

해설 문제의 핵심어구(Europe take a long time to start using paper)와 관련된 지문 내용 중 'Europe was slow to adopt paper because literacy rates were so low there.'에서 유럽은 식자율이 그곳에서 너무 낮았기 때문에 종이를 채택하는 것이 지체되었다고 하였으므로, 보기 **C** Many people could not read가 정답입니다.

바꾸어 표현하기

literacy rates were so low 식자율이 너무 낮았다 ▶ Many people could not read 많은 사람들이 글을 읽을 줄 몰랐다

일치/불일치/알수없음
Yes/No/Not Given

DAILY CHECK-UP

p.86

1 No	**2** No	**3** Yes	**4** No
5 Not given	**6** No	**7** Not given	**8** No
9 No	**10** Yes	**11** Yes	**12** Not given
13 No	**14** Not given	**15** No	
16 Yes	**17** Not given	**18** Yes	

01

거짓말 탐지기는 사람의 신체적인 그리고 정신적인 반응을 추적 관찰하는 도구이지만, 그것들의 유용성은 논란의 여지가 있다. 사람들은 그것들을 '거짓말 감지기'라고 부르지만, 이 도구들은 거짓말을 감지하지 않는다. 그것들은 그저 비정상적인 행동의 징후가 나타나는지 아닌지만 감지할 수 있다. 어떤 경우에는, 그 또는 그녀가 검사 중에 긴장했거나, 당혹스러웠거나, 혹은 두려웠기 때문에 진실한 사람이 거짓말쟁이로 여겨질 수 있다. 그럼에도 불구하고, 미국의 많은 법 집행 기관들은 압박을 받는 피험자의 심리적 반응을 측정하는 데 가치가 있다고 주장하며 그것들을 여전히 사용한다. 그러나, 거짓말하는 것과 관련된 구체적인 반응은 없으며, 따라서, 거짓말 탐지기는 대개 예상을 강화하는 수단으로 기능한다. [1]만약 이것이 경찰 업무에서 발생한다면, 부당한 체포로 이어질 수 있는데, 이는 거짓말 탐지기가 수사의 수단으로서 포기되어야 하는 이유이다.

1 경찰들이 범죄 사건에 거짓말 탐지기를 사용하는 것은 필수적이다.

해설 문제의 핵심어구(essential for police forces to use the polygraph)와 관련된 지문 내용 중 'If this occurs in police work, it can lead to wrongful arrests, which is why the polygraph should be abandoned as a method of investigation.'에서 만약 이것이 경찰 업무에서

발생한다면 부당한 체포로 이어질 수 있는데, 이는 거짓말 탐지기가 수사의 수단으로서 포기되어야 하는 이유라고 하였으므로, 주어진 문장은 글쓴이의 견해와 일치하지 않음을 알 수 있습니다. 따라서 정답은 **No**입니다.

02

두 사람이 대화에 참여할 때, 그들은 서로 일정한 거리를 유지하는 경향이 있다. [2]이 개인적 거리는 체취 또는 무례함 때문이 아니라, 오히려 보이지 않는 경계 때문이다. 모든 사람이 그러한 경계를 가지고 있는데, 이는 개인이 그 또는 그녀와 대화하고 있는 사람과 얼마나 친숙한지를 보여준다. 흥미롭게도, 평균적인 개인적 거리는 문화마다 다르다. 이것은 [3]관광객들이 자신들이 현지인들에게 불편할 만큼 가깝다고 느낄 수 있거나, 혹은 그 반대의 경우도 마찬가지인 것처럼, 문화적 오해를 불러올 수 있다. 그것이 문화적 규범은 보편적이지 않음을 기억하는 것이 중요한 이유이다. 사람들은 세계의 다른 사람들이 자신들이 바라는 행동을 따를 것으로 기대하지 않는 동시에, 다른 사람들이 개인적 거리에 대한 서로 다른 정의를 가지고 있다는 사실을 존중해야 한다.

2 사람들의 체취는 다른 사람들이 그들로부터 떨어져 있게 한다.

해설 문제의 핵심어구(body odour)와 관련된 지문 내용 중 'This personal distance is not due to body odour or disrespect, but rather to an invisible boundary.'에서 이 개인적 거리는 체취 또는 무례함 때문이 아니라 오히려 보이지 않는 경계 때문이라고 하였으므로, 주어진 문장은 글쓴이의 견해와 일치하지 않음을 알 수 있습니다. 따라서 정답은 **No**입니다.

3 관광객들은 현지 사람들이 그들과 너무 가깝다고 느낄 수 있다.

해설 문제의 핵심어구(Tourists ~ find that local people)와 관련된 지문 내용 중 'tourists may find themselves uncomfortably close to locals'에서 관광객들이 자신들이 현지인들에게 불편할 만큼 가깝다고 느낄 수 있다고 하였으므로, 주어진 문장은 글쓴이의 견해와 일치함을 알 수 있습니다. 따라서 정답은 **Yes**입니다.

바꾸어 표현하기

uncomfortably close to locals 현지인들에게 불편할 만큼 가깝다 ▶ local people are too close 현지 사람들이 너무 가깝다

03

영국의 철도 체계는 세계에서 가장 오래된 것인데, 이는 산업주의라는 훌륭한 역사를 가진 나라에서는 놀라운 일은 아니다. 최초의 영국 여객 열차는 1807년에 개장했지만, 실제로는 증기로 움직였다기보다는 말에 의해 끌어당겨졌다. 1825년이 되어서야 [4]세계 최초의 기관차가 끄는 열차가 개장했고, 이것은 스톡턴과 달링턴 도시들 사이에 석탄과 같은 화물을 수송하는 데 이용되었다. 이는 세계 최초의 도

시간 여객 철도인 리버풀과 맨체스터 철도에 의해 1830년에 빠르게 따라 잡혔다. 이 사업은 정기운송과 같이 지금은 당연하게 여겨지는 기차 여행의 많은 요소들을 도입했다. 1840년대에, 영국은 10년이 지나갈 무렵 거의 나라 전체가 연결되었을 정도로 철도 확장에 있어 엄청난 호황을 경험했다. ⁵이러한 철도 체계는 불행하게도 20세기에 쇠퇴하여, 영국에 모든 선진국들 중에서 가장 최악인 철도망 중 하나를 남겼다.

4 스톡턴과 달링턴 노선은 도시와 도시로 사람들을 운송하는 최초의 노선이었다.

해설 문제의 핵심어구(The Stockton and Darlington line)와 관련된 지문 내용 중 'the first locomotive-hauled train ~ was utilised to transport cargo ~ between the cities of Stockton and Darlington'에서 세계 최초의 기관차가 끄는 열차는 스톡턴과 달링턴 도시들 사이에 화물을 수송하는 데 이용되었다고 하였으므로, 주어진 문장은 글쓴이의 견해와 일치하지 않음을 알 수 있습니다. 따라서 정답은 **No**입니다.

5 영국 철도망은 투자 부족으로 인해 쇠퇴했다.

해설 문제의 핵심어구(The British train network fell into decline)와 관련된 지문 내용 중 'This railway system unfortunately deteriorated in the 20th century'에서 영국의 철도 체계가 불행하게도 20세기에 쇠퇴했다고는 하였지만, 주어진 문장의 내용은 확인할 수 없습니다. 따라서 정답은 **Not given**입니다.

04

인공 어초는 어류 개체 수를 증가시키고, 서식지를 보호하며, 어획 기회를 향상시키기 위해 종종 수생 환경에 증축된다. 인공 어초에 대한 주장은 어린 물고기들을 이 구역으로 끌어들임으로써 그것들이 물고기의 수를 증가시킨다는 것이다. 그러나, ⁶해양 환경에 대한 광범위한 연구는 인공 어초가 단지 어류를 끌어들이는 것인지 혹은 실제로 증가된 번식을 야기하는지 아직 밝혀내지 못했다. 그 지역에서 ⁷작은입우럭이라고 불리는 어류의 어획을 향상시키기 위해 한 인공 어초가 미시건 호수에 설치되었다. 연구원들은 개체 수의 규모를 증가시키는 것에 있어 인공 어초의 유효성을 조사하고 있다. 어류를 끌어모으는 것과 어류의 번식을 증대시키는 것의 차이는 매우 중요하다. 만약 인공 어초가 물고기를 끌어들이지만 번식을 촉진하지 않는다면, 작은입우럭의 개체 수는 감소할 것이다. 반대로, 물고기가 어초에서 번식한다면, 그것은 더욱 안정적인 개체 수를 형성하는 데 도움이 될 것이다.

6 연구는 물고기가 인공 어초에서 더 많이 번식한다는 것을 보여주었다.

해설 문제의 핵심어구(reproduce more on artificial reefs)와 관련된 지문 내용 중 'extensive research into marine environments has yet to determine if artificial reefs merely attract fish or actually result in increased reproduction'에서 해양 환경에 대한 광범위한 연구는 인공 어초가 단지 어류를 끌어들이는 것인지 혹은 실제로 증가된 번식을 야기하는지 아직 밝혀내지 못했다고 하였으므로, 주어진 문장은 글쓴이의 견해와 일치하지 않음을 알 수 있습니다. 따라서 정답은 **No**입니다.

7 미시건 호수에서 작은입우럭의 수가 감소하고 있다.

해설 문제의 핵심어구(The number of smallmouth bass in Lake Michigan)와 관련된 지문 내용 중 'An artificial reef was built in Lake Michigan to improve the fishing of a type of fish called smallmouth bass'에서 작은입우럭이라고 불리는 어류의 어획을 향상시키기 위해 한 인공 어초가 미시건 호수에 설치되었다고는 하였지만, 주어진 문장의 내용은 확인할 수 없습니다. 따라서 정답은 **Not given**입니다.

05

전통적으로, 학습, 기억, 그리고 망각의 정신적 과정은 별개인 것으로 여겨졌다. 그러나, 오늘날, 기억력 발달과 유지력을 연구하는 과학자들은 이러한 과정들 간의 차이가 이전에 생각되었던 것보다 덜 분명하다는 것을 발견했다. ⁸연구는 이제 기억이 항상 다음의 순서로 일어나는 3단계의 학습 과정으로 인식되어야 한다고 제안한다. 바로 습득, 단기, 장기의 순서이다. 교실에서 이 개념의 적용은 자료를 기억하고 이해하는 학생들의 능력에 중대한 영향을 끼칠 수 있다.

최근에 처리된 감각적 정보, 즉 감각 기관에 의해 제공된 정보는 우선 일시적으로 단기 기억에 저장된다. 갑자기 지워지거나 장기 기억으로 옮겨지기 전에 오직 제한된 양의 정보만이 15~30초 동안 여기에 머물 수 있다. 이와 대조적으로, ⁹장기 기억은 무한한 양의 정보를 저장하기 위한 수용력을 가지고 있으며 잊혀지지 않은 채 수년 동안 이용될 수 있다. 그러므로, ¹⁰교실 환경에서는, 광범위하지만 피상적인 방식으로 자료를 활용하기보다, 학생들의 장기 기억을 자극하는 것을 더 강조해야 한다. 교사들이 기억이 정보를 저장하는 다양한 방법을 이해하도록 하는 것은 그들이 더 나은 교육자가 되게 해줄 것이다.

8 기억은 장기 기억에서 단기 기억으로 이동할 수 있다.

해설 문제의 핵심어구(from long-term to short-term memory)와 관련된 지문 내용 중 'Research now suggests that memory should be perceived as a learning process with three steps that always occur in the following order: acquisition, short-term, and long-term.'에서 연구는 이제 기억이 항상 다음의 순서로 일어나는 3단계의 학습 과정으로 인식되어야 한다고 제안하는데, 바로 습득, 단기, 장기의 순서라고 하였으므로, 주어진 문장은 글쓴이의 견해와 일치하지 않음을 알 수 있습니다. 따라서 정답은 **No**입니다.

9 장기 기억에는 제한된 양의 공간이 있다.

> 해설 문제의 핵심어구(space in the long-term memory)와 관련된 지문 내용 중 'long-term memory has the capacity for storing an infinite amount of information'에서 장기 기억은 무한한 양의 정보를 저장하기 위한 수용력을 가지고 있다고 하였으므로, 주어진 문장은 글쓴이의 견해와 일치하지 않음을 알 수 있습니다. 따라서 정답은 **No**입니다.

10 교사들은 덜 광범위한 방식으로 자료를 사용해야 한다.

> 해설 문제의 핵심어구(Teachers ~ use material)와 관련된 지문 내용 중 'in a classroom environment, there should be more emphasis on stimulating students' long-term memory, rather than utilising material in a wide-ranging but superficial way'에서 교실 환경에서는 광범위하지만 피상적인 방식으로 자료를 활용하기보다, 학생들의 장기 기억을 자극하는 것을 더 강조해야 한다고 하였으므로, 주어진 문장은 글쓴이의 견해와 일치함을 알 수 있습니다. 따라서 정답은 **Yes**입니다.
>
> **바꾸어 표현하기**
>
> rather than utilising material in a wide-ranging ~ way 광범위한 방식으로 자료를 활용하기보다 ▶ use material in a less broad manner 덜 광범위한 방식으로 자료를 사용하다

06

상업 세계가 더욱 세계화되어 감에 따라, 그것은 또한 더욱 다양해질 가능성이 있다. 실제로, 노동자와 고객층 사이의 증가하는 다양성은 대부분의 나라에서 이제 불가피한 것으로 여겨진다. 그리고 [11]직장에서의 더 큰 다양성에 대한 추세가 있는 반면에, 그것의 이익들이 항상 보장되지는 않는다. 그러므로, 기업들은 다양성을 기르는 법을 배워야 하며 사업상 이익을 얻기 위해 그것이 반드시 전략적으로 이용되도록 해야 한다. 대체로, 직장 내 다양성은 다양한 직원들이 가져오는 모든 속성을 포함한다. 이것은 출신 국가, 인종, 종교, 연령, 그리고 다른 여러 변수들을 포함한다. [12]다양성을 촉진하는 효과적인 사업 전략은 포괄적일 것이며 이러한 다양한 특성을 가진 개인이나 집단에 대한 차별이나 반감을 방지할 것이다. 이것은 다양성을 공표하는 것과 특정 문화권의 사람들을 소외시킬 수 있는 문화적으로 배타적인 어떠한 활동에도 참여하지 않는 것 둘 다를 통해 성취되어야 한다.

제대로 관리되면, 직장 내 다양성은 다양한 이점들을 가져올 수 있다. 다양한 배경을 가진 사람들이 함께 모일 때, 그것은 관점의 범위를 넓힌다. 기업이 문제에 대한 해결책을 찾거나 독창적인 사업 계획을 수립해야 할 때 더 넓은 범위의 의견들은 유리할 수 있다. 더욱이, 다양성은 더 나은 지역공동체 관계를 만들고 고객층을 확장하는 것을 도울 수 있다. [13]대부분의 기업들은 이윤을 내기 위해 사업을 하기 때문에, 보통 단일 범주의 고객에게만 집중하지는 않는다. 대신, 그들은 다양한 사회 경제적 배경의 고객들을 대상으로 삼는다. [14]문화적으로 다양한 직원을 보유하는 것은 고용주들이 고객을 더 잘 이해하며, 그들과 가장 잘 소통하고 그들을 가장 잘 유인하는 방법을 알 수 있도록 해준

다. 이렇게 세계화된 경제 속에서, 정상에 서는 회사들은 문화적 다양성을 소중히 하고 이득을 위해 그것을 사용하는 사람들이 될 것이다.

11 직장 내 다양성의 모든 이익들이 보장되는 것은 아니다.

> 해설 문제의 핵심어구(benefits ~ guaranteed)와 관련된 지문 내용 중 'while there is a trend towards more workplace diversity, its advantages are not always assured'에서 직장에서의 더 큰 다양성에 대한 추세가 있는 반면에, 그것의 이익들이 항상 보장되지는 않는다고 하였으므로, 주어진 문장은 글쓴이의 견해와 일치함을 알 수 있습니다. 따라서 정답은 **Yes**입니다.
>
> **바꾸어 표현하기**
>
> advantages are not always assured 이익들이 항상 보장되지는 않는다 ▶ Not all of the benefits ~ are guaranteed 모든 이익들이 보장되는 것은 아니다

12 직장에서의 차별은 상업 세계에서 일반적이다.

> 해설 문제의 핵심어구(Discrimination in the workplace)와 관련된 지문 내용 중 'An effective business strategy ~ will be inclusive and avoid discrimination'에서 효과적인 사업 전략은 포괄적일 것이며 차별을 방지할 것이라고는 하였지만, 주어진 문장의 내용은 확인할 수 없습니다. 따라서 정답은 **Not given**입니다.

13 사업체들은 단일 유형의 고객에 집중하는 경향이 있다.

> 해설 문제의 핵심어구(customers of a single type)와 관련된 지문 내용 중 'Because most companies are in business to make profit, they usually do not concentrate on a single category of customers.'에서 대부분의 기업들은 이윤을 내기 위해 사업을 하기 때문에, 보통 단일 범주의 고객에게만 집중하지는 않는다고 하였으므로, 주어진 문장은 글쓴이의 견해와 일치하지 않음을 알 수 있습니다. 따라서 정답은 **No**입니다.

14 다양한 직원들은 위기들을 직면하는 것에 더 잘 준비되어 있다.

> 해설 문제의 핵심어구(Diverse employees)와 관련된 지문 내용 중 'Having a culturally diverse staff enables employers to better understand their customers, and to know how best to communicate with them and attract them.'에서 문화적으로 다양한 직원을 보유하는 것은 고용주들이 고객을 더 잘 이해하며, 그들과 가장 잘 소통하고 그들을 가장 잘 유인하는 방법을 알 수 있도록 해준다고는 하였지만, 주어진 문장의 내용은 확인할 수 없습니다. 따라서 정답은 **Not given**입니다.

07

비록 많은 사람들이 2개 국어 또는 3개 국어를 사용하기는 하지만, 여러 언어를 고도의 유창성으로 구사하는 사람들은 polyglot으로 알려져 있다. 최근에, [15]일부 사람들의 광범위한 언어 능력이 생물학적 요인들에 기인할 수 있는지 아니면 행동적 요인들에 기인할 수 있는지에 대해 과학계 내에서 상당한 논쟁이 있어왔다.

한 가지 이론은 polyglot들이 하나 또는 두 개 이상의 언어를 배울수 없는 사람들과 생물학적으로 다르다는 것이다. 유니버시티 칼리지 런던의 Narly Golestani 박사에 의해 진행된 실험은 [16]이러한 polyglot들이 특히 음성 정보 처리와 관련이 있는 부분인 두정엽에서, 뚜렷이 다른 모양과 구조의 대뇌 피질을 가지고 있다는 것을 보여주었다. 게다가, Golestani가 주장하기를, 두뇌의 이러한 요소들을 연결하는 백질은 훨씬 더 큰 부피를 가지고 있다. 이것은 특정 사람들이 언어 습득에 대한 유전적 기질을 가지고 있다는 것을 암시한다.

[17]유전학이 언어들을 학습하는 개인의 능력에 영향을 미친다는 사실은 널리 받아들여진다. 그러나, 이러한 실험들은 새로운 언어에 있어서의 능력이 생물학을 기반으로 한다는 명백한 증거는 아니다. 사실, [18]polyglot의 독특한 뇌 구조는 언어를 학습하는 것을 통해 발생하는 규칙적인 자극의 결과일 가능성이 더 크다. 만약 한 사람이 언어를 공부하는 것과 연관되어 있는 것들과 같은 뇌의 특정한 부분들을 더 자주 사용하면, 그것은 그 기관의 구조 변화로 이어질 수 있다. 그러므로, polyglot에게서 발견되는 신체적 차이는 아마 원인이라기보다는, 잦은 언어 학습과 같은 행동적 요인들의 결과일 수 있다.

15 과학자들은 일반적으로 언어 능력이 생물학적 요인 때문이라는 것에 동의한다.

해설 문제의 핵심어구(language ability is due to biological factors)와 관련된 지문 내용 중 'there has been considerable debate within the scientific community over whether the extensive language ability of certain people can be attributed to biological or behavioural factors'에서 일부 사람들의 광범위한 언어 능력이 생물학적 요인들에 기인할 수 있는지 아니면 행동적 요인들에 기인할 수 있는지에 대해 과학계 내에서 상당한 논쟁이 있어왔다고 하였으므로, 주어진 문장은 글쓴이의 견해와 일치하지 않음을 알 수 있습니다. 따라서 정답은 **No**입니다.

16 두뇌의 어떤 부분은 여러 언어를 구사하는 사람들에게서는 모양이 다르다.

해설 문제의 핵심어구(An area of the brain is a different shape)와 관련된 지문 내용 중 'these polyglots have a cerebral cortex with a distinct shape and structure'에서 이러한 polyglot들이 뚜렷이 다른 모양과 구조의 대뇌 피질을 가지고 있다고 하였으므로, 주어진 문장은 글쓴이의 견해와 일치함을 알 수 있습니다. 따라서 정답은 **Yes**입니다.

바꾸어 표현하기
with a distinct shape and structure 뚜렷이 다른 모양과 구조의

▶ is a different shape 모양이 다르다

17 유전학은 모국어에 있어 개인의 능력에 영향을 미칠 수 있다.

해설 문제의 핵심어구(Genetics can influence)와 관련된 지문 내용 중 'It is widely accepted that genetics impacts an individual's ability to learn languages.'에서 유전학이 언어들을 학습하는 개인의 능력에 영향을 미친다는 사실은 널리 받아들여진다고 하였지만, 주어진 문장의 내용은 확인할 수 없습니다. 따라서 정답은 **Not given**입니다.

18 polyglot의 다른 뇌 구조는 그들이 타고나는 것이 아니다.

해설 문제의 핵심어구(A polyglot's different brain structure)와 관련된 지문 내용 중 'the distinctive brain structure of polyglots is more likely to be a result of the regular stimulus that occurs through learning languages'에서 polyglot의 독특한 뇌 구조는 언어를 학습하는 것을 통해 발생하는 규칙적인 자극의 결과일 가능성이 더 크다고 하였으므로, 주어진 문장은 글쓴이의 견해와 일치함을 알 수 있습니다. 따라서 정답은 **Yes**입니다.

바꾸어 표현하기
more likely to be a result of the regular stimulus 규칙적인 자극의 결과일 가능성이 더 크다 ▶ not something they are born with 타고나는 것이 아니다

DAILY TEST
p.92

1 Yes	**2** No	**3** Not given	**4** No
5 Yes	**6** No	**7** Not given	**8** Yes
9 Not given	**10** D		

READING PASSAGE 1
카카오의 이점을 연구하는 것

초콜릿과 다양한 카카오 제품을 만드는 데 사용되는 카카오 콩은 사실 카카오나무의 씨앗인데, 이것들은 중남미의 열대 지방 전역에서 자란다. 이 씨앗을 먹는 것은 사람들의 건강에 긍정적인 영향을 미친다고 오랫동안 믿어져 왔다. 카카오는 일반적으로 플라보노이드를 포함하여 항산화 물질들의 좋은 공급원으로 여겨지는데, 이는 세포 손상을 멈추거나 예방할 수 있다. 코넬 대학에 의해 실시된 한 연구는 [1]카카오로 만들어지는 따뜻한 초콜릿 음료인 뜨거운 코코아 한 잔이 비슷한 양의 적포도주 또는 차보다 훨씬 많은 항산화 물질들을 함유하고 있다는 사실을 발견했다. 실제로, [2]약간의 초콜릿을 먹거나 마시는 것은 카카오의 표준 복용량을 섭취하는 좋은 방법인데, 그것의 긍정적인 효과는 적당히 섭취될 경우 열량을 상쇄한다.

과학자들은 또한 심장 질환, 암, 그리고 당뇨병 비율에 대한 카카오 섭

취의 영향을 연구하여, 몇 가지 놀라운 결과를 얻었다. 하버드 의과대학의 방사선학과 교수인 Norman Hollenberg는 ³파나마의 쿠나족에 관한 연구를 수행했는데, 이들은 매일 5잔 이상의 카카오 음료를 마신다. Hollenberg는 ⁴5가지 가장 흔한 치명적인 질병 중 뇌졸중, 심장 마비, 암 그리고 당뇨병과 같은 네 가지가 다른 파나마 국민들보다 쿠나족에게서 훨씬 덜 흔하다는 사실을 발견했다. Hollenberg의 연구가 흥미롭기는 하지만, 그의 연구의 관찰적 본질은 그의 발견이 카카오가 모든 사람들에게 똑같이 유익할 것이라는 과학적 증거를 나타내는 것은 아님을 의미한다. ⁵외부 세계로부터의 쿠나족의 고립 또한 Hollenberg의 연구 결과에 의문의 여지가 있게 한다. 그럼에도 불구하고, 카카오 섭취가 감소한 발병률과 다소 관련이 있음은 분명하다. 그러므로, 비록 카카오가 정확히 신체에 어떻게 영향을 미치는지에 대해 추후 연구가 수행되어야 하지만, 더 많은 사람들이 정기적으로 그것을 섭취하는 것을 고려해야 한다.

[1-5]

1   포도주보다 코코아에 더 많은 양의 항산화 물질들이 들어 있다.

> 해설   문제의 핵심어구(a higher amount of antioxidants ~ than wine)와 관련된 지문 내용 중 'a cup of hot cocoa ~ has far more antioxidants than a similar serving of red wine'에서 뜨거운 코코아 한 잔이 비슷한 양의 적포도주보다 훨씬 많은 항산화 물질들을 함유하고 있다고 하였으므로, 주어진 문장은 글쓴이의 견해와 일치함을 알 수 있습니다. 따라서 정답은 **Yes**입니다.
>
> 바꾸어 표현하기
>
> has far more antioxidants 훨씬 많은 항산화 물질들을 함유하고 있다 ▶ There is a higher amount of antioxidants 더 많은 양의 항산화 물질들이 들어 있다

2   정기적으로 많은 양의 초콜릿을 먹는 것은 유익하다.

> 해설   문제의 핵심어구(Regularly eating ~ chocolate)와 관련된 지문 내용 중 'eating or drinking some chocolate is a good way to get a regular dose of cacao, the positive effects of which offset the calories if consumed in moderation'에서 약간의 초콜릿을 먹거나 마시는 것은 카카오의 표준 복용량을 섭취하는 좋은 방법인데, 그것의 긍정적인 효과는 적당히 섭취될 경우 열량을 상쇄한다고 하였으므로, 주어진 문장은 글쓴이의 견해와 일치하지 않음을 알 수 있습니다. 따라서 정답은 **No**입니다.

3   쿠나족은 많은 필수 영양소를 위해 카카오에 의존한다.

> 해설   문제의 핵심어구(The Kuna people rely on cacao)와 관련된 지문 내용 중 'the Kuna people in Panama, who drink more than five cups of cacao every day'에서 파나마의 쿠나족이 매일 5잔 이상의 카카오를 마신다고 하였지만, 주어진 문장의 내용은 확인할 수 없습니다. 따라서 정답은 **Not given**입니다.

4   암은 쿠나족 사이에서 덜 흔한 유일한 질병이다.

> 해설   문제의 핵심어구(Cancer ~ is less common)와 관련된 지문 내용 중 'four of the five most common fatal diseases – strokes, heart failure, cancer, and diabetes – were much less common among the Kuna than among other Panamanian people'에서 5가지 가장 흔한 치명적인 질병 중 뇌졸중, 심장 마비, 암 그리고 당뇨병과 같은 네 가지가 다른 파나마 국민들보다 쿠나족에게서 훨씬 덜 흔하다고 하였으므로, 주어진 문장은 글쓴이의 견해와 일치하지 않음을 알 수 있습니다. 따라서 정답은 **No**입니다.

5   쿠나족의 고립은 카카오를 먹는 것이 모든 사람에게 유익하다는 주장에 대해 의문을 제기한다.

> 해설   문제의 핵심어구(The Kuna's isolation)와 관련된 지문 내용 중 'The isolation of the Kuna people from the outside world also makes Hollenberg's research results questionable.'에서 외부 세계로부터의 쿠나족의 고립 또한 Hollenberg의 연구 결과에 의문의 여지가 있게 한다고 하였으므로, 주어진 문장은 글쓴이의 견해와 일치함을 알 수 있습니다. 따라서 정답은 **Yes**입니다.
>
> 바꾸어 표현하기
>
> makes ~ research results questionable 조사 결과에 의문의 여지가 있게 한다 ▶ raises questions about the claim 주장에 대해 의문을 제기한다

READING PASSAGE 2

다른 '언어'를 가진 가정들

많은 가정에서, 부모들은 두 개의 서로 다른 모국어를 구사하며, 자녀가 어떤 것을 배울지 결정해야 한다

여러 언어를 배우는 것은 보통 긍정적인 활동이라고 일컬어진다. 그리고 많은 경우, 제 2언어를 배우는 것은 선택이다. 그러나 모국어가 다른 어머니와 아버지가 있는 2개 국어를 사용하는 가정은 어떠한가? ⁶그 가정의 자녀들은 '어머니'와 '아버지'의 언어 모두를 배우도록 강요받아야 하는가? 진실은 그것이 두 언어의 세계적인 중요성에 의해 결정되어야 한다는 것이다. ¹⁰만약 평생 동안 두 언어 모두가 아이들에게 실용적이라면, 장점이 단점보다 더 크다. 독일어를 구사하는 아버지와 중국어를 구사하는 어머니가 있는 독일의 한 가정을 상상해보자. 아이가 가정에서 중국어를 배우는 것은 비실용적으로 보일 수 있다. 그 언어들이 서로 매우 다르므로, 어머니의 언어를 배우는 데 드는 노력과 시간이 상당할 것이다. 또한, 가정 밖에서 그것을 활용할 기회는 아이에게 제한적일 수 있다.

이러한 단점들에도 불구하고, ⁷이 아이가 중국어를 배우는 것은 여러 가지 이유로 유용할 것이다. 첫째, 아이는 예를 들어 중국에 있는 조부모를 방문하는 동안, 외가 쪽 식구들과 소통할 수 있을 것이다. 하지만, 아마 더 중요하게도, 두 언어 모두를 배우는 것은 아이에게 취

업 시장에서의 경쟁 우위를 제공할 것이다. 베를린 주재 중국 대사관에 따르면, 현재 독일에 사무실을 보유한 수천 개의 중국 기업이 있다. [8]독일 기업을 구매하는 중국 투자자들의 수 역시 증가하고 있다. 이러한 회사들은 보통 두 언어 모두로 사업을 수행하며, 그러므로 두 가지 모두 사용할 수 있는 사람들을 필요로 한다. 따라서, 독일어와 중국어 2개 국어를 하는 사람들에 대한 수요가 증가하고 있기 때문에, [9]아이는 하나의 언어를 사용하는 언어 사용자에게는 가능하지 않은 특별한 취업 기회를 가질 것이다.

[6-9]

6   부모들은 항상 자녀들에게 그들의 모국어를 가르쳐야 한다.

해설 문제의 핵심어구(Parents should always teach their native language)와 관련된 지문 내용 중 'Should the children of the household be forced to learn both the 'mother' and 'father' tongues?'와 'The truth is that it should be determined by the significance of the two languages globally.'에서 그 가정의 자녀들이 '어머니'와 '아버지'의 언어 모두를 배우도록 강요받아야 하는지 물은 뒤, 진실은 그것이 두 언어의 세계적인 중요성에 의해 결정되어야 한다는 것이라고 하였으므로, 주어진 문장은 글쓴이의 견해와 일치하지 않음을 알 수 있습니다. 따라서 정답은 **No**입니다.

7   중국어는 현재 세계 경제에서 배우기에 가장 유용한 언어이다.

해설 문제의 핵심어구(Chinese is the most useful language)와 관련된 지문 내용 중 'learning Chinese for this child would be useful for several reasons'에서 이 아이가 중국어를 배우는 것은 여러 가지 이유로 유용할 것이라고는 하였지만, 주어진 문장의 내용은 확인할 수 없습니다. 따라서 정답은 **Not given**입니다.

8   점점 더 많은 독일 기업들이 중국 투자자들에 의해 인수되고 있다.

해설 문제의 핵심어구(German companies are being taken over)와 관련된 지문 내용 중 'There are also an increasing number of Chinese investors buying German firms.'에서 독일 기업을 구매하는 중국 투자자들의 수 역시 증가하고 있다고 하였으므로, 주어진 문장은 글쓴이의 견해와 일치함을 알 수 있습니다. 따라서 정답은 **Yes**입니다.

바꾸어 표현하기
Chinese investors buying German firms 독일 기업을 구매하는 중국 투자자들 ▶ German companies are being taken over by Chinese investors 독일 기업들이 중국 투자자들에 의해 인수되고 있다

9   하나의 언어를 사용하는 많은 사람들은 2개 국어를 사용하는 사람들에게 일자리를 잃고 있다.

해설 문제의 핵심어구(monolingual people are losing jobs)와 관련된 지문 내용 중 'the child would have unique career opportunities that are not available to monolingual language users'에서 아이는 하나의 언어를 사용하는 언어 사용자에게는 가능하지 않은 특별한 취업 기회를 가질 것이라고는 하였지만, 주어진 문장의 내용은 확인할 수 없습니다. 따라서 정답은 **Not given**입니다.

[10]
10 글쓴이에 따르면, -하다면 양쪽 부모의 언어를 배우는 것이 유익하다.
    A 아이가 어머니와 아버지로부터 그것들을 배우도록 강요받지 않는다면
    B 아이가 두 가지 모두를 배우는 데 흥미가 있다면
    C 아이가 배우기에 두 가지 모두 똑같이 쉽다면
    D 두 가지 모두 아이에게 도움이 되는 이점을 제공한다면

해설 문제의 핵심어구(learning languages of both parents is beneficial)와 관련된 지문 내용 중 'If both languages are of practical use to the children throughout their life, then the pros outweigh the cons.'에서 만약 평생 동안 두 언어 모두가 아이들에게 실용적이라면 장점이 단점보다 더 크다고 하였으므로, 보기 **D** both of them offer a useful advantage to the child가 정답입니다.

바꾸어 표현하기
both languages are of practical use 두 언어 모두가 실용적이다 ▶ learning languages of both parents is beneficial 양쪽 부모의 언어를 배우는 것이 유익하다

 4일 도식 완성하기
Note/Table/Flow-chart/Diagram Completion

DAILY CHECK-UP   p.102

1 number	2 equator	3 arches
4 stone plinths	5 Jaws	6 Bumps
7 liquid waste	8 storage	9 secondary
10 rootlets	11 competition	12 oxen
13 brick		

01

다른 항성들처럼, 태양은 매우 뜨거운 기체로 이루어져 있다. 때때로, 이러한 뜨거운 기체 중 일부가 다소 식는다. 더 차가워진 기체는 태

양 위의 어두운 반점처럼 보이며 태양 흑점이라고 불린다. 그러나 그것들이 실제로 차가운 것은 아니다. 가장 차가운 흑점조차도 지구상 가장 뜨거운 불보다 더 뜨겁다. 한편, 태양 흑점은 크기와 모양이 변한다. 대부분은 30일 정도 지속되지만, 어떤 것은 훨씬 오래 혹은 짧게 지속될 수도 있다. 대개, 작은 태양 흑점들은 단 며칠 동안만 지속되는 반면, 더 큰 것들은 더 오랫동안 지속된다. [1]태양 표면의 태양 흑점 개수 또한 태양 주기의 변화에 따라 시간이 지나면서 변하게 된다.

태양 흑점

- 태양의 뜨거운 기체가 조금 식는다
- 이것들이 어두운 태양 흑점을 형성한다
- 태양 주기는 태양 흑점의 1 ....을 결정한다

1

해설 문제의 핵심어구(solar cycle determines)와 관련된 지문 내용 중 'The number of sunspots on the surface of the sun also changes over time, depending on shifts in the solar cycle.'에서 태양 표면의 태양 흑점 개수 또한 태양 주기의 변화에 따라 시간이 지나면서 변하게 된다고 하였으므로, **number**가 정답입니다.

바꾸어 표현하기

depending on shifts in the solar cycle 태양 주기의 변화에 따라 ▶ The solar cycle determines 태양 주기는 ~을 결정한다

02

날씨와 기후의 차이는 종종 잘못 이해된다. 날씨는 어떤 주어진 장소에서의 풍속, 강우량, 혹은 온도와 같은 대기 조건을 나타낸다. 더 정확하게는, 그것은 특정한 순간과 장소에서의 이러한 요인들의 조합이다. 반면, 기후는, 예를 들어 여름이나 겨울과 같은 특정 기간에 걸친 평균적인 날씨 조건들의 기술이다. 그것은 또한 지리적 지역들이 특수한 형태의 기후를 경험하는 것이라고도 할 수 있다. [2]북쪽 지방의 기후는 대개 서늘하고 건조한 반면, 적도 부근의 지역은 일반적으로 덥고 습하다.

날씨	기후
- 날씨는 대기 조건에 좌우된다. - 특정 시간의 풍속, 강우량, 기온의 조합이다.	- 기후는 일정 기간 동안의 평균적인 날씨 상태를 나타낸다. - 북부의 기후는 시원하지만, 2 .... 주변 지역은 덥다.

2

해설 문제의 핵심어구(Northern climates are cool, but)와 관련된 지문 내용 중 'Northern climates are usually cool and dry, while the area near the equator is generally hot and humid.'에서 북쪽 지방의 기후는 대개 서늘하고

건조한 반면, 적도 부근의 지역은 일반적으로 덥고 습하다고 하였으므로, **equator**가 정답입니다.

바꾸어 표현하기

the area near the equator 적도 부근의 지역 ▶ places around the equator 적도 주변 지역

03

특히 서기 80년에 건축된 이래로 여전히 서 있는 상태로 남아 있기 때문에, 콜로세움은 세계의 건축학의 경이 중 하나이다. [3]콜로세움의 내구성은 설계의 한 가지 핵심 요소인 아치의 사용에 의존한다. 이 구조는 무게가 아치의 꼭대기에 있는 쐐기돌에 의해 흡수되기 때문에, 무거운 무게를 지탱하는 데 이상적이다. 콜로세움은 지상 1층에 수천 명의 방문객들을 위한 출입구를 제공할 뿐만 아니라 위층들의 무게를 지탱하는 80개의 큰 아치가 있다. 건물의 2층과 3층에는 또한 각각 80개의 아치가 있어, 총합하여 240개의 아치가 있다. 아치 대신에, 꼭대기 층에는 일련의 작은 직사각형 창이 있는데, 이것들 위에는 [4]콜로세움의 덮개를 위한 기둥을 지탱했던 주춧돌들이 있다. 이것은 비 또는 태양으로부터 방문자들을 가려주기 위해 늘어져 있었다.

로마 콜로세움의 설계

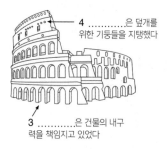

4 ....은 덮개를 위한 기둥들을 지탱했다

3 ....은 건물의 내구력을 책임지고 있었다

3

해설 문제의 핵심어구(the strength of the building)와 관련된 지문 내용 중 'The durability of the Colosseum relies on one key element of its design: the use of arches.'에서 콜로세움의 내구성은 설계의 한 가지 핵심 요소인 아치의 사용에 의존한다고 하였으므로, **arches**가 정답입니다.

바꾸어 표현하기

The durability of the Colosseum 콜로세움의 내구성 ▶ the strength of the building 건물의 내구력

4

해설 문제의 핵심어구(posts for the canopy)와 관련된 지문 내용 중 'stone plinths that used to carry the posts for the Colosseum's canopy'에서 콜로세움의 덮개를 위한 기둥을 지탱했던 주춧돌들이라고 하였으므로, **stone plinths**가 정답입니다.

04

사막 뱀이 사막 생활에 이상적으로 적합한 데에는 여러 이유가 있다. 첫째로, 5많은 사막 뱀들은 위로부터 지탱되는 턱을 가지고 있다. 이러한 신체 특징은 그들이 먹이를 찾아 사막을 통해 이동할 때 입에 모래가 들어가지 않도록 해준다. 둘째로, 6그들은 쉽게 이동하고 모래 속으로 파고들어갈 수 있게 해주는 피부의 돌기를 가지고 있다. 더욱이, 사막 뱀은 그들의 환경의 강한 열기에 대처하는 것에 능숙하다. 그들은 주로 대기 온도가 시원한 밤에 사냥하며, 낮 동안에는 열기를 피한다. 열기를 피하기 위해, 일부 사막 뱀들은 모래 아래에 구멍을 판다. 그리고 다른 뱀들은 바위 아래나 동굴의 시원한 그늘에서 은신처를 찾는다. 그러나, 사막 뱀의 가장 주목할 만한 특징은 수분을 보존하는 능력이다. 뱀은 직접 또는 간접적으로 귀중한 물을 섭취한다. 직접적으로, 그들은 이용 가능한 수원이 있을 때 물을 마실 수 있다. 간접적으로, 그들은 먹는 음식에서 물을 얻을 수 있다. 그러나, 사막 지역에서는 물을 얻기가 쉽지 않다. 그 결과, 7그들은 반드시 액체 배설물이 아닌 고체 배설물을 만듦으로써 물의 손실을 최소한으로 유지한다.

사막 뱀

신체 특징:
- 모래가 입으로 들어가는 것을 막아주는 5 ....
- 그들이 파헤치는 데 도움을 주는 피부의 6 ....

열기 피하기:
- 기온이 더 낮은 밤에 사냥함
- 모래 속으로 파고들어감

수분 보존하기:
- 수원 또는 먹이로부터 물을 마심
- 7 ....보다는 고체를 만듦으로써 수분을 유지함

5

해설 문제의 핵심어구(stop sand from entering)와 관련된 지문 내용 중 'many desert snakes have jaws that are supported from above. This physical characteristic keeps sand out of their mouths'에서 많은 사막 뱀들은 위로부터 지탱되는 턱을 가지고 있으며 이러한 신체 특징은 입에 모래가 들어가지 않도록 해준다고 하였으므로, **Jaws**가 정답입니다.

6

해설 문제의 핵심어구(help them dig)와 관련된 지문 내용 중 'they have bumps on their skin that allow them to ~ dig into the sand easily'에서 그들은 쉽게 모래 속으로 파고들어갈 수 있게 해주는 피부의 돌기를 가지고 있다고 하였으므로, **Bumps**가 정답입니다.

7

해설 문제의 핵심어구(Keep water by making solid)와 관련된 지문 내용 중 'they keep the loss of water to a minimum by making sure that they make solid waste instead of liquid waste'에서 그들은 반드시 액체 배설물이 아닌 고체 배설물을 만듦으로써 물의 손실을 최소한으로 유지한다고 하였으므로, **liquid waste**가 정답입니다.

05

식물의 근계는 많은 개별 뿌리들로 구성되어 있다. 많은 변형이 존재하지만, 두 가지 기본 유형이 있는데, 주근계와 수염뿌리계이다. 수염뿌리계는 줄기에서 갈라지는 동일한 크기의 많은 뿌리로 이루어져 있으며, 반면 주근은 땅속으로 자라며 점점 가늘어지고 원뿌리를 형성하는 곧은 뿌리로 구성되어 있다.

주근계에서, 다른 뿌리들은 원뿌리에서 발달할 수 있다. 이는 이러한 종류의 식물들을 옮겨 심는 것을 어렵게 만드는데, 실제 식물이 제거된 후에도 근계는 보통 남아있을 것이기 때문이다. 8중심을 이루는 주근은 식물의 줄기로부터 땅속으로 아래를 향해 수직으로 뻗으며 토양에 있는 모든 양분의 저장 기관으로서의 역할을 한다. 9이 원뿌리가 아래쪽으로 자라면서, 두 번째 뿌리가 그것에서부터 뻗어 나온다. 그 다음에 이것들은 토양 속으로 더 멀리 자라나는, 훨씬 더 작은 세 번째 뿌리 집합을 만들어 낸다. 10마지막으로, 아주 작은 지근들이 세 번째 뿌리 집합에서 발달한다. 수염뿌리계로 전환하기 전에, 나무와 같은 많은 식물들은 뿌리가 토양 속으로 더 멀리 뻗어 나갈 수 있도록 주근계를 사용하여 자라나기 시작할 수 있다.

주근계가 기능하는 방식

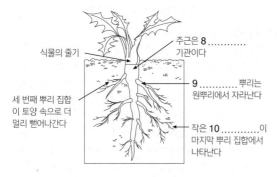

식물의 줄기

세 번째 뿌리 집합
이 토양 속으로 더
멀리 뻗어나간다

주근은 8 ....
기관이다

9 .... 뿌리는
원뿌리에서 자라난다

작은 10 ....이
마지막 뿌리 집합에서
나타난다

8

해설 문제의 핵심어구(the main taproot is ~ organ)와 관련
된 지문 내용 중 'The main taproot ~ acts as a storage
organ'에서 중심을 이루는 주근은 저장 기관으로서의 역할
을 한다고 하였으므로, **storage**가 정답입니다.

> 바꾸어 표현하기

acts as a storage organ 저장 기관으로서의 역할을 한다 ▶ is a
storage organ 저장 기관이다

9

해설 문제의 핵심어구(grow from the main root)와 관련된
지문 내용 중 'As this main root grows downwards,
secondary roots extend out of it.'에서 이 원뿌리가 아래
쪽으로 자라면서, 두 번째 뿌리가 그것에서부터 뻗어 나온
다고 하였으므로, **secondary**가 정답입니다.

> 바꾸어 표현하기

extend out of it 그것에서부터 뻗어 나온다 ▶ grow from the
main root 원뿌리에서 자라난다

10

해설 문제의 핵심어구(appear on the final set of roots)와 관
련된 지문 내용 중 'Finally, tiny rootlets develop on the
third set of roots.'에서 마지막으로 아주 작은 지근들이
세 번째 뿌리 집합에서 발달한다고 하였으므로, **rootlets**
가 정답입니다.

> 바꾸어 표현하기

Finally, tiny rootlets develop on the third set of roots 마지
막으로 아주 작은 지근들이 세 번째 뿌리 집합에서 발달한다 ▶
small rootlets appear on the final set of roots 작은 지근들이
마지막 뿌리 집합에서 나타난다

06

엔지니어이자 건축가로서, 필리포 브루넬레스키는 피렌체 르네상스
에서 가장 유명한 인물 중 한 명이었다. 이는 주로 피렌체의 거대한
대성당인 산타 마리아 델 피오레의 돔에 대한 그의 작업 때문이었다.

1418년에, [11]돔을 설계하고 건축할 수 있는 기술자를 찾기 위한 큰
대회가 열렸다. 브루넬레스키는 참가하여 그가 이 과업을 맡을 사람
이라고 심사원들을 설득할 수 있었다. 브루넬레스키의 기발한 계획은
벽돌, 사암, 그리고 대리석으로 지어진, 하나 안에 다른 하나가 들어
가는 두 개의 돔을 포함했다. 그의 설계는 발판을 필요로 하지는 않았
지만, 그 당시에는 들어올리기 너무 무겁다고 여겨졌던 무게를 들어올
릴 수 있는 리프팅 장치를 필요로 했다. 그런 장치가 존재하지 않았기
때문에, 브루넬레스키는 그것을 직접 발명했다. [12]그것은 황소에 의해
동력을 얻었고 사상 최초의 후진 기어를 포함했는데, 이는 물건을 내
릴 때 황소의 몸을 돌릴 필요가 없었다는 것을 의미했다.

브루넬레스키는 필요한 도구를 갖게 되자마자, 건축을 시작했다. [13]그
의 작업팀은 두 개의 돔 대부분을 벽돌로 만들었는데, 이는 그것들이
붕괴되는 것을 막을 정도로 충분히 가벼웠다. 거대한 벽돌 아치가 돔
을 지탱하기 위해 지어졌는데, 그것들은 돌과 철로 된 5개의 고리로
더 튼튼해졌다. 매우 특별한 양식으로 지어졌기 때문에, 벽돌은 발판
에 대한 필요 없이 돔의 무게를 지탱할 수 있었다. 현대의 전문가들은
브루넬레스키가 작업자들에게 벽돌을 어떻게 배치할지 보여주기 위
해 복잡한 유도줄 체계를 사용한 것이 틀림없다고 믿는다. 궁극적으
로, 돔은 완공되기까지 16년이 걸렸다. 그가 사망하자, 브루넬레스키
는 자신이 돔을 설계하고 건축한 대성당의 지하실에 묻혔는데, 이는
기술자에게는 드문 영예였다. 1436년에 완공된 이래로, 브루넬레스
키의 돔은 피렌체의 경이로움 중 하나로 계속 남아 있다.

브루넬레스키의 돔 건축하기

> **1단계**
>
> 브루넬레스키는 돔의 설계를 마련하기 위한 **11** ....에서 우
> 승했다. 그의 설계는 두 개의 돔을 특징으로 했다.

> **2단계**
>
> 브루넬레스키는 무거운 장비들을 들어올리는 기구를 설계했다.
> 이것은 최초의 후진 기어를 가지고 있었는데, 이는 **12** ....의
> 몸을 돌리지 않고 물건들이 내려질 수 있도록 해주었다.

> **3단계**
>
> 두 개의 돔은 가볍게 만들기 위해 **13** ....으로 만들어졌다.
> 돔은 아치와 고리로 지탱되었다.

> **4단계**
>
> 16년 뒤에, 돔이 완공되었다.

11

해설 문제의 핵심어구(find a design for the dome)와 관련
된 지문 내용 중 'a big competition was held to find
an engineer capable of designing and building the
dome'과 'Brunelleschi entered and managed to

convince the judges that he was the man to take on this challenge.'에서 돔을 설계하고 건축할 수 있는 기술자를 찾기 위한 큰 대회가 열렸으며, 브루넬레스키는 참가하여 그가 이 과업을 맡을 사람이라고 심사원들을 설득할 수 있었다고 하였으므로, 'big competition'이 답이 될 수 있습니다. 지시문에서 한 단어로만 답을 작성하라고 하였으므로, **competition**이 정답입니다.

바꾸어 표현하기

Brunelleschi ~ managed to convince the judges 브루넬레스키는 심사원들을 설득할 수 있었다 ▶ Brunelleschi won a competition 브루넬레스키는 대회에서 우승했다

12

해설 문제의 핵심어구(first reverse gear)와 관련된 지문 내용 중 'It ~ included the first-ever reverse gear, which meant the oxen didn't have to be turned around when lowering the material.'에서 그것은 사상 최초의 후진 기어를 포함했는데, 이는 물건을 내릴 때 황소의 몸을 돌릴 필요가 없었다는 것을 의미했다고 하였으므로, **oxen**이 정답입니다.

바꾸어 표현하기

the oxen didn't have to be turned around 황소의 몸을 돌릴 필요가 없었다 ▶ without turning the oxen around 황소의 몸을 돌리지 않고

13

해설 문제의 핵심어구(two domes were made out of)와 관련된 지문 내용 중 'His team of workmen constructed most of the two domes out of brick, which was light enough to stop them from collapsing.'에서 그의 작업팀은 두 개의 돔 대부분을 벽돌로 만들었는데, 이는 그것들이 붕괴되는 것을 막을 정도로 충분히 가벼웠다고 하였으므로, **brick**이 정답입니다.

바꾸어 표현하기

constructed most of the two domes out of brick 두 개의 돔 대부분을 벽돌로 만들었다 ▶ The two domes were made out of brick 두 개의 돔은 벽돌로 만들어졌다

DAILY TEST

p.108

1 defence/defense   2 nacre

3 freshwater   4 tissue

5 industry   6 False

7 Not given   8 maternal behaviour/behavior

9 contractions   10 love hormone

READING PASSAGE 1

천연 진주에서 양식 진주로의 전환

자체 성장이 드물게 일어나기 때문에, 진주는 한때 세계에서 가장 인기 있는 품목 중 하나였다. [1]천연 진주는 굴과 같은 연체동물의 껍데기 안에서 만들어지는데, 여기에서 그것들은 자극물의 침입에 대한 방어 수단으로써 형성된다. 자극물이 껍데기 안으로 들어오면, 연체동물은 진주층을 만든다. [2]결국 자극물은 그것의 주위에 형성되는 여러 겹의 진주층의 결과로 반짝이는 광채를 발달시키는데, 이는 그것을 진주로 바꾼다. 진주의 밝기는 껍데기에 있는 아라고나이트라고 불리는 광물의 정도에 따라 달라질 수 있으며, 일부 진주는 빨간색이나 검은색이 될 수 있는 한편, 많은 것들이 사실 원형은 아니다. 예를 들어, [3]담수 진주는 보통 타원형이다.

진주 채취는 매우 오래된 직업이지만, 인류 역사의 대부분에서 이는 극도로 어려운 일이었다. 스킨 다이버들은 연체동물들을 채취하기 위해 100피트가 넘는 깊이까지 내려감으로써 생명의 위험을 무릅쓰곤 했다. 가장 오래된 진주 채취 지역은 인도양과 홍해에 있다. 진주가 오하이오, 미시시피, 그리고 테네시강 유역에 널리 퍼져 있었던 신세계의 발견은 국제 진주 시장의 극적인 확장으로 이어졌다. 이러한 교역은 이후 인조 발명품인 양식 진주에 의해 중단되었다.

[4]19세기 후반에 생물학자 William Saville-Kent에 의해 호주에서 최초로 개발된 양식 진주는, 연체동물의 껍데기에 작은 외투막 조직을 이식함으로써 만들어진다. 이것은 연체동물이 조직 주위에 진주를 생성하게 한다. [5]양식 진주의 도입은 처음에는 전 세계 진주 산업 내에서 반대받았다. 그럼에도 불구하고, 현대 산업은 이제 양식 진주에 의해 거의 완전히 좌우되는데, 이는 전 세계적으로 판매되는 모든 진주의 99퍼센트를 차지한다.

[1-5]

천연 및 양식 진주

천연 진주

- 한때 세계에서 가장 가치 있는 물건이었음
- 연체동물의 껍데기 안에서 생성됨
- 자극물에 대한 1 ....으로써 형성됨
- 2 .... 층이 그것을 반짝이도록 함
- 3 .... 진주는 타원처럼 생겼음

양식 진주

- 진주 무역은 인공 발명품에 의해 변화되었음
- 19세기에 호주에서 최초로 개발되었음
- 외투막 4 ....을 껍데기에 넣음으로써 생성됨
- 양식 진주는 처음에 5 .... 내에서 반대받았음
- 현재 판매되는 대부분의 진주는 양식된 것임

1

해설 문제의 핵심어구(against irritants)와 관련된 지문 내용 중 'Natural pearls are produced within the shells of molluscs such as oysters, where they are formed as a means of defence against the invasion of irritants.'

에서 천연 진주는 굴과 같은 연체동물의 껍데기 안에서 만들어지는데, 여기에서 그것들은 자극물의 침입에 대한 방어 수단으로써 형성된다고 하였으므로, 'means of defence(defense)'가 답이 될 수 있습니다. 지시문에서 한 단어로만 답을 작성하라고 하였으므로, **defence/defense**가 정답입니다.

> **바꾸어 표현하기**
> a means of defence against the invasion of irritants 자극물의 침입에 대한 방어 수단 ▶ a defence against irritants 자극물에 대한 방어

2

해설 문제의 핵심어구(make them shiny)와 관련된 지문 내용 중 'The irritant will eventually develop a shiny radiance as a result of the layers of nacre that form around it'에서 결국 자극물은 그것의 주위에 형성되는 여러 겹의 진주층의 결과로 반짝이는 광채를 발달시킨다고 하였으므로, **nacre**가 정답입니다.

> **바꾸어 표현하기**
> develop a shiny radiance 반짝이는 광채를 발달시킨다 ▶ make them shiny 반짝이도록 한다

3

해설 문제의 핵심어구(shaped like an oval)와 관련된 지문 내용 중 'freshwater pearls are usually oval shaped'에서 담수 진주는 보통 타원형이라고 하였으므로, **freshwater**가 정답입니다.

> **바꾸어 표현하기**
> oval shaped 타원형의 ▶ shaped like an oval 타원처럼 생겼다

4

해설 문제의 핵심어구(putting mantle ~ into a shell)와 관련된 지문 내용 중 'Cultured pearls ~ are made by implanting a small piece of mantle tissue into a mollusc shell.'에서 양식 진주는 연체동물의 껍데기에 작은 외투막 조직을 이식함으로써 만들어진다고 하였으므로, **tissue**가 정답입니다.

> **바꾸어 표현하기**
> by implanting a small piece of mantle tissue 작은 외투막 조직을 이식함으로써 ▶ by putting mantle tissue 외투막 조직을 넣음으로써

5

해설 문제의 핵심어구(cultured pearls were opposed)와 관련된 지문 내용 중 'The introduction of cultured pearls was initially resisted within the global pearl industry.'

에서 양식 진주의 도입은 처음에는 전 세계 진주 산업 내에서 반대받았다고 하였으므로, 'global pearl industry'가 답이 될 수 있습니다. 지시문에서 한 단어로만 답을 작성하라고 하였으므로, **industry**가 정답입니다.

> **바꾸어 표현하기**
> was initially resisted 처음에는 반대받았다 ▶ were opposed ~ at first 처음에 반대받았다

READING PASSAGE 2

호르몬이 어떻게 행동과 관계가 있는지

성격과 행동은 여러 가지 요소에 의해 좌우되지만, 호르몬이 두 가지 모두에서 중요한 역할을 한다는 증거가 있다

많은 의사와 과학자들은 생리 기능을 조절하는 것으로 알려진 호르몬이 또한 행동과 성격에도 영향을 미친다고 믿는다. 호르몬은 장기에 변화를 일으키는 수단으로 분비 기관에서 방출되는 신호 분자이다. 남성에게 있어, 가장 중요한 호르몬은 주요 남성 성호르몬인 테스토스테론인데, 이것은 청소년기 동안에 생성이 약 10배 증가한다. 그것은 남성 생식 조직의 발달을 촉진하지만, 또한 쌀쌀맞음과 적개심과 같은 성격 특성과도 관련되어 있다. 일반적으로, 남성의 신체는 여성의 신체보다 10배 더 많은 테스토스테론을 생성한다. 연구들은 테스토스테론이 특히 사회적 지위가 위협받을 때 남성들이 더욱 경쟁적으로 행동하도록 만들 수 있다는 것을 보여주었다. 따라서, [6]두 남성이 직업상의 성과 또는 잠재적 배우자의 관심을 위해 경쟁을 하고 있다면, 테스토스테론 수치가 올라가고 그들이 독단적이거나 심지어 공격적인 성격을 내보이도록 만들 것이다.

테스토스테론은 남성에게 주요한 호르몬이지만, 여성의 경우 에스트로겐이 그러한데, 여성이 남성보다 훨씬 많은 양을 가지고 있다. [7]이 호르몬은 여성이 임신했을 때 특히 많은 양이 발견되는데, 이는 호르몬이 중요한 역할을 하는 시기이다. [8]이는 에스트로겐과 프로게스테론이 여성 조직의 발달을 조절하고 어머니로서의 행동을 증진시키는 때이다. 일부 연구자들에 따르면, 에스트로겐은 또한 안정된 기분과 만족감을 포함한 여러 가지 성격적 특성과 관련있을 수 있다. 이는 에스트로겐 수치가 떨어질 때 특히 분명하게 나타나는데, 이 기간 동안 여성은 우울증과 같은 정서적 문제를 겪을 수 있다. [9]분만을 유도하고 출산 중 진통을 일으키는 옥시토신 호르몬 역시 행동에 영향을 미칠 수 있다. [10]옥시토신은 사회적 윤활제로 알려져 있으며, 때때로 '사랑의 호르몬'이라고 불리기도 하는데, 왜냐하면 사람들이 그들의 배우자와 신체적으로 친밀해질 때, 그것이 유대감과 애정을 촉진하기 때문이다.

[6-7]

6 만약 남성들이 동일한 목표를 달성하고 싶어 한다면, 테스토스테론은 그들이 협력하도록 도와줄 것이다.

해설 문제의 핵심어구(men want to achieve the same goal)와 관련된 지문 내용 중 'if two men are competing for a professional achievement or for the attention of a potential partner, their testosterone levels will increase and make them display an assertive or even aggressive personality'에서 두 남성이 직업상의 성과 또는 잠재적 배우자의 관심을 위해 경쟁을 하고 있다면, 테스토스테론 수치가 올라가고 그들이 독단적이거나 심지어 공격적인 성격을 내보이도록 만들 것이라고 하였으므로, 주어진 문장은 지문의 내용과 일치하지 않음을 알 수 있습니다. 따라서 정답은 **False**입니다.

7 에스트로겐은 임신 이후 모유 생산을 담당한다.

해설 문제의 핵심어구(Oestrogen is responsible for)와 관련된 지문 내용 중 'This hormone can be found in particularly high amounts when a woman is pregnant'에서 에스트로겐은 여성이 임신했을 때 특히 많은 양이 발견된다고는 하였지만, 주어진 문장의 내용은 확인할 수 없습니다. 따라서 정답은 **Not given**입니다.

[8-10]

활동 중인 호르몬

사건	호르몬 활동
여성이 임신을 하게 된다.	에스트로겐과 프로게스테론이 조직의 성장을 조정하고 8 ....을 증진시킨다.
여성이 아이를 출산한다.	옥시토신이 분만을 시작하게 하고 9 ....을 유발한다.
사람들이 배우자와 친밀해진다.	10 ....으로도 알려진 옥시토신이 사랑의 감정을 증진시킨다.

8

해설 왼쪽 열의 핵심 내용(Women become pregnant)과 관련된 지문 내용 중 'This is when oestrogen and progesterone regulate female tissue development and increase maternal behaviour.'에서 이는 에스트로겐과 프로게스테론이 여성 조직의 발달을 조절하고 어머니로서의 행동을 증진시키는 때라고 하였으므로, **maternal behaviour/behavior**가 정답입니다.

바꾸어 표현하기
regulate female tissue development 여성 조직의 발달을 조절한다 ▶ control tissue growth 조직의 성장을 조정한다

9

해설 문제의 핵심어구(Oxytocin starts labour)와 관련된 지문 내용 중 'The hormone oxytocin, which is responsible for inducing labour and initiating contractions during childbirth'에서 분만을 유도하고 출산 중 진통을 일으키는

옥시토신 호르몬이라고 하였으므로, **contractions**가 정답입니다.

바꾸어 표현하기
initiating contractions 진통을 일으키다 ▶ causes contractions 진통을 유발한다

10

해설 왼쪽 열의 핵심 내용(People become intimate with their partners)와 관련된 지문 내용 중 'Oxytocin is ~ called the 'love hormone', since, when people become physically intimate with their partners, it promotes bonding and affection.'에서 옥시토신은 '사랑의 호르몬'이라고 불리기도 하는데, 왜냐하면 사람들이 그들의 배우자와 신체적으로 친밀해질 때 그것이 유대감과 애정을 촉진하기 때문이라고 하였으므로, **love hormone**이 정답입니다.

바꾸어 표현하기
promotes bonding and affection 유대감과 애정을 촉진하다 ▶ increases feelings of affection 사랑의 감정을 증진시킨다

(5일) **문장 완성하기**
Sentence Completion

DAILY CHECK-UP

p.116

1 (C)	**2** (A)	**3** (C)	**4** A
5 C	**6** harmful	**7** gases	**8** landfills
9 object recognition		**10** analytical	
11 technical quality		**12** E	**13** D
14 B			

01

언어학자들은 무엇이 방언과 언어를 구별하는지에 대해 동의하지 않는다. 일부는 만약 두 종류의 언어가 한 대화에서 사용될 수 있다면, 그것들은 방언일 것이라고 생각한다. 예를 들어, 스칸디나비아반도에서 덴마크, 스웨덴, 그리고 노르웨이인들은 서로 이야기할 수 있고 이해될 수 있다. 그들의 언어는 너무나도 밀접하게 관련되어 있어서 방언일 수도 있지만, 정치적 이유들로 인해 그렇지 않다. 반대로, 광둥어는 표준 중국어의 방언으로 알려져 있지만, 광둥어 구사자는 표준 중국어 구사자에게 이해될 수 없다. 그들은 동일한 표준화된 문자를 사용하지만, 언어는 쓰기보다는 말하기에서 형성된다. ¹근본적으로, 광둥어가 개별적인 언어가 아니라 방언으로 분류되는 주된 이유는 표준

중국어의 정치적인 우세 때문이다. 이것은 또한 중국의 소수 민족들에 의해 사용되는 많은 언어들이 소멸하고 있는 이유이다.

1 광둥어가 방언인 주된 이유는 표준 중국어의 .... 영향이다.

   (A) 증가하는   (B) 역사적인   (C) 정치적인

> 해설 문제의 핵심어구(main cause of Cantonese being a dialect)와 관련된 지문 내용 중 'The main reason Cantonese is labelled a dialect instead of a separate language, essentially, is the political dominance of Mandarin.'에서 근본적으로 광둥어가 개별적인 언어가 아니라 방언으로 분류되는 주된 이유는 표준 중국어의 정치적인 우세 때문이라고 하였으므로, 보기 **(C) political**이 정답입니다.
>
> **바꾸어 표현하기**
> The main reason Cantonese is labelled a dialect 광둥어가 방언으로 분류되는 주된 이유 ▶ The main cause of Cantonese being a dialect 광둥어가 방언인 주된 이유

02

유럽과 미국에서, 담배 산업은 흡연과 암 사이의 관계를 부인하는 데 엄청난 돈을 썼고, 이것은 흡연 반대 법안을 만드는 것을 수십 년 동안 지연시켰다. 이제 업계는 개발도상국에서 같은 일을 하고 있다. 예를 들어, 일부 아프리카 국가들에서, 담배 회사들은 새로운 흡연 반대 법안을 저지하려고 시도하며 동시에 젊은이들을 겨냥한 홍보 행사도 열고 있다. [2]한 행사에서, 어떤 회사는 심지어 쇼핑몰에서 무료 담배를 배포하기도 했다. 케냐의 큰 담배 회사들은 또한 담배 판매에 대한 규제를 멈추는 소송을 제기했다. [3]유럽이나 미국과는 다르게, 케냐는 이러한 대기업들에 대응할 수단을 가지고 있지 않다. 그 결과, 그곳에서 흡연은 특히 젊은이들 사이에 증가하고 있다.

2 한 담배 회사는 홍보 수단으로 ....에서 담배를 무료로 배포했다.

   (A) 쇼핑몰   (B) 공원   (C) 대학

> 해설 문제의 핵심어구(distributed cigarettes for free)와 관련된 지문 내용 중 'At one event, a company even handed out free cigarettes in shopping malls.'에서 한 행사에서, 어떤 회사는 심지어 쇼핑몰에서 무료 담배를 배포하기도 했다고 하였으므로, 보기 **(A) malls**가 정답입니다.
>
> **바꾸어 표현하기**
> handed out free cigarettes 무료 담배를 배포했다 ▶ distributed cigarettes for free 담배를 무료로 배포했다

3 흡연을 하는 것은 케냐에서 ....에 대항하여 싸울 수단의 부족으로 인해 증가하고 있다.

   (A) 밀수업자들   (B) 공무원들   (C) 회사들

> 해설 문제의 핵심어구(Smoking is increasing in Kenya)와 관련된 지문 내용 중 'Kenya ~ does not have the resources to counter these huge companies. Therefore, smoking is increasing there'에서 케냐는 이러한 대기업들에 대응할 수단을 가지고 있지 않으며, 그 결과 그곳에서 흡연은 증가하고 있다고 하였으므로, 보기 **(C) companies**가 정답입니다.
>
> **바꾸어 표현하기**
> does not have the resources to counter ~에 대응할 수단을 가지고 있지 않다 ▶ a lack of resources to fight against ~에 대항하여 싸울 수단의 부족

03

최초의 대규모 자전거 공유 사업 계획이 파리에서 시작된 이래로, [4]중국 도시들이 이용 가능한 자전거의 수와 이용자의 수 모두에서 앞장서며, 비슷한 사업 계획이 전 세계 도처의 주요 도시들에 등장해 왔다. 더 적은 사람들이 운전하도록 하려는 방법으로써, 이 사업 계획들은 크게 성공해오고 있다. 그러나, 그것들의 안전성은 쟁점으로 남아 있다. 이용자들이 그렇게 하도록 권유하고 있기는 하지만, 대부분의 시 당국들은 자전거 이용자들에게 헬멧을 쓸 것을 요구하지 않는다. [5]시애틀과 멜버른의 사업 계획들과 같이, 헬멧이 필수 조건인 도시들은 그들의 사업 계획이 그렇게 인기 있지 않다는 것을 발견했다. 그럼에도 불구하고, 여러 사고들이 보여주었듯이, 헬멧 없이 붐비는 도시 도로에서 자전거를 타는 것은 아주 위험하다. 더욱이, 많은 도시들은 안전한 자전거 전용 도로에 투자하지 않으면서 자전거 사업 계획에 투자하고 있다. 이것은 사람들이 아주 혼잡한 도로에서 헬멧 없이 자전거를 타는 결과를 낳았다.

4 중국의 자전거 사업 계획들은

5 헬멧을 요구하는 사업 계획들은

> A 자전거의 수 측면에서 가장 크다.
> B 세계에서 가장 빨리 성장하고 있다.
> C 다른 것들만큼 성공적이지 않다.

4

> 해설 문제의 핵심어구(Bike schemes in China)와 관련된 지문 내용 중 'Chinese cities leading the way in both the number of bikes available and the number of users'에서 중국 도시들이 이용 가능한 자전거의 수와 이용자의 수 모두에서 앞장선다고 하였으므로, 보기 **A** the biggest in terms of the number of bikes가 정답입니다.
>
> **바꾸어 표현하기**
> leading the way in ~ the number of bikes available 이용 가능한 자전거의 수에서 앞장선다 ▶ the biggest in terms of the number of bikes 자전거의 수 측면에서 가장 큰

5

문제의 핵심어구(Schemes that require helmets) 와 관련된 지문 내용 중 'Cities where helmets are a requirement ~ have found that their schemes are not as popular.'에서 헬멧이 필수 조건인 도시들은 그들의 사업 계획이 그렇게 인기 있지 않다는 것을 발견했다고 하였으므로, 보기 **C** not as successful as others가 정답입니다.

04

화석 연료의 대안들에 대한 연구는 에너지 생산을 위한 '폐기물 에너지' 기술 사용의 증가로 이어졌는데, 이것은 동력을 생산하기 위해 쓰레기를 사용한다. 소각을 통해 행해질 때, 이것은 재, 중금속, 그리고 이산화탄소 배출물을 발생시킨다. 그러나, ⁶최신 폐기물 에너지 시설들은 과거에 그러했던 것보다 이런 해로운 물질들을 걸러내는 것에 훨씬 더 효과적이며 지속적으로 배출물을 줄이고 있다.

더욱이, ⁷이제 '가스화'와 같이 소각에 대한 더 깨끗한 대안들이 있다. 이것은 폐기물을 수소와 같은 가연성 기체로 변환하는데, 이는 그 후 합성 연료로 쓰일 수 있다. 이 기술은 들어오는 폐기물을 처리하기 위해 여전히 고온을 필요로 하지만, 어떠한 형태의 열도 필요로 하지 않는 기술들 또한 개발되고 있다.

에너지를 생산하기 위해 폐기물을 이용하는 것의 불리한 면에도 불구하고, ⁸이러한 방법들이 매립지에 그것을 두는 것보다 환경에 훨씬 더 좋다는 것은 부인할 수 없는데, 이는 대량의 메탄을 생성한다. 이 기술이 계속 발전하고 있기 때문에, 그것은 폐기물과 청정 에너지라는 이원적인 문제에 해답을 제공할 수 있을지도 모른다.

6 현대 폐기물 에너지 시설들은 ....한 요소들을 더 잘 제거한다.

문제의 핵심어구(Modern waste-to-energy facilities are better at)와 관련된 지문 내용 'state-of-the-art waste-to-energy facilities are now much more efficient at filtering out these harmful substances'에서 최신 폐기물 에너지 시설들은 이런 해로운 물질들을 걸러내는 것에 훨씬 더 효과적이라고 하였으므로, **harmful**이 정답입니다.

바꾸어 표현하기
filtering out these harmful substances 이런 해로운 물질들을 걸러내는 것 ▶ removing harmful elements 해로운 요소들을 제거하는 것

7 오늘날, 폐기물을 연료로 사용할 ....으로 바꿀 수 있는 새로운 기술들이 있다.

문제의 핵심어구(new technologies that can turn waste into)와 관련된 지문 내용 중 'there are now cleaner alternatives to incineration, such as 'gasification'. This converts waste into combustible gases'에서 이

제 '가스화'와 같이 소각에 대한 더 깨끗한 대안들이 있으며, 이것은 폐기물을 가연성 기체로 변환한다고 하였으므로, 'combustible gases'가 답이 될 수 있습니다. 지시문에서 한 단어로만 답을 작성하라고 하였으므로, **gases**가 정답입니다.

바꾸어 표현하기
converts waste into ~ gases 폐기물을 기체로 변환한다 ▶ turn waste into gases 폐기물을 기체로 바꾸다

8 에너지를 생산하기 위해 쓰레기를 사용하는 것은 ....에 그것을 두는 것보다 더 좋다.

문제의 핵심어구(Using waste ~ is better than putting it in)와 관련된 지문 내용 중 'these methods are far better for the environment than leaving it in landfills'에서 이러한 방법들이 매립지에 그것을 두는 것보다 환경에 훨씬 더 좋다고 하였으므로, **landfills**가 정답입니다.

바꾸어 표현하기
leaving it in landfills 매립지에 그것을 두는 것 ▶ putting it in landfills 매립지에 그것을 두는 것

05

예술과 감정의 심리학은 비교적 새로운 연구 분야이지만, 예술이 어떻게 보는 사람에게서 감정을 이끌어 내는지에 대한 몇몇 흥미로운 통찰들을 이미 밝혀낸 분야이다. ⁹그것은 또한 예술 작품에 대한 개인의 감정 반응이 대상 인식이 일반적으로 작용하는 방식과 어떻게 다른지를 밝혀냈다. 대부분의 대상이 중립적으로 관찰되는 반면, 예술은 뇌의 감정적인 영역을 자극한다.

시각 예술에 관한 한, 예술 작품이 어떻게 감정적으로 기능하는지 평가하는 것은 어렵다. 이는 예술적 화풍의 다양성 때문이다. 따라서, 이론가들은 예술에 대한 감정의 반응을 지식 감정, 적대적 감정, 의식적인 감정의 세 범주로 분류했다. ¹⁰지식 감정은 예술에 대한 분석적인 반응을 기반으로 하며, 반면 적대적 감정은 예술에 대한 부정적인 반응이고 분노, 혐오감, 그리고 경멸을 포함할 수 있다. 한편, 의식적인 감정은 보는 사람의 개인적인 경험을 반영한다. 예술 작품을 보면서, 사람들은 자연스럽게 그것의 감정적인 내용을 그들 자신의 삶과 관련지을 것이다.

다양한 이론 모형들 또한 어떻게 예술이 감정 반응을 일으키는지 설명하기 위해 제안되었다. ¹¹예를 들어, 평가 이론은 감정 반응이 주로 예술의 기술적 우수함에 대한 평가를 통해 발생한다고 제안한다. 이런 방식으로 예술 작품을 보는 사람은 그들의 판단을 뒷받침할 약간의 예술적 지식을 가지고 있을 것이다.

9 예술 작품에 대한 감정 반응은 ....이 일반적으로 작용하는 방식과 다르다.

문제의 핵심어구(emotional reaction to an artwork is different from)와 관련된 지문 내용 중 'It has also revealed how the emotional response of an individual to a work of art differs from the way in which object recognition normally works.'에서 예술과 감정의 심리학은 또한 예술 작품에 대한 개인의 감정 반응이 대상 인식이 일반적으로 작용하는 방식과 어떻게 다른지를 밝혀냈다고 하였으므로, **object recognition**이 정답입니다.

바꾸어 표현하기

the emotional response ~ to a work of art 예술 작품에 대한 감정 반응 ▶ The emotional reaction to an artwork 예술 작품에 대한 감정 반응

10 '지식 감정'은 예술에 대한 ....한 반응에서 시작된다.

해설 문제의 핵심어구(knowledge emotion)와 관련된 지문 내용 중 'Knowledge emotions are based on an analytical response to art'에서 지식 감정은 예술에 대한 분석적인 반응을 기반으로 한다고 하였으므로, **analytical**이 정답입니다.

바꾸어 표현하기

are based on an analytical response to art 예술에 대한 분석적인 반응을 기반으로 한다 ▶ begins with an analytical reaction to art 예술에 대한 분석적인 반응에서 시작된다

11 평가 이론에 따르면, 사람들은 주로 예술 작품의 ....에 반응한다.

해설 문제의 핵심어구(the appraisal theory)와 관련된 지문 내용 중 'The appraisal theory ~ suggests that an emotional response arises largely through an evaluation of the art's technical quality.'에서 평가 이론은 감정 반응이 주로 예술의 기술적 우수함에 대한 평가를 통해 발생한다고 제안한다고 하였으므로, **technical quality**가 정답입니다.

바꾸어 표현하기

emotional response arises largely through 감정 반응이 주로 ~을 통해 발생한다 ▶ people respond mainly to 사람들은 주로 ~에 반응한다

06

로마인들은 최초의 정교한 요새를 발달시켰는데, 그들은 이것을 자신들의 제국을 확장하는 데 이용했다. 로마의 요새는 'castrum'이라고 알려졌으며 직사각형으로 정확히 설계되었다. 이런 방어 시설들의 이점은 최전방 부근에 지어질 수 있다는 것이었는데, 이는 로마가 전략적 위치에 군인들을 유지할 수 있도록 했다. 중세의 성은 요새에 대한 로마인의 생각의 연장이었으며, 동시에 또한 통치자의 거주지였다. [12] 유럽의 성들은 일반적으로 모트를 포함하곤 했는데, 이는 그 위에 요새화된 구조물이 건축될 흙으로 만들어진 언덕이었다. 언덕 위의 이 중심 구조물은 보통 아성이라 불리는 것이 되었을 것이고 성의 영주

의 거주지였을 것이다. 아성에서부터, 일반적인 성은 오직 도개교로만 건널 수 있었던 물로 가득 찬 해자를 포함하여, 확장되어 여러 겹의 방어 시설을 포함했을 것이다.

이러한 요새의 중세 형태는 화기와 대포의 발명으로 비효율적인 것이 되었다. 그러나, 이런 무기들의 초기 종류들은 강도와 거리에서 상당히 한정적이었다. 그 결과, 병사들이 안전한 거리에서 어느 정도의 피신이 가능한 상태로 사격할 수 있는 요새가 지어졌다. [13]이것은 네덜란드의 부르탕 요새와 같은 별 모양의 요새들에서 명백하게 드러났는데, 이곳에 있는 요새 외벽의 삼각형의 꼭지점들은 침입자를 멀리 두기 위해 의도된 것이다. 그러나, [14]무기류가 20세기에 한층 진보함에 따라, 근대의 폭탄과 미사일의 강도는 어떠한 구조물이 견디기에도 너무 파괴적이었기 때문에, 전통적인 요새들은 완전히 구식이 되었다.

12 아성이라고 알려진 성의 구역들은

13 별 모양의 요새들은

14 -한 무기들이 개발되었다.

A 두꺼운 돌로 건축되었다.
B 요새를 파괴하는 것이 가능했다.
C 최전선 가까이에 지어졌다.
D 침입자를 멀리 두기 위해 만들어졌다.
E 언덕 위에 지어진 중심 구조물이었다.
F 감시의 목적으로 사용되었다.

12

해설 문제의 핵심어구(keeps)와 관련된 지문 내용 중 'European castles would typically include a motte, a hill made out of earth upon which a fortified structure would be built. This central structure on the hills would usually be what is called the keep'에서 유럽의 성들은 일반적으로 모트를 포함하곤 했는데, 이는 그 위에 요새화된 구조물이 건축될 흙으로 만들어진 언덕이었으며, 언덕 위의 이 중심 구조물은 보통 아성이라 불리는 것이 되었을 것이라고 하였으므로, 보기 **E** central structures built on hills가 정답입니다.

13

해설 문제의 핵심어구(Star-shaped fortresses)와 관련된 지문 내용 중 'This was evident in star-shaped fortifications ~ in which the triangular points of the fortress's outer wall are intended to keep invaders at a distance.'에서 이것은 별 모양의 요새들에서 명백하게 드러났는데, 이곳에 있는 요새 외벽의 삼각형의 꼭지점들은 침입자를 멀리 두기 위해 의도된 것이라고 하였으므로, 보기 **D** designed to keep intruders far away가 정답입니다.

intended to keep invaders at a distance 침입자를 멀리 두기
위해 의도되었다 ▶ designed to keep intruders far away 침입
자를 멀리 두기 위해 만들어졌다

14

해설 문제의 핵심어구(Weapons ~ developed)와 관련된
지문 내용 중 'as weaponry advanced ~ traditional
fortresses became completely outdated because
the force of modern bombs and missiles was too
destructive for any structure to withstand'에서 무기류
가 진보함에 따라, 근대의 폭탄과 미사일의 강도는 어떠
한 구조물이 견디기에도 너무 파괴적이었기 때문에 전통
적인 요새들은 완전히 구식이 되었다고 하였으므로, 보기
B capable of destroying fortresses가 정답입니다.

too destructive for any structure to withstand 어떠한 구
조물이 견디기에도 너무 파괴적인 ▶ capable of destroying
fortresses 요새를 파괴하는 것이 가능한

DAILY TEST
p.122

1 cells	2 insomnia	3 agent	
4 scientists	5 D	6 B	7 A
8 F	9 coastal	10 fish	

READING PASSAGE 1

수면 부족이 알츠하이머병으로 이어질 수 있을까?

*숙면을 취하는 것의 중요성은 수면 부족이 알츠하이머병을 유발할 수
있다는 것을 보여주는 한 연구에 의해 강조되었다*

피로와 스트레스를 유발하는 것뿐 아니라, 수면 결핍은 비만, 우울증,
그리고 심지어 암이 발생할 위험을 증가시킨다고 알려져 있다. 최근
연구들은 또한 습관적으로 잠을 이루지 못하는 밤과 알츠하이머병 사
이의 관계를 알아냈다. ¹알츠하이머병 환자들은 뇌 염증과 손상된 뇌
세포의 징후를 보일 뿐만 아니라, 더 많은 양의 타우 단백질을 가지
고 있다. 그들은 또한 더 많은 베타 아밀로이드 단백질을 가지고 있
다. ²모든 알츠하이머병 환자들에게서 다소의 차이로 발견되는 이러
한 생물지표들은, 불면증을 겪는 환자들에게도 또한 나타난다는 것
이 이제 밝혀졌다.

알츠하이머병과 수면 부족의 관계는 '신경학'지에 실린 한 연구에 의
해 분명해졌다. 그것은 수면을 취하는 것에 문제를 겪었던 환자들이
알츠하이머 병과 연관된 생물지표들을 체내에 훨씬 더 많이 가지고
있다는 것을 발견했다. 이것이 연구의 공동저자인 위스콘신주 알츠하
이머병 연구 센터의 Barbara Bendlin의 결론이었다. Bendlin에
따르면, 팀의 연구 결과는 질 나쁜 수면이 알츠하이머병과 연관된 단

백질들이 뇌 속에 축적되는 것의 원인이 될 수 있다는 것을 밝혀냈다.
³수면은 뇌의 세척제로 알려져 있는데, 이는 베타 아밀로이드 단백질
과 같은 신경독을 제거한다. 만약 사람이 충분히 수면을 취하지 못
한다면, 이것들은 축적될 수 있고, 이는 결국 알츠하이머병으로 이
어진다.

그러나, ⁴일부 과학자들은 동의하지 않으며 이 시나리오의 원인과 결
과가 뒤바뀌어야 한다고 주장한다. 그들은 뇌 안에서의 이러한 신경
독들의 증가는 결과라기보다는 사람들의 수면 불능의 원인이라고 주
장한다. 그러므로 우리의 전반적인 건강과 행복을 위한 숙면의 이점
에 대해서는 의심할 바 없지만, 그 연구는 보이는 것만큼 확실한 것
은 아니다.

[1-4]

1 알츠하이머병의 일부 증상들은 뇌 속의 염증과 약해진 뇌
............을 포함한다.

해설 문제의 핵심어구(symptoms of Alzheimer's)와 관련된
지문 내용 중 'Sufferers of Alzheimer's carry larger
amounts of tau proteins, as well as displaying signs
of brain inflammation and damaged brain cells.'에서
알츠하이머병 환자들은 뇌 염증과 손상된 뇌세포의 징후를
보일 뿐만 아니라, 더 많은 양의 타우 단백질을 가지고 있다
고 하였으므로, **cells**가 정답입니다.

displaying signs of ~의 징후를 보인다 ▶ symptoms ~ include
증상들은 ~을 포함한다

2 유사한 생물지표들이 알츠하이머병을 겪는 사람들과 ....
을 가진 사람들에게서 나타난다.

해설 문제의 핵심어구(Similar biomarkers occur)와 관련된 지
문 내용 중 'These biomarkers, which are found to a
greater or lesser extent in all Alzheimer's patients,
have now been revealed to be present in people who
suffer from insomnia as well.'에서 모든 알츠하이머병
환자들에게서 다소의 차이로 발견되는 이러한 생물지표들
은, 불면증을 겪는 환자들에게도 또한 나타난다는 것이 이
제 밝혀졌다고 하였으므로, **insomnia**가 정답입니다.

3 뇌에서, 수면은 해로운 신경독을 제거하는 세척 ....로 활
동한다.

해설 문제의 핵심어구(remove neurotoxins)와 관련된 지문 내
용 중 'Sleep is known to be a cleaning agent in the
brain, which removes neurotoxins'에서 수면은 뇌의 세
척제로 알려져 있는데, 이는 신경독을 제거한다고 하였으
므로, **agent**가 정답입니다.

remove 제거하다 ▶ flush out 제거하다

4 모든 ....이 수면 부족이 알츠하이머병을 유발한다고 생각하는 것은 아니다.

해설　문제의 핵심어구(Not all ~ believe)와 관련된 지문 내용 중 'some scientists disagree and state that the cause and effect in this scenario should be reversed'와 'They suggest that the increase in these neurotoxins in the brain is the cause of people's inability to sleep, rather than the result.'에서 일부 과학자들은 동의하지 않으며 이 시나리오의 원인과 결과가 뒤바뀌어야 한다고 주장했으며, 그들은 뇌 안에서의 이러한 신경독들의 증가는 결과라기보다는 사람들의 수면 불능의 원인이라고 주장한다고 하였으므로, **scientists**가 정답입니다.

READING PASSAGE 2

펠리칸: 자연의 날아다니는 거인들

지구에서 가장 큰 새들 중 하나로써, 펠리칸은 그들의 거대한 날개, 매우 긴 부리, 둥근 목 주머니로 유명하다. 펠리칸은 사실 모든 새들 중 가장 긴 부리를 가지고 있는데, 가장 큰 것은 18.5인치 길이까지 자란다. [5]그들의 잘 알려진 주머니는 아래쪽 부리 밑에 매달려 있으며 목 주름 피부라고 알려진 것으로 구성되어 있다.

현재 8개의 펠리칸 종들이 존재하는데, 이들은 한데 묶여 펠리칸과를 구성한다. [6]달마시안 펠리칸은 그들 중 가장 크고 또한 모든 나는 새들 종 가운데 가장 무거운 새 중 하나인데, 큰 수컷들은 최대 33파운드까지 무게가 나간다. 크기를 제외하고, 펠리칸 종들 사이의 주된 차이점은 색과 위치이다. 예를 들어, [7]분홍사다새는 날개에 검은색의 끝부분을 가졌으며 대부분 흰색인데, 페루비안 펠리칸은 흰색보다 검은색 깃털이 더 많다.

[9]모든 펠리칸의 서식지는 해안 지역에 있으며, 그들은 무리로 이동하고 사냥할 때 협력하는 대체로 사교적인 새들이다. [10]그들의 식단은 주로 어류로 구성되지만, 또한 양서류, 거북이, 그리고 때때로 다른 새들까지도 먹는 것으로 알려져 있다. 함께 사냥하는 것뿐 아니라, [8]펠리칸은 거대한 군락을 이루어 새끼 새들을 낳아 기른다.

대부분의 펠리칸 종들은 인간 활동으로 위협을 받아 왔으며, 몇몇은 멸종 위기에 처해 있다고 여겨진다. 그들은 주로 인간의 어류 남획으로 인해 그들이 먹을 어류가 더 적어졌기 때문에 감소하고 있지만, 또한 화학 오염물질과 서식지의 파괴로도 위협받고 있다. 그러나, 펠리칸의 개체 수를 보호하려는 환경과 관련된 노력이 진행 중이며, 멸종 직전에 일부 종들을 되살리는 데 상당한 성공이 있었다.

[5-8]

5 펠리칸의 주머니는

6 달마시안 펠리칸은

7 페루비안 펠리칸은

8 펠리칸의 새끼들은

A　색이 훨씬 더 어둡다.
B　가장 무거운 나는 새들 중 하나이다.
C　날지 못하는 새로 분류된다.
D　그들의 부리 아래에 있다.
E　그것의 사냥 기술 측면에서 예외적이다.
F　큰 공동 사회에서 양육된다.

5

해설　문제의 핵심어구(pouches)와 관련된 지문 내용 중 'Their famous pouches dangle beneath the lower beak'에서 그들의 잘 알려진 주머니는 아래쪽 부리 밑에 매달려 있다고 하였으므로, 보기 **D** underneath their beaks가 정답입니다.

바꾸어 표현하기

beneath the lower beak 아래쪽 부리 밑에 ▶ underneath their beaks 부리 아래에

6

해설　문제의 핵심어구(Dalmatian pelican)와 관련된 지문 내용 중 'The Dalmatian pelican is ~ one of the weightiest of all the flying bird species'에서 달마시안 펠리칸은 모든 나는 새들 종 가운데 가장 무거운 새 중 하나라고 하였으므로, 보기 **B** one of the heaviest flying birds가 정답입니다.

바꾸어 표현하기

one of the weightiest of all the flying bird species 모든 나는 새들 종 가운데 가장 무거운 새 중 하나 ▶ one of the heaviest flying birds 가장 무거운 나는 새들 중 하나

7

해설　문제의 핵심어구(Peruvian pelican)와 관련된 지문 내용 중 'the great white pelican is largely white with black tips on its wings, while the Peruvian pelican has more black feathers than white'에서 분홍사다새는 날개에 검은색의 끝부분을 가졌으며 대부분 흰색인데, 페루비안 펠리칸은 흰색보다 검은색 깃털이 더 많다고 하였으므로, 보기 **A** much darker in colour가 정답입니다.

바꾸어 표현하기

has more black feathers than white 흰색보다 검은색 깃털이 더 많다 ▶ is much darker in colour 색이 훨씬 더 어둡다

8

해설　문제의 핵심어구(chicks)와 관련된 지문 내용 중 'pelicans breed and raise their chicks in huge colonies'에서 펠리칸은 거대한 군락을 이루어 새끼 새들을 낳아 기른다고

하였으므로, 보기 **F brought up in large communities**가 정답입니다.

바꾸어 표현하기

breed and raise their chicks in huge colonies 거대한 집단 거주지에서 새끼 새들을 낳아 기른다 ▶ chicks are brought up in large communities 새끼들은 큰 공동 사회에서 양육된다

[9-10]

펠리칸의 특징들

– 부리가 최대 18.5인치까지 길 수 있다
– 9 .... 지역에 산다
– 그들은 대부분 10 ....의 식단으로 생존한다
– 인간의 어류 남획, 오염 물질, 그리고 서식지 상실로 위협받는다

9

해설 문제의 핵심어구(live in)와 관련된 지문 내용 중 'All pelican habitats are in coastal areas'에서 모든 펠리칸의 서식지는 해안 지역에 있다고 하였으므로, **coastal**이 정답입니다.

바꾸어 표현하기

habitats are in coastal areas 서식지가 해안 지역에 있다 ▶ live in coastal regions 해안 지역에 산다

10

해설 문제의 핵심어구(diet)와 관련된 지문 내용 중 'Their diet is mainly made up of fish'에서 그들의 식단은 주로 어류로 구성된다고 하였으므로, **fish**가 정답입니다.

바꾸어 표현하기

diet is ~ made up of 식단이 ~으로 구성된다 ▶ live on a diet of ~의 식단으로 생존한다

문제 유형 공략하기 II

 요약문 완성하기
Summary Completion

DAILY CHECK-UP

p.132

1 (C)	2 (B)	3 B	4 F	5 B	6 E

7 D	8 sea	9 remains			

10 sea creatures	11 B	12 A	13 E	14 C

01

1800년대 초기에, 프랑스 군대는 소리를 전달하기 위해 페이지 위의 돌출된 점들을 이용한 문자 체계를 개발했다. 이는 군인들이 밤에 볼 수 없을 때 조용히 사용하기 위해 의도되었지만, 배우기에 복잡했다. 그것은 여러 개의 열과 행으로부터 기호들을 결합하는 것을 필요로 했다. 이후에, 그 문자 체계는 어릴 때부터 두 눈이 모두 보이지 않았던 한 교육자인 루이 브라유에게 도달하게 되었다. 브라유는 그 체계가 시각장애인들이 읽고 쓰는 것을 가능하게 해주는 데 사용될 수 있다고 생각했다. [1]그는 그것을 재설계했는데, 그것들이 손가락을 바꾸지 않고도 이해되도록 12개의 점 글자를 6개의 점 글자로 바꾸었다. 그는 또한 그것을 알파벳을 직역한 것으로 만들었다. 루이 브라유는 1821년에 그의 문자 체계를 발표했다. 그것은 시각장애인들의 삶을 바꿨는데, 그들은 그때부터 읽고, 쓰고, 교육을 즐길 수 있었다.

브라유의 발명

프랑스 군대는 소리를 전달하기 위해 돌출된 점들을 이용하는 문자 체계를 만들었지만, 그것은 배우기에 어려웠다. 루이 브라유는 이 체계가 시각장애인들에 의해 사용될 수 있다고 생각했기 때문에, 그것을 수정했다. 그는 1 ....이 12개 대신 6개의 점을 가지도록 만들었다.

(A) 열
(B) 행
(C) 글자

1

해설 문제의 핵심어구(six dots instead of twelve)와 관련된 지문 내용 중 'He redesigned it, changing the twelve-dot letters to six-dot letters'에서 그는 그것을 재설계했는데, 12개의 점 글자를 6개의 점 글자로 바꾸었다고 하였으므로, 보기 (C) letters가 정답입니다.

바꾸어 표현하기
changing the twelve-dot letters to six-dot letters 12개의 점 글자를 6개의 점 글자로 바꾸다 ▶ made the letters have six dots instead of twelve 글자가 12개 대신 6개의 점을 가지도록 만들었다

02

많은 사람들은 그것이 직업상의 성공과 경제적 자유에 대한 가능성을 제공하기 때문에 초과 근무를 한다. 분명히, 그것은 재정적인 압박을 줄일 수 있다. 그러나, 비록 긴 시간 동안 일하는 것이 많은 기업에서 일반적이기는 하지만, 의학 연구들은 그것이 건강에 해로울 수 있다는 것을 보여주었다. 한 가지 그와 같은 연구는 [2]과도한 초과 근무가 수면을 취할 수 없는 것으로 이어질 수 있다고 밝혔다. 만약 이것이 정기적으로 긴 기간 동안 발생하면, 비만이 발생할 위험을 증가시킬 수 있다. 또 다른 연구는 긴 시간 동안 일하는 것이 뇌졸중의 위험을 증가시킬 수 있다는 것을 발견했다. 초과 근무를 하는 것은 또한 부정적인 습관의 증가 그리고 긍정적인 습관의 감소와 연관되어 왔다. 예를 들어, 긴 시간 동안 일하는 사람들은 건강하지 않은 음식을 더 많이 먹고 운동은 더 적게 한다.

초과 근무의 부정적인 영향

긴 시간 동안 일하는 것은 많은 회사원들에게 일반적이지만, 그것은 한 사람의 건강에 좋지 않을 수 있다. 한 연구에 따르면, 그것은 2 ....에 부정적인 영향을 미칠 수 있다. 그것은 또한 운동을 적게 하고 건강하지 않은 음식을 먹는 것과 같은, 나쁜 습관들과 연관되어 왔다.

(A) 자유
(B) 수면
(C) 스트레스

2

해설 문제의 핵심어구(a negative effect)와 관련된 지문 내용 중 'too much overtime can lead to an inability to sleep'에서 과도한 초과 근무가 수면을 취할 수 없는 것으로 이어질 수 있다고 하였으므로, 보기 (B) sleeping이 정답입니다.

바꾸어 표현하기
lead to an inability to sleep 수면을 취할 수 없는 것으로 이어지다 ▶ have a negative effect on sleeping 수면에 부정적인 영향을 미치다

03

비록 인류학이 인간에 대한 연구로 정의되어 있기는 하지만, 일부 인류학자들은 인간에 대한 그들의 연구를 동물에 대한 연구와 결합한다. 이것은 그들이 인간과 동물을 비교할 수 있게 하고 그들 사이의 관계를 더 잘 이해할 수 있게 한다. 이것의 한 가지 중요한 측면은 동물의 권리라는 주제이다. 많은 사람들은 동물들이 불필요하게 고통받지 않을 권리와 같은 더 많은 법적 권리를 부여받아야 한다고 주장한다. 3이와 같은 운동가들은 동물들이 실험실의 소유물이 아니며 실험적인 목적으로 이용당하지 않아야 한다고 믿는다. 이것은 특히 생쥐나 쥐와 관련되는데, 이들은 합쳐서 실험실에서 사용되는 모든 동물의 95퍼센트를 차지한다. 일부 운동가들은 더 나아갔다. 4전 하버드 대학 교수인 Steven Wise는 모든 유인원들에게 법적 권리와 함께 인간의 자격을 부여하기 위해 싸워오고 있으며, 최근에, 몇몇 나라들은 이미 헌법에서 이 동물들의 권리를 확장했다.

동물의 권리를 위해 싸우는 것

어떤 사람들은 동물들이 고통을 피할 권리를 포함하여 더 많은 법적 권리를 가져야 한다고 생각한다. 이 운동가들은 또한 동물들이 3 ....에 이용되는 것을 원하지 않는다. 그들은 심지어 특정 동물들이 사람과 동일한 권리를 가지는 것을 원한다. 예를 들어, 한 교수는 4............에게 법적 권리를 주기 위해 노력해오고 있다.

A 수술	B 실험	C 치료
D 쥐	E 개인	F 유인원

3

해설 문제의 핵심어구(animals to be used in)와 관련된 지문 내용 중 'These same campaigners believe that animals do not belong in laboratories and should not be utilised for experimental purposes.'에서 이와 같은 운동가들은 동물들이 실험실의 소유물이 아니며 실험적인 목적으로 이용하지 않아야 한다고 믿는다고 하였으므로, 보기 **B** experiments가 정답입니다.

바꾸어 표현하기
be utilised for experimental purposes 실험적인 목적으로 이용당하다 ▶ be used in experiments 실험에 이용되다

4

해설 문제의 핵심어구(a professor has been striving)와 관련된 지문 내용 중 'Steven Wise, a former Harvard professor, has been fighting to grant all great apes the status of individuals with legal rights'에서 전 하버드 대학 교수인 Steven Wise는 모든 유인원들에게 법적 권리와 함께 인간의 자격을 부여하기 위해 싸워오고 있다고 하였으므로, 보기 **F** apes가 정답입니다.

바꾸어 표현하기
fighting to grant 부여하기 위해 싸우다 ▶ striving to give 주기 위해 노력하다

04

스톤피쉬는 얼룩덜룩한 녹갈색을 띠고 있다. 이 천연색은 그들에게 위장을 제공하고 그들이 돌처럼 보이게 한다. 따라서, 그들은 발견하기 어려울 수 있다. 스톤피쉬의 등에 있는 척추는 물고기가 공격받을 경우 독성 물질을 분비하는 분비선을 가지고 있다. 스톤피쉬는 흔히 얕은 물에 서식하고, 대양저 가까이에서 먹이를 기다리며 시간을 보낸다. 그들의 독은 인간에게 치명적일 수 있지만, 스톤피쉬는 공격적이지 않다. 그러므로, 중독은 보통 사람이 우연히 그 물고기를 밟는 것에서 비롯된다.

다행히도, 5특히 피해자가 치료를 빨리 받을 경우, 스톤피쉬의 독은 거의 사망을 초래하지 않는다. 그럼에도 불구하고, 6만약 사람이 스톤피쉬의 척추를 밟는다면, 그 또는 그녀는 엄청난 고통을 겪을 것이다. 이것은 너무 극심해서 피해자가 움직이지 못할 수 있다. 다른 증상들은 쏘인 상처 주변의 가벼운 부기와 약간의 근력 저하를 포함한다. 쏘인 상처는 또한 심장 주변의 부기를 야기할 수 있다. 최악의 경우, 7사람들은 치명적인 발작을 일으킬지도 모른다. 비록 스톤피쉬들이 매우 위험하기는 하지만, 그럼에도 불구하고 그것들은 일본과 중국을 포함하여 아시아 일부 지역들에서 고급 음식으로 여겨진다.

위험한 스톤피쉬

특히 피해자가 빠른 진료를 받는다면, 스톤피쉬의 5............에 기인하는 사망은 흔하지 않다. 그러나, 스톤피쉬의 척추를 밟는 사람은 극심한 6............을 경험할 것이다. 목숨을 위협할 수 있는 7............을 포함한, 다른 증상들이 있다.

A 쏘임	B 독	C 마비
D 발작	E 고통	F 출혈

5

해설 문제의 핵심어구(Deaths caused by ~ stonefish)와 관련된 지문 내용 중 'stonefish venom is rarely fatal, particularly if the victim receives medical care quickly'에서 특히 피해자가 치료를 빨리 받을 경우, 스톤피쉬의 독은 거의 사망을 초래하지 않는다고 하였으므로, 보기 **B** venom이 정답입니다.

바꾸어 표현하기
venom is rarely fatal 독은 거의 사망을 초래하지 않는다 ▶ Deaths caused by the venom ~ are not common 독에 기인하는 사망은 흔하지 않다

6

해설 문제의 핵심어구(steps on the spines)와 관련된 지문 내

용 중 'if a person stepped on the spines of a stonefish, he or she would suffer extraordinary agony'에서 만약 사람이 스톤피쉬의 척추를 밟는다면, 그 또는 그녀는 엄청난 고통을 겪을 것이라고 하였으므로, 보기 **E** pain이 정답입니다.

바꾸어 표현하기

suffer extraordinary agony 엄청난 고통을 겪다 ► experience extreme pain 극심한 고통을 경험하다

7

해설 문제의 핵심어구(symptoms ~ can be life threatening)와 관련된 지문 내용 중 'people may have fatal seizures'에서 사람들은 치명적인 발작을 일으킬지도 모른다고 하였으므로, 보기 **D** seizures가 정답입니다.

바꾸어 표현하기

fatal seizures 치명적인 발작 ► seizures that can be life threatening 목숨을 위협할 수 있는 발작

05

필리핀에 있는 루손 섬은 화산 폭발의 여파로 형성된 화구호인 장대한 타알 호수의 본원지이다. 그 호수는 거의 10만 년에서 50만 년 전 여러 번의 큰 화산 폭발 이후 형성된 큰 사발 모양의 구멍인 타알 화산의 칼데라에 위치한다. 그러나, 다른 화구호와 다르게, [8]타알 호수는 한때 강에 의해 바다와 연결되어 있었다. 이 연결은 1754년의 폭발로 인해 끊겼는데, 이는 그것이 호수를 바다와 연결했던 Pansipit 강을 막았기 때문이다.

[9]이 폭발 이후에, 호수의 수위가 상승하기 시작했으며 마침내, 몇몇 마을들이 수몰되었다. 이 마을들의 흔적은 여전히 물 아래에서 발견될 수 있다. [10]호수는 오직 이곳에서만 발견되어온 타알 호수 뱀과 같이, 한때는 바다 생물이었던 몇몇 독특한 물고기들의 서식지이다. 호수는 또한 화산섬이라 불리는 섬의 본원지인데, 이곳에서 최근의 폭발들이 발생했다. 이런 폭발들의 영향은 섬을 독특한 모습으로 만들었다. 그것은 자체의 분화구를 가지고 있는데, 이는 크레이터 호라 불리는 작은 호수로 가득 차 있다. 비록 그 화산이 1977년 이래로 휴지 상태에 있기는 하지만, 여전히 활동 중인 것으로 알려져 있으며 면밀히 관찰되고 있다. 이것은 호수의 물이 아래의 화산암에 의해 지속적으로 가열된다는 점에서 분명하다.

타알 호수의 자연적 경이

타알 호수는 필리핀에 있는 한 섬에 위치해 있다. 그것은 타알 화산의 칼데라를 차지하고 있다. 강이 한때 그 호수를 8............에 연결했다. 18세기의 폭발은 이 연결을 파괴했다. 뒤이어, 물이 차오르기 시작했고 많은 9............을 완전히 덮었다. 더욱이, 호수는 타알 호수 뱀과 같은 몇몇 이전의 10............을 포함하는데, 이것은 지구상 다른 어디에서도 발견되지 않는다.

해설 문제의 핵심어구(A river used to connect the lake)와 관련된 지문 내용 중 'Taal Lake used to be connected to the sea by a river'에서 타알 호수는 한때 강에 의해 바다와 연결되어 있었다고 하였으므로, sea가 정답입니다.

바꾸어 표현하기

used to be connected ~ by a river 한때 강에 의해 연결되어 있었다 ► A river used to connect 강이 한때 연결했다

9

해설 문제의 핵심어구(still visible beneath the water)와 관련된 지문 내용 중 'After this eruption, water levels in the lake began to rise and eventually, several towns were submerged. The remains of these towns can still be seen under the water.'에서 이 폭발 이후에 호수의 수위가 상승하기 시작했으며 마침내 몇몇 마을들이 수몰되었고, 이 마을들의 흔적은 여전히 물 아래에서 발견될 수 있다고 하였으므로, remains가 정답입니다.

바꾸어 표현하기

several towns were submerged 몇몇 마을들이 수몰되었다 ► completely covered towns 마을들을 완전히 덮었다

10

해설 문제의 핵심어구(the Lake Taal snake)와 관련된 지문 내용 중 'The lake is home to several unique fish that were once sea creatures, like the Lake Taal snake, which has only been found here.'에서 호수는 오직 이곳에서만 발견되어온 타알 호수 뱀과 같이 한때는 바다 생물이었던 몇몇 독특한 물고기들의 서식지라고 하였으므로, 'unique sea creatures'가 답이 될 수 있습니다. 지시문에서 두 단어 이내로 답을 작성하라고 하였으므로, **sea creatures**가 정답입니다.

바꾸어 표현하기

has only been found here 오직 이곳에서만 발견되어왔다 ► is found nowhere else on earth 지구상 다른 어디에서도 발견되지 않는다

06

영국 남서부에 있는 주들인 콘월주와 데번주는 역사적으로 시골 지역이었지만, 18세기와 19세기에 이 지역은 막대한 광산업 호황에 의해 새로운 형태가 되었다. 두 주들은 구리와 주석이 풍부한 것으로 확인되었는데, 이는 콘월주와 데번주 서부 전역에 깊은 광맥이 있는 수백 개 광산들의 건설을 야기했다. 이런 광산들과 함께 새로운 마을, 소규모 경작지, 차고, 주조 공장 그리고 항구가 생겨났는데, 이 모든 것들은 그 지역 경제의 급진적인 발전에 기여했다. 이 호황의 절정기에, 콘월주와 데번주는 세계 구리의 3분의 2를 공급하고 있었다.

[11]가격이 급락했던 1866년의 구리 폭락은 그 지역에 치명적이었고,

그 지역은 구리 시장에서의 우위를 다시는 되찾지 못했다. 많은 광산들이 버려졌는데, 그것들 중 일부는 오늘날까지 거의 훼손되지 않은 채로 남아있다. 이 광산들의 역사적 중요성은 유네스코에 의해 기념되었는데, 유네스코는 그 지역을 세계 문화유산 보호지역으로 선언했다. ¹²이 지위를 수여함에 있어, 유네스코는 그 지역의 문화적 그리고 경제적 중요성과 함께 많은 광산들의 잘 보존된 상태를 인정했다. 이 광산들에서 개발되었던 기술은, 흔히 광산 기술에 대한 그들의 지식을 전하기 위해 멀리 떨어진 지역으로 여행했던 콘월주의 광부들을 통해 세계로 퍼져나갔다.

그 지역 자체에 대한 광산의 문화적 그리고 경제적 중요성은 이제 Redruth Pasty & Mining Festival에서 기념된다. 콘월주 레드루스 마을의 이 연례 축제는 광산 아래에서 목숨을 잃은 이들을 특히 강조하며 광부들을 기린다. ¹³축제는 또한 지역의 문화에 대한, 소고기와 야채를 채워 구운 파이인 콘월주 패스티의 중요성에 찬사를 표한다. ¹⁴광부들은 이것들을 광산 아래로 가져가곤 했는데, 식기 없이 먹을 수 있었으며 완벽하고 영양이 풍부한 끼니를 만들어주었기 때문이었다.

콘월주와 데번주의 세계 문화유산 광산

콘월주와 데번주의 구리와 주석 광산업은 한때 세계에서 가장 거대했다. 그러나, 그것은 19세기 후반의 구리 폭락 이후 11 ....한 지위를 잃었다. 최근에, 유네스코는 그 지역을 세계 문화유산 지역으로 지정함으로써 이 광산업의 중요성을 인정했다. 이 수여는 산업의 역사와 광산 그 자체의 12 ....한 상태를 인정했다. 최근 몇 년간, 광산들은 레드루스의 연례 축제에서 기념되어오고 있다. 이 행사는 또한 광산 아래에서 먹었던 아주 14 ....한 파이인, 콘월주 패스티의 13 ....한 가치를 기념한다.

A 훼손되지 않은 B 우세한 C 영양분이 많은
D 경제적인 E 문화적인 F 많은 돈이 드는

11

해설 문제의 핵심어구(after the copper crash)와 관련된 지문 내용 중 'The copper crash of 1866 ~ was devastating to the region, and it never recovered its dominance of the copper market.'에서 1866년의 구리 폭락은 그 지역에 치명적이었고, 그 지역은 구리 시장에서의 우위를 다시는 되찾지 못했다고 하였으므로, 보기 **B** dominant가 정답입니다.

바꾸어 표현하기
never recovered its dominance 우위를 다시는 되찾지 못했다
▶ lost its dominant position 우세한 지위를 잃었다

12

해설 문제의 핵심어구(The award recognised)와 관련된 지문 내용 중 'In rewarding this status, UNESCO recognised the well-preserved condition of many of

---

the mines'에서 이 지위를 수여함에 있어, 유네스코는 많은 광산들의 잘 보존된 상태를 인정했다고 하였으므로, 보기 **A** undamaged가 정답입니다.

바꾸어 표현하기
the well-preserved condition 잘 보존된 상태
▶ the undamaged state 훼손되지 않은 상태

13

해설 문제의 핵심어구(the Cornish Pasty)와 관련된 지문 내용 중 'The festival also pays tribute to the importance of the Cornish Pasty ~ to the culture of the area.'에서 축제는 또한 지역의 문화에 대한 콘월주 패스티의 중요성에 찬사를 표한다고 하였으므로, 보기 **E** cultural이 정답입니다.

바꾸어 표현하기
pays tribute to ~에 찬사를 표하다 ▶ commemorates ~을 기념하다

14

해설 문제의 핵심어구(eaten down the mines)와 관련된 지문 내용 중 'Miners would take these down the mines, as they ~ formed a complete, nutrient-rich meal.'에서 광부들은 이것들을 광산 아래로 가져가곤 했는데, 완벽하고 영양이 풍부한 끼니를 만들어주었기 때문이었다고 하였으므로, 보기 **C** nourishing이 정답입니다.

바꾸어 표현하기
nutrient-rich 영양이 풍부한 ▶ nourishing 영양분이 많은

DAILY TEST

p.140

1 avant-garde movement   2 (ballet) costume
3 concert halls   4 choreographers
5 improvisation   6 E   7 A   8 B   9 F
10 structures   11 chemicals

READING PASSAGE 1

전통적인 것에서 현대적인 것으로

현대 무용의 발전

무용은 한때 매우 전통적이고 관습적인 예술 형태였지만, 그것은 현대 무용의 도입과 함께 변했는데, 이는 무용에서 가능했던 것의 한계를 확장했다. ¹20세기가 시작될 즈음에, 현대 무용은 아방가르드 운동에서 생겨났다. 아방가르드 무용은 혁신적인 표현 방식이었다. ²그것은 무용가가 관습적인 발레 의상을 입고 공연하는 것을 요구하지 않았다. 오히려, 일상의 느낌을 표현하기 위해 그들이 티셔츠나 청바

지 같은 평상시의 복장을 입도록 했다. 가장 중요한 것은, 아방가르드 무용이 보통 공원, 교회 그리고 길에서 공연되었다는 것이다. ³이것은 전통적인 무용과 반대되었는데, 그것은 공연장과 같은 공식적인 장소에서 공연되었다.

확실히, 전통 무용과 현대 무용의 기본 구성 방식은 현저하게 달랐다. ⁴전통적인 접근법은 체계적인 방식을 따랐으며 무용에 대한 줄거리가 있었는데, 이는 거의 항상 안무가들에 의해 제작되었다. ⁵반면에, 현대 무용은 오직 음악만을 필요로 했고 즉흥적 공연에 의존했다. 가끔은, 심지어 이조차 요구하지 않았으며 때로는 해석을 제공하는 무용의 방식을 취했다. 아방가르드 무용은 박식하지 않거나 예술의 품위 있는 후원자도 아니었던 사람들을 포함하여 다양한 관객들의 관심을 끌었다. 따라서, 관심이 있고 열린 마음을 가진 누구라도 아방가르드 무용을 즐길 수 있었다.

아방가르드 무용에 있어 중요한 방식적 차이는 무용가들이 그들 스스로를 표현하는 것을 선택하는 방식이었다. 예를 들어, 그들은 때때로 무용 공연 중에 수다를 떨었다. 무용 단체들은 좀 더 폭넓은 공연적 문맥에서 무용가들의 예술을 포함할 새로운 방법을 찾았다. 이것이 반영된 한 방식은 단체의 이름 선택에서였다. 아방가르드 운동 이전에는, 공연단은 주로 상주 안무가의 이름을 따서 명명되었는데, 이는 'Zeferelli의 무용단' 또는 'Radoyanov 발레 공연단'과 같은 이름을 낳았다. 그러나, 운동의 발달 이후에, 그들은 '정점'을 의미하는 'Acme'와 같이 관계없거나 또는 더 의미심장한 명칭을 선택했다.

[1-5]

무용의 새로운 형태

현대 무용은 20세기의 1 ....에서 태어났다. 그것은 창의적인 표현 방식이었다. 무용의 이 새로운 형태는 전통적인 2 ....을 요구하지 않았고 평상시의 복장을 허락했다. 또한, 무용은 3 ....과 같은 공식적인 장소에서 개최될 필요가 없었다. 전통적인 무용은 보통 4 ....에 의해 제작되었다. 반대로, 현대 무용은 단지 음악만 필요로 했고 5 ....에 의존했다.

1

해설 문제의 핵심어구(Modern dance was born from)와 관련된 지문 내용 중 'Around the beginning of the 20th century, modern dance arose out of the avant-garde movement.'에서 20세기가 시작될 즈음에, 현대 무용은 아방가르드 운동에서 생겨났다고 하였으므로, **avant-garde movement**가 정답입니다.

바꾸어 표현하기
arose out of ~에서 생겨났다 ▶ was born from ~에서 태어났다

2

해설 문제의 핵심어구(allowed casual clothes)와 관련된 지문 내용 중 'It did not require dancers to perform in a conventional ballet costume. Rather, it allowed them

to wear casual clothes'에서 그것은 무용가가 관습적인 발레 의상을 입고 공연하는 것을 요구하지 않았으며 오히려 평상시의 복장을 입도록 했다고 하였으므로, **(ballet) costume**이 정답입니다.

3

해설 문제의 핵심어구(take place at official locations)와 관련된 지문 내용 중 'This contrasted with traditional dance, which was performed in official places like concert halls.'에서 이것은 전통적인 무용과 반대되었는데, 그것은 공연장과 같은 공식적인 장소에서 공연되었다고 하였으므로, **concert halls**가 정답입니다.

바꾸어 표현하기
was performed in official places 공식적인 장소에서 공연되었다 ▶ take place at official locations 공식적인 장소에서 개최되다

4

해설 문제의 핵심어구(Traditional dance was usually produced by)와 관련된 지문 내용 중 'The traditional approach ~ had a story to the dance, which was almost always produced by choreographers.'에서 전통적인 접근법은 무용에 대한 줄거리가 있었는데, 이는 거의 항상 안무가들에 의해 제작되었다고 하였으므로, **choreographers**가 정답입니다.

5

해설 문제의 핵심어구(modern dance ~ depended on)와 관련된 지문 내용 중 'Modern dance ~ needed only music and relied on improvisation.'에서 현대 무용은 오직 음악만을 필요로 했고 즉흥적 공연에 의존했다고 하였으므로, **improvisation**이 정답입니다.

바꾸어 표현하기
relied on ~에 의존했다 ▶ depended on ~에 의존했다

READING PASSAGE 2

꿀벌들: 여왕의 물질

벌집에는 항상 한 마리의 여왕벌이 있으며, 그녀는 일벌보다 현저히 크고 일하지 않는 수컷 벌인 수벌보다 길다. 그러나, ⁶그녀의 날개는 몸보다 훨씬 짧으며 길고 점점 가늘어지는 복부를 덮지 못한다. 그녀는 빛나는 몸에 반짝이는 금빛 털을 가지고 있다. ⁷여왕벌은 또한 침을 가지고 있지만, 공격적인 일벌과 다르게, 벌집의 침입자들과 싸우지 않는다. 그녀의 침은 오직 상대 여왕벌들과 싸우기 위해 사용된다. 더욱이, ¹⁰그녀는 꽃가루, 꿀, 혹은 물을 얻기 위해 밖으로 나가지 않으며, 따라서 그것들을 모으기 위한 어떠한 해부학상의 구조도 가지고

있지 않다. 마지막으로, 여왕으로서, 보통 스스로 먹이를 먹지 않는다.

여왕벌은 벌집의 활동을 조절하는 몇 가지 페로몬을 방출한다. 아마틀림없이, 이것들 중 가장 중요한 것은 '여왕 물질'인데, 이것은 다른 암컷 벌들의 번식 체계를 억제하며, 그들 자신의 여왕벌 칸을 만들거나 알을 낳는 것을 저해한다. 이런 방식으로, [8]그 페로몬은 여왕벌이 벌집에서 유일하게 번식하는 암컷임을 확실히 하며, 또한 그녀와 짝짓기를 하도록 수벌을 유혹하는 기능을 한다. 여왕 물질은 또한 여왕벌이 벌떼와 함께 벌집을 떠날 때 벌들을 한데 모이게 한다. [9]분봉은 원래의 여왕벌이 새로운 지역에 군락을 이루기 위해 떠날 때 발생한다. 대략 60퍼센트의 벌이 그녀를 따르고, 한편 나머지는 원래의 벌집을 유지하고 새로운 여왕벌을 육성하기 위해 남는다.

여왕벌에 의해 생산되는 부가적인 페로몬은 벌집 건설과 자손 양육을 활발하게 하는 데 큰 영향을 미친다. [11]벌집 건설의 경우, 사이먼 프레이저 대학의 M. N. Ledoux가 이끈 연구는 벌집 건설을 자극하는 특정한 화학 물질이 오직 짝짓기를 한 여왕에게서만 많은 양으로 생산된다는 것을 밝혀냈다.

[6-9]

여왕벌로서의 삶

각각의 벌집에는 오직 한 마리의 여왕벌이 있다. 여왕벌은 다른 벌들보다 크지만, 그녀의 6 ....은 그녀의 몸보다 훨씬 짧다. 비록 여왕벌이 침을 가지고 있기는 하지만, 그녀는 7 ....과 싸우지 않는다. 여왕 물질은 중요한 페로몬이며 그것은 다른 암컷들에 의한 8 ....이 없다는 것을 보장한다. 또한, 그것은 여왕벌이 벌집을 떠나면 벌떼를 한데 모이게 한다. 벌들은 원래의 여왕이 새로운 9 ....을 건설하기 위해 떠날 때 분봉한다.

| A 침략자 | B 번식 | C 장소 |
| D 다리 | E 날개 | F 군락 |

6

해설 문제의 핵심어구(shorter than her body)와 관련된 지문 내용 중 'her wings are much shorter than her body'에서 그녀의 날개는 몸보다 훨씬 짧다고 하였으므로, 보기 **E** wings가 정답입니다.

7

해설 문제의 핵심어구(the queen has a sting)와 관련된 지문 내용 중 'The queen also has a sting, but ~ she does not fight hive intruders.'에서 여왕벌은 또한 침을 가지고 있지만 벌집의 침입자들과 싸우지 않는다고 하였으므로, 보기 **A** invaders가 정답입니다.

바꾸어 표현하기
fight hive intruders 벌집의 침입자들과 싸우다 ▶ fight invaders 침략자들과 싸우다

8

해설 문제의 핵심어구(queen substance)와 관련된 지문 내용 중 'the pheromone ensures that the queen is the only reproductive female in the hive'에서 그 페로몬은 여왕벌이 벌집에서 유일하게 번식하는 암컷임을 확실히 한다고 하였으므로, 보기 **B** reproduction이 정답입니다.

바꾸어 표현하기
the queen is the only reproductive female 여왕벌이 벌집에서 유일하게 번식하는 암컷이다 ▶ there is no reproduction by other females 다른 암컷들에 의한 번식이 없다

9

해설 문제의 핵심어구(Bees swarm)와 관련된 지문 내용 중 'Swarming occurs when the old queen leaves to colonise a new area.'에서 분봉은 원래의 여왕벌이 새로운 지역에 군락을 이루기 위해 떠날 때 발생한다고 하였으므로, 보기 **F** colony가 정답입니다.

바꾸어 표현하기
colonise a new area 새로운 지역에 군락을 이루다 ▶ establish a new colony 새로운 군락을 건설하다

[10-11]

10 여왕벌은 꽃가루나 꿀을 모으기 위한 ....을 몸에 가지고 있지 않다.

해설 문제의 핵심어구(for collecting pollen or nectar)와 관련된 지문 내용 중 'she does not go out to get pollen, nectar, or water, and therefore has no anatomical structures for gathering these things'에서 그녀는 꽃가루, 꿀, 혹은 물을 얻기 위해 밖으로 나가지 않으며, 따라서 그것들을 모으기 위한 어떠한 해부학상의 구조도 가지고 있지 않다고 하였으므로, 'anatomical structures'가 답이 될 수 있습니다. 지시문에서 한 단어로만 답을 작성하라고 하였으므로, **structures**가 정답입니다.

바꾸어 표현하기
has no anatomical structures 어떠한 해부학상의 구조도 가지고 있지 않다 ▶ does not have structures on her body 구조를 몸에 가지고 있지 않다

11 짝짓기를 한 여왕벌들은 벌집 건설을 위해 많은 양의 특정 종류의 ....을 만든다.

해설 문제의 핵심어구(comb building)와 관련된 지문 내용 중 'In the case of comb building ~ the specific chemicals that stimulate comb building are only produced in high quantities by queens that have mated.'에서 벌집 건설의 경우 벌집 건설을 자극하는 특정한 화학 물질이 오직 짝짓기를 한 여왕에게서만 많은 양으로 생산된다고 하

였으므로, **chemicals**가 정답입니다.

specific chemicals 특정한 화학 물질 ▶ certain kinds of chemicals 특정 종류의 화학 물질

 2일 관련 정보 짝짓기
Matching Features

DAILY CHECK-UP
p.148

1 Bud Lane	**2** David Harrison	**3** Carl Gauss
4 Euclid	**5** Drazen Prelec	**6** Dan Gilbert
7 Drazen Prelec	**8** B	**9** C	**10** A	**11** C
12 B	**13** C	**14** B	**15** A

01

언어들은 영원히 지속되지 않으며, 오늘날 점점 더 빠른 속도로 사라지고 있다. 희귀한 언어들에 대해 더 많이 배우기 위해 전 세계를 여행해 온 David Harrison과 같은 언어학자들은, 사라질 위기에 처한 언어들을 기록하고 보존하기를 바란다. 한 사례에서, [2]Harrison은 시베리아에 있는 투바 사람들과 살았는데, 여기서 그는 그들과 함께 일했고 염소 목동이 되었다. 거기 있는 동안, 그는 투바어를 배웠는데, 이는 전 세계에 오직 28만 명의 구사자만 보유하고 있다. 유사하게, Harrison의 친구인 Bud Lane은 오리건주에 있는 실레츠 인디언들의 언어인 실레츠어에 대해 사람들에게 알리기 위해 노력해 왔다. 그는 실레츠 부족의 구성원이며, 실레츠어의 마지막 남은 유창한 구사자이다. [1]Lane은 14,000개의 실레츠 단어로 온라인 사전을 만드는 것을 도왔으며 학자들과 다른 아메리카 원주민들이 그 언어를 배우는 것에 관심을 가지게 되기를 희망한다.

1 온라인 실레츠어 사전을 만드는 것을 도왔다

해설 문제의 핵심어구(an online Siletz dictionary)와 관련된 지문 내용 중 'Lane has helped to create an online dictionary with 14,000 Siletz words'에서 Lane은 14,000개의 실레츠 단어로 온라인 사전을 만드는 것을 도왔다고 하였으므로, **Bud Lane**이 정답입니다.

2 투바 사람들과 함께 시베리아에서 일했다

해설 문제의 핵심어구(Tuvan people)와 관련된 지문 내용 중 'Harrison lived with the Tuvan people in Siberia, where he worked with them'에서 Harrison은 시베리아에 있는 투바 사람들과 살았는데, 여기서 그는 그들과

함께 일했다고 하였으므로, **David Harrison**이 정답입니다.

02

그리스의 수학자 유클리드는 기하학의 창시자로 알려져 있다. 대부분의 역사에서, 기하학에 대한 그의 견해는 유일하게 가능한 형식이라고 받아들여졌으며, 기하학의 이러한 원형은 'Euclidean'으로 불린다. [4]유클리드의 교본인 '원론'에서, 그는 오늘날 학교에서 가르치는 기본적인 원리들을 확립했다. 그러나, 19세기에 이르러, 수학자들은 기하학을 새로운 방식으로 추구하기 시작했다. 예를 들어, 카를 가우스는 유클리드의 기하학을 비판하기 시작했다. [3]가우스는 유클리드의 기하학이 평평한 우주에 기반하고 있지만, 우주는 사실 곡선 모양일 수 있다고 제안했다. 만약 우주가 곡선 모양이라면, 유클리드 기하학의 일부 가설들은 유효하게 작용하지 않을 것이다. 예를 들어, 유클리드는 평행선들이 항상 서로 같은 거리를 유지한다고 가정했다. 그러나 곡선 모양의 우주에서, 우주를 통과하여 뻗어 나갈 때, 그것들은 서로 더 가까워지거나 멀리 떨어질 것이다.

3 우주가 평평하지 않을 수도 있다고 제안했다

해설 문제의 핵심어구(universe might not be flat)와 관련된 지문 내용 중 'Gauss suggested that ~ the universe could actually be curved.'에서 가우스는 우주가 사실 곡선 모양일 수 있다고 제안했다고 하였으므로, **Carl Gauss**가 정답입니다.

could ~ be curved 곡선 모양일 수 있다 ▶ might not be flat 평평하지 않을 수도 있다

4 오늘날의 학교에서 가르치는 기본적인 법칙을 만들었다

해설 문제의 핵심어구(basic rules ~ taught in today's schools)와 관련된 지문 내용 중 'In Euclid's textbook *The Elements*, he established the fundamental principles that are taught in schools today.'에서 유클리드의 교본인 '원론'에서, 그는 오늘날 학교에서 가르치는 기본적인 원리들을 확립했다고 하였으므로, **Euclid**가 정답입니다.

established the fundamental principles 기본적인 원리들을 확립했다 ▶ created the basic rules 기본적인 법칙을 만들었다

03

경제학자들은 종종 소비자들이 합리적인 결정을 내린다고 가정한다. 그러나, 마케팅 교수인 [5]Drazen Prelec은 소비 행위가 항상 합리적인 것은 아니라고 믿으며, 두 집단을 데리고 한 실험에서 이를 입증했다. 첫 번째 집단은 농구 시합 표를 받았지만 현금으로만 지불할 수 있었고, 두 번째 집단은 같은 제안을 받았지만 신용 카드로 지불해야

했다. [7]Prelec은 단지 지불 방법이 달랐다는 이유로 같은 제품에 대해 두 번째 집단이 첫 번째 집단보다 지불을 할 의향이 두 배 더 있었다는 것을 발견했다. 하버드 대학 심리학자인 [6]Dan Gilbert는 사람들이 이렇게 좋지 못한 소비 결정을 내리는 한 가지 이유는 그들이 무언가를 소유하는 것에 대한 불이익을 고려하지 않아서라고 생각한다. 예를 들어, 산에 있는 오두막을 구매하는 것은 많은 사람들에게 흥미로워 보일 수 있지만, 실제로 산장에서 사는 것은 평화로운 만큼 지루할 수 있다.

5 소비 행동이 때로는 비합리적임을 보여주기 위해 실험을 이용했다

> 해설 문제의 핵심어구(used an experiment)와 관련된 지문 내용 중 'Drazen Prelec believes that spending behaviour is not always rational, and he demonstrated this in an experiment with two groups'에서 Drazen Prelec은 소비 행위가 항상 합리적인 것은 아니라고 믿으며, 두 집단을 데리고 한 실험에서 이를 입증했다고 하였으므로, **Drazen Prelec**이 정답입니다.
>
> **바꾸어 표현하기**
> not always rational 항상 합리적인 것은 아니다 ▶ is sometimes irrational 때로는 비합리적이다

6 사람들이 무언가를 소유하는 것의 부정적인 측면에 대해 생각하지 않는다고 믿는다

> 해설 문제의 핵심어구(the negative side of owning something)와 관련된 지문 내용 중 'Dan Gilbert thinks one reason people make such poor spending decisions is that they do not take into account the disadvantages of owning something'에서 Dan Gilbert는 사람들이 이렇게 좋지 못한 소비 결정을 내리는 한 가지 이유는 그들이 무언가를 소유하는 것에 대한 불이익을 고려하지 않아서라고 생각한다고 하였으므로, **Dan Gilbert**가 정답입니다.
>
> **바꾸어 표현하기**
> do not take into account the disadvantages 불이익을 고려하지 않는다 ▶ do not think about the negative side 부정적인 측면에 대해 생각하지 않는다

7 지불 방법이 사람들이 얼마나 지불할 의향이 있었는지에 영향을 미쳤음을 발견했다

> 해설 문제의 핵심어구(payment method)와 관련된 지문 내용 중 'Prelec found that the second group was willing to pay twice as much as the first group for the same product just because the method of payment was different.'에서 Prelec은 단지 지불 방법이 달랐다는 이유로 같은 제품에 대해 두 번째 집단이 첫 번째 집단보다 지불을 할 의향이 두 배 더 높았다는 것을 발견했다고 하였으므로, **Drazen Prelec**이 정답입니다.

04

학술 출판은 교수 및 학자들의 논설과 연구 논문의 출판에 관한 것이다. 대학들이 출판사가 학술지를 출판하는 것에 너무 큰 비용을 부과하고 있다고 불평함에 따라 이 분야는 최근에 논쟁의 중심이 되었다. 교수들은 또한 학술지에 실리는 것에 대해 저자들에게 대금을 청구하는 출판업자들을 비판했다. 대부분의 학술 출판사들은 저자에게 보수를 지급하지 않으며, 다수는 학술지의 질을 보장해주는 동등 비평에 대해 보수를 지급하지 않는다. [8]이 문제는 케임브리지 대학 교수 Tim Gowers에 의해 폭로되었는데, 그는 주요 과학 및 기술 출판사 중 하나인 'Elsevier'사를 위해 글을 쓰거나 검토하는 것을 거부할 것이라고 말했다. Gowers는 자신의 항의가 출판사의 비즈니스모델의 변화에 영향을 주기를 희망한다고 말했다.

다른 한편으로, 출판 협회의 Stephen Lotinga는 학술 출판사들이 '학문적인 정보 교환에 매우 많이' 투자하며 '기관들에 유용성을 제공'하기 때문에 수수료가 정당하다고 시사했다. [10]Lotinga는 '개개의 연구원'이 알지 못하는 출판의 많은 분야가 있다고 주장한다. [9]이는 임페리얼 칼리지의 물리학자인 Adrian Sutton을 포함한 수많은 학자들에 의해 논쟁되어 왔는데, 그는 교수들이 '모두 출판사의 노예'라고 말했다. 교수들과 출판업자들이 너무나 대립되는 신념을 가지고 있기 때문에, 이 문제는 곧 해결될 것 같지는 않아 보인다.

8 그는 항의로서 학술 출판사를 위해 글 쓰는 것을 그만두었다.

9 그는 학술 출판을 노예제도에 비유했다.

10 그는 사람들이 학술 출판의 많은 부분에 대해 알지 못한다고 생각한다.

> **사람들 리스트**
> A Stephen Lotinga
> B Tim Gowers
> C Adrian Sutton

8

> 해설 문제의 핵심어구(stopped writing ~ as a protest)와 관련된 지문 내용 중 'The issue was brought to light by the Cambridge academic Tim Gowers, who said that he would refuse to write or review for one of the major science and technology publishers, *Elsevier*.'와 'Gowers stated that he hoped his protest would effect a change in the publisher's business model.'에서 이 문제는 케임브리지 대학 교수 Tim Gowers에 의해 폭로되었는데, 그는 주요 과학 및 기술 출판사 중 하나인 'Elsevier'사를 위해 글을 쓰거나 검토하는 것을 거부할 것이라고 말했으며, 자신의 항의가 출판사의 비즈니스모델의 변화에 영향을 주기를 희망한다고 말했다고 하였으므로, 보기 **B Tim Gowers**가 정답입니다.

9

해설 문제의 핵심어구(academic publishing to slavery)와 관련된 지문 내용 중 'This has been contested by numerous scholars including Adrian Sutton ~ who said that academics 'are all slaves to publishers'.'에서 이는 Adrian Sutton을 포함한 수많은 학자들에 의해 논쟁되어 왔는데, 그는 교수들이 '모두 출판사의 노예'라고 말했다고 하였으므로, 보기 **C** Adrian Sutton이 정답입니다.

10

해설 문제의 핵심어구(people do not know about many parts of academic publishing)와 관련된 지문 내용 중 'Lotinga claims that there are many areas of publishing that 'the individual researcher' isn't aware of.'에서 Lotinga는 '개개의 연구원'이 알지 못하는 출판의 많은 분야가 있다고 주장한다고 하였으므로, 보기 **A** Stephen Lotinga가 정답입니다.

바꾸어 표현하기

isn't aware of 알지 못한다 ▶ do not know about ~에 대해 알지 못한다

05

대부분의 관광객들은 자연의 아름다움을 경험하기 위해 캐나다에 오지만, 그곳에는 다양하고 아주 흥미로운 박물관들도 있다. 가장 인기 있는 곳 중 하나는 캐나다 자연사 박물관이다. 이 박물관은 7개의 전시실로 나뉘는데, 각각은 자연사의 특정한 측면을 보여준다. 예를 들어, 화석 전시실은 공룡 모형들로 유명하다. 한편, 물 전시실은 대왕고래 해골을 특징으로 한다.

최근 수십 년 동안, 캐나다의 다양성에 더 초점이 맞춰져 왔는데, 이는 제21번 부두의 캐나다 이민 박물관에서 명백하게 드러난다. 이 박물관은 한때 이민자들을 위한 처리 기관이었던 원양 정기선 터미널을 사용하고 있다. [12]뉴욕의 엘리스 섬과 자주 비교되는 제21번 부두는 1928년에서 1971년 사이에 출입국 관리 시설로 활용되었는데, 그 기간 동안 100만 명이 넘는 이민자들이 이 부두를 통해 들어왔다. 제21번 부두에 있는 이 박물관은 단순히 캐나다 이민자들의 이야기를 하는 것이 아니라 어떻게 이민자들의 물결이 나라의 문화를 형성했는지를 보여준다.

캐나다의 다른 주요 기관 중 하나는 캐나다 인권 박물관이다. [11]그 건물은 건축가 Antoine Predock에 의해 설계되었는데, 그는 '희망의 탑'으로 알려진 탑이 위에 놓인 혁신적인 나선형 구조물을 만들었다. 그러나, 그것의 개장에는 논쟁이 수반되었다. 첫째로, 건물은 원주민의 묘지에 세워졌으며, 둘째로, 비평가들은 박물관이 토착 부족들에 대한 캐나다의 처우를 다루지 않았다고 말했다.

A 캐나다 자연사 박물관
B 캐나다 이민 박물관
C 캐나다 인권 박물관

11 그것은 독창적인 건축 설계를 특징으로 한다.

해설 문제의 핵심어구(an inventive architectural design)와 관련된 지문 내용 중 'The building was designed by the architect Antoine Predock, who created an innovative spiral structure topped with a tower'에서 캐나다 인권 박물관은 건축가 Antoine Predock에 의해 설계되었는데, 그는 탑이 위에 놓인 혁신적인 나선형 구조물을 만들었다고 하였으므로, 보기 **C** The Canadian Museum for Human Rights가 정답입니다.

바꾸어 표현하기

an innovative ~ structure 혁신적인 구조물 ▶ an inventive architectural design 독창적인 건축 설계

12 그것은 뉴욕에 있는 유사한 장소와 비교되어 왔다.

해설 문제의 핵심어구(compared to a similar location in New York)와 관련된 지문 내용 중 'Often compared to New York's Ellis Island, Pier 21 was utilised as an immigration facility'에서 뉴욕의 엘리스 섬과 자주 비교되는 제21번 부두는 출입국 관리 시설로 활용되었다고 하였으므로, 보기 **B** The Canadian Museum of Immigration이 정답입니다.

06

20세기 초, 항공기는 사람들이 우편물을 발송하고 수신하는 방식에 혁명을 일으켰다. [15]최초의 항공 우편 비행기는 영국 항공 기술자인 Geoffrey de Havilland에 의해 전쟁용으로 처음 설계되었다. De Havilland의 DH-4 항공기는 전 세계에서 구매되었다. [15]그러나 그것들은 항공 우편에서의 사용을 위해 변형되어야만 했다. 이것은 앞쪽의 조종석을 화물 구역으로 전환하는 것뿐만 아니라, 조종 장치를 수리하는 것 또한 필요로 했다. 미국 우편 사업은 100대의 변형된 항공기들을 구매했고 샌프란시스코와 뉴욕 사이의 항공 우편 사업을 설립하는 데 그것들을 사용했다.

1926년에, [14]Bill Boeing은 모델 40A 항공기를 발표했는데, 이것은 공랭식 엔진을 특징으로 했다. 이 엔진은 91킬로그램 더 가벼웠기 때문에 이전의 수랭식 엔진보다 상당한 이점을 제공했다. 이것이 항공 우편물을 나르기 위해 사용되었을 때, 경량 설계는 최대 최대 450킬로그램 더 많은 무게가 한 대의 항공기로 운반되는 것이 가능하게 했다. 1926년은 또한 미국에서 통일된, 정부에 의해 운영되는 항공 우편 사업이 존재했던 마지막 해였다. 1927년부터, 항공 우편 사업은 5개의 경로로 나뉘었고 영리 기업들이 그것들을 운영하기 위해 입찰에 응하도록 요청받았다.

가장 흥미로운 아이디어 중 하나는 치과의사이자 항공 애호가인 Lytle Adams로부터 나왔다. 우편 항공사들이 소도시에 멈추는 것이 수익성이 없으리라는 것을 깨닫고, [13]Adams는 우편이 시골 지역에서 멈추지 않고 배달되고 수거될 수 있는 체계를 개발했다. 비행기는 땅의 두 개 기둥 사이의 줄에 매달린 우편물 가방을 잡아채기 위해 갈고리를 사용하면서 동시에 우편물을 떨어뜨렸다. 이 계획은 미국에서 1938년에 채택되었고, 제2차 세계 대전 동안 우편물의 양이 급등함에 따라 급속히 확장되었다. 그러나 우편물이 트럭으로 수송되기 시작하면서, 그것은 전쟁이 끝난 후에 곧 폐기되었다.

13 시골 지역을 위한 직통 항공 우편 체계를 개발했다

14 공기에 의해 냉각되는 엔진을 특징으로 하는 비행기를 발표했다

15 항공 우편에서의 사용을 위해 나중에 변경되었던 전투기를 설계했다

사람들 리스트
A Geoffrey de Havilland
B Bill Boeing
C Lytle Adams

13

해설 문제의 핵심어구(non-stop airmail system)와 관련된 지문 내용 중 'Adams developed a system whereby mail could be delivered and picked up from rural areas without stopping'에서 Adams는 우편이 시골 지역에서 멈추지 않고 배달되고 수거될 수 있는 체계를 개발했다고 하였으므로, 보기 **C** Lytle Adams가 정답입니다.

바꾸어 표현하기
a system whereby mail could be delivered and picked up ~ without stopping 우편이 멈추지 않고 배달되고 수거될 수 있는 체계 ▶ a non-stop airmail system 직통 항공 우편 체계

14

해설 문제의 핵심어구(an engine cooled by air)와 관련된 지문 내용 중 'Bill Boeing unveiled his Model 40A airplane, which featured an air-cooled engine'에서 Bill Boeing은 모델 40A 항공기를 발표했는데, 이것은 공랭식 엔진을 특징으로 했다고 하였으므로, 보기 **B** Bill Boeing이 정답입니다.

바꾸어 표현하기
which featured an air-cooled engine 공랭식 엔진을 특징으로 했다 ▶ featuring an engine cooled by air 공기에 의해 냉각되는 엔진을 특징으로 하는

15

해설 문제의 핵심어구(warplanes that were later altered)

와 관련된 지문 내용 중 'The first airmail planes were originally designed for warfare by British aviation engineer Geoffrey de Havilland.'와 'Yet they had to be modified for use in airmail.'에서 최초의 항공 우편 비행기는 영국 항공 기술자인 Geoffrey de Havilland에 의해 전쟁용으로 처음 설계되었으나, 그것들은 항공 우편에서의 사용을 위해 변형되어야만 했다고 하였으므로, 보기 **A** Geoffrey de Havilland가 정답입니다.

바꾸어 표현하기
modified for use in airmail 항공 우편에서의 사용을 위해 변형되다 ▶ altered for use in airmail 항공 우편에서의 사용을 위해 변경되었던

DAILY TEST
p.154

1 B	2 D	3 A	4 C	5 B	6 C
7 A	8 E	9 B	10 feminist movement		
11 structure					

READING PASSAGE 1

운동은 인지 건강을 향상시키는가?

새로운 연구는 우리의 신체 건강을 향상시킬 뿐만 아니라, 운동이 우리의 인지 건강에도 긍정적인 영향을 미친다는 것을 보여준다. 그러한 운동의 한 가지 긍정적인 정신적 영향은 캘리포니아 대학의 뇌 영상 연구에서 발견되었다. 이 연구는 운동 중 뇌가 탄수화물의 섭취를 늘린다는 것을 발견했다. [5]Richard Maddock 교수에 따르면, 뇌는 신경 전달 물질의 생성을 증가시키기 위해 탄수화물을 연료로 사용한다. [1]Maddock은 운동하는 동안 뇌는 자연스러운 반응으로 '필수 요소들이 있는 저장소를 가득 채우며', 이것이 전체적인 뇌의 효율을 향상시킬 수 있다고 믿는다.

연구는 또한 아이들의 두뇌 발달은 신체 운동의 수준에 따라 영향을 받을 수 있다는 것을 보여주었다. 이것은 일리노이 대학의 한 연구에서 밝혀졌는데, 이는 자주 운동했던 10살짜리 아이들에게서 기억력을 담당하는 뇌의 한 부분인 해마가 더 컸다는 것을 발견했다. 박사 과정 중인 학생 [2]Laura Chaddock은 신체적으로 건강한 어린이들이 또한 '상관 기억 과제'를 더 잘 수행했다고 말했다. [4]이 연구를 이끈 Art Kramer 교수는, '부모에게서 열등한 유전자를 물려받으면, 그것을 고칠 수는 없다'고 말했다. 그러나, Kramer는 운동을 통해, 사람들이 그들의 발전에 대해 무언가를 할 수 있다고 제시한다.

운동은 또한 창의성에 대한 우리 두뇌의 능력에도 유사하게 긍정적인 영향을 미칠 수 있다. 스탠포드 대학 연구원들의 연구는 걷기가 창의성을 증진시킨다는 가설을 실험했다. 연구원들은 피실험자 대부분이 앉아있을 때보다 걸을 때 약 60퍼센트 더 창의적이라는 것을 알아냈다. [3]이 연구의 저자인 Marily Oppezzo는 이것은 걷는 것이 '창의성의 시작 단계에서 도움이 될 수 있다'는 것을 보여주었다고 말했다. 이 연구는 운동이 얼마나 영감에 중요할 수 있는지를 보여주며,

뇌가 건강하고 활동적인 신체의 부분이 되는 것으로부터 얼마나 이익을 얻는지를 강조한다.

[1-5]

1 운동 중 두뇌는 필수 요소의 섭취를 늘린다.

2 좋은 체형의 아이들은 기억력 과제를 더 잘 했다.

3 산책을 하는 것은 영감의 초기 단계에 있는 사람에게 도움이 될 수 있다.

4 좋지 않은 유전자는 변할 수 없지만, 운동은 도움이 될 수 있다.

5 운동 중에 탄수화물은 뇌에서 연료로 사용된다.

> **연구원 리스트**
> A Marily Oppezzo
> B Richard Maddock
> C Art Kramer
> D Laura Chaddock

1

해설 문제의 핵심어구(intake of vital elements)와 관련된 지문 내용 중 'Maddock believes that the brain is 'filling up its stores of essential ingredients' ~ while exercising'에서 Maddock은 운동하는 동안 뇌가 '필수 요소들이 있는 저장소를 가득 채운다'고 믿는다고 하였으므로, 보기 **B** Richard Maddock이 정답입니다.

> **바꾸어 표현하기**
> is filling up its stores of essential ingredients 필수 요소들이 있는 저장소를 가득 채운다 ▶ increases its intake of vital elements 필수 요소의 섭취를 늘린다

2

해설 문제의 핵심어구(a memory task)와 관련된 지문 내용 중 'Laura Chaddock said that physically fit children also performed better on a 'relational memory task''에서 Laura Chaddock은 신체적으로 건강한 어린이들이 또한 '상관 기억 과제'를 더 잘 수행했다고 말했다고 하였으므로, 보기 **D** Laura Chaddock이 정답입니다.

> **바꾸어 표현하기**
> physically fit children 신체적으로 건강한 어린이들 ▶ Children who were in good shape 좋은 체형의 아이들

3

해설 문제의 핵심어구(Taking a walk)와 관련된 지문 내용 중 'The study's author Marily Oppezzo said this showed that walking could 'help you at the beginning stages of creativity'.'에서 이 연구의 저자인 Marily Oppezzo는 이것이 걷는 것은 '창의성의 시작 단계에서 도움이 될 수 있다'는 것을 보여주었다고 말했다고 하였으므로, 보기 **A** Marily Oppezzo가 정답입니다.

> **바꾸어 표현하기**
> at the beginning stages of creativity 창의성의 시작 단계에서 ▶ in the early phases of inspiration 영감의 초기 단계에 있는

4

해설 문제의 핵심어구(bad genes can't be changed)와 관련된 지문 내용 중 'Professor Art Kramer ~ said, 'If you get some inferior genes from your parents, you can't really fix that.''과 'However, Kramer suggests that, through exercise, people can do something about their development.'에서 Art Kramer 교수는 '부모에게서 열등한 유전자를 물려받으면, 그것을 고칠 수는 없다'고 말했지만, 운동을 통해 사람들이 그들의 발전에 대해 무언가를 할 수 있다고 제시한다고 하였으므로, 보기 **C** Art Kramer가 정답입니다.

> **바꾸어 표현하기**
> inferior genes 열등한 유전자 ▶ bad genes 좋지 않은 유전자

5

해설 문제의 핵심어구(Carbohydrates are used as fuel)와 관련된 지문 내용 중 'According to Professor Richard Maddock, the brain uses carbohydrates as fuel to increase its production of neurotransmitters.'에서 Richard Maddock 교수에 따르면, 뇌는 신경 전달 물질의 생성을 증가시키기 위해 탄수화물을 연료로 사용한다고 하였으므로, 보기 **B** Richard Maddock이 정답입니다.

> **바꾸어 표현하기**
> the brain uses carbohydrates as fuel 뇌는 탄수화물을 연료로 사용한다 ▶ Carbohydrates are used as fuel in the brain 탄수화물은 뇌에서 연료로 사용된다

READING PASSAGE 2

성별과 언어학

1960년대 이래로, 다양한 페미니스트 이론가들은 언어가 본질적으로 성차별적일 수 있는지 의문을 제기해 왔다

성별이 언어에 영향을 미친다는 생각은 이제 일반적으로 받아들여진다. 그러나, 20세기 후반부의 오랜 시간 동안 이 생각은 매우 논란이 많았으며 격렬한 학술 논쟁의 주제였다. [10]성별과 언어에 대한 언어학적 분석은 1960년대 페미니즘 운동이 급격히 인기를 얻자마자 시작되었다. [11]이 기간 동안, 이론가들은 성차별주의를 언어의 구조에 깊숙이 박혀 있는 것으로 여기기 시작했다. 이것은 페미니스트

작가 Susan Speer가 언어학적으로 그리고 정치적으로 '성적 정체성이 이해되어야' 하는 방식이라고 서술한 것에 대한 새로운 관심을 동반했다.

언어에 대한 페미니스트 접근법은 성차별주의가 일상 언어의 일부라는 것을 암시했다. [8]정치 이론가 Robin Morgan은 언어의 구조가 '여성들의 상황을 반영한다'고 말했다. Morgan은 '우리는 심지어 우리 자신의 이름도 가지고 있지 않고, 남편의 이름으로 대체할 때까지 아버지의 이름을 지닌다'고 설명했다. 이것은 Robin Lakoff에 의해 그대로 되풀이되었는데, 그녀는 여성의 사회적 지위를 유지시키는 '여성의 언어 사용 형태'가 있다고 주장했다. [9]Lakoff는 여성들이 더 많이 사과하고, 욕설을 피하며, 덜 단도직입적인 방식으로만 요청을 하는 경향이 있다고 지적했다. Lakoff의 연구는 어떻게 여성들이 자신의 화법을 제한하도록 강요받는지를 보여주었기 때문에 매우 영향력이 있었다.

[6]이론가 Jennifer Coates는 성별과 언어에 대한 다양한 이론들을 설명하기 위한 분류 방법을 제시했다. Coates는 네 가지 접근법을 식별했는데, 그 중 한 가지는 '결손 접근법'이었고, 이는 여성들의 언어 사용이 불충분하다고 제시했다. 반면에, '차이 접근법'은 남성들과 여성들이 언어적으로 구별된다고 보았다. 이는 Deborah Tannen에 의해 설명되었는데, 그녀는 남성들의 '보고 표현법'과 여성들의 '관계 표현법'을 대조했다. [7]Tannen은 이것이 남성들은 스포츠와 같이 그들이 지식이 있는 것에 관해 자주 이야기하고, 반면 여성들은 더 많은 질문을 하고 그렇게 함으로써 관계를 쌓는다는 점에서 분명했다고 믿었다.

[6-9]

6 성별과 언어를 바라보는 네 가지 방식이 있다.

7 남성들은 그들의 지식을 나누기 위해 언어를 사용한다.

8 여성들의 상황은 이름들이 사용되는 방식에서 분명하다.

9 여성은 무언가를 간접적으로 요청할 가능성이 더 높다.

사람들 리스트

A Deborah Tannen
B Robin Lakoff
C Jennifer Coates
D Susan Speer
E Robin Morgan

6

해설 문제의 핵심어구(four ways to view gender and language)와 관련된 지문 내용 중 'The theorist Jennifer Coates provided a method of categorisation to describe the various theories of gender and language. Coates identified four approaches'에서 이론가 Jennifer Coates는 성별과 언어에 대한 다양한 이론

들을 설명하기 위한 분류 방법을 제시했으며, 네 가지 접근법을 식별했다고 하였으므로, 보기 **C** Jennifer Coates가 정답입니다.

7

해설 문제의 핵심어구(Men use language)와 관련된 지문 내용 중 'Tannen believed that this was apparent in the way men often talk about something they have knowledge about'에서 Tannen은 이것이 남성들은 그들이 지식이 있는 것에 관해 자주 이야기한다는 점에서 분명했다고 믿었다고 하였으므로, 보기 **A** Deborah Tannen이 정답입니다.

바꾸어 표현하기
talk about something they have knowledge about 그들이 지식이 있는 것에 관해 이야기한다 ▶ use language to share their knowledge 그들의 지식을 나누기 위해 언어를 사용한다

8

해설 문제의 핵심어구(the way names are used)와 관련된 지문 내용 중 'The political theorist Robin Morgan said that the structure of language 'reflects women's condition'.'과 'Morgan explained that, 'We do not even have our own names, but bear that of the father until we exchange it for that of a husband.''에서 정치 이론가 Robin Morgan은 언어의 구조가 '여성들의 상황을 반영한다'고 말했으며, '우리는 심지어 우리 자신의 이름도 가지고 있지 않고, 남편의 이름으로 대체할 때까지 아버지의 이름을 지닌다'고 설명했다고 하였으므로, 보기 **E** Robin Morgan이 정답입니다.

바꾸어 표현하기
women's condition 여성들의 상황 ▶ Women's situation 여성들의 상황

9

해설 문제의 핵심어구(ask for things indirectly)와 관련된 지문 내용 중 'Lakoff noted that women tend to ~ make requests in a less direct way.'에서 Lakoff는 여성들이 덜 단도직입적인 방식으로만 요청을 하는 경향이 있다고 지적했다고 하였으므로, 보기 **B** Robin Lakoff가 정답입니다.

바꾸어 표현하기
make requests in a less direct way 덜 단도직입적인 방식으로 요청을 하다 ▶ ask for things indirectly 간접적으로 요청하다

성별과 언어 분석의 시작

사람들은 **10** ....이 시작되고 난 후 1960년대에 성별과 관련하여 언어를 연구하기 시작했다. 그들의 분석은 성차별주의가 언어의 **11** ....에 뿌리내리고 있었음을 보여주었다. 다음 수십 년의 흐름 동안, 담화와 성별을 이해하기 위해 채택할 수 있는 서로 다른 접근법들을 보여주는 다양한 이론들이 소개되었다.

10

해설 문제의 핵심어구(during the 1960s)와 관련된 지문 내용 중 'The linguistic analysis of gender and language began soon after the feminist movement took off in the 1960s.'에서 성별과 언어에 대한 언어학적 분석은 1960년대 페미니즘 운동이 급격히 인기를 얻자마자 시작되었다고 하였으므로, **feminist movement**가 정답입니다.

바꾸어 표현하기

soon after the feminist movement took off 페미니즘 운동이 급격히 인기를 얻자마자 ▶ after the feminist movement began 페미니즘 운동이 시작되고 난 후

11

해설 문제의 핵심어구(sexism was rooted in)와 관련된 지문 내용 중 'During this period, theorists started to see sexism as something embedded in the structure of language.'에서 이 기간 동안, 이론가들은 성차별주의를 언어의 구조에 깊숙이 박혀 있는 것으로 여기기 시작했다고 하였으므로, **structure**가 정답입니다.

바꾸어 표현하기

embedded in ~에 깊숙이 박혀 있는 ▶ was rooted in 뿌리내리고 있었다

(3일) 단락 고르기
Matching Information

DAILY CHECK-UP

p.162

| 1 (A) | 2 (B) | 3 (A) | 4 A | 5 B | 6 B |
| 7 C | 8 C | 9 A | 10 B | 11 C | |

01

지구의 지각 아래에 있는 암석층은 맨틀이라고 불린다. 약 2,900km

두께인 이것은 가장 거대한 지층이며 지구 질량의 대부분을 포함한다. [1]맨틀의 윗부분은 단단하고 견고하지만, 더 깊은 깊이에서는, 강한 열기가 암석이 좀 더 액체와 같이 움직이도록 한다. 그러나, 극단적으로 높은 압력은 암석이 완전히 녹는 것을 막는다. 이것은 섭씨 1,000도가 넘는 온도에서 '가소성이 좋게' 되며 흐를 수 있다. 이 형태에서, 그것은 도로와 고속도로를 만들기 위해 부어지고 펼쳐지는 뜨거운 아스팔트와 비슷한 밀도이다. 맨틀의 이런 부분을 형성하는 물질들은 주로 철, 마그네슘, 알루미늄, 실리콘, 그리고 산소 화합물로 구성된다.

1 (A) 깊이가 지각의 견고함에 어떻게 영향을 미치는지에 대한 언급
      (B) 지구 지각의 화학적 구성에 대한 언급

해설 지문 내용 중 'The upper part of the mantle is solid and firm, but at greater depths, the intense heat causes the rock to behave more like a liquid.'에서 맨틀의 윗부분은 단단하고 견고하지만, 더 깊은 깊이에서는 강한 열기가 암석이 좀 더 액체와 같이 움직이도록 한다고 하였으므로, 보기 (A) mention of how depth affects the mantle's firmness가 정답입니다.

02

텔레파시는 지난 100년 동안 심리학에서 논란이 많은 영역이었다. 그것은 종종 다른 사람의 마음을 읽을 수 있는 능력으로 정의된다. 그러나, 더 구체적으로, 그것은 다른 사람이 실체가 있는 어떠한 신호도 제공하지 않은 채로, 한 사람이 그 사람의 생각과 감정에 접근하는 것이다. 텔레파시는 종종 일란성 쌍둥이와 관련이 있는데, 이들은 자주 비슷한 생각과 감정을 가지고 있다고 말하며 따라서 많은 실험의 연구 대상이 되어왔다. 그러나, 심리학자 Susan Blackmore에 의해 수행된 실험에서, 쌍둥이는 의도적으로 특정 생각이나 감정을 상대에게 전달할 수 없었다. [2]과학자들은 쌍둥이에게서 보고되는 특수한 연결은 공유된 선호도, 정서적으로 애착을 느끼는 것, 그리고 많은 시간을 함께 보내는 것으로 설명될 수 있다고 믿는다. 텔레파시는 실험 중에 의식적으로 입증되거나 재현되지 못하기 때문에, 그것은 아마도 과학보다는 소설의 영역에 속한다.

2 (A) 지난 100년 동안 어떻게 텔레파시가 변해왔는지에 대한 기술
      (B) 쌍둥이가 왜 특별한 유대를 가진 것으로 보고되는지에 대한 설명

해설 지문 내용 중 'Scientists believe that the special connection reported in twins can be explained by shared preferences, being emotionally attached, and spending so much of their time together.'에서 과학자들은 쌍둥이에게서 보고되는 특수한 연결은 공유된 선호도, 정서적으로 애착을 느끼는 것, 그리고 많은 시간을 함께 보내는 것으로 설명될 수 있다고 하였으므로, 보기 (B) an explanation for why twins are reported to have a special bond가 정답입니다.

the special connection reported in twins 쌍둥이에게서 보고되는 특수한 연결 ▶ twins are reported to have a special bond 쌍둥이는 특별한 유대를 가진 것으로 보고된다

03

달빛은 지구에 도달하는 달로부터의 빛이다. 사실상 모든 달빛은 실제로는 달의 표면에 의해 반사되고 밤하늘에 흩어진 태양 광선이다. 그러나, 매우 적은 양의 달빛은 또한 멀리 떨어진 별들의 빛에서 온다. ³보름달 기간 동안, 달빛은 달을 직접적으로 바라보는 관찰자에게는 강렬해 보이지만, 보름달조차도 태양 밝기의 단지 백만 분의 일에 불과하다. 그리고 보름달이 아닐 때 이 밝기는 급격하게 약해진다. 상현과 하현에, 달의 50퍼센트가 밝게 비쳐지지만, 이 반달들은 보름달 달빛의 약 8 퍼센트만 공급한다. 그러나, 적당한 양의 달빛조차도 밤하늘에 상당한 영향을 미칠 수 있으며, 그것은 천문학자들의 시야에서 일부 더 희미한 별들, 성운들, 그리고 혜성들을 가릴 수 있다.

3 (A) 태양의 밝기가 보름달과 어떻게 비교되는지
 (B) 태양계의 특정 대상을 관찰하는 가장 좋은 시간에 대한 예시들

해설 지문 내용 중 'During a full moon, moonlight appears intense to an observer looking directly at the moon, but even a full moon is a mere one-millionth of the brightness of the sun.'에서 보름달 기간 동안 달빛은 달을 직접적으로 바라보는 관찰자에게는 강렬해 보이지만, 보름달조차도 태양 밝기의 단지 백만 분의 일에 불과하다고 하였으므로, 보기 (A) how the brightness of the sun compares with a full moon이 정답입니다.

04

A 문화적 풍습으로서, 이야기하기는 인류 역사 전반에 걸쳐 공통적이었다. 이는 인간이 이야기에 깊게 뿌리 박고 있기 때문인데, 즉, 우리는 우리를 둘러싼 세계를 이야기를 통해 이해한다. 이야기들은 어린이들을 사로잡고 그들의 언어 능력을 확장하는 것 둘 다의 수단이기 때문에 이야기하기는 또한 언어 학습에서 필수적이다. 이는 이야기하기가 읽고 쓰는 능력의 수준에 긍정적인 영향을 끼친다는 것을 보여주는 수많은 연구에 의해 증명되어 왔다. 예를 들어, '유아기 교육 학술지'의 한 연구는 ⁴네 살에서 다섯 살 어린이들의 언어 능력은 교사가 정기적으로 그들과 함께 독서를 하는 경우 현저하게 향상되었다는 것을 발견했다.

B 그러나, 어린이 교육의 이 기본적인 요소는 독서의 감소 때문에 위험에 처해 있다. ⁵정기적으로 독서하는 아이들의 수는 약 10퍼센트까지 하락했다고 추정되는 한편, 9세에서 17세 사이 청소년의 약 50퍼센트만이 재미를 위해 책을 읽는 것을 즐긴다고 말한다. 이것은 놀랄 만한 추세인데, 이는 어린아이들의 교육 전망에 부정적인 영향을 끼칠 수 있다. 너무 늦기 전에 이것을 바로잡기

위해 함께 일하는 것이 부모들과 교사들에게 달려 있다.

4 학교에서 독서하는 것의 긍정적인 영향에 대한 언급

해설 문제의 핵심어구(reading in school)와 관련된 지문 내용 중 단락 A의 'the language ability of children ~ noticeably improved if teachers regularly read stories with them'에서 어린이들의 언어 능력은 교사가 정기적으로 그들과 함께 독서를 하는 경우 현저하게 향상되었다고 하였으므로, 단락 A가 정답입니다.

teachers ~ read stories with them 교사가 그들과 함께 독서를 한다 ▶ reading in school 학교에서 독서하는 것

5 자주 독서를 하는 어린이 수의 감소에 대한 언급

해설 문제의 핵심어구(a decline in the number of children)와 관련된 지문 내용 중 단락 B의 'It is estimated that the number of children who read regularly has dropped by around 10 per cent'에서 정기적으로 독서하는 아이들의 수는 약 10퍼센트까지 하락했다고 추정된다고 하였으므로, 단락 B가 정답입니다.

the number of children who read regularly has dropped 정기적으로 독서하는 아이들의 수는 하락했다 ▶ a decline in the number of children reading frequently 자주 독서를 하는 어린이 수의 감소

05

A 과거 1800년대 초반에는, 어마어마한 들소 무리가 미국 중서부를 가로질러 끝이 안 보이게 뻗어 있었다. 아메리카 인디언들에 의해 수 세기 동안 사냥되기는 했지만, 그것들의 수는 여전히 상당했다. 유럽의 식민지화 이후에도, 들소는 미시시피강 서부 지역에서 번성했다. 1870년에, 미국 평야에는 약 1200만 마리의 들소가 있었다. 그러나, 1880년대 중반까지 들소는 거의 멸종될 만큼 사냥되었다.

B 여러 요인들이 그들의 급격한 감소에 기여했다. 총을 구하기가 쉬워져서, 들소가 대규모로 사냥될 수 있었다. 또한, 경제 발전은 들소 가죽에 대한 고정적인 시장을 창출했고, 들소 가죽을 가공하기 위한 강력한 제혁업이 발달했다. 들소 가죽으로 만든 옷이 유행했고, ⁶제조업자들은 들소 가죽이 기계에 동력을 공급하는 벨트로 만들어질 수 있다는 것을 알아냈다. 철도망의 확장 또한 사냥꾼들이 들소의 영역에 더 쉽게 접근할 수 있게 됨에 따라 들소 사냥의 급격한 증가에 기여했다.

C 어떤 이들은 들소 사냥의 호황을 골드러시와 비교했다. 어려운 경제 상황으로 고통받던 농장 노동자들은 돈을 벌겠다는 희망을 가지고 들소를 사냥하기 위해 몰려들었다. ⁷이 치열한 사냥의 한 결과는 들소의 공급이 수요를 초과하여 들소 가죽 가격이 하락했다는 것이었다. 캔자스주 다지 시티의 한 유명한 역사적 사진

에는, 마당에 4만 마리의 들소 가죽 무더기가 있다. 그러한 가죽은 1870년대 중반에 단지 1달러의 가치가 있었을 것이다.

6 들소 가죽이 제조업자에 의해 사용된 목적의 예시

> 해설 문제의 핵심어구(bison hides were used by industrialists)와 관련된 지문 내용 중 단락 B의 'industrialists discovered that bison hides could be made into belts that powered machinery'에서 제조업자들은 들소 가죽이 기계에 동력을 공급하는 벨트로 만들어질 수 있다는 것을 알아냈다고 하였으므로, 단락 **B**가 정답입니다.

7 공급과 수요가 들소 가죽의 가격에 어떻게 영향을 주었는지에 대한 언급

> 해설 문제의 핵심어구(the price of bison hides)와 관련된 지문 내용 중 단락 C의 'One consequence of this intensive hunting was that the supply of bison exceeded demand and the price of bison hide fell.'에서 이 치열한 사냥의 한 결과는 들소의 공급이 수요를 초과하여 들소 가죽 가격이 하락했다는 것이었다고 하였으므로, 단락 **C**가 정답입니다.

06

A 상징적 상호 작용주의라고도 알려진 상징적 상호 작용 이론은 개인의 행동을 설명하기 위해 사회학에서 사용되는 핵심적인 이론적 견해 중 하나이다. [9]이 이론은 사람들이 그들을 둘러싼 세상에 대한 해석에 기반하여 결정을 내린다고 믿었던 영향력 있는 독일 사회학자 막스 베버로 거슬러 올라갈 수 있다. 20세기 초에, 이 견해는 조지 허버트 미드에 의해 다시 다루어졌는데, 그는 그것을 개인이 세상의 사물들과 어떻게 연관되는지를 이해하는 수단으로 재구성했다.

B '마음, 자신 그리고 사회'라는 제목의 책으로 출판된 Mead의 견해는, 세상에 대한 사람들의 이해가 객관적인 진실에 기반하기보다는 어떻게 사회적으로 형성되는지를 보여주었다. 이것은 모든 물리적 물체, 추상적 개념, 그리고 사회적 체계가 각각의 개인이 그것들에 속하는 것으로 생각하는 주관적인 의미에 의해 정의된다고 제안한다. 이 의미들은 물체들 자체의 고유한 것이 아니라 사회적 상호작용을 통해 형성된다. 이것의 한 예는 샴페인 한 병일 수 있는데, 이는 사치와 부를 의미한다. [10]이것들은 샴페인의 어떠한 특징에도 기반하지 않는 사회적으로 결정된 의미이다.

C 이 이론의 근본적인 요소는 개인의 행동이나 믿음에 관한 한 주관적인 상징들이 실제 사실보다 더 중요하다는 생각이었다. 따라서, [8]청소년들은 비록 건강상의 위험을 알고 있더라도 멋있는 것에 대한 연상 때문에 흡연을 시작할 것이다. 그러므로 그들은 건강에 대한 실질적인 영향보다 흡연의 상징적 의미를 우선시한다. 마찬가지로, 한 인종의 우월함에 대한 인종 차별적인 발상은

그들이 틀렸다는 증거에도 불구하고 특정 사회에서 지속될 수 있다. [11]이런 상황에서, 사회적으로 만들어진 인종의 의미는 사실의 자리를 차지한다.

8 상징적 의미에 기반하여 행동하는 특정 연령 집단에 대한 기술

> 해설 문제의 핵심어구(a certain age group acting on the basis of symbolic meanings)와 관련된 지문 내용 중 단락 C의 'teenagers will take up smoking because of its association with being cool'과 'They therefore prioritise the symbolic meaning of smoking over its actual effects on their health.'에서 청소년들은 멋있는 것에 대한 연상 때문에 흡연을 시작할 것이며, 그러므로 그들은 건강에 대한 실질적인 영향보다 흡연의 상징적 의미를 우선시한다고 하였으므로, 단락 **C**가 정답입니다.

> **바꾸어 표현하기**
> prioritise the symbolic meaning 상징적 의미를 우선시한다
> ▶ acting on the basis of symbolic meanings 상징적 의미에 기반하여 행동하는

9 그의 견해가 상징적 상호작용 이론에 영감을 준 이론가에 대한 언급

> 해설 문제의 핵심어구(a theorist ~ inspired symbolic interaction theory)와 관련된 지문 내용 중 단락 A의 'This theory can be traced to Max Weber, an influential German sociologist who believed that people make decisions based on their interpretation of the world around them.'에서 이 이론은 사람들이 그들을 둘러싼 세상에 대한 해석에 기반하여 결정을 내린다고 믿었던 영향력 있는 독일 사회학자 막스 베버로 거슬러 올라갈 수 있다고 하였으므로, 단락 **A**가 정답입니다.

> **바꾸어 표현하기**
> This theory can be traced to 이 이론은 ~으로 거슬러 올라갈 수 있다 ▶ a theorist whose ideas inspired 그의 견해가 영감을 준 이론가

10 사회적으로 만들어진 의미에 의해 정의되는 음료의 예시

> 해설 문제의 핵심어구(a drink ~ defined by socially constructed meanings)와 관련된 지문 내용 중 단락 B의 'These are socially determined meanings that are not based on any properties of the champagne.'에서 이것들은 샴페인의 어떠한 특징에도 기반하지 않는 사회적으로 결정된 의미라고 하였으므로, 단락 **B**가 정답입니다.

> **바꾸어 표현하기**
> socially determined meanings 사회적으로 결정된 의미
> ▶ defined by socially constructed meanings 사회적으로 만들어진 의미에 의해 정의되는

11 사회적인 의미에 기반한 인종에 관한 생각에 대한 언급

해설 문제의 핵심어구(ideas about race)와 관련된 지문 내용 중 단락 C의 'In this situation, the socially constructed meaning of race takes the place of the facts.'에서 이런 상황에서 사회적으로 만들어진 인종의 의미는 사실의 자리를 차지한다고 하였으므로, 단락 **C**가 정답입니다.

> **바꾸어 표현하기**
>
> the socially constructed meaning of race 사회적으로 만들어진 인종의 의미 ▶ ideas about race being based on social meanings 사회적인 의미에 기반한 인종에 관한 생각

DAILY TEST

1 C	**2** B	**3** C	**4** A	**5** A	**6** C
7 B	**8** B	**9** A			

READING PASSAGE 1

해외 확장의 실패: 왜 일부 기업들은 다국적 기업이 되는 것에 실패하는가

A 일단 한 기업이 한 국가에서 일정 수준의 시장 우위에 도달하면, 주주 측의 자연스러운 추측은 그것이 해외로 확장하리라는 것이다. 그러나, 이것을 성공적으로 시작하는 것은 매우 힘들 수 있다. 실제로, ⁴소매 업체들의 많은 사례가 있는데, 그들은 전략적인 잘못을 저지르면서 해외로 확장하기를 시도하는 회사들의 상당한 부분을 차지한다. 이것들은 흔히 그들에게 수백만 혹은 심지어 수십억 달러를 잃게 할 수 있다.

B 기업들이 해외로 이동할 때 저지르는 가장 흔한 실수는 '한 치수가 모두에게 맞는다'라고 가정하는 것이다. 이 접근법은 나라들 간 문화적 차이를 고려하지 않으며 브랜드의 강점이 그것을 성공적으로 만들 것이라고 가정한다. 이것은 영국의 한 철물 체인점의 경우 사실이었다. 국내 시장에서 우위를 차지한 후, 그들은 중국으로의 확장을 계획했는데, 이곳의 증가하는 중산층과 호황기의 주택 시장은 성공을 위한 이상적 조건으로 보였다. 그러나, ²그들은 중국인들이 스스로 집을 개조하는 것을 가난의 상징으로 생각한다는 것을 알지 못했다. 사실, 그들은 다른 사람들이 그것을 하도록 고용하는 것을 선호한다. 그 체인점은 곧 확장을 포기했다.

C 미국의 주요한 슈퍼마켓 체인점은 독일 시장으로 진입하려고 시도했을 때 비슷한 경험을 했다. 그들의 독일 상점들은 판매 직원들이 고객들에게 미소를 짓고 제품을 가방에 담아주도록 하는 미국의 관행을 도입했다. ¹미국인들과 다르게, 독일인들은 이런 방식의 고객 서비스를 불쾌하다고 생각했는데, 일부 고객들은 미소를 추파를 던지는 것으로 해석했다. ³그 슈퍼마켓 체인점은 또한 고용 정책을 바꾸는 데 실패했고 그들이 미국에서 하던 대로 직원들을 가게에서 가게로 이동시켰는데, 이 정책은 많은 독일인들을 그만두도록 만들었다. 철물 체인점과 마찬가지로, 그 슈퍼마

켓은 한 치수가 모두에게 맞는 것이 아님을 알게 되었다.

[1-4]

1 두 나라에서 고객 서비스에 대한 태도가 어떻게 다른지

해설 문제의 핵심어구(attitudes to customer service differ)와 관련된 지문 내용 중 단락 C의 'Unlike Americans, Germans found this style of customer service off-putting'에서 미국인들과 다르게, 독일인들은 이런 방식의 고객 서비스를 불쾌하다고 생각했다고 하였으므로, 단락 **C**가 정답입니다.

2 사람들이 집 개조를 위해 누군가에게 돈을 지불하는 것을 선호하는 국가의 예시

해설 문제의 핵심어구(people prefer to pay someone for home improvement)와 관련된 지문 내용 중 단락 B의 'they did not realise that Chinese people see doing renovations to their homes themselves as a sign of poverty – they prefer to hire others to do it'에서 그들은 중국인들이 스스로 집을 개조하는 것을 가난의 상징으로 생각하며, 사실 다른 사람들이 그것을 하도록 고용하는 것을 선호한다는 것을 알지 못했다고 하였으므로, 단락 **B**가 정답입니다.

> **바꾸어 표현하기**
>
> hire others to 다른 사람들이 ~하도록 고용하다 ▶ pay someone for ~을 위해 누군가에게 돈을 지불하다

3 근로자들을 이동시키는 것에 관한 평판이 좋지 못한 관행에 대한 언급

해설 문제의 핵심어구(moving workers)와 관련된 지문 내용 중 단락 C의 'The supermarket chain ~ relocated their employees from store to store ~ a policy that led many Germans to quit.'에서 그 슈퍼마켓 체인점은 직원들을 가게에서 가게로 이동시켰는데, 이 정책은 많은 독일인들을 그만두도록 만들었다고 하였으므로, 단락 **C**가 정답입니다.

> **바꾸어 표현하기**
>
> relocated their employees from store to store 직원들을 가게에서 가게로 이동시켰다 ▶ moving workers 근로자들을 이동시키는 것

4 해외 확장이 일반적인 산업에 대한 언급

해설 문제의 핵심어구(an industry in which overseas expansion is common)와 관련된 지문 내용 중 단락 A의 'there are many examples of retail companies, which make up a significant portion of companies that attempt to expand internationally, making strategic errors'에서 소매 업체들의 많은 사례가 있는데, 그들은 전략적인 잘못을 저지르면서 해외로 확장하기를 시도하는 회사들의 상당한 부분을 차지한다고 하였으므로, 단락 **A**가 정답입니다.

READING PASSAGE 2

농업에서의 무인 항공기 혁명

A 대부분의 전문가들은 향후 10년 동안, 무인 항공기가 농부들을 위한 비용을 절감하고 효율을 향상시킴으로써 농업 분야에 상당한 영향을 끼칠 것이라는 데 동의한다. 중요한 것은, [5]무인 항공기는 농부들에게 작물의 상태에 대한 실시간 정보를 제공할 수 있고, 그렇게 함으로써 큰 비용이 들고 시간이 많이 걸리는 유인 관찰에 대한 필요성을 없앤다는 것이다. 이것은 오하이오 주립 대학의 Scott Shearer 교수와 같은 농업 전문가들이 무인 항공기가 '우리가 알고 있는 농업을 변화시킬 것'이라고 예측하게 했다.

B [7]농업에 있어 무인 항공기의 잠재적인 응용은 토양의 수분을 측정하는 것에서부터 잡초를 발견하고 해충 출몰의 정확한 위치를 찾는 것에까지 이르며 다양한데, 이 모든 것들은 공중에서 수행될 수 있다. 캘리포니아주에 있는 UC 머시드 대학의 공학 교수인 YangQuan Chen은 이러한 무인 항공기의 응용은 '우리의 상상력에 의해서만 제한된다'라고 말한다. 실제로, 변경된 무인 항공기는 화학 성분이 분석될 수 있도록 착륙하여 토양의 견본까지도 채취할 수 있었다. Chen에 따르면, 이러한 종류의 융통성은, 무인 항공기가 '농업에 대단히 중요하게' 되리라는 것을 의미한다. [9]Chen은 심지어 무인 항공기가 농업에 대한 영향력에 있어 트랙터와 상응할 것이라고 제안하기까지 한다.

C [8]농업에서 무인 항공기의 사용은 3D Robotics사의 공동 창립자이자 최고경영자인 Chris Anderson이 '점진적인 데이터 기반 농업을 향한 추세'라고 부르는 것의 일부이다. Anderson에 따르면, 농부들은 높은 작물 수확량을 보장하기 위해 그들의 농장이 최대의 효율로 작동하는지를 확실히 해야만 한다. 이는 농장들이 농부들의 도움과 함께, 점점 더 컴퓨터에 의해 운영되고 있다는 것을 의미한다. [6]무인 항공기는 모든 농업 활동을 조정하는 컴퓨터망의 일부가 될 것이다. 그것들은 농업에서 인간 노동력이 성취하지 못했던 수준의 정확도를 가능하게 할 것이다.

[5-7]

5 최신 정보를 제공하는 무인 항공기에 대한 언급

해설 문제의 핵심어구(up-to-date information)와 관련된 지문 내용 중 단락 A의 'drones can provide farmers with real-time data about the health of their crops'에서 무인 항공기는 농부들에게 작물의 상태에 대한 실시간 정보를 제공할 수 있다고 하였으므로, 단락 **A**가 정답입니다.

바꾸어 표현하기
real-time data 실시간 정보 ▶ up-to-date information 최신 정보

6 무인 항공기가 다른 농장 기술들과 어떻게 통합될 것인지에 대한 언급

해설 문제의 핵심어구(integrate with other farm technologies)와 관련된 지문 내용 중 단락 C의 'Drones will be part of a network of computers that coordinate all farming activity.'에서 무인 항공기는 모든 농업 활동을 조정하는 컴퓨터망의 일부가 될 것이라고 하였으므로, 단락 **C**가 정답입니다.

바꾸어 표현하기
be part of ~의 일부가 되다 ▶ integrate with ~과 통합되다

7 잡초를 찾기 위해 사용되는 무인 항공기의 예시

해설 문제의 핵심어구(find weeds)와 관련된 지문 내용 중 단락 B의 'The potential applications of drones in agriculture are numerous, ranging from measuring soil moisture to mapping weeds'에서 농업에 있어 무인 항공기의 잠재적인 응용은 토양의 수분을 측정하는 것에서부터 잡초를 발견하는 것에까지 이르며 다양하다고 하였으므로, 단락 **B**가 정답입니다.

바꾸어 표현하기
mapping weeds 잡초를 발견하다 ▶ find weeds 잡초를 찾다

[8-9]

8 무인 항공기는 정보 기반 농장을 향한 움직임의 일부이다.

9 농업 분야에서 무인 항공기의 영향은 트랙터와 유사할 것이다.

```
          사람들 리스트
      A  YangQuan Chen
      B  Chris Anderson
      C  Scott Shearer
```

8

해설 문제의 핵심어구(an information-driven farm)와 관련된 지문 내용 중 'This use of drones in farming is part of what Chris Anderson ~ calls 'a trend toward increasingly data-driven agriculture'.'에서 농업에서 무인 항공기의 사용은 Chris Anderson이 '점진적인 데이터 기반 농업을 향한 추세'라고 부르는 것의 일부라고 하였으므로, 보기 **B** Chris Anderson이 정답입니다.

바꾸어 표현하기
a trend toward increasingly data-driven agriculture 점진적인 데이터 기반 농업을 향한 추세 ▶ a movement towards an information-driven farm 정보 기반 농장을 향한 움직임

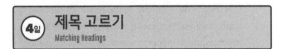

4일 제목 고르기
Matching Headings

DAILY CHECK-UP

p.176

1 (B) 2 (A) 3 (B) 4 iv 5 iii 6 iv

7 ii 8 iv 9 ii 10 i

01

1912년에, 독일의 과학자 알프레드 베게너가 판게아 이론을 소개했다. 그는 지구에는 본래 하나의 거대한 대륙이 있었는데, 이것이 약 2억 년 전에 분리되었다고 주장했다. 그 후 조각들이 표류하여 현재의 대륙들을 형성했다. [1]많은 사람들이 이 이론을 받아들이기는 하지만, 그것에는 몇 가지 문제들이 있다. 비평가들은 그 이론이 어떤 힘이 대양저를 가로질러 거대한 대륙들을 이동시킬 수 있었는지 설명하지 않는다고 지적한다. 베게너는 그것이 조류, 중력, 그리고 지구의 빠른 회전에 의해 발생하는 힘으로 인해 이루어졌을 수 있다고 제안했다. 그러나, 이후의 과학자들은 이러한 힘들이 대륙 이동설을 설명하기에는 너무 약하다는 것을 증명했다. 그리고 만약 그러한 힘이 있다고 하더라도, 대륙들은 아마 그 움직임을 견뎌내지 못할 것이다. 그것들은 마치 빙하가 지표면 쪽으로 끌려올 때 점점 더 작은 조각으로 부서지듯이, 아마 무너질 것이다.

1 (A) 판게아를 지지하는 증거
  (B) 판게아 이론의 몇 가지 문제점들

02

다른 벌들처럼, 호박벌은 보금자리를 떠나 꿀을 찾아야만 한다. 2001년에, [2]사우샘프턴 대학의 생물학자들은 먹이를 찾기 위해 호박벌이 비행할 거리를 추산하기 위해 한 실험을 수행했다. 연구원들은 호박벌을 수집하여, 보금자리로부터 떨어진 곳으로 데려가, 그들을 놓아주었다. 그 다음에 그들은 호박벌이 그들의 보금자리의 정확한 위치를 찾을 수 있는지를 확인했다. 호박벌은 최대 9.8킬로미터 떨어진 거리에서부터 보금자리로 돌아왔다. 그러나, 비행 거리가 한 시간 이내였음에도 불구하고, 많은 벌들은 빨리 돌아오지 않았다. 2킬로미터 떨어진 곳에서, 호박벌은 약 수시간 안에 돌아왔지만, 3킬로미터 이상 떨어진 곳에서 놓아진 것들은 종종 돌아오기까지 며칠이 걸렸다. 그러므로, 과학자들은 호박벌이 아마도 그들의 보금자리로부터 수 킬로미터 이내에서 먹이를 찾는다고 결론 내렸다.

2 (A) 호박벌이 이동하는 거리에 대한 연구
  (B) 보금자리를 잃어버린 호박벌 실험하기

03

심리학자들은 출생 순서가 아이들에게 중대한 영향을 미칠 수 있다고 믿는다. 그들은 [3]막내가 되는 것은 장점과 단점이 따른다고 주장한다. 후자는 오스트리아의 정신과 의사인 알프레드 아들러에 의해 강조되었는데, 그는 막내는 방자하며 버릇없다고 믿었다. 출생 순서의 심리적 영향에 관한 그의 글에서, 그는 막내인 것의 위험성에 대해 강조했다. 그는 막내로 태어난 아이들이 부정적인 행동 특성이나 정신 질환을 발달시킬 가능성이 가장 높다고 생각했다. 그러나, 작가 Jeffrey Kluger는 막내로 태어나는 것의 긍정적인 속성에 초점을 맞췄다. 그는 막내 아이들이 종종 사교적이며 모든 종류의 사람들과 잘 지낼 수 있다고 주장한다. 이는 그들을 상당한 사회 교류를 필요로 하는 직업에 있어서의 성공에 적합하도록 만든다. 게다가, 그들은 재미있고, 모험적이며, 위험을 감수할 만큼 충분히 용감한 경향이 있다.

3 (A) 알프레드 아들러의 그럴 듯한 이론
  (B) 막내 아이가 되는 것의 장단점
  (C) 형제자매간 교류에 있어 출생 순서의 중요성

the youngest child가 정답입니다.

바꾸어 표현하기

advantages and disadvantages 장점과 단점 ▶ Pros and cons 장단점

04

A ⁴전근대 사회에서, 여성들이 스스로 옷을 만드는 것은 일반적이었다. 이미 만들어져 나오는 옷들은 너무 비용이 많이 들었기 때문에, 평범한 여성들은 집에서 그들의 의복을 만들 수밖에 없었다. 이 일은 너무나 시간이 많이 걸려서 때로는 한 번에 옷 한 벌만이 사용되었다. 오래된 것이 닳아서 못 쓰게 된 때에야 새로운 것이 만들어지곤 했다. 따라서, 많은 여성들은 인생의 어느 때에든 단지 한 벌의 옷만 가지고 있곤 했다.

B 반면에, 이미 만들어져 나오는 옷들을 살 여유가 있었던 여성들은 색깔과 무늬 면에서 더 많은 선택권을 가지고 있었다. 이는 전문 재봉사로부터 이용 가능한 디자인과 재료의 수가 상당했기 때문이다. 게다가, 이미 만들어져 나오는 옷들은 품질이 높았다. 전문 재봉사들은 정확히 치수를 쟀고 꼭 맞는 것을 보장하기 위해 의복을 고칠 수 있었다. 그리고 그들은 튼튼한 옷을 만들었다. 게다가, 그들은 어떤 패션이 최신 유행이며 어떤 것들이 아닌지를 알고 있었다. ⁵대체로, 이미 만들어져 나오는 옷들은 디자인의 다양성, 정확성과 내구성, 그리고 변화하는 스타일에 대한 적응성을 포함하는 다양한 이익들을 제공했다.

제목 리스트
i   모든 사회 계층을 위해 의복을 디자인하는 것
ii 집에서 만든 옷의 내구성
iii 이미 만들어져 나오는 옷들의 여러 가지 이익들
iv 자신들의 옷을 만드는 여성들

4   단락 A

5   단락 B

4

해설 단락 A의 중심 문장 'In pre-modern societies, it was customary for women to make dresses on their own.'에서 전근대 사회에서 여성들이 스스로 옷을 만드는 것은 일반적이었다고 하였으므로, 보기 **iv** Women making their own dresses가 정답입니다.

5

해설 단락 B의 중심 문장 'Overall, ready-made dresses offered a range of benefits'에서 대체로 이미 만들어져 나오는 옷들은 다양한 이익들을 제공했다고 하였으므로, 보기 **iii** The various benefits of ready-made dresses가 정답입니다.

바꾸어 표현하기

a range of 다양한 ▶ various 여러 가지

05

A ⁶세계의 해안가들은 그 어느 때보다도 빠르게 침식되고 있으며, 그것들은 여러 요인들로 인해 위기에 처해 있다. 이들 중 다수가 인간 활동과 직접적으로 관련되어 있다. 예를 들어, 일부 지역 사회들은 수력 발전력에 의존하며 강 속의 모래와 토양이 바다에 도달하는 것을 막는 댐을 건설한다. 많은 곳에서, 이것은 해변이 줄어드는 것을 야기해왔다. 해안 지대의 침식에 대한 또다른 이유는 토지 개발이다. 사람들이 해변에 주택과 건물을 지을 때, 그것은 해안을 약화시키고 자연 현상에 더 취약해지도록 만든다. 따라서, 해양 폭풍우가 가장 큰 피해를 입히는 해안 지역들이 종종 인간이 개발을 위해 이용한 곳들이다.

B ⁷자연적인 원인 또한 해안의 침식과 축소의 한 원인이 된다. 가파른 수중 경사지가 있는 해변을 따라, 파도는 해안에 도달하면서 자연적으로 규모가 커진다. 바위에 대한 거대한 파도의 끊임없는 충돌은 계속적으로 그것들을 침식하며 약하게 만든다. 기후 변화 또한 해안에 대단한 위협이 된다. 해수면이 상승하면서, 이미 줄어들고 있는 모래사장들은 계속해서 점점 더 작아질 것이다. 이것은 현지 주민들이 사는 방식뿐 아니라 해안 관광 산업에 근본적으로 영향을 미칠 수 있다.

제목 리스트
i   해안 침식에 대한 인간의 영향을 감소시킬 계획
ii 해안의 손실에 있어 자연의 역할
iii 관광업에 대한 줄어드는 해안의 영향
iv 해안 침식에 대한 인적 원인

6   단락 A

7   단락 B

6

해설 단락 A의 중심 문장 'The world's beaches are eroding faster than ever, and they are at risk due to several factors. Many of these are directly related to human activity.'에서 세계의 해안가들은 그 어느 때보다도 빠르게 침식되고 있는데, 그것들은 여러 요인들로 인해 위기에 처해 있으며, 이들 중 다수가 인간 활동과 직접적으로 관련되어 있다고 하였으므로, 보기 **iv** Human causes of beach erosion이 정답입니다.

바꾸어 표현하기

related to human activity 인간 활동과 관련되어 있다 ▶ Human causes 인적 원인

7

해설 단락 B의 중심 문장 'Natural causes also contribute to erosion and the shrinking of beaches.'에서 자연적인 원인 또한 해안의 침식과 축소의 한 원인이 된다고 하였으므로, 보기 **ii** Nature's role in the loss of beaches가 정답입니다.

바꾸어 표현하기

Natural causes 자연적인 원인 ▶ Nature's role 자연의 역할

06

A 비록 의료 기술이 환자들을 보호하기 위해 고안되기는 했지만, 때로 그것은 부상으로 이어질 수 있다. 예를 들어, 의료용 테이프에는 튼튼하게 하기 위해 고안된 접착제가 있지만, 이것은 너무 강해서 영아와 노인 같은 특정 환자들의 피부에 손상을 입힐 수 있다. 영아들에게는 인체의 두터운 외피인 상피가 없으며, 노인들의 피부는 나이가 들면서 점점 더 얇아지고 약해진다. 이러한 환자들은 얇고 약한 피부를 가지고 있을 수 있기 때문에, 접착제는 제거될 때 피부를 쉽게 찢을 수 있다. 더 끈끈할수록, 그것은 사람들의 피부에 더 해로울 수 있다. 매년, 약 150만 명의 사람들이 의료용 테이프로 인한 피부의 염증이나 흉터를 견딘다.

B ⁹이 문제를 해결하기 위해, 과학자들은 새로운 의료용 테이프의 디자인을 위해 방안을 강구해왔으며, 이들 중 하나는 거미줄을 기반으로 한다. 거미줄은 거미 명주의 실로 만들어진다. 이러한 모든 실이 튼튼하고 탄력적이긴 하지만, 그것들 중 단지 일부만이 끈적끈적하다. 따라서, 접착제가 강하더라도, 그것은 거미줄의 모든 표면을 덮지는 않는다. 과학자들은 이런 동일한 원리가 의료용 테이프에 적용될 수 있을 것이라고 생각했다.

C ¹⁰하버드 의과 대학의 교수인 Jeffrey Karp는 전통적인 디자인을 기반으로 하지만 추가적인 층이 하나 더 있는 수정된 의료용 테이프를 만드는 것을 시도했던 팀을 이끌었다. 전통적인 의료용 테이프에는 뒤판과 접착제가 있지만, 이 연구원들은 그 둘 사이에 실리콘 층을 추가했다. 이 실리콘 층은 매우 매끄럽다. 그 다음에 그들은 오직 이 격자 선들만이 피부에 붙을 수 있도록 레이저를 사용하여 실리콘 층을 격자 선 모양으로 절개했다. 그 결과는 예민한 피부를 손상시키지 않고 쉽게 제거될 수 있는 의료용 테이프였다.

제목 리스트

i   수정된 의료용 테이프를 만들기 위한 노력
ii   의료용 테이프에 영감을 준 거미줄
iii 거미줄의 화학적 구성
iv   의료용 테이프가 왜 일부 환자들의 피부를 손상시킬 수 있는지
v   병원에서의 새로운 의료용 테이프 사용

---

8 단락 A

9 단락 B

10 단락 C

8

해설 이 단락에는 중심 문장이 없으므로, 단락 전체를 읽고 중심 내용을 파악합니다. 단락 A는 영아와 노인들과 같은 특정 환자들의 피부가 왜 의료용 테이프에 의해 손상을 입을 수 있는지에 대해 주로 언급하고 있습니다. 따라서 이를 '의료용 테이프가 왜 일부 환자들의 피부를 손상시킬 수 있는지'로 요약한 보기 **iv** Why medical tape can harm the skin of some patients가 정답입니다.

9

해설 단락 B의 중심 문장 'To solve this problem, scientists have been brainstorming ideas for new medical tape designs, and one of these is based on the webs of spiders.'에서 이 문제를 해결하기 위해 과학자들은 새로운 의료용 테이프의 디자인을 위해 방안을 강구해왔으며, 이들 중 하나는 거미줄을 기반으로 한다고 하였으므로, 보기 **ii** Spider webs inspiring medical tape가 정답입니다.

바꾸어 표현하기

based on the webs of spiders 거미줄을 기반으로 한다 ▶ Spider webs inspiring ~에 영감을 주는 거미줄

10

해설 단락 C의 중심 문장 'Jeffrey Karp ~ led a team who attempted to create a modified medical tape'에서 Jeffrey Karp는 수정된 의료용 테이프를 만드는 것을 시도했던 팀을 이끌었다고 하였으므로, 보기 **i** An effort to produce a revised medical tape가 정답입니다.

바꾸어 표현하기

attempted to create a modified medical tape 수정된 의료용 테이프를 만드는 것을 시도했다 ▶ An effort to produce a revised medical tape 수정된 의료용 테이프를 만들기 위한 노력

DAILY TEST
p.182

1 ii	2 v	3 vi	4 iv	5 ii	6 v
7 asthma		8 (electric) shocks			

READING PASSAGE 1

낙관주의 편향

대부분의 사람들은 그들이 합리적으로 행동한다고 생각하지만, 실제로는 낙관주의를 향한 선천적인 기질에 의해 영향을 받는다

A 신경 과학과 사회 과학 모두의 최근 연구들은 대다수의 사람들이 낙관하는 경향이 있다는 것을 밝혀냈다. 사회 과학자들은 이

현상에 '낙관주의 편향'이라는 명칭을 붙였다. 배스 대학의 교수 Chris Dawson은 새로운 사업체들이 성공하는 경우가 거의 없기 때문에 상업계에서 기업가들은 특히 심한 낙관주의 편향을 가지고 있는 사람들의 예임을 보여주었다. 약 20퍼센트의 사업체만이 첫 해 이후까지 버티며, 극히 소수가 5주년 혹은 10주년에 도달한다. 이것을 고려할 때, 기업가들은 업계에 들어가는 것에 낙관적인 것이 틀림없다.

B [2]유사한 동향이 스포츠 팬들에게서도 관찰될 수 있다. 런던 칼리지의 연구원들은 시즌 동안 그들의 팀이 어떻게 경기할 것인지에 대해 축구 팬들이 극도로 낙관적인 기대치를 가지고 있었다는 것을 발견했다. 이러한 기대치들은 종종 실질적인 증거보다는 견해에 기반하고 있었다. 연구의 수석 저자인 Brad Love 교수는, 다른 팀들이 똑같은 것을 하고 있다는 사실을 깨닫지 못한 채, '팬들은 그들이 추종하는 팀의 향상이나 변화에 몰두할 수 있다'고 말했다.

C 이러한 낙관주의 경향은 런던 칼리지의 신경 과학자인 Tali Sharot에 의해서도 연구되었는데, 그는 [3]낙관주의 편향이 사람들에게 긍정적인 영향을 주는 '인지의 착각'이라고 제시한다. Sharot에 따르면, 이러한 착각은 우리의 일상생활에서 매우 유용하며 사회 전반에 걸친 복지의 유지를 위해 필수적이다. Sharot은 낙관주의 편향이 우울과 불안과 같은 정신 문제에 대한 해독제이며 개인의 가능성을 향상시킬 수 있다고 제시한다. 이는 낙관주의가 사람들을 삶에서 더 많은 것을 기대하게 이끌기 때문인데, 이것은 목표들을 이루기 위해 그들을 더 열심히 일하게 한다. 결국, Sharot이 말하듯이, 이는 그들이 더 성취감 있고, 성공적이며 행복한 삶을 살게 한다.

[1-3]

제목 리스트
i   낙관주의 편향과 대인 관계
ii 사업에 대한 낙관주의 편향의 영향
iii 낙관주의에 대한 유전적 근거
iv 성격은 낙관주의 편향과 관계가 있다
v   스포츠 팬들은 낙관주의 편향에 의존한다
vi 낙관주의 편향의 이점

1 단락 A

2 단락 B

3 단락 C

1

해설 이 단락에는 중심 문장이 없으므로, 단락 전체를 읽고 중심 내용을 파악합니다. 단락 A는 사업을 시작할 때의 기업들의 낙관주의 편향에 대해 주로 언급하고 있습니다. 따라서 이를 '낙관주의 편향의 사업에 대한 영향'으로 요약한 보기 **ii The effect of the optimism bias on business**가 정답입니다.

2

해설 단락 B의 중심 문장 'A similar trend can be seen in sports fandom.'에서 유사한 동향이 스포츠 팬들에게서도 관찰될 수 있다고 하였으므로, 보기 **v Sports supporters rely on the optimism bias**가 정답입니다.

바꾸어 표현하기
fandom 팬들 ▶ supporters 팬들

3

해설 단락 C의 중심 문장 'the optimism bias is a 'cognitive illusion' which has a positive effect on people'에서 낙관주의 편향은 사람들에게 긍정적인 영향을 주는 '인지의 착각'이라고 하였으므로, 보기 **vi The benefits of the optimism bias**가 정답입니다.

바꾸어 표현하기
positive effect 긍정적인 영향 ▶ benefits 이점

READING PASSAGE 2

냄새의 신비

A 후각은 종종 시각이나 청각과 같이 좀 더 실용적인 것으로 보이는 감각들보다 덜 중요하다고 여겨진다. 그러나, [4]냄새는 다른 감각들에게 정보를 주는 방식으로 감각을 암호화하기 때문에, 그것은 지각을 위한 필수적인 도구이다. 맛에 있어서 그것의 영향력 있는 역할은 잘 증명되어 있으며, 좀 더 전반적으로 감각 정보를 기록하는 데 중대한 역할을 한다고 생각된다. 그럼에도 불구하고, 후각과 우리의 뇌 사이의 명확한 관계는 여전히 대체로 알려져 있지 않다.

B [5]냄새 이면의 인지 과정은 Monell 센터의 인지심리학자 Pamela Dalton에 의한 한 연구에서 밝혀졌듯이, 기대에 의해 바뀔 수 있다. [7]Dalton은 몇몇 천식 환자들에게 무해한 향을 제시했는데, 그들 중 절반에게는 그것이 해로운 화합물이라고 이야기했다. 그것이 해롭다고 생각한 사람들은 이후 24시간 동안 폐 염증을 겪었다. Dalton에 따르면, 이것은 우리의 냄새 지각이 심지어 신체 반응에도 영향을 미칠 수 있음을 증명한다.

C [6]과학은 또한 두뇌가 고통의 존재 혹은 부재에 따라 냄새를 다르게 기억한다는 것을 입증했다. 이것은 피실험자들이 특정한 화학 물질의 냄새를 맡을 때 약한 전기 충격을 받았던 노스웨스턴 대학의 한 연구에서 밝혀졌다. [8]피실험자들이 냄새를 통해 화학 물질을 식별할 것을 요청받았을 때, 전기 충격이 가해졌던 경우의 70퍼센트 가까이 그들은 그렇게 할 수 있었다. 이와는 대조적으로, 피실험자들은 충격이 없을 때는 오직 3분의 1의 경우에만 화학적인 향을 제대로 식별했다.

제목 리스트

i   냄새는 주의력에 부정적으로 영향을 미친다
ii   냄새에 대한 기대의 영향
iii   후각과 청각의 관계
iv   지각에 대한 냄새의 중요성
v   고통이 있을 때와 없을 때 냄새 기억하기
vi   냄새에 대한 화학적 영향

4 단락 A

5 단락 B

6 단락 C

4

해설 단락 A의 중심 문장 'smell encodes sensations in ways that give information to other senses, so it is a vital tool for perception'에서 냄새는 다른 감각들에게 정보를 주는 방식으로 감각을 암호화하기 때문에 그것은 지각을 위한 필수적인 도구라고 하였으므로, 보기 **iv** The importance of smell for perception이 정답입니다.

바꾸어 표현하기
a vital tool 필수적인 도구 ▶ The importance 중요성

5

해설 단락 B의 중심 문장 'The cognitive process behind smell can be altered by expectations'에서 냄새 이면의 인지 과정은 기대에 의해 바뀔 수 있다고 하였으므로, 보기 **ii** The influence of expectations about smells가 정답입니다.

바꾸어 표현하기
can be altered by expectations 기대에 의해 바뀔 수 있다
▶ The influence of expectations 기대의 영향

6

해설 단락 C의 중심 문장 'Science has also demonstrated that the brain remembers odours differently in the presence or absence of pain.'에서 과학은 또한 두뇌가 고통의 존재 혹은 부재에 따라 냄새를 다르게 기억한다는 것을 입증했다고 하였으므로, 보기 **v** Remembering smells with and without pain이 정답입니다.

바꾸어 표현하기
presence or absence of pain 고통의 존재 혹은 부재 ▶ with and without pain 고통이 있을 때와 없을 때

7 Dalton의 실험은 .... 환자들이 무해한 물질의 냄새를 맡게 하는 것을 수반했다.

해설 문제의 핵심어구(Dalton's experiment)와 관련된 지문 내용 중 'Dalton presented a harmless aroma to some asthma patients'에서 Dalton은 몇몇 천식 환자들에게 무해한 향을 제시했다고 하였으므로, **asthma**가 정답입니다.

바꾸어 표현하기
patients 환자들 ▶ sufferers 환자들

8 한 실험에서, 참가자들은 그들에게 ....이 주어졌을 때 화학 물질을 대부분 식별했다.

해설 문제의 핵심어구(identified a chemical ~ when they were given)와 관련된 지문 내용 중 'When the subjects were asked to identify the chemical via its smell, they managed to do so almost 70 per cent of the time when the electric shocks were administered.'에서 피실험자들이 냄새를 통해 화학 물질을 식별할 것을 요청받았을 때, 전기 충격이 가해졌던 경우의 70퍼센트 가까이 그들은 그렇게 할 수 있었다고 하였으므로, **(electric) shocks**가 정답입니다.

바꾸어 표현하기
the electric shocks were administered 전기 충격이 가해졌다
▶ were given (electric) shocks (전기) 충격이 주어졌다

5일 단답형
Short Answer

DAILY CHECK-UP

p.190

1 (A)   **2** (C)   **3** (C)   **4** (A)
5 (widespread) smuggling   **6** independence
7 fossils   **8** 309 (groups/types)
9 underwater   **10** (the) norm
11 opposing viewpoints/views
12 sandwich board
13 extreme (personalities)

01

사람의 성격을 얼굴 특징들로부터 판단할 수 있다는 발상인 인상학은 고대 그리스 시대 이래로 과학적 논쟁의 주제였다. 이것은 우생학의

인종 차별적 생각과 보통 관련되었지만, 이렇게 문제를 일으키는 기원들에도 불구하고, 최근 다시 시선을 끌게 되었다. 이는 대학생들이 서로의 얼굴을 판단할 것을 요청받은 미시간 대학교의 한 연구와 같은 수많은 연구를 낳았다. 그 연구는 그들의 판단이 놀라울 정도로 자주 일치했다는 것을 발견했다. 이것은 누군가의 성격이 얼굴에 분명히 나타난다는 발상에 어느 정도의 진실이 있을 수 있음을 암시한다. 하지만, [1]특히 의복과 같은 요소들이 누군가에 대한 사람들의 첫인상에 영향을 미친다면, 사회적 편견이 역할을 하는 것 또한 가능하다. 더욱이, 얼굴로 사람을 판단하는 것은 특정 얼굴 종류들에 대한 유효하지 않은 일반화로 쉽게 이어질 수 있다.

1 얼굴 생김새 이외의 어떤 요소가 다른 사람에 대한 한 사람의 첫인상에 영향을 줄 수 있는가?

    (A) 옷   (B) 태도

해설 문제의 핵심어구(a person's first impressions)와 관련된 지문 내용 중 'it is also possible that social prejudices play a part, particularly if factors such as garments have an effect on people's first impressions of someone'에서 특히 의복과 같은 요소들이 누군가에 대한 사람들의 첫인상에 영향을 미친다면, 사회적 편견이 역할을 하는 것 또한 가능하다고 하였으므로, 보기 **(A) clothing**이 정답입니다.

바꾸어 표현하기

have an effect on people's first impressions of someone 누군가에 대한 사람들의 첫인상에 영향을 미친다 ▶ influence a person's first impressions of another person 다른 사람에 대한 한 사람의 첫인상에 영향을 주다

02

비록 많은 끔찍한 질병들이 역사 전반에 걸쳐서 인류를 괴롭혔지만, 천연두가 아마 가장 파괴적이었을 것이다. 이것은 원래 'pox'로 알려졌으며 고통스러운 수포로 발전했던 발진뿐만 아니라, 발열, 근육통 그리고 다른 독감 유사 증상을 특징으로 했다. [2]천연두는 수천 년 전에 아프리카에서 유래했다고 여겨지나, 서기 6세기경에는 지중해 전역에 존재했다. 그것은 그 후 무역과 식민지화를 통해 전 세계로 퍼져나갔고, 특히 북아메리카의 토착민들에게 파괴적인 영향을 미쳤다. 1796년에, 에드워드 제너는 마침내 천연두를 막을 수 있는 백신을 발견했다. 비록 천연두가 1980년이 되어서야 제거되기는 했지만, 전 세계 국가들은 이것을 즉시 시행하기 시작했는데, 이는 그것을 지금까지 완전히 근절된 소수의 전염성 질병 중 하나로 만들었다.

2 세계의 어떤 지역에서 천연두가 처음 등장했다고 여겨지는가?

    (A) 지중해   (B) 북아메리카   (C) 아프리카

해설 문제의 핵심어구(smallpox ~ first appeared)와 관련된 지문 내용 중 'Smallpox is believed to have originated in Africa several thousand years ago'에서 천연두는 수천 년 전에 아프리카에서 유래했다고 여겨진다고 하였으므로, 보기 **(C) Africa**가 정답입니다.

바꾸어 표현하기

have originated 유래했다 ▶ have first appeared 처음 등장했다

03

Henry J. Kaiser 가족 재단이 시행한 조사에 따르면, 미국 어린이들은 텔레비전을 보는 데 매일 약 4.5시간을 소비한다. 이는 일반적인 어린이가 연간 약 4만 편의 광고를 본다는 것을 의미한다. 일부 연구는 어린이들은 일반 텔레비전 프로그램들과 이 광고들의 차이를 구별할 수 없다고 주장하는데, 이는 그들이 성인보다 광고에 훨씬 더 영향받기 쉽다는 것을 의미한다. 광고는 또한 어린이들의 관심을 끌기 위해 다양한 전략을 사용하는데, 이는 삶의 다른 부분들에 집중하는 능력을 손상시킬 수 있는 영향이다. [3]텔레비전에 나오는 간식 광고의 많은 수를 고려하면, 어린이들에게 광고가 미치는 또 다른 영향은 배고픔을 유발할 수 있다는 것이다. [4]이것은 비만의 한 요인인 것으로 나타났는데, 이런 광고 속의 건강에 해로운 간식들로 인해 악화된다. 따라서, 만약 어린이들이 텔레비전에서 너무 많은 광고를 본다면, 그들은 그들의 인지적 그리고 신체적 건강 둘 다의 문제로 고통받을 수 있다.

3 간식 광고가 어린이들에게 무엇을 유발할 수 있는가?

    (A) 충치

    (B) 게으름

    (C) 배고픔

해설 문제의 핵심어구(snack food advertisements)와 관련된 지문 내용 중 'Another impact of advertising on children is its ability to cause hunger, given the high number of snack food commercials on TV.'에서 텔레비전에 나오는 간식 광고의 많은 수를 고려하면, 어린이들에게 광고가 미치는 또 다른 영향은 배고픔을 유발할 수 있다는 것이라고 하였으므로, 보기 **(C) hunger**가 정답입니다.

4 텔레비전에 나오는 간식 광고로 인해 어떤 건강 상태가 악화될 수 있는가?

    (A) 비만

    (B) 당뇨병

    (C) 암

해설 문제의 핵심어구(health condition can be made worse)와 관련된 지문 내용 중 'This has been shown to be a factor in obesity, something that is compounded by the unhealthy snacks in these ads.'에서 이것은 비만의 한 요인인 것으로 나타났는데, 이런 광고 속의 건강에 해로운 간식들로 인해 악화된다고 하였으므로, 보기 **(A) obesity**가 정답입니다.

바꾸어 표현하기

is compounded 악화되다 ▶ be made worse 악화되다

04

1700년대 동안, 미국과 카리브해 지역 영국 식민지 간의 설탕 무역은 매우 수익성이 있었다. 설탕은 너무 귀중해서 '백색의 금'으로 불렸다. 영국은 카리브해에 있는 설탕 농장들이 미국의 설탕 시장을 독점하는 것을 원했다. 그 결과, [5]영국은 1733년 당밀조례를 가결했는데, 이는 식민지 주민에게 만약 영국이 아닌 공급자들로부터 설탕을 수입하면 세금을 낼 것을 요구했다. 이 법은 광범위한 밀수로 이어졌다. 세금을 피하기 위해, 식민지 주민들은 프랑스령 서인도 제도와 같은 곳에서 불법적으로 설탕을 수입했다. 그들이 체포되면, 밀수꾼들은 미국 배심원단에 의해 재판을 받았지만 보통 처벌 없이 석방되었다. 따라서, 당밀조례는 효과가 거의 없었다.

이에 대응하여, 영국 의회는 1764년 사탕조례를 가결했다. 이 법은 세금을 감면했지만, 엄격한 집행을 시행했다. 밀수꾼들은 영국인 판사에 의해 재판을 받았고, 배심원단에 의해 재판받을 권리는 없어졌다. 유죄로 판명되면, 그들은 배 한 척 전체의 물품을 대가 없이 회수당했다. 식민지 주민들은 이것이 매우 불공평하다고 느꼈다. [6]궁극적으로, 사탕조례와 평판이 좋지 못한 다른 정책들은 미국인들이 독립을 위한 투쟁을 시작할 만큼 충분히 영국인들을 신뢰하지 않도록 만들었다. 따라서, 설탕 무역은 미국 독립 혁명을 부채질하는 것을 도왔다.

5 1733년 당밀조례의 결과로 어떤 활동이 일어났는가?

> 해설 문제의 핵심어구(the Molasses Act of 1733)와 관련된 지문 내용 중 'Britain passed the Molasses Act of 1733 ~. This law led to widespread smuggling.'에서 영국은 1733년 당밀조례를 가결했고, 이 법은 광범위한 밀수로 이어졌다고 하였으므로, **(widespread) smuggling**이 정답입니다.
>
> **바꾸어 표현하기**
>
> led to ~으로 이어졌다 ▶ happened as a result of ~의 결과로 일어났다

6 사탕조례는 미국인들이 무엇을 위해 싸우도록 이끌었는가?

> 해설 문제의 핵심어구(the Sugar Act lead Americans)와 관련된 지문 내용 중 'Ultimately, the Sugar Act ~ caused Americans to distrust the British enough to begin the struggle for independence.'에서 궁극적으로, 사탕조례가 미국인들이 독립을 위한 투쟁을 시작할 만큼 충분히 영국인들을 신뢰하지 않도록 만들었다고 하였으므로, **independence**가 정답입니다.
>
> **바꾸어 표현하기**
>
> begin the struggle for ~을 위한 투쟁을 시작하다
> ▶ fight for ~을 위해 싸우다

05

지구상 가장 오래된 종 중 하나인 실잠자리는 잠자리와 같은 곤충과에 속한다. [7]최근에 발견된 화석은 이 곤충 종류가 3억 년 전부터 있었다는 것을 드러낸다. 존재하는 매우 다양한 실잠자리 종은 크기나 겉모습에서 다르지만, [8]그들은 뚜렷한 특징을 가진 309개의 군들로 분류될 수 있다. 그들은 특별한 날개 덕분에 잠자리만큼 공중에서 능란하다. 이것들은 그들이 빠른 공중 움직임을 행하게 해준다. 잠자리처럼, 그 종들의 생활 주기는 알, 유충, 날개 달린 성충이라는 3가지 뚜렷한 단계가 있다.

실잠자리는 호수나 연못을 나는 동안에 짝짓기를 하고, 그들의 알을 대개 수면에 부유하는 식물에 낳는다. 물고기, 개구리 및 새를 포함하여, 많은 종이 실잠자리를 잡아먹는다. 그러므로, 암컷은 생존 확률을 높이기 위해 짝짓기 기간에 낳은 수백 개의 알들이 반드시 다양한 장소에 놓이도록 한다.

[9]유충이 알에서 나오기까지는 약 한 주가 걸린다. 생활 주기에서 이 시기는 수중에서 보내지는데, 여기서 유충은 애벌레, 올챙이 그리고 심지어 작은 피라미도 먹는 지배적인 포식자이다. 몇 달 후, 유충은 물을 떠난다. 그것의 표피가 말라서 갈라져 열리고, 성충 실잠자리가 나온다. 날개 달린 성충의 몸체는 반짝거리는 푸른색 또는 녹색이며 긴 복부를 가지고 있다. 날개가 완전히 건조되고 몸이 단단해진 후, 성충은 날 수 있다.

7 무엇이 실잠자리 종의 나이를 보여주는가?

> 해설 문제의 핵심어구(the age of the damselfly)와 관련된 지문 내용 중 'Recently discovered fossils reveal this type of insect to be over 300 million years old.'에서 최근에 발견된 화석은 이 곤충 종류가 3억 년 전부터 있었다는 것을 드러낸다고 하였으므로, **fossils**가 정답입니다.

8 얼마나 다양한 실잠자리 종류들이 있는가?

> 해설 문제의 핵심어구(different types of damselfly)와 관련된 지문 내용 중 'they can be categorised into 309 groups with distinct features'에서 그들은 뚜렷한 특징을 가진 309개의 군들로 분류될 수 있다고 하였으므로, **309 (groups/types)**이 정답입니다.
>
> **바꾸어 표현하기**
>
> groups with distinct features 뚜렷한 특징을 가진 군들
> ▶ different types 다양한 종류들

9 유충은 그것의 생을 어디에서 보내는가?

> 해설 문제의 핵심어구(the nymph spend its life)와 관련된 지문 내용 중 'It takes about one week for the nymph to emerge from the egg. This phase of the lifecycle is spent underwater'에서 유충이 알에서 나오기까지는 약 한 주가 걸리며, 생활 주기에서 이 시기는 수중에서 보내진다고 하였으므로, **underwater**가 정답입니다.

06

대부분의 사람들은 그들의 신념과 의견이 동료들의 대다수에 의해 공

유된다고 가정한다. 그렇지 않다는 것을 암시하는 증거에도 불구하고 종종 사실이 그러한 이 가정은 심리학에서 '합의성 착각 효과'라고 알려져 있다. 그것은 인지 편향의 예시인 것으로 확인되었다. 이는 [10]사람들이 자신들을 표준으로 생각하는 경향이 있고 그 결과 그들의 습관, 가치관, 그리고 선호도가 널리 공유된다고 믿기 때문에 발생한다. [11]이것은 이러한 견해들이 평판이 나쁘거나 부적절하다고 여겨질 것이기 때문에 대립하는 관점들을 이해하는 사람들의 능력을 제한할 수 있다. 합의성 착각 효과는 또한 사람들이 다른 관점을 가진 누구라도 결함이 있다고 믿게 만든다. 사람은 그들이 소수에 속한다고 좀처럼 믿지 않을 것이다. 그들이 그렇게 한다고 하더라도, 그들과 동의하는 사람들의 수를 여전히 과대평가할 것이다.

이 심리적 효과는 1977년 스탠퍼드 대학의 사회 심리학자 Lee Ross 교수에 의해 처음으로 연구되었다. 그는 그것이 존재한다는 것을 증명할 영향력 있는 실험을 수행했다. [12]Ross는 참가자 집단에게 'Joe's에서 드세요'라고 쓰인 광고판을 매고 밖을 걸어 다닐지 물었다. 그는 그렇게 한 후에 그들이 몇 가지 유용한 정보를 얻을 것이라고 말했다. 그 후 그는 얼마나 많은 사람들이 광고판을 맬 것이라고 생각하는지 물었다. 광고판을 매기로 동의한 사람들의 62퍼센트가 다른 사람들이 같은 결정을 할 것이라고 했으며, 그렇게 하기로 결정하지 않은 사람들의 67퍼센트가 모든 사람이 자신들과 똑같이 할 것이라고 말했다. [13]모든 참가자들은 또한 다르게 결정한 사람들이 '과격한' 성격을 가졌을 것이라고 생각했다. Ross의 연구가 보여주듯이, 사람들은 그들의 신념과 견해를 다른 사람들에게 투영하며, 그렇게 함으로써 그들의 사고방식에 합의성 착각을 형성한다.

10 사람들은 일반적으로 자신들이 무엇이라고 믿는가?

해설 문제의 핵심어구(generally believe themselves to be)와 관련된 지문 내용 중 'people tend to think of themselves as the norm and therefore believe that their habits, values, and preferences are widely shared'에서 사람들은 자신들을 표준으로 생각하는 경향이 있고 그 결과 그들의 습관, 가치관, 그리고 선호도가 널리 공유된다고 믿는다고 하였으므로, **(the) norm**이 정답입니다.

바꾸어 표현하기
think of themselves as 자신들을 ~으로 생각하다 ▶ believe themselves to be 자신들이 ~이라고 믿는다

11 합의성 착각 효과를 경험한 사람들이 이해하기 더 어려운 것은 무엇인가?

해설 문제의 핵심어구(less able to understand)와 관련된 지문 내용 중 'This can limit people's ability to understand opposing viewpoints since these views will be perceived as unpopular or irrelevant.'에서 이것은 이러한 견해들이 평판이 나쁘거나 부적절하다고 여겨질 것이기 때문에 대립하는 관점들을 이해하는 사람들의 능력을 제한할 수 있다고 하였으므로, **opposing viewpoints/views**가 정답입니다.

바꾸어 표현하기
can limit people's ability to understand 이해하는 능력을 제한할 수 있다 ▶ less able to understand 이해하기 더 어렵다

12 Lee Ross 교수는 사람들에게 무엇을 매고 걸어 다니도록 요청했는가?

해설 문제의 핵심어구(walk around wearing)와 관련된 지문 내용 중 'Ross asked a group of participants if they would walk around outside with a sandwich board'에서 Ross는 참가자 집단에게 광고판을 매고 밖을 걸어 다닐지 물었다고 하였으므로, **sandwich board**가 정답입니다.

바꾸어 표현하기
walk around outside with ~을 매고 밖을 걸어 다니다 ▶ walk around wearing ~을 매고 걷다

13 그들과 의견이 다른 이들의 성격을 묘사할 때 참가자들은 어떤 용어를 사용했는가?

해설 문제의 핵심어구(the personalities of those who disagreed)와 관련된 지문 내용 중 'All participants also thought that people who chose differently would have 'extreme' personalities.'에서 모든 참가자들은 또한 다르게 결정한 사람들이 '과격한' 성격을 가졌을 것이라고 생각했다고 하였으므로, **extreme (personalities)**이 정답입니다.

바꾸어 표현하기
people who chose differently 다르게 결정한 사람들 ▶ those who disagreed with them 그들과 의견이 다른 이들

DAILY TEST

p.196

1 local fairs 2 Astley's Royal Amphitheatre
3 canvas 4 clown college
5 (the) Moscow Circus 6 iv 7 ii 8 v
9 Acqua alta 10 compressed air
11 large ships

READING PASSAGE 1

서커스의 역사, 고대 로마에서 태양의 서커스까지

서커스는 고대 로마에서 처음 대중화되었는데, 여기에서 라틴어인 '서커스'는 '원'을 의미했으며 전차 경주 같은 행사에 사용된 건물을 가리켰다. 상설 부지에 있는 서커스는 로마 제국의 몰락 이후에 사라졌으나, [1]중세 시대의 많은 기간 동안, 순회하는 예능인들은 지역 축제들에서 공연하면서 유럽 전역을 돌아다녔다. 서커스의 새로운 형태는 18세기에 Philip Astley의 야외 승마 학교와 함께 등장했는

데, 이곳에서 방문자들은 승마 묘기를 볼 수 있었다. Astley는 이러한 묘기들에 괴력사들, 마술사들 그리고 곡예사들의 연기를 추가했다. [2]1773년에, 그는 런던에 서커스 공연을 위한 최초의 극장인 Astley's Royal Amphitheatre를 개장했으며, 현대 서커스가 탄생한 곳이 바로 이곳이었다.

미국에서, 서커스는 19세기에 [3]캔버스 천으로 만들어진 커다란 텐트 안에서 공연되는 서커스인 '대형 천막'과 함께 가장 유명한 형태에 이르렀다. 곧, 이것은 일반적인 미국 서커스가 되었고 다음 세기까지 그렇게 남아있었다. 그 시대의 가장 큰 서커스 회사는 [4]Ringling Bros. and Barnum & Bailey's Circus였는데, 이는 공연가로서 광대의 활용을 대중화했고 그들을 훈련시키기 위해 독자적인 광대 전문학교를 설립하기까지 했다.

최근 수십 년 동안, 전통적인 서커스에 대한 수요는 시들해졌으나, 반면 태양의 서커스와 같은 더 연극적인 작품들은 전 세계적으로 많은 팬들을 모아왔다. [5]모스크바 서커스에서 영감을 받은 태양의 서커스의 창립자들은 전 세계의 다양한 서커스 방식들이 하나의 이야기로 통합된 공연물을 설계했다. 그들은 고리나 동물을 사용하는 것을 기피했는데, 이는 그 방식이 시대에 뒤떨어졌다고 느꼈기 때문이었다. 태양의 서커스가 전 세계에 설립되었으므로 그 방식은 효과가 있었는데, 그들은 매년 8억 달러 이상의 수익을 창출했다.

[1-5]

1 순회하는 예능인들은 중세 시대 동안 유럽에서 열리는 어느 행사에서 공연했는가?

> 해설 문제의 핵심어구(travelling entertainers)와 관련된 지문 내용 중 'during much of the medieval period, travelling entertainers moved around Europe performing at local fairs'에서 중세 시대의 많은 기간 동안, 순회하는 예능인들은 지역 축제들에서 공연하면서 유럽 전역을 돌아다녔다고 하였으므로, **local fairs**가 정답입니다.

2 런던에 있는 최초의 서커스 극장의 이름은 무엇이었는가?

> 해설 문제의 핵심어구(the first circus theatre in London)와 관련된 지문 내용 중 'In 1773, he opened the first theatre for circus performances in London, Astley's Royal Amphitheatre'에서 1773년에 그는 런던에 서커스 공연을 위한 최초의 극장인 Astley's Royal Amphitheatre를 개장했다고 하였으므로, **Astley's Royal Amphitheatre**가 정답입니다.

3 '대형 천막'은 무엇으로 만들어졌는가?

> 해설 문제의 핵심어구('big top' tents)와 관련된 지문 내용 중 'the 'big top', a circus performed inside a massive tent made of canvas'에서 캔버스 천으로 만들어진 커다란 텐트 안에서 공연되는 서커스인 '대형 천막'이라고 하였으므로, **canvas**가 정답입니다.

4 Ringling Bros. and Barnum & Bailey's Circus는 공연가들을 훈련하기 위해 무엇을 설립했는가?

> 해설 문제의 핵심어구(Ringling Bros. and Barnum & Bailey's Circus)와 관련된 지문 내용 중 'Ringling Bros. and Barnum & Bailey's Circus, which popularised the use of clowns as performers and even founded its own clown college to train them'에서 Ringling Bros. and Barnum & Bailey's Circus는 공연가로서 광대의 활용을 대중화했고 그들을 훈련하기 위해 독자적인 광대 전문학교를 설립하기까지 했다고 하였으므로, **clown college**가 정답입니다.

5 태양의 서커스의 창립자들은 어디에서 그들의 영감을 얻었는가?

> 해설 문제의 핵심어구(the founders of Cirque du Soleil)와 관련된 지문 내용 중 'Having been inspired by the Moscow Circus, the Cirque du Soleil founders designed a show in which various circus styles from around the world were integrated into a single story.'에서 모스크바 서커스에서 영감을 받은 태양의 서커스의 창립자들은 전 세계의 다양한 서커스 방식들이 하나의 이야기로 통합된 공연물을 설계했다고 하였으므로, **(the) Moscow Circus**가 정답입니다.

> **바꾸어 표현하기**
>
> Having been inspired 영감을 받은 ▶ get their inspiration 그들의 영감을 얻다

READING PASSAGE 2

'모세': 베니스의 방조벽 계획

A 베니스는 이탈리아에서 가장 유명한 관광 명소 중 하나로 잘 알려져 있지만, 또한 홍수로도 유명하다. 해수면을 간신히 넘는 곳에 세워졌기 때문에, 베니스는 특히 만조에 영향을 받기 쉽다. [9]'Acqua alta'는 북부 아드리아해에서 발생하며 때때로 도시를 침수시키는 계절성 조류를 뜻하는 이탈리아 용어이다. 보호물이 없다면, 베니스는 도시 표면을 덮는 물과 때때로 싸워야만 한다. 그러므로, 베니스는 모세 프로젝트를 시행해왔는데, 이는 이런 홍수들로부터 도시를 지키려고 의도된 것이다.

B [7]만조로부터 베니스를 보호하려는 시도는 베네치아 석호뿐만 아니라 정기적으로 조수가 도시로 들어오도록 하는 석호의 입구 3개에 대한 보호 또한 수반한다. 석호에서 조수가 수면을 상승시킴에 따라, 그것들은 또한 베니스를 침수시킨다. 도시는 물이 어떻게 베네치아 석호로 흘러들어오는지를 조정하는 일련의 강철 수문들을 건설하기 위해 '모세' 계획에 수십억 달러를 투자했다. 수문들은 물로 가득 차게 됨으로써 석호 바닥에 고정된다. 하지만, [10]만조가 예상될 때, 수문들은 수면 위로 올라갈 때까지 압축된 공기를 그것들 안으로 들여보냄으로써 위로 들어 올려진다. 그 후 수문들은 바닷물이 석호로 들어가는 것을 막는다.

C 이러한 수문들을 세움으로써, 베니스 사람들은 물의 유입을 통제할 수 있다. 그러나, 수문들은 선박이 석호로 진입하는 것을 막는다. 이것을 처리하기 위해, '모세' 계획은 Malamocco, Lido, Chioggia의 세 개의 석호 입구에 갑문을 건설하는 것을 포함하게 될 것이다. ¹¹Malamocco에 있는 갑문은 주 갑문으로서 기능할 것이며, 그것은 주로 큰 선박을 수용하기 위해서 사용될 것이다. 다른 두 개는 더 작은 선박들의 통행을 가능하게 할 것이다.

[6-8]

제목 리스트

i 물의 흐름을 변경하는 것의 비용
ii 만조로부터 석호를 보호하기 위한 노력
iii 유명한 관광지로서 베니스의 발전
iv 베니스에서 반복되는 침수의 문제
v 석호에 선박이 들어가게 하기 위해 갑문을 이용하는 계획

6 단락 A

7 단락 B

8 단락 C

6

해설 이 단락에는 중심 문장이 없으므로, 단락 전체를 읽고 중심 내용을 파악합니다. 단락 A는 베니스의 낮은 지형으로 인한 계속되는 침수의 위험에 대해 주로 언급하고 있습니다. 따라서 이를 '베니스에서 반복되는 침수의 문제'로 요약한 보기 **iv** The continual problem of flooding in Venice가 정답입니다.

7

해설 단락 B의 중심 문장 'The attempt to protect Venice from high tides also entails the protection of the Venetian Lagoon'에서 만조로부터 베니스를 보호하려는 시도는 베네치아 석호에 대한 보호 또한 수반한다고 한 뒤, 만조 때 바닷물이 석호로 들어가는 것을 막는 방법에 대해 언급하고 있으므로 보기 **ii** Efforts to protect the lagoon from high tides가 정답입니다.

바꾸어 표현하기

attempt 시도 ▶ efforts 노력

8

해설 이 단락에는 중심 문장이 없으므로, 단락 전체를 읽고 중심 내용을 파악합니다. 단락 C는 선박들이 수문을 지나 석호로 들어올 수 있게 하는 방법에 대해 주로 언급하고 있습니다. 따라서 이를 '석호에 선박이 들어가게 하기 위해 갑문을 이용하는 계획'으로 요약한 보기 **v** Plans to use locks to allow ships into the lagoon이 정답입니다.

[9-11]

9 베니스를 침수시키는 계절성 만조를 설명하기 위해 어떤 용어가 사용되는가?

해설 문제의 핵심어구(the seasonal high tides)와 관련된 지문 내용 중 '*Acqua alta* is the Italian term for the seasonal tides that occur in the northern Adriatic Sea and sometimes flood the city.'에서 'Acqua alta'는 북부 아드리아해에서 발생하며 때때로 도시를 침수시키는 계절성 조류를 뜻하는 이탈리아 용어라고 하였으므로, **Acqua alta**가 정답입니다.

10 만조가 예측될 때 문을 들어 올리기 위해 수문들 안으로 주입되는 것은 무엇인가?

해설 문제의 핵심어구(when high tides are predicted)와 관련된 지문 내용 중 'when high tides are anticipated, the gates are raised by introducing compressed air into them until they rise above the water'에서 만조가 예상될 때 수문들은 수면 위로 올라갈 때까지 압축된 공기를 그것들 안으로 들여보냄으로써 위로 들어 올려진다고 하였으므로, **compressed air**가 정답입니다.

바꾸어 표현하기

introducing compressed air into them 압축된 공기를 그것들 안으로 들여보낸다 ▶ is put into the gates 수문들 안으로 주입되다

11 베네치아 석호에 들어가기 위해 Malamocco에서 갑문을 이용할 것은 무엇인가?

해설 문제의 핵심어구(the lock at Malamocco)와 관련된 지문 내용 중 'The lock at Malamocco will function as the main lock, and it will mainly be used to accommodate large ships.'에서 Malamocco에 있는 갑문은 주 갑문으로서 기능할 것이며, 그것은 주로 큰 선박을 수용하기 위해서 사용될 것이라고 하였으므로, **large ships**가 정답입니다.

리딩 실전 대비하기

 Progressive Test 1

p.202

1 C	**2** B	**3** C	**4** A	**5** C
6 C	**7** B	**8** False	**9** Not given	
10 iii	**11** vi	**12** i	**13** vii	**14** v
15 offspring		**16** gestures		
17 diversity				

READING PASSAGE 1

인형: 어린이들의 장난감 그 이상

그것들의 긴 역사 동안, 인형은 종교 제물, 다산의 상징, 그리고 소비재로 이용되어 왔다

A 인형은 인간의 역사 내내 인기 있어왔지만, 형태와 목적 두 가지 모두에서 매우 다양했다. ⁴현대 역사가들에게 알려진 가장 초기의 인형들은 이집트의 주걱 인형인데, 이것들은 기원전 21세기로 거슬러 올라가는 무덤 안에서 발견되었다. ⁵이 나무로 된 판자들은 인간의 모습을 양식화했으며 종종 정사각형과 삼각형으로 구성된 추상적인 모양으로 장식되었다. 그것들이 죽은 이에 대한 묘사나, 고인의 부활을 보장하는 다산의 상징이나, 또는 내세의 어린이들을 위해 의도된 원시 사회의 장난감이었다는 추측이 있다.

B 고대 그리스와 로마 문화에서 인형의 사용은 잘 기록되어 있다. 이 사회들에서 인형은 장난감으로써 사용되었지만, 역사가들은 그것들이 또한 신들에 대한 제물이나 불행을 막는 부적으로 사용되었을 수도 있다고 추측해왔다. 놀이 이외의 목적을 위한 인형의 이용은 토우와 하니와 인형의 형태로 일본에서 또한 흔했다. 매우 양식화된 토우는 기원전 8000년경부터 기원전 200년경까지 사용되었고 둥근 얼굴로 유명했다. ²비록 여성스러운 특징들이 그것들이 다산과 관련되어 있을 수 있다는 것을 암시하기는 하지만, 그것들의 목적은 분명하지 않다. 반면에, 하니와로 알려진 진흙 인형은 장례 인형으로 이용되었고 종종 군대 복장을 입혔다.

C 19세기에 미신과 영적인 것이 약해지기 시작함에 따라, 인형은 더 알아보기 쉬운, 어린이에게 초점을 맞춘 형태로 발전했다. 이는 산업 혁명과 동시에 일어났는데, 그 후에 인형은 대량 생산되기 시작했고 소비재가 되었다. 이 시기에, ³제조업자들은 그것들에 더 살아 있는 듯한 피부색을 주기 위해 인형의 얼굴을 자기로 만들기 시작했다. ¹그것들은 특히 독일에서 인기 있었는데, 이곳에서 수백만 개가 대량 생산되었다. 1850년대부터, 이 인형들은

더욱 어린이처럼 보이도록 만들어졌기 때문에 더 분명하게 어린이들의 장난감으로 정의되었다. 인형은 또한 이 시기에 더 확고히 여자 아이들과 연관되었으며, 그것들의 옷과 액세서리에 더 큰 강조를 두었는데, 이는 바비 인형의 출시와 함께 20세기 중반에 확대된 추세였다.

[1-3]

1 인형이 많은 양으로 생산되었던 나라에 대한 언급

> **해설** 문제의 핵심어구(produced in large quantities)와 관련된 지문 내용 중 단락 C의 'They were particularly popular in Germany, where millions were mass-produced.'에서 그것들은 특히 독일에서 인기 있었는데, 이곳에서 수백만 개가 대량 생산되었다고 하였으므로, 단락 **C**가 정답입니다.
>
> **바꾸어 표현하기**
>
> were mass-produced 대량 생산되었다 ▶ were produced in large quantities 많은 양으로 생산되었다

2 왜 특정 인형들이 여성의 특징들을 가졌는지에 대한 설명

> **해설** 문제의 핵심어구(female characteristics)와 관련된 지문 내용 중 단락 B의 'Their purpose is not clear, although their feminine features suggest that they may be connected to fertility.'에서 비록 여성스러운 특징들이 그것들이 다산과 관련되어 있을 수 있다는 것을 암시하기는 하지만, 그것들의 목적은 분명하지 않다고 하였으므로, 단락 **B**가 정답입니다.
>
> **바꾸어 표현하기**
>
> feminine features 여성스러운 특징들 ▶ female characteristics 여성의 특징들

3 인형을 더 인간처럼 보이게 한 물질에 대한 언급

> **해설** 문제의 핵심어구(made dolls look more human)와 관련된 지문 내용 중 단락 C의 'manufacturers started making dolls' faces out of porcelain to give them a more lifelike skin tone'에서 제조업자들은 그것들에 더 살아 있는 듯한 피부색을 주기 위해 인형의 얼굴을 자기로 만들기 시작했다고 하였으므로, 단락 **C**가 정답입니다.
>
> **바꾸어 표현하기**
>
> more lifelike 더 살아 있는 듯한 ▶ look more human 더 인간처럼 보이다

[4-5]

최초의 인형

역사가들이 알고 있는 최초의 인형은 고대 이집트의 4 .... 안에서 발견되었다. 그것들은 인간의 특징을 지닌 나무로 만든 판자였고 5 ....으로 장식되었다. 그것들은 죽은 이들을 묘사했거나, 다산을 상징했거나, 또는 내세에서 가지고 놀 인형들이었을 수 있다.

A 무덤	B 그림	C 모양
D 궁전	E 편지	F 집

4

해설 문제의 핵심어구(first dolls ~ historians are aware of)와 관련된 지문 내용 중 'The earliest dolls known to contemporary historians are Egyptian paddle dolls, which have been found in tombs'에서 현대 역사가들에게 알려진 가장 초기의 인형들은 이집트의 주걱 인형인데, 이것들은 무덤 안에서 발견되었다고 하였으므로, 보기 **A** graves가 정답입니다.

바꾸어 표현하기

have been found 발견되었다 ▶ were discovered 발견되었다

5

해설 문제의 핵심어구(wooden boards ~ were decorated)와 관련된 지문 내용 중 'These wooden boards ~ were often adorned with abstract forms made up of squares and triangles.'에서 이 나무로 된 판자들은 종종 정사각형과 삼각형으로 구성된 추상적인 모양으로 장식되었다고 하였으므로, 보기 **C** shapes가 정답입니다.

바꾸어 표현하기

were often adorned with 종종 ~으로 장식되었다 ▶ were decorated with ~으로 장식되었다

VOCABULARY

offering n. 제물
fertility n. 다산, 출산
contemporary adj. 현대의
paddle n. 주걱, 노
tomb n. 무덤
adorn v. 꾸미다, 장식하다
speculation n. 추측, 짐작
rebirth n. 부활
the deceased phr. 고인
primitive adj. 원시 사회의
charm n. 부적, 상징물
ward off phr. ~을 막다, 피하다
clay n. 진흙, 점토
funerary adj. 장례의

diminish v. 약해지다, 줄이다
coincide with phr. ~와 동시에 일어나다, 일치하다
mass-produce v. (기계를 이용하여) 대량 생산하다
porcelain n. 자기

READING PASSAGE 2

로키산맥에 대한 지구 온난화의 위협

로키산맥은 북아메리카 대륙을 3000마일 가로질러 뻗어있는, 세계에서 가장 큰 산맥 중 하나이다. 알려진 대로, '로키산맥'은 많은 필수 천연자원을 가지고 있는데, 이들 중 가장 풍부한 것은 물이다. ⁸산맥은 북아메리카의 모든 물의 약 4분의 1을 공급하는데, 이는 소비와 농업용 관개 둘 다에 이용된다. 거의 훼손되지 않은 이 지역은 이제 기후 변화의 위협을 받고 있는데, 이는 산맥의 정교한 생태계를 붕괴시킬 수 있다.

미국의 로키산맥 국립 공원에서는, 지난 세기 동안 이미 연평균 온도에 있어 화씨 3.4도의 상승이 있었다. 이것은 계속될 것으로 예상되는데, 몇몇 모형들은 2050년까지 기온이 화씨 6.5도만큼 더 상승할 것이라고 제시하는 한편, 다른 것들은 2.5도만큼의 상승을 예상한다. 따라서 국립 공원 서비스 관리자 Jonathan Jarvis가 기후 변화를 국립 공원이 다음 세기에 마주한 가장 큰 도전이라고 불렀던 것은 놀랍지 않다. ⁷Jarvis는 '국립 공원은 흔히 상대적으로 극단적인 환경에 위치해 있다'고 말했는데, 이는 그곳들을 '나라에 있는 가장 영향받는 환경들 중 일부'로 만든다.

다양한 식물과 동물들의 서식지인 로키산맥의 거대한 삼림은, 그러한 기온 상승으로 심각하게 위협받을 것이다. 참여 과학자 연맹에 의해 발표된 보고서는 로키산맥의 삼림을 구성하는 주된 나무 종들은 높아진 기온으로 인해 2060년에 이르러 거의 멸종될 것이라고 진술했다. 그것은 ⁹사시나무의 수가 61퍼센트까지 감소하는 한편 침엽수가 자라는 토양은 면적에 있어 50퍼센트까지 축소될 것임을 시사한다. 연맹의 기후 과학자 Jason Funk는 '이것들은 죽음의 직전에 있는 작고 희귀한 나무 종들이 아니다. 그것들은 대규모의 널리 퍼진 종들이며, 로키산맥 삼림의 특징적인 종들이다'라며, 이것이 얼마나 처참할 수 있을지를 강조했다.

로키산맥에서 기후 변화의 추가 피해 결과는 수자원으로서 그 지역에 미치는 영향일 것이다. 미국의 가장 큰 강 중 다섯 개는 로키산맥에 그 수원이 있으며, 전체적으로 19개의 서부 주들에 음용과 작물 관개를 위한 물을 공급한다. 이곳들은 로키산맥 설괴빙원의 융해로 공급받는데, 이는 기온의 어떠한 상승에 의해서도 양이 상당히 줄어들 수 있다. ⁶콜로라도 물 보전 위원회의 Jeff Lukas는 '이미, 눈 녹은 물과 유수가 더 이르게 이동하고 있고, 우리의 토양은 더 건조해지고 있으며, 그리고 성장 시기는 길어졌다'고 말했다.

[6-7]

6 로키산맥의 성장 시기가 그것이 한때 그랬던 것보다 훨씬 길다.

7 국립 공원들의 위치는 그곳들이 기후 변화에 더 많이 노출된다는 것을 의미한다.

size by around 50 per cent'에서 사시나무의 수가 61퍼센트까지 감소하는 한편 침엽수가 자라는 토양은 면적에 있어 50퍼센트까지 축소될 것이라고는 하였지만, 주어진 문장의 내용은 확인할 수 없습니다. 따라서 정답은 **Not given**입니다.

6

해설 문제의 핵심어구(The growing season)와 관련된 지문 내용 중 'Jeff Lukas of the Colorado Water Conservation Board stated: '~ the growing season has lengthened.''에서 콜로라도 물 보전 위원회의 Jeff Lukas는 '성장 시기는 길어졌다'고 말했다고 하였으므로, 보기 **C** Jeff Lukas가 정답입니다.

바꾸어 표현하기

has lengthened 길어졌다 ▶ is much longer than it once was 한때 그랬던 것보다 훨씬 길다

7

해설 문제의 핵심어구(The location of national parks)와 관련된 지문 내용 중 ''National parks are often located in relatively extreme environments', Jarvis stated, making them 'some of the most impacted environments that we have in the country'.'에서 Jarvis는 '국립 공원은 흔히 상대적으로 극단적인 환경에 위치해 있다'고 말했는데, 이는 그곳들을 '나라에 있는 가장 영향받는 환경들 중 일부'로 만든다고 하였으므로, 보기 **B** Jonathan Jarvis가 정답입니다.

바꾸어 표현하기

the most impacted 가장 영향받는 ▶ more exposed 더 많이 노출된

[8-9]

8 로키산맥에서 오는 모든 물은 농업을 위해 사용된다.

해설 문제의 핵심어구(water ~ used for farming)와 관련된 지문 내용 중 'The mountains supply around a quarter of all the water in North America, which is used for both consumption and agricultural irrigation.'에서 산맥은 북아메리카의 모든 물의 약 4분의 1을 공급하는데, 이는 소비와 농업용 관개 둘 다에 이용된다고 하였으므로, 주어진 문장은 지문의 내용과 일치하지 않을 알 수 있습니다. 따라서 정답은 **False**입니다.

9 사시나무는 침엽수 이전에 산맥에서 사라지기 시작할 것이다.

해설 문제의 핵심어구(Aspens)와 관련된 지문 내용 중 'the number of aspens will decline by around 61 per cent while the soil where conifers grow will decrease in

---

VOCABULARY

mountain range phr. 산맥
the Rockies phr. 로키산맥
vital adj. 필수적인
irrigation n. 관개
aspen n. 사시나무
conifer n. 침엽수
disastrous adj. 처참한
on the brink phr. (멸망·죽음 따위)의 직전에
collectively adv. 전체적으로, 공동으로
melting n. 융해, 용해
snowpack n. 설괴빙원, 눈덩이로 뒤덮인 들판(여름에는 수원이 됨)
snowmelt n. 눈 녹은 물, 해빙
runoff n. (땅속으로 흡수되지 않고 흐르는) 유수

READING PASSAGE 3

[10-14]

제목 리스트
i   의사소통의 무의식적인 기반
ii   유년기에 형성되는 무의식적인 욕구들
iii 의식 하나만으로는 사람의 마음을 설명할 수 없다
iv   성격에 있어 무의식의 역할
v   잠재의식이 쉽게 영향을 받는다는 증거
vi   사람의 끌림에 대한 무의식적인 측면들
vii 잠재의식에 내재한 편견들

10 단락 A

11 단락 B

12 단락 C

13 단락 D

14 단락 E

인간관계에서 잠재의식의 역할 밝히기

A ¹⁰지그문트 프로이트에 따르면, 의식은 인간 마음의 작용을 설명하기에 충분하지 않았다. 그는 생각, 욕구, 그리고 행동이 항상 의식적인 선택에 의해 형성되지는 않는다고 주장했다. 그에게, 그것들의 대부분은 무의식에 의해 결정되었는데, 이는 의식의 영역에서 제거되었던 생각, 기억, 그리고 경험들로 특징지어진다.

따라서 그것은 일종의 가면으로서 기능했는데, 이는 우리 성격의 가장 깊숙한 측면들 중 일부를 감춘다. 이런 숨겨진 특성들은 다양한 방식으로 인간관계에 영향을 끼친다.

B ¹¹많은 심리학자들은 사람들을 매력적으로 보이게 하는 몇몇 요소들이 무의식에서 생겨난다고 믿는다. 많은 사회에서, 상호 끌림은 관계를 시작하기 위한 강력한 동기요인이다. 한 쌍의 남녀가 그들의 끌림에 대한 몇 가지 이유를 알 수도 있지만, 두 사람은 그것에 대한 근본적인, 잠재의식적 이유를 깨닫지 못할 수 있다. 예를 들어, ¹⁵한 사람은 '그는 멋지다' 또는 '그녀는 예쁘다'와 같이 신체적 끌림을 인식할 수 있지만, 이 표면적인 인식은 아름다운 자녀에 대한 감춰진 갈망의 결과일 수 있다. 유사하게, 자신감 있고, 강하고, 그리고 성공한 누군가에게 끌리는 사람은 안정감, 안도감, 그리고 그들을 돌봐줄 누군가에 대한 잠재의식적인 갈망을 가지고 있을 수 있다.

C ¹²어떠한 관계에서든 상호교류를 할 때, 사람들은 의사소통의 무의식적인 형태를 사용할 가능성이 있다. 이는 의사소통의 언어적 및 비언어적 둘 다의 형태에서 발생하지만, 흔히 자동적이거나 반동적인 비언어적 의사소통에서 그것은 잠재의식의 역할이다. 이것의 명백한 예는 몸짓 언어이다. 만약 두 친구가 사적 공간에 대해 극적으로 다른 경향을 가지고 있다면, 그것은 불편을 형성할 수 있다. 예를 들어, ¹⁶한 친구가 대화 중에 아주 가깝게 서있는 것을 좋아하거나 또는 활동적인 몸짓을 사용하거나 다른 이를 건드릴 필요성을 느낀다면, 이것은 다른 사람이 뒷걸음질치는 결과를 낳을 수 있다. 이렇게 피하는 것은 의식적인 노력의 결과가 아니라 단지 자동적이고 무의식적인 반응인데, 이는 친구가 그나 그녀의 사적 공간을 '침입했다'는 것을 전달한다.

D ¹³잠재의식 안에 포함되어 있는 것은 깊이 밴 편견들이다. 어떠한 의식적인 인식 없이, 이 편견들은 자연스럽게 다른 이에 대한 사람들의 관점에 영향을 끼친다. 사실, 내재한 편견들은 어떤 사람의 의식적인 의견에 완전히 반대될지도 모른다. 이것을 더 잘 구체화하기 위해서, 직장에서의 문화적 다양성에 대한 관점을 생각해 보라. 사업주들은 직장이 종교, 인종, 또는 국적에 근거해서 차별해서는 안 된다고 믿을지도 모른다. 하지만, 실제로는 이 사람들이 무의식적으로 특정 민족 또는 문화적 집단의 사람들을 채용하는 것을 기피할 수 있다. ¹⁷비록 이 소유주들은 의식적으로는 다양성을 공표할지도 모르지만, 숨겨진 두려움이나 선호도가 그들의 채용 결정을 유도할 수 있다.

E ¹⁴사람들의 잠재의식이 영향받기 쉽다는 것을 보여주기 위해서, 예일 대학에서 박사 과정 중인 학생이 간단한 실험을 계획했다. 그는 여성 참가자에게 엘리베이터에서 한 번에 한 명씩 학생들과 동행할 것을 부탁했다. 학생들은 그녀가 연구의 일원임을 알지 못했다. 올라갈 때마다, 그녀는 메모를 쓰는 동안 학생에게 그녀의 커피를 들어 달라고 부탁했다. 어떤 경우에, 학생은 뜨거운 커피를 받았고, 또 다른 경우에는 커피가 차가웠다. 나중에, 모든 학생들에게 '사람 A'라고 불린 허구적 인물에 대한 설문지가 주어졌다. 비록 신체적 묘사는 항상 같았지만, 엘리베이터에서 뜨거운 커피를 들었던 학생들은 사람 A의 성격을 더 호의적으로 평가했다. 명백히, 따뜻한 손은 잠재의식적으로 따뜻한 감정을 형성했다.

10

해설 단락 A의 중심 문장 'According to Sigmund Freud, consciousness was not enough to explain the workings of the human mind.'에서 지그문트 프로이트에 따르면, 의식은 인간 마음의 작용을 설명하기에 충분하지 않았다고 하였으므로, 보기 iii Consciousness alone cannot explain the human mind가 정답입니다.

바꾸어 표현하기
consciousness was not enough to explain 의식은 ~을 설명하기에 충분하지 않았다 ▶ Consciousness alone cannot explain 의식 하나만으로는 ~을 설명할 수 없다

11

해설 단락 B의 중심 문장 'Many psychologists believe that some of the factors that make people seem attractive arise from the unconscious.'에서 많은 심리학자들은 사람들을 매력적으로 보이게 하는 몇몇 요소들이 무의식에서 생겨난다고 믿는다고 하였으므로, 보기 vi Unconscious aspects of human attraction이 정답입니다.

바꾸어 표현하기
factors that make people seem attractive 사람들을 매력적으로 보이게 하는 요소들 ▶ aspects of human attraction 사람의 끌림에 대한 측면들

12

해설 단락 C의 중심 문장 'When interacting in any relationship, people are likely to use unconscious forms of communication.'에서 어떠한 관계에서든 상호교류를 할 때, 사람들은 의사소통의 무의식적인 형태를 사용할 가능성이 있다고 하였으므로, 보기 i The unconscious basis of communication이 정답입니다.

13

해설 단락 D의 중심 문장 'Contained within the subconscious mind are prejudices that are ingrained.'에서 잠재의식 안에 포함되어 있는 것은 깊이 밴 편견들이라고 하였으므로, 보기 vii Inherent biases in the subconscious mind가 정답입니다.

바꾸어 표현하기
prejudices that are ingrained 깊이 밴 편견들 ▶ Inherent biases 내재한 편견들

14

해설 단락 E의 중심 문장 'To show the ease with which people's subconscious is influenced, a doctoral student at Yale University designed a simple experiment.'에서 사람들의 잠재의식이 영향받기 쉽다는 것을 보여주기 위해서, 예일 대학에서 박사 과정 중인 학생이 간단한 실험을 계획했다고 한 뒤 실험의 결과에 대해 언급하고 있으므로, 보기 **v** Evidence that the subconscious is easily influenced가 정답입니다.

[15-17]

15 아름다운 ....에 대한 숨겨진 욕구는 표면적인 신체적 끌림으로 혼동될 수 있다.

> 해설 문제의 핵심어구(superficial physical attraction)와 관련된 지문 내용 중 'a person might recognise physical attraction as 'He's handsome' or 'She's pretty', but this superficial awareness may be the result of an obscured yearning for beautiful offspring'에서 한 사람은 '그는 멋지다' 또는 '그녀는 예쁘다'와 같이 신체적 끌림을 인식할 수 있지만, 이 표면적인 인식은 아름다운 자녀에 대한 감춰진 갈망의 결과일 수 있다고 하였으므로, **offspring**이 정답입니다.
>
> > 바꾸어 표현하기
> > an obscured yearning 감춰진 갈망 ▶ A hidden desire 숨겨진 욕구

16 대화 중에 접촉이나 활동적인 ....을 사용하는 것은 다른 사람을 뒤로 물러나게 할 수 있다.

> 해설 문제의 핵심어구(cause the other person to move back)와 관련된 지문 내용 중 'if one friend likes to stand very close during conversation or feels the need to use energetic gestures or touch the other person, it could result in the other person backing away'에서 한 친구가 대화 중에 아주 가깝게 서있는 것을 좋아하거나 또는 활동적인 몸짓을 사용하거나 다른 이를 건드릴 필요성을 느낀다면 이것은 다른 사람이 뒷걸음질치는 결과를 낳을 수 있다고 하였으므로, **gestures**가 정답입니다.
>
> > 바꾸어 표현하기
> > result in the other person backing away 다른 사람이 뒷걸음질치는 결과를 낳다 ▶ cause the other person to move back 다른 사람을 뒤로 물러나게 하다

17 비록 사업주들은 그들이 ....을 지지한다고 생각할지 모르지만, 이것은 그들이 실제로 누구를 채용할지를 지시하지 않을 수 있다.

> 해설 문제의 핵심어구(who they actually hire)와 관련된 지문 내용 중 'Even though these owners may consciously celebrate diversity, hidden fears or preferences may guide their hiring decisions.'에서 비록 이 소유주들은 의식적으로는 다양성을 공표할지도 모르지만, 숨겨진 두려움

이나 선호도가 그들의 채용 결정을 유도할 수 있다고 하였으므로, **diversity**가 정답입니다.

> 바꾸어 표현하기
> consciously celebrate diversity 의식적으로는 다양성을 공표하다 ▶ think that they support diversity 다양성을 지지한다고 생각하다

VOCABULARY

the bulk of phr. ~의 대부분
realm n. 영역
attribute n. 특성
arise v. 생기다
underlying adj. 근본적인
superficial adj. 표면적인, 피상적인
obscure v. 감추다, 가리다
yearning n. 갈망, 동경
verbal adj. 언어적인, 말로 된
non-verbal adj. 비언어적인
back away phr. 뒷걸음질 치다
invade v. 침입하다
ingrain v. (욕망, 습관, 기질이) 깊이 배다
inherent adj. 내재한, 타고난
visualise v. 구체화하다, 시각화하다
discriminate v. 차별하다
ethnic adj. 민족의
ascent n. 올라감, 상승
favourably adv. 호의적으로

 Progressive Test 2

p.210

1 C	**2** D	**3** B	**4** False	**5** False
6 True	**7** Not given	**8** False		
9-10 A, D	**11** vi	**12** iii	**13** iv	
14 i	**15** ii	**16** Iraq	**17** prime minister	
18 Ukrainian independence				

READING PASSAGE 1

매머드 이야기

매머드는 흔히 대초원 지대를 거닐며 인간들보다 훨씬 더 크다고 묘사되는, 전형적인 빙하 시대의 생명체이다. 그들의 가장 가까운 현대

의 동족은 코끼리이지만, 매머드는 일반적으로 더 길고 굽은 상아와 텁수룩한 갈색 털로 된 외피를 가지고 있었다. 이름이 암시하듯이, 그들은 매우 거대했는데, 가장 큰 종들은 어깨가 약 13피트 높이에 달했다. 매머드에 대한 수수께끼는 정확히 왜 이 거대한 생명체가 멸종되었는가이다.

[1]털매머드는 잘 보존된 수많은 표본들이 발견됨에 따라, 그들의 유해가 매우 광범위하게 연구되고 기록되어 왔기 때문에 아마도 매머드들 중에 가장 잘 알려져 있다. 그들은 가장 큰 매머드 종은 아니었지만, 9에서 11피트 사이의 높이로 아프리카 코끼리와 거의 같은 키였다. 털매머드의 서식지는 매머드 대초원 지대라고 알려진 방대한 생태계였다. 그들은 대초원 지대의 극심한 환경에 완벽하게 적합했는데, 이는 영하의 기온과 건조한 기후를 포함했다.

다른 매머드 종들처럼, 대부분의 털매머드는 약 10,000년 전의 초기 충적세(마지막 빙하기를 뒤이은 지질학적 시대)에 멸종되었다. 하지만, [2]작은 수의 털매머드들은 북극권 한계선의 브란겔 섬에 살아남았는데, 이곳에서 그들은 이집트에서 피라미드가 건설되었던 시기인 기원전 2500년경까지 생존했다. [4]매머드의 멸종에 대한 이유는 여전히 논쟁되고 있는데, 일부는 기후 변화가 가장 중요한 요인이었다고 주장하는 반면, 다른 사람들은 그것이 질병이었거나, 혹은 인간이 그들을 대대적으로 살상한 것이었다고 추측한다. [5]인간들은 실제로 이 시기 동안 매머드가 서식했던 지역을 가로질러 이주했고, 동시에 매머드와 같은 거대한 생물을 사냥하도록 도와주었을 새로운 무기들 또한 개발했다.

하지만, 가장 가능성 있는 각본은 다양한 요소들이 매머드 소멸의 원인이 되었다는 것이다. [3]초기 충적세의 따뜻해지는 기후는 매머드 대초원 지대의 서식지에 영향을 주었는데, 이곳은 풀로 뒤덮인 지형에서 점차 습지로 변화했다. 이는 매머드들을 훨씬 좁은 서식지로 몰아넣었을 수 있는데, 이곳에서 그들은 인간 사냥꾼들에 의해 쉽게 표적이 되었을 것이다. 더욱이, 이러한 매머드의 작고 격리된 개체군들은 근친 교배 때문에 질병과 전반적인 허약함으로 시달리게 되었다.

[1-3]

1 털매머드의 유해는 -했기 때문에 연구될 수 있었다.

2 매머드들은 -했을 때 북극권 한계선에 살아있었다.

3 매머드 대초원 지대는 -했을 때 습지로 변형되기 시작했다.

> A 충적세가 끝난 이후에
> B 기후가 뜨거워졌을 때
> C 그들이 좋은 상태로 발견되었기 때문에
> D 피라미드가 건설되고 있었을 때
> E 매머드들이 이동했을 때

1

해설 문제의 핵심어구(Woolly mammoth remains)와 관련된 지문 내용 중 'Woolly mammoths are probably the best known of the mammoths because their remains have been so extensively studied and documented, as many well-preserved specimens have been found.'에서 털매머드는 잘 보존된 수많은 표본들이 발견됨에 따라 그들의 유해들이 매우 광범위하게 연구되고 기록되어 왔기 때문에 아마도 매머드들 중에 가장 잘 알려져 있다고 하였으므로, 보기 **C** because they were found in a good condition이 정답입니다.

> 바꾸어 표현하기
>
> well-preserved 잘 보존된 ▶ in a good condition 좋은 상태로

2

해설 문제의 핵심어구(alive in the Arctic Circle)와 관련된 지문 내용 중 'a small number of woolly mammoths survived on Wrangel Island in the Arctic Circle, where they lived until around 2500 BC, the time the pyramids were built in Egypt'에서 작은 수의 털매머드들은 북극권 한계선의 브란겔 섬에 살아남았는데, 이곳에서 그들은 이집트에서 피라미드가 건설되었던 시기인 기원전 2500년경까지 생존했다고 하였으므로, 보기 **D** when the pyramids were being constructed가 정답입니다.

> 바꾸어 표현하기
>
> survived on Wrangel Island in the Arctic Circle 북극권 한계선의 브란겔 섬에 살아남았다 ▶ were alive in the Arctic Circle 북극권 한계선에 살아있었다

3

해설 문제의 핵심어구(transforming into a wetland)와 관련된 지문 내용 중 'The warming climate in the early Holocene did have an impact on the habitat of the mammoth steppe, which gradually changed from grassy terrain to wetlands.'에서 초기 충적세의 따뜻해지는 기후는 매머드 대초원 지대의 서식지에 영향을 주었는데, 이곳은 풀로 뒤덮인 지형에서 점차 습지로 변화했다고 하였으므로, 보기 **B** when the climate heated up이 정답입니다.

> 바꾸어 표현하기
>
> gradually changed from grassy terrain to wetlands 풀로 뒤덮인 지형에서 점차 습지로 변화했다 ▶ The mammoth steppe began transforming into a wetland 매머드 대초원 지대는 습지로 변형되기 시작했다

[4-5]

4 매머드가 왜 멸종되었는지에 대한 논쟁은 해결되었다.

해설 문제의 핵심어구(why the mammoths went extinct)와 관련된 지문 내용 중 'The reasons for the extinction of the mammoth are still debated'에서 매머드의 멸종에

대한 이유는 여전히 논쟁되고 있다고 하였으므로, 주어진 문장은 지문의 내용과 일치하지 않음을 알 수 있습니다. 따라서 정답은 **False**입니다.

5 인간의 무기들은 매머드에 대항해서는 소용이 없었다.

해설 문제의 핵심어구(Humans' weapons)와 관련된 지문 내용 중 'Humans did migrate across areas where mammoths resided during this period, while also developing new weapons which could have allowed them to hunt large creatures like mammoths.'에서 인간들은 실제로 이 시기 동안 매머드가 서식했던 지역을 가로질러 이주했고, 동시에 매머드와 같은 거대한 생물을 사냥하도록 도와주었을 새로운 무기들 또한 개발했다고 하였으므로, 주어진 문장은 지문의 내용과 일치하지 않음을 알 수 있습니다. 따라서 정답은 **False**입니다.

VOCABULARY

classic adj. 전형적인
steppe n. (유럽 남동부·아시아 남서부 등의) 대초원 지대
tower over phr. (~보다) 훨씬 더 크다, 높다
tusk n. 상아
covering n. 외피
shaggy adj. 텁수룩한
die out phr. 멸종되다
woolly mammoth phr. 털매머드
remains n. 유해, 잔해
specimen n. 표본
Holocene n. 충적세, 완신세(1만 년 전에 시작되어 현재에 이르는 지질시대)
Arctic Circle phr. 북극권 한계선(북반구에서 지리학상으로 한대기후대와 냉대기후대를 구분하는 경계선)
kill off phr. 대대적으로 살상하다, 죽이다
migrate v. 이주하다
reside v. 서식하다, 거주하다
terrain n. 지형, 지역
wetland n. 습지
inbreeding n. 근친교배

READING PASSAGE 2

환상열석들은 여전히 수수께끼에 감춰져 있다

4,000년보다도 더 전에, 오늘날 영국이 있는 곳의 사람들이 돌로 된 원을 만들었다. 아마 그 두 배의 시간이 지남에 따라 잃기는 했지만, 최소 1,300개가 여전히 존재한다. [6]그것들이 종교 의식을 위해, 고인을 기리기 위해, 또는 계절의 변화를 축하하기 위해 건축되었을 것이라는 의견을 포함하여, 그들의 존재에 대한 다양한 설명들이 제기되어 왔다. 그렇지만 아무도 그것들의 건축에 대한 이유를 발견하지 못했다. 분명히, 그것들 중 가장 유명한 것은 스톤헨지인데, 이는 사르

센 석(잉글랜드 남부 전역에 걸쳐 발견될 수 있는 단단한 사암)이라 불리는 훨씬 무거운 선돌로 둘러싸인 5톤 청석들의 거대한 집합이다.

20세기 초의 지질학적 연구들은 [7]청석들이 스톤헨지에서 대략 140 마일 떨어진 웨일스의 산맥에서 생겨났다는 것을 보여주었다. 그것들이 빙하에 의해 움직여졌는지 아니면 사람에 의해 움직여졌는지에 대해서는 계속 진행 중인 논란이 있다. 만약 후자가 사실이라면, 수반되었던 엄청난 노력은 그것들이 어떤 범상치 않은, 어쩌면 정신적 상징의 이유로 가치 있었다는 것을 가리킨다. [8]고고학자 Geoffrey Wainwright는 돌에 대한 특정한 선택은 우연이 아니었다고 주장했다. Wainwright는 돌들이 치유의 힘을 상징했고, 스톤헨지는 질병의 완화를 추구하는 이들을 위한 목적지였다는 대담한 주장을 했다.

환상열석을 세웠던 이들에 대해 말하자면, 몇 가지 '이론들'이 있었다. 첫 번째는 그것들이 거인이나 마법사와 같은 초자연적인 힘의 결과물이었다고 주장했다. 두 번째이자, 다소 더 그럴듯한 설명은, 그것들이 종교적인 목적으로 건설되었다는 것이었다. 몇몇 학자들은 드루이드로 알려진 켈트족의 사제들이 그것들을 만들었다고 생각한다. 이 견해는 역사가 John Aubrey에 의해 주장되었는데, 그는 드루이드와 스톤헨지를 관련시켜 생각한 첫 번째 사람이었다. 그것은 또한 William Stukeley 박사의 연구를 통해서도 받아들여지고 대중화되었다. 하지만, [9]드루이드 교리에 대한 그의 집착은 그의 연구에서 강한 편견의 지표라고 비판받았다. [10]현대의 연대 결정 방법도 또한 이 이론에 의구심을 던졌다. 대부분의 주류 고고학자에 의해 지지받는 세 번째 가설은, 환상열석의 건설이 수세기에 걸쳐서 다양한 문화에 의해 단계적으로 수행되었다는 것이다. 예를 들어, 몇몇 고고학자들은 Bell Beaker 사람들이 청석을 스톤헨지로 옮겼고 웨식스인들이 얼마 후에 스톤헨지를 완성했다고 생각한다.

[6-8]

6 환상열석은 계절의 변화를 기념했을 수 있다.

해설 문제의 핵심어구(seasonal changes)와 관련된 지문 내용 중 'they may have been built ~ to commemorate the passing of the seasons'에서 그것들이 계절의 변화를 축하하기 위해 건축되었을 것이라고 하였으므로, 주어진 문장은 지문의 내용과 일치함을 알 수 있습니다. 따라서 정답은 **True**입니다.

바꾸어 표현하기
commemorate the passing of the seasons 계절의 변화를 축하하다 ▶ celebrated seasonal changes 계절의 변화를 기념했다

7 웨일스는 영국의 어떤 다른 지역보다도 더 많은 청석을 가지고 있다.

해설 문제의 핵심어구(Wales contains ~ bluestones)와 관련된 지문 내용 중 'the bluestones originated from mountains in Wales, approximately 140 miles from Stonehenge'에서 청석들이 스톤헨지에서 대략 140 마일 떨어진 웨일스의 산맥에서 생겨났다고는 하였지만, 주어

진 문장의 내용은 확인할 수 없습니다. 따라서 정답은 **Not given**입니다.

8 Wainwright는 돌들이 무작위로 선택되었다고 믿는다.

해설 문제의 핵심어구(Wainwright)와 관련된 지문 내용 중 'Archaeologist Geoffrey Wainwright has claimed that the particular choice of stone was no accident.'에서 고고학자 Geoffrey Wainwright는 돌에 대한 특정한 선택은 우연이 아니었다고 주장했다고 하였으므로, 주어진 문장은 지문의 내용과 일치하지 않음을 알 수 있습니다. 따라서 정답은 **False**입니다.

[9-10]
9-10
글쓴이는 드루이드들이 환상열석을 세웠다는 이론에 대해 어떤 **두 가지** 이의들을 언급하는가?
A 드루이드 교리에 대한 한 연구가의 끌림
B 드루이드들이 돌을 옮길 수 없다는 것
C 드루이드 공동체와 돌 사이의 거리
D 연대 결정 기술에 의한 증거
E 드루이드 사회의 역사적인 근거 부족

해설 문제의 핵심어구(challenges to the theory that Druids built the stone circles)와 관련된 지문 내용 중 'his fascination with the Druid faith has been criticised as an indicator of strong bias in his research'와 'Modern dating methods have also cast doubt on this theory.'에서 드루이드 교리에 대한 그의 집착은 그의 연구에서 강한 편견의 지표라고 비판받았으며, 현대의 연대 결정 방법들 또한 이 이론에 의구심을 던졌다고 하였으므로, 보기 **A** a researcher's attraction to the Druid faith와 보기 **D** the evidence of dating technology가 정답입니다.

바꾸어 표현하기

cast doubt on this theory 이 이론에 의구심을 던졌다
▶ challenges to the theory 이론에 대한 이의들

VOCABULARY

stone circle phr. 환상열석, 스톤 서클(거대한 선돌이 둥글게 줄지어 놓은 고대 유적)
shroud v. 감추다, 가리다
ritual n. 의식
commemorate v. 축하하다, 기념하다
bluestone n. 청석, 청회색 사암
standing stone phr. 선돌
sarsen stone phr. 사르센 석(잉글랜드 중남부에 있는 사암)
sandstone n. 사암
ongoing adj. 계속 진행 중인

mystical adj. 정신적 상징의, 신령스러운
archaeologist n. 고고학자
contention n. 주장, 논쟁
ailment n. (그렇게 심각하지 않은) 질병
plausible adj. 그럴듯한, 타당한 것 같은
Celtic adj. 켈트족의
Druid n. 드루이드(고대 켈트족 종교였던 드루이드교의 성직자)
popularise v. 대중화하다
fascination n. 집착, 매혹
faith n. 교리, 신앙, 믿음
dating n. (고고학·지질학 등의) 연대 결정

READING PASSAGE 3

[11-15]

제목 리스트

i   언어는 지명에 관한 공식적인 관점을 복잡하게 한다
ii 규칙의 적용에 있어 일관성의 결여
iii 나라 이름의 표준화된 체계에 대한 호소
iv 당국들이 어떤 이름이 정관사를 포함하는지 말하다
v 나라 이름과 관련된 지리적 특징들
vi 지명들이 어떻게 정치적 그리고 민족적 이유들로부터 발생하는지
vii PCGN 표준을 따르는 것에 대한 현대 대중 매체의 거부

11 단락 A

12 단락 B

13 단락 C

14 단락 D

15 단락 E

여행할 때, 당신은 Ukraine으로 갑니까 아니면 The Ukraine으로 갑니까?

특정 나라 이름에 정관사를 사용하는 것에 대한 복잡한 역사

A 지명은 독단적으로 선택되지 않으며, 종종 그들의 사용에 대한 특정한 정치적인 이유들이 있다. 예를 들어, 이름들은 빈번하게 지배 계층의 이해관계를 반영하고 시간이 흐르며 정권이 바뀜에 따라 변화한다. 이는 유라시아의 많은 지역이 소비에트 연방의 해체 전후로 다른 이름을 가졌던 이유이다. [16]민족적 고려 사항 또한 중요한 역할을 하는데, 이라크의 같은 마을은 아랍인들에 의해서는 'Arbīl'이라고 불리지만 쿠르드인에게는 'Hewlêr'로 알려져 있다.

B [12]지명들에 있어 그러한 다양성은 의사소통을 방해할 수 있기 때문에, 표준화 체계가 바람직하다. 영어에서 지명의 표준화된 체계에 대한 필요성은 제1차 세계대전 동안 영국 해군의 장군들에

의해 인식되었다. 이 목적을 이루기 위해, 그들은 1919년에 지리 명칭 상임위원회(PCGN)를 창설했다. PCGN은 영국의 모든 지명을 위한 규칙을 정하고 적용한다. 위원회는 또한 유엔과 협력하여 해외 지명을 위한 모든 공인된 조약들의 목록을 공표하고 지명에 대한 국제 표준화를 촉진한다.

C 많은 사람에게 실제로 가장 힘든 결정 중 하나는 나라의 이름에 정관사를 사용할 것인가이다. 예를 들어, 우리는 'United Kingdom'이라고 써야 하는가, 아니면 'The United Kingdom'이라고 써야 하는가? [13]PCGN과 다른 당국들에 따르면, The Bahamas와 The Gambia 두 개의 공식적인 이름만이 정관사를 써야 한다. The Gambia의 경우, 그 결정은 어느 정도는 정치적인 의지 때문이었던 것으로 보인다. [17]PCGN은 전하는 바에 따르면 Zambia라는 비슷한 이름을 가진 또 다른 아프리카 국가로부터 구별하는 것을 돕기 위해, 위원회에 'The Gambia'를 사용할 것을 특별히 지시하는 감비아 수상으로부터의 1964년 편지를 여전히 가지고 있다.

D [14]하지만 지명에 대한 이 공식적인 입장은 때때로 언어학적인 문제들에 의해 복잡해진다. 문장들 속에 삽입될 때, 몇몇 지명은 문법적 요구를 충족시키거나 단순히 자연스럽게 들리기 위해 정관사를 필요로 하는 것으로 보인다. 이는 강, 섬 또는 사막과 같은 지리적 특징과 관련된 나라 이름에 관하여 특히 사실이다. 그것은 또한 영어 사용자가 나라 이름의 문자 그대로의 의미를 알고 있을 때 흔하다. 그러한 경우에, 사람들은 정관사를 이름의 한 부분으로 포함할 수 있다. 예를 들어, 'Netherlands'는 영어로 '낮은 나라들'을 의미하므로, 'I'm going to the low countries'가 'the'를 요구하기 때문에 'I'm going to the Netherlands'를 사용하는 것이 완벽하게 이치에 맞는다. 하지만 이 경우, 'the'는 공식적 이름의 일부가 아니므로, 대문자로 시작하지 않는다.

E 사실상, [15]사람들이 규정된 표준을 시행하는 측면에서 널리 받아들여지는 일관성은 결여되어 있다. 이는 'Ukraine'의 사용에서 확인할 수 있다. 우리는 한 방송이 'Ukraine'을 쓰는 반면 다른 곳은 'The Ukraine'을 사용하는 것을 발견할 수 있다. 무엇이 정확한가? [18]우크라이나 대사관에 따르면, 우크라이나의 독립 연도인 1991년 이후에 쓰인 문서의 나라 이름에는 정관사가 수반되지 않아야 한다. 정관사는 소비에트 통치 시절에서 유래한 것인데, 이때 그 지역은 우크라이나 소비에트 사회주의 공화국으로 알려졌다. 이는 그 시기를 언급하기 위해서 정관사를 관례적으로 유지하는 수많은 글쓴이들이 엄밀히 따지면 틀렸다는 것을 의미한다. 하지만 일반적인 사람들이 이와 같은 변화를 계속 파악하고 있기를 기대하는 것은 무리한 요구이다.

11

해설 이 단락에는 중심 문장이 없으므로, 단락 전체를 읽고 중심 내용을 파악합니다. 단락 A는 지명이 정치적인 이유로 변화하며 민족적인 이유로 서로 다른 민족들에게 다른 이름으로 알려질 수 있다는 것에 대해 주로 언급하고 있습니다. 따라서 이를 '지명들이 어떻게 정치적 그리고 민족적 이

유들로 발생하는지'로 요약한 보기 **vi** How geographical names result from political and ethnic causes가 정답입니다.

12

해설 단락 B의 중심 문장 'Such variability in geographical names can impede communication, so a system of standardisation is desirable.'에서 지명들에 있어 그러한 다양성은 의사소통을 방해할 수 있기 때문에, 표준화 체계가 바람직하다고 하였으므로, 보기 **iii** The appeal of a standard system of country names가 정답입니다.

바꾸어 표현하기
a system of standardisation 표준화 체계 ► a standard system 표준화된 체계

13

해설 단락 C의 중심 문장 'According to the PCGN and other authorities, only two official names should carry a definite article: The Bahamas and The Gambia.'에서 PCGN과 다른 당국들에 따르면, The Bahamas와 The Gambia 두 개의 공식적인 이름만이 정관사를 써야 한다고 하였으므로, 보기 **iv** Authorities say which names include the definite article이 정답입니다.

바꾸어 표현하기
carry a definite article 정관사를 쓰다 ► include the definite article 정관사를 포함하다

14

해설 단락 D의 중심 문장 'Yet this official position on geographical names is sometimes complicated by linguistic issues.'에서 하지만 지명에 대한 이 공식적인 입장은 때때로 언어학적인 문제들에 의해 복잡해진다고 하였으므로, 보기 **i** Language complicates the official view of geographical names가 정답입니다.

바꾸어 표현하기
complicated by linguistic issues 언어학적인 문제들에 의해 복잡해진다 ► Language complicates 언어는 복잡하게 한다

15

해설 단락 E의 중심 문장 'there is a lack of widespread uniformity in the way people implement the prescribed standards'에서 사람들이 규정된 표준을 시행하는 측면에서 널리 받아들여지는 일관성은 결여되어 있다고 하였으므로, 보기 **ii** A lack of consistency in applications of the rules가 정답입니다.

정답·해석·해설

Hackers IELTS Reading Basic

바꾸어 표현하기

a lack of widespread uniformity 널리 받아들여지는 일관성의 결여 ▶ A lack of consistency 일관성의 결여

[16-18]

16 어떤 나라가 두 민족 집단에 의해 다른 이름으로 알려져 있는 마을을 가지고 있는가?

해설 문제의 핵심어구 (different names by two ethnic groups)와 관련된 지문 내용 중 'Ethnic considerations also play a key role; the same town in Iraq is called 'Arbīl' by Arabs but is known as 'Hewlêr' to Kurds.'에서 민족적 고려 사항 또한 중요한 역할을 하는데, 이라크의 같은 마을은 아랍인들에 의해서는 'Arbīl'이라고 불리지만 쿠르드인에게는 'Hewlêr'로 알려져 있다고 하였으므로, **Iraq**가 정답입니다.

17 감비아의 올바른 이름에 대해 누가 PCGN에 편지를 보냈는가?

해설 문제의 핵심어구(a letter to the PCGN)와 관련된 지문 내용 중 'The PCGN still has a 1964 letter from the prime minister of Gambia specifically instructing the committee to use 'The Gambia''에서 PCGN은 위원회에 'The Gambia'를 사용할 것을 특별히 지시하는 감비아 수상으로부터의 1964년 편지를 여전히 가지고 있다고 하였으므로, **prime minister**가 정답입니다.

18 나라의 이름에서 관사를 제거하는 것과 관련하여 어떤 사건이 언급되었는가?

해설 문제의 핵심어구(removing an article)와 관련된 지문 내용 중 'According to the Ukrainian Embassy, the name of the country should not be accompanied by the definite article in text written after 1991, the year of Ukrainian independence.'에서 우크라이나 대사관에 따르면, 우크라이나의 독립 연도인 1991년 이후에 쓰인 문서의 나라 이름에는 정관사가 수반되지 않아야 한다고 하였으므로, **Ukrainian independence**가 정답입니다.

바꾸어 표현하기

the name of the country should not be accompanied by the definite article 나라 이름에 정관사가 수반되지 않아야 한다 ▶ removing an article from a country's name 나라의 이름에서 관사를 제거하는 것

VOCABULARY

arbitrarily adv. 독단적으로, 제멋대로
interests n. 이해관계, 이익
regime n. 정권

Eurasia n. 유라시아(유럽과 아시아를 일체로 본 명칭)
impede v. 방해하다, 지연시키다
standardisation n. 표준화, 규격화
the Royal Navy phr. 영국 해군
in practice phr. 실제로
in part phr. 어느 정도는
distinguish v. 구별하다
literal adj. 문자 그대로의
capitalise v. 대문자로 시작하다
uniformity n. 일관성, 균일성
implement v. 시행하다
prescribed adj. 규정된, 예정된
stem for phr. ~에서 유래하다
tall order phr. 무리한 요구, 어려운 주문

(3일) Progressive Test 3

p.218

1 bark	**2** trough	**3** lines	**4** False	**5** True
6 B	**7** C	**8** A	**9** contamination	
10 tissue	**11** vii	**12** v	**13** iv	**14** ii
15 No	**16** Not given	**17** Yes		

READING PASSAGE 1

나무 수액 채취

수세기 동안 사용되어 온 송진과 수액 채취의 방법

나무 수액 채취는 나무 또는 다른 식물로부터 물질을 채취하는 아주 오래된 방법이다. 이것은 나무의 종류와 채취되는 물질에 따라 세계 각지에서 다양한 형태를 취한다. 가장 흔히, 이것은 수액이나 송진 중 어느 하나를 나무로부터 얻는 방법인데, 이들 둘 다는 다양한 제품과 식품을 만드는 것에 있어서 중요하다. 예를 들어, 사탕단풍나무에서 나오는 수액은 메이플 시럽을 만드는 데 사용되고, 알로에 베라 식물에서 나오는 수액은 이제 많은 화장품에서 흔한 성분이다. 반면에, 송진은 목공품의 광택제와 접착제의 생산에 사용된다. ⁴이것은 비록 많은 향수뿐만 아니라 식품에 윤을 내는 물질에서도 발견되기는 하지만 식용 제품에는 흔하지 않다.

나무 수액 채취는 상당히 다양하지만, 대부분의 종사자들은 일반적인 방법의 변형을 사용한다. 송진 채취의 경우에, 대부분 단엽송이나 장엽송 품종의 소나무가 사용된다. 먼저, ¹소나무의 나무껍질 일부가 6인치 길이의 나무 면적을 드러나게 하기 위해 도끼로 잘릴 것이다. ²V자형의 금속 홈통이 이것의 아래에 못으로 고정될 것이다. 이 홈통 아래에, 금속 양동이가 또 다른 못에 걸린다. ³마지막으로, 일련의 V

자 모양을 만들기 위해 선들이 변재에 그어져야 한다. 이것들은 송진이 아래로 떨어지도록 돕는다. 나무는 이 송진을 생산함으로써 그것에 가해진 손상을 치료할 것인데, 이것은 마찬가지로 며칠이 지나 수거될 수 있는 양동이 안으로 떨어질 것이다.

5나무 수액 채취는 또한 고무나무로부터 유액을 채취하기 위해서도 사용되는데, 이는 정확히 하려면 약간의 기술을 필요로 하는 복잡한 과정이다. 하지만, 그것이 전문가에 의해 수행될 때는, 환경에 거의 손상을 입히지 않기 때문에 가장 지속 가능한 토지 이용 형태 중 하나이다. 이는 나무의 다른 절반은 치유될 수 있게 하기 위해 한 번에 오직 나무의 절반만이 사용되기 때문이다. 이것은 동남아시아의 많은 곳에서 흔한 관행이다. 점액은 비슷한 방식으로 나무에서 채취되는 또 다른 물질이다. 한때, 이는 기침약으로 사용되었지만, 마시멜로의 주성분으로 가장 유명하다.

[1-3]

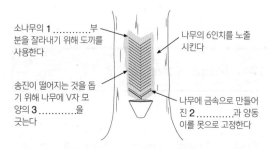

소나무의 1 ....부분을 잘라내기 위해 도끼를 사용한다

나무의 6인치를 노출시킨다

송진이 떨어지는 것을 돕기 위해 나무에 V자 모양의 3 ....을 긋는다

나무에 금속으로 만들어진 2 ....과 양동이를 못으로 고정한다

1

해설 문제의 핵심어구(use an axe to cut away)와 관련된 지문 내용 중 'some of the bark of the pine tree will be hacked away with an axe to expose a six-inch tall area of wood'에서 소나무의 나무껍질 일부가 6인치 길이의 나무 면적을 드러나게 하기 위해 도끼로 잘릴 것이라고 하였으므로, **bark**가 정답입니다.

> 바꾸어 표현하기
>
> be hacked away with an axe 도끼로 잘리다 ▶ use an axe to cut away 잘라내기 위해 도끼를 사용하다

2

해설 문제의 핵심어구(nail a ~ made of metal)와 관련된 지문 내용 중 'A v-shaped metal trough will be nailed to the bottom of this.'에서 V자형의 금속 홈통이 이것의 아래에 못으로 고정될 것이라고 하였으므로, **trough**가 정답입니다.

> 바꾸어 표현하기
>
> metal trough 금속 홈통 ▶ trough made of metal 금속으로 만들어진 홈통

3

해설 문제의 핵심어구(cut v-shaped)와 관련된 지문 내용 중 'Finally, lines should be cut into the sapwood to

create a series of v-shapes. These help the resin drip downwards.'에서 마지막으로, 일련의 V자 모양을 만들기 위해 선들이 변재에 그어져야 하며, 이것들은 송진이 아래로 떨어지도록 돕는다고 하였으므로, **lines**가 정답입니다.

[4-5]

4 송진은 음식 재료로 흔히 사용된다.

해설 문제의 핵심어구(an ingredient for food)와 관련된 지문 내용 중 'It is not common in edible products although it is found in food glazing substances as well as many perfumes.'에서 송진은 비록 많은 향수뿐만 아니라 식품에 윤을 내는 물질에서도 발견되기는 하지만 식용 제품에는 흔하지 않다고 하였으므로, 주어진 문장은 지문의 내용과 일치하지 않음을 알 수 있습니다. 따라서 정답은 **False**입니다.

5 유액 채취는 나무 수액 채취의 친환경적인 형태이다.

해설 문제의 핵심어구(The extraction of latex)와 관련된 지문 내용 중 'Tree tapping is also used to extract latex from rubber trees ~. However, when it is done by experts, it is one of the most sustainable forms of land use as it causes very little damage to the environment.'에서 나무 수액 채취는 또한 고무나무로부터 유액을 채취하기 위해서도 사용되는데, 그것이 전문가에 의해 수행될 때는 환경에 거의 손상을 입히지 않기 때문에 가장 지속 가능한 토지 이용 형태 중 하나라고 하였으므로, 주어진 문장은 지문의 내용과 일치함을 알 수 있습니다. 따라서 정답은 **True**입니다.

> 바꾸어 표현하기
>
> one of the most sustainable forms of land use 가장 지속 가능한 토지 이용 형태 중 하나 ▶ an eco-friendly form 친환경적인 형태

VOCABULARY

tapping n. 수액 채취
resin n. 송진, 수지
sap n. 수액
extraction n. 채취, 추출
varnish n. 광택제, 니스
adhesive n. 접착제
woodwork n. 목공품, 목공
edible adj. 식용의, 먹을 수 있는
glaze v. 윤을 내다, 광택제를 바르다
practitioner n. 종사자
slash pine phr. 단엽송

longleaf pine phr. 장엽송
bark n. 나무 껍질
hack v. 자르다, 베다
trough n. 홈통, 관
sapwood n. 변재(나무껍질 바로 안쪽, 통나무의 겉 부분에
해당하는 희고 무른 부분)
latex n. (고무나무의) 유액, (유액을 굳혀 만든) 라텍스
rubber n. 고무
mucilage n. 점액, 끈적끈적한 물질
basis n. 주성분, 근거

READING PASSAGE 2

점점 더 플라스틱이 되어가는 세계에 대해 무언가를 하는 것

플라스틱 폐기물은 현대 세계에서 큰 문제가 되었다. 단지 10퍼센트
의 플라스틱 쓰레기만이 재활용된다고 추정되며, 일단 그것이 생태계
나 매립지 지역에 들어가면, 플라스틱은 부패하는 데 수년이 걸린다.
그러므로, 연구가들은 플라스틱 폐기물을 현저히 줄이는 방법들을 제
안하기 위해 노력하고 있다.

한 가지 실행 가능한 방안은 플라스틱을 경질 원유로 전환하는 것이
다. 2005년에, 지구화학자 8Bill Ullom은 플라스틱 폐기물을 이 귀
중한 원자재로 전환하는 공정을 발견했다. 그는 나중에 한 사업가와
함께 이 공정을 실행에 옮기기 위해 작업했다. 이 공정은 다양한 플라
스틱 제품들을 분쇄기에 넣음으로써 시작한다. 분쇄된 플라스틱은 그
후에 반복적으로 가열되어 수증기를 만들어내는데, 이는 모아지고 증
류된다. 증류된 수증기는 연료를 위한 휘발유와 같은 소비재를 만든
다. 남아있는 고체 부산물들은 고무의 생산에 사용될 수 있다.

또 다른 가능성 있는 해결책은 플라스틱을 더 친환경적으로 지속 가
능한 비슷한 물질로 대체하는 것이다. 9식품 산업에서 사용되는 비닐
필름은 식품 오염 때문에 거의 재활용될 수 없는데, 이는 대부분의 재
활용 시설에서 그것을 받아주지 않는다는 것을 의미한다. 환경적으로
친화적인 대용품은 콜라겐 필름이다. 10콜라겐은 동물의 결합 조직에
서 발견되는 섬유로 된 물질이다. 만약 이것이 물과 수분을 머금은 물
질과 합쳐진다면, 콜라겐은 거의 투명하며 고기처럼 약간 축축한 음
식에 잘 들러붙는 비닐 같은 물질로 바뀔 수 있다. 더욱이, 이것은 식
용 가능하고 음식과 함께 요리될 수 있다. 현재 사용 가능한 대부분의
콜라겐 필름의 한 가지 단점은 그것이 비닐만큼 물에 견디지 못한다
는 것이다. 여전히, 6Peter Kunz와 같은 과학자들은 이러한 천연의,
자연분해성 필름의 내수성을 높이는 방법을 찾고 있다.

최근 실험들은 매우 흔한 생명체가 세계의 플라스틱 쓰레기를 줄이는
것의 핵심이 될 수 있다는 것을 발견했다. 7Jun Yang 교수는 일종의
딱정벌레의 유충인 거저리들은 흔히 스티로폼이라고 알려진 플라스
틱의 형태인 폴리에틸렌을 먹어 치운다는 것을 발견했다. 거저리 내
장 속의 박테리아는 원예 혼합 상토로 안전하게 사용되거나 농업을
위해 토양에 섞일 수 있도록 플라스틱을 자연분해성의 형태로 분해한
다. 스페인 국립 연구 회의의 Federica Bertocchini는 그 이후 플
라스틱을 소비하는 것에 더욱 효과적인 애벌레 종에 대해 비슷한 발
견을 했는데, 이는 곤충이 인류의 플라스틱 문제에 대한 해답일 수 있

다는 것을 암시한다.

[6-8]

6 그는 필름에 내수성을 더하는 방법을 찾고 있다.

7 그는 딱정벌레 유충의 한 종류가 플라스틱의 흔한 형태를 먹는다
는 것을 알게 되었다.

8 그는 플라스틱을 가치 있는 상품으로 바꾸는 공정을 발견했다.

```
            연구원 리스트
      A  Bill Ullom
      B  Peter Kunz
      C  Jun Yang
```

6

해설 문제의 핵심어구(add water resistance)와 관련된 지문
내용 중 'scientists such as Peter Kunz are seeking
ways to increase the water resistance of this natural,
biodegradable film'에서 Peter Kunz와 같은 과학자들은
이러한 천연의, 자연분해성 필름의 내수성을 높이는 방법
을 찾고 있다고 하였으므로, 보기 **B** Peter Kunz가 정답입
니다.

바꾸어 표현하기

seeking ways to increase 높이는 방법을 찾고 있다 ▶ looking
for ways to add 더하는 방법을 찾고 있다

7

해설 문제의 핵심어구(a type of beetle larva eats)와 관련
된 지문 내용 중 'Professor Jun Yang discovered that
mealworms, the larvae of a species of beetle, devour
polyethylene, a form of plastic commonly known as
Styrofoam.'에서 Jun Yang 교수는 일종의 딱정벌레의 유
충인 거저리들은 흔히 스티로폼이라고 알려진 플라스틱의
형태인 폴리에틸렌을 먹어 치운다는 것을 발견했다고 하였
으므로, 보기 **C** Jun Yang이 정답입니다.

바꾸어 표현하기

mealworms, the larvae of a species of beetle, devour 일
종의 딱정벌레의 유충인 거저리들은 먹어 치운다 ▶ a type of
beetle larva eats 딱정벌레 유충의 한 종류가 먹는다

8

해설 문제의 핵심어구(turning plastic into a valuable
product)와 관련된 지문 내용 중 'Bill Ullom discovered a
process of converting plastic waste into this precious
commodity'에서 Bill Ullom은 플라스틱 폐기물을 이 귀중
한 원자재로 전환하는 공정을 발견했다고 하였으므로, 보
기 **A** Bill Ullom이 정답입니다.

[9-10]

비닐의 천연 대용품

비닐 필름은 종종 재활용될 수 없다. 이는 대부분의 재활용 시설들이 음식에 의한 9 .... 때문에 그것을 받지 않기 때문이다. 더 지속 가능한 선택권은 콜라겐 필름이다. 콜라겐은 동물의 10 .... 에서 발견되는 물질이다. 이것은 거의 투명하고 비닐과 매우 비슷한 필름으로 만들어질 수 있다.

9

해설 문제의 핵심어구(recycling centres do not take)와 관련된 지문 내용 중 'Plastic film used in the food industry is rarely recyclable due to food contamination, which means most recycling centres do not accept it.'에서 식품 산업에서 사용되는 비닐 필름은 식품 오염 때문에 거의 재활용될 수 없는데, 이는 대부분의 재활용 시설에서 그것을 받아주지 않는다는 것을 의미한다고 하였으므로, **contamination**이 정답입니다.

10

해설 문제의 핵심어구(material found in animal)와 관련된 지문 내용 중 'Collagen is a fibrous material found in the connective tissue of animals.'에서 콜라겐은 동물의 결합 조직에서 발견되는 섬유로 된 물질이라고 하였으므로, 'connective tissue'가 답이 될 수 있습니다. 지시문에서 한 단어로만 답을 작성하라고 하였으므로, **tissue**가 정답입니다.

VOCABULARY

plastic adj. 플라스틱의, 비닐의
waste n. 폐기물
landfill n. 매립지
decompose v. 부패하다, 분해하다
come up with phr. 제안하다
viable adj. 실행 가능한
light crude oil phr. 경질 원유
geochemist n. 지구화학자
commodity n. 원자재, 생필품
shredder n. 분쇄기, 강판
shred v. 분쇄하다, 갈기갈기 찢다

vapour n. 수증기
distil v. 증류하다, 정제하다
by-product n. 부산물
contamination n. 오염
substitute n. 대용품
collagen n. 콜라겐
fibrous adj. 섬유로 된
connective tissue phr. 결합 조직
adhere v. 들러붙다
damp adj. 축축한
biodegradable adj. 자연분해성의
larva n. 유충
beetle n. 딱정벌레
devour v. 먹어 치우다, 게걸스레 먹다
polyethylene n. 폴리에틸렌
gut n. (동물의) 내장, 소화관
horticultural adj. 원예의
potting mix phr. 혼합 상토
caterpillar n. 애벌레

READING PASSAGE 3

[11-14]

제목 리스트

i   다양한 유인원 종들의 이타주의
ii   침팬지의 이타주의에 반하는 증거
iii   혼자일 때와 집단일 때 침팬지의 행동
iv   수컷 침팬지들이 위험한 순찰을 떠맡는 이유를 조사하는 연구
v   놀이를 통해 침팬지의 관용을 실험하는 것
vi   실험 연구에 침팬지를 사용하는 것을 반대하는 운동들
vii   자연계에서 이타주의의 가능성

11 단락 A

12 단락 B

13 단락 C

14 단락 D

침팬지들의 관용

A   동물들이 이타적일 수 있다는, 즉 그들이 사리 추구보다 관용을 선택할지도 모른다는 생각은 자연계의 기본적인 원리와는 모순되는 것처럼 보인다. 그럼에도 불구하고, [11]새로운 연구는 동물들이 다른 동물이 이익을 얻을 수 있도록 자신의 이익을 희생하는 것을 선택함으로써 이타주의를 드러낼 수 있다는 것을 보여준다. 이 연구는 인간들이 밀접하게 관련되어 있는 침팬지들에 초점을 맞췄는데, 이는 그것이 어떻게 자기희생과 이타주의가 협력적인 인간 사회 집단의 발전에 영향을 미쳤는지에 대한 통찰 또한 제공할 수 있다는 것을 의미한다. 그것은 또한 침팬지들과 일반적

인 동물들이 공감을 경험할 수 있는지 없는지를 보여줄 수 있다. [15]이것이 기본적인 인간의 감정인 반면, 동물 세계에서는 대개 명백하지 않다.

B 동물의 이타주의에 대한 첫 번째 연구는 독일 막스 플랑크 진화 인류학 연구소의 심리학자 Martin Schmelz와 Sebastian Grüneisen에 의해 수행되었다. 그들은 한 쌍씩 차례대로 네 개의 줄을 당기는 놀이를 하도록 여섯 마리의 침팬지를 훈련시켰다. 첫 번째 줄은 침팬지에게 바나나 알갱이 먹이를 줄 것이고, 두 번째는 침팬지의 파트너에게 알갱이 먹이를 줄 것이었으며, 세 번째는 둘 모두에게 알갱이 먹이를 줄 것이고, 그리고 마지막은 침팬지가 자신의 차례를 포기하고 파트너가 선택하기를 원한다는 것을 의미할 것이었다. 하지만, 침팬지들 중 하나인 Taï라는 이름의 암컷은, 오직 마지막 줄만 당기도록 훈련되었다. [16]이는 다른 침팬지들에게 그녀에게 보답하는 것을 선택할 기회를 주었는데, 그들은 75퍼센트의 경우에 두 파트너 모두에게 보상을 주는 줄을 선택함으로써 그렇게 했다. Grüneisen은 이 활동이 '상호의존의 종류'였다고 주장하는데, 이는 '인간 협동의 두드러진 특색'이다.

C [13]템피의 애리조나 주립 대학에서 수행된 두 번째 연구는 수컷 침팬지들이 위험한 순찰 업무에 착수하는 이유를 밝히는 것을 목표로 했다. 이것들은 어떠한 침략자들이라도 후각으로 알아채기 위해 그들 집단의 영역을 빙빙 도는 것을 수반한다. 이 활동은 만약 침팬지가 그들의 새끼들을 보호하고 있다면 타당하겠지만, 우간다에서 이 영장류들을 연구하던 연구원들은 순찰에 나갔던 수컷 침팬지의 거의 4분의 1이 집단에 어떤 친척도 없었다는 것을 발견했다. 이 연구의 수석 저자인 인류학자 Kevin Langergraber는, 침팬지들이 '집단 증대'라 불리는 것에 의해 자극받았다고 믿는다. 이는 순찰의 증가한 양이 침팬지들이 그들 영역을 지키고 더 많은 암컷을 끌어들이도록 할 것이기 때문에, 결국 모든 수컷의 번식의 기회를 높인다는 것을 의미한다. 따라서, 침팬지는 장기 이익에 의해 자극받았기 때문에 그들의 사리 추구를 억눌렀다. Langergraber에 따르면, 이 구조들은 '나중에 인간 진화에 있어 더욱 정교한 협업이라는 차후의 진화를 위한 구성 요소로써 기여했을' 수 있다.

D [14]비록 이 두 가지 실험들은 침팬지의 관용에 대한 강력한 증거를 제시하는 듯 보이지만, 비평가들은 사실 그들의 행동이 이타적이라는 생각에 대한 근거가 없고, 침팬지들은 사실상 이타주의에 무관심하다고 주장했다. 이는 맨체스터 대학에 의해 진행된 실험에서 명백히 드러났다. 이 실험에서, 침팬지들은 유리판을 통해 볼 수 있는 동료 침팬지에게 먹이를 주는 기회를 부여받았다. 침팬지의 이타주의를 포함하는 다른 실험들과 다르게, 연구 대상인 침팬지는 그나 그녀의 행동에 대해 어떤 방식으로도 보상받지 않았다. 연구는 침팬지가 유리를 통해 다른 침팬지를 볼 수 있었을 때 먹이를 더 기꺼이 주려고 하지 않았다는 것을 발견했는데, 이는 그들 자신을 위한 즉각적이거나 장기적인 이익이 없을 때 침팬지들은 이타적이지 않다는 것을 암시한다. [17]맨체스터 대학의 Keith Jensen 박사는 이것은 '친사회적인 행동'이 사실 '다른 유인원으로부터 우리가 분리된 후' 진화의 이후 단계에서 발달했다는 것을 의미할 수 있다고 제안했다.

11

해설 단락 A의 중심 문장 'new research reveals that animals can exhibit altruism by choosing to sacrifice their own gain so that another can benefit'에서 새로운 연구는 동물들이 다른 동물이 이익을 얻을 수 있도록 자신의 이익을 희생하는 것을 선택함으로써 이타주의를 드러낼 수 있다는 것을 보여준다고 하였으므로, 보기 vii Possibility of altruism in the natural world가 정답입니다.

바꾸어 표현하기
animals can exhibit altruism 동물들이 이타주의를 드러낼 수 있다 ▶ Possibility of altruism in the natural world 자연계에서 이타주의의 가능성

12

해설 이 단락에는 중심 문장이 없으므로, 단락 전체를 읽고 중심 내용을 파악합니다. 단락 B는 침팬지가 이타적인지 확인하기 위해 차례로 줄을 당기는 놀이를 하도록 침팬지들을 훈련시켰다는 것에 대해 주로 언급하고 있습니다. 따라서 이를 '놀이를 통해 침팬지의 관용을 실험하는 것'으로 요약한 보기 v Testing chimp generosity through a game이 정답입니다.

13

해설 단락 C의 중심 문장 'The second study ~ aimed to discover why male chimps embark on risky patrol missions.'에서 두 번째 연구는 수컷 침팬지들이 위험한 순찰 업무에 착수하는 이유를 밝히는 것을 목표로 했다고 하였으므로, 보기 iv Research investigating why male chimps undertake risky patrols가 정답입니다.

바꾸어 표현하기
why male chimps embark on risky patrol missions 수컷 침팬지들이 위험한 순찰 업무에 착수하는 이유 ▶ why male chimps undertake risky patrols 수컷 침팬지들이 위험한 순찰을 떠맡는 이유

14

해설 단락 D의 중심 문장 'Although these two experiments appear to present compelling evidence for chimp generosity, critics have claimed that, actually, there is no basis for thinking that their behaviour is altruistic, and that chimps are in fact indifferent to altruism.'에서 비록 이 두 가지 실험들은 침팬지의 관용에 대한 강력한 증거를 제시하는 듯 보이지만, 비평가들은 사실 그들의 행동이 이타적이라는 생각에 대한 근거가 없고, 침팬지들은 사실상 이타주의에 무관심하다고 주장했다고 하였으므로, 보기 ii Evidence against chimp altruism이 정답입니다.

[15-17]

15 공감은 흔히 동물들에게서 관찰될 수 있다.

해설 문제의 핵심어구(Empathy ~ observed among animals)와 관련된 지문 내용 중 'While this is a basic human emotion, it is not usually apparent in the animal world.'에서 공감이 기본적인 인간의 감정인 반면, 동물 세계에서는 대개 명백하지 않다고 하였으므로, 주어진 문장은 글쓴이의 견해와 일치하지 않음을 알 수 있습니다. 따라서 정답은 **No**입니다.

16 Tai와 협력한 침팬지들은 모두 수컷이었다.

해설 문제의 핵심어구(The chimps who were partnered with Tai)와 관련된 지문 내용 중 'This gave the other chimps the chance to choose to reward her'에서 이는 다른 침팬지들이 그녀에게 보답하는 것을 선택할 기회를 주었다고는 하였지만, 주어진 문장의 내용은 확인할 수 없습니다. 따라서 정답은 **Not given**입니다.

17 Jensen 박사는 인간들이 유인원에서 진화한 후에 사회적 생명체로 발전했다고 믿는다.

해설 문제의 핵심어구(Dr Jensen)와 관련된 지문 내용 중 'Dr Keith Jensen ~ suggested that this could mean that 'pro-social behaviour' actually developed later in evolution, 'after our split with the other apes'.'에서 Keith Jensen 박사는 이것은 '친사회적인 행동'이 사실 '다른 유인원으로부터 우리가 분리된 후' 진화의 이후 단계에서 발달했다는 것을 의미할 수 있다고 제안했다고 하였으므로, 주어진 문장은 글쓴이의 견해와 일치함을 알 수 있습니다. 따라서 정답은 **Yes**입니다.

VOCABULARY

altruistic adj. 이타적인
tenet n. 원리, 교리
self-sacrifice n. 자기희생
empathy n. 공감, 감정이입
pellet n. 알갱이 먹이, (종이·먹을 것을 뭉친) 작은 알
reciprocity n. 상호의존, 교환
landmark n. 두드러진 특색, 획기적 발견

---

embark on phr. ~에 착수하다
patrol n. 순찰; v. 순찰을 돌다
sniff out phr. 후각으로 알아채다, 냄새를 맡다
primate n. 영장류
quarter n. 4분의 1
anthropologist n. 인류학자
subsequent adj. 차후의, 뒤이은
sophisticated adj. 정교한, 복잡한
panel n. 판
pro-social adj. 친사회적인

 4일 Progressive Test 4

p.226

1 False	**2** True	**3** Not given
4 marriage	**5** sister	**6** ecological danger
7 (retail) consumer	**8** C	**9** B	**10** A
11 D	**12-13** B, E	**14** Yes	**15** Yes
16 No	**17** Not given	**18** No	

READING PASSAGE 1

버지니아 울프의 생애와 작품

그녀 세대의 가장 훌륭한 작가 중 하나로 널리 여겨지는 버지니아 울프는 20세기 문학의 결정적인 인물이었다. ¹울프의 작품은 실험으로 유명한데, 그녀는 도로시 리처드슨에 의해 개척된 '의식의 흐름' 기법을 완성시킨 것으로 인정받고 있으며, 또한 감정적인 고통과 사회적 갈등을 압축하는 역량으로도 유명하다. 그녀는 1882년에 부유하고 집안이 좋은 런던의 가정에서 애덜린 버지니아 스티븐으로 태어났다. 언니 바네사와 함께, ²그녀는 자택에서 교육받았지만, 그녀의 가정을 방문하곤 했던 폭넓은 여러 지인들로부터 혜택을 받았다. 그녀가 13세였을 때 어머니가 사망했는데, 이는 울프의 첫 번째 신경 쇠약으로 이어졌고 정신 건강과 평생의 투쟁을 시작하게 했던 죽음이었다. 아버지의 사망 이후에, 그녀는 형제자매들과 블룸즈버리의 고든 스퀘어 46번지로 이사했다.

인생에서 이 시기 동안, 예술가들과 작가들의 무리가 울프와 그녀의 언니 바네사 주위로 모이기 시작했다. ³그들은 결국 블룸즈버리 그룹으로 알려지게 되었고 그들의 예술적 그리고 정치적 급진주의로 유명해지게 되었다. ⁴1915년에 그녀의 첫 번째 소설 '출항'을 출판하며, 울프는 모임의 다른 구성원이었던 레너드 울프와의 결혼 후 수년 뒤에 그녀의 문학 생활을 시작했다. 1925년에, 울프는 그녀의 가장 유명한 작품인 '달러웨이 부인'을 출판했는데, 이는 의식의 흐름 기법의

사용으로 유명하다. 소설은 런던 집에서 파티를 주최하려고 준비하는 사교계 여성인 클라리사 달러웨이의 하루에 초점을 맞춘다.

울프는 이 작품 이후 '여성은 글을 쓰고자 한다면 돈과 자신만의 방을 가지고 있어야 한다'는 주장과 함께 페미니즘의 전조가 된 수필 '자기만의 방'뿐 아니라, 좋은 평을 받는 몇 개의 다른 소설들을 뒤이어 썼다. [5]울프는 그녀의 남자 형제의 모든 재능을 부여받았음에도 불구하고 집안에 갇혀 있는 허구의 인물인 '셰익스피어의 여자 형제'의 묘사를 통해 그녀의 주장을 분명히 보여준다. 작가로서의 성공에도 불구하고, 정신 건강과 울프의 분투는 계속되었으며, 1941년에 그녀는 스스로 목숨을 끊었다. 그녀의 죽음 이후로 명성은 치솟았고, 그녀의 작품들은 이제 전 세계에서 소중히 여겨지고 있다.

[1-3]

1 버지니아 울프는 글쓰기의 의식의 흐름 기법을 만들어냈다.

해설 문제의 핵심어구(the stream-of-consciousness style)와 관련된 지문 내용 중 'Woolf's work is notable for its experimentation – she is credited with perfecting the 'stream-of-consciousness' style pioneered by Dorothy Richardson'에서 울프의 작품은 실험으로 유명한데, 그녀는 도로시 리처드슨에 의해 개척된 '의식의 흐름' 기법을 완성시킨 것으로 인정받고 있다고 하였으므로, 주어진 문장은 지문의 내용과 일치하지 않음을 알 수 있습니다. 따라서 정답은 **False**입니다.

2 울프는 교육받았지만 학교에는 다니지 않았다.

해설 문제의 핵심어구(not attend a school)와 관련된 지문 내용 중 'she was home schooled'에서 그녀는 자택에서 교육받았다고 하였으므로, 주어진 문장은 지문의 내용과 일치함을 알 수 있습니다. 따라서 정답은 **True**입니다.

바꾸어 표현하기
was home schooled 자택에서 교육받았다 ▶ was educated but did not attend a school 교육받았지만 학교에는 다니지 않았다

3 울프는 블룸즈버리 그룹의 가장 유명한 구성원이었다.

해설 문제의 핵심어구(the Bloomsbury Group)와 관련된 지문 내용 중 'They eventually became known as the Bloomsbury Group and were renowned for their artistic and political radicalism.'에서 그들은 결국 블룸즈버리 그룹으로 알려지게 되었고 그들의 예술적 그리고 정치적 급진주의로 유명해지게 되었다고는 하였지만, 주어진 문장의 내용은 확인할 수 없습니다. 따라서 정답은 **Not given**입니다.

[4-5]

버지니아 울프: 소설가이자 페미니스트

· '출항'이란 제목의 울프의 첫 번째 소설은 그녀의 **4** .... 이

후 발표되었다.
· '달러웨이 부인'은 런던의 집에서 파티를 준비하는 여주인을 묘사한다.
  - 울프는 셰익스피어의 **5** ....은 그가 그랬던 것만큼 성공하지 못했을 수 있었다는 것을 시사했다.
· 울프의 명성은 그녀의 죽음 이후 상당히 증가해 왔다.

4

해설 문제의 핵심어구(The Voyage Out)와 관련된 지문 내용 중 'Woolf embarked on her literary career in the years following her marriage ~ publishing her first novel The Voyage Out in 1915.'에서 1915년에 그녀의 첫 번째 소설 '출항'을 출판하며, 울프는 결혼 후 수년 뒤에 그녀의 문학 생활을 시작했다고 하였으므로, **marriage**가 정답입니다.

바꾸어 표현하기
in the years following her marriage 결혼 후 수년 뒤에 ▶ after her marriage 그녀의 결혼 이후

5

해설 문제의 핵심어구(Shakespeare)와 관련된 지문 내용 중 'Woolf illustrates her point through a depiction of 'Shakespeare's sister,' a fictional character who, despite having been endowed with all the talent of her brother, is trapped in her home.'에서 울프는 그녀의 남자 형제의 모든 재능을 부여받았음에도 불구하고 집안에 갇혀 있는 허구의 인물인 '셰익스피어의 여자 형제'의 묘사를 통해 그녀의 주장을 분명히 보여준다고 하였으므로, **sister**가 정답입니다.

VOCABULARY

pioneer v. 개척하다
encapsulate v. 압축하다, 요약하다
strife n. 갈등, 불화
well-connected adj. 집안이 좋은, 인척관계가 좋은
acquaintance n. 지인, 아는 사람
breakdown n. 쇠약, 고장
renowned adj. 유명한
radicalism n. 급진주의
literary adj. 문학의
foreshadow v. ~의 전조가 되다
endow v. 부여하다, 주다
reputation n. 명성
soar v. 치솟다, 높아지다
cherish v. 소중히 여기다

READING PASSAGE 2

푸드마일: 식품 수송의 환경적 영향에 접근하기

A 식품 수송은 최근 수십 년간 엄청나게 성장해왔다. 영국에서, 흘러 들어오는 식품의 양은 1990년대 동안 두 배가 되었다. 그리고 식품이 도로로 이동하는 거리는 1970년대 이후부터 두 배가 되었다. 이러한 추세들은 식품을 운송하는 것의 환경적 영향에 대한 우려를 증가시켰다. 1994년에, [6]지속 가능한 농업 식품과 환경 (SAFE) 동맹은 장거리 식품 수송의 생태학적 위험을 강조하기 위해 '푸드마일'이라는 용어를 만들었다. 가장 단순한 형태로, [7]이 용어는 식품이 생산자로부터 소매자들에게로 이동하는 거리와 관계가 있다. 푸드마일의의 잠재적인 환경적 영향은 많은 환경 운동가들이 '농장에서 식탁으로'라는 개념을 대신 권고하도록 했는데, 이는 오직 신선한, 지역의 식품만 구매하는 것을 포함한다.

B 푸드마일의 환경적 영향을 추정하기 위해서, '마일'은 소비된 에너지 양과 배출된 이산화탄소의 양 같은 추가적인 정보를 사용하여 산출되어야만 한다. 목표는 특정 수송품이 전체적으로 생성하는 오염의 정도를 알아내는 것이다. [9]그것들의 배출에 대해 기업들에 의해 사용되는 일반적인 산출은 거리(D), 무게(W) 그리고 방출 계수(EF)를 곱한다. 거리와 무게를 곱하는 것은 톤-킬로미터의 수를 알려준다. 따라서, 10톤의 화물을 가지고 1,000킬로미터를 이동하는 트럭은 10,000톤킬로미터라는 결과를 낳는다. 방출 계수는 톤킬로미터당 160그램의 이산화탄소와 같은, 특정 트럭에 대해 정해진 값이다. 그 정도의 수송품은 1,600,000그램, 즉 1.6톤의 이산화탄소를 대기로 방출할 것이다.

C 하지만 몇몇 연구가들은 생산 후 식품의 푸드마일은 큰 그림을 모호하게 한다고 여긴다. 카네기 멜론 대학의 Christopher Weber와 Scott Matthews는 장거리 식품 수송의 온실가스 배출과 식품 생산 과정 그 자체의 온실가스 배출을 비교했다. 그들에 따르면, 생산자로부터 소비자로의 수송은 전체 '탄소 발자국'의 오직 4퍼센트에만 해당한다. 반대로, 식품의 실제 생산은 놀랄 만한 83퍼센트에 해당한다. 결과적으로, 연구가들은 적은 에너지로 생산될 수 있는 음식을 먹는 것이 단순히 집에서 더 가까운 곳에서 생산된 음식을 구매하는 것보다 훨씬 더 큰 영향을 미친다고 믿는다. 예를 들어, [8]소고기 생산은 닭고기를 생산하는 것보다 1.5배 더 많은 온실가스 배출물을 발생시킨다. 그러므로, 식사에서 소고기를 닭고기로 대체하는 것은 이러한 식품 관련 배출물을 상당히 줄일 것이다.

[6-7]

식품 수송의 영향 산출하기

전 세계 식품의 수입과 수출은 환경에 상당한 영향을 미치는 거대한 사업이다. 장거리 식품 수송의 **6** ....을 강조하기 위해서, SAFE 동맹은 푸드마일이라는 용어를 제안했다. 이 용어는 식품이 생산자로부터 **7** ....에게로 얼마나 멀리 이동하는지를 가리킨다. 식품 수송의 환경적 영향을 산출하는 것에 대한 이 개념은 사람들이 지역 농산물을 구매하도록 격려하는 것에 영향력이 있었다.

6

해설 문제의 핵심어구(SAFE Alliance)와 관련된 지문 내용 중 'the Sustainable Agriculture Food and Environment (SAFE) Alliance coined the term 'food miles' to highlight the ecological danger of long-distance food transport'에서 지속 가능한 농업 식품과 환경 (SAFE) 동맹은 장거리 식품 수송의 생태학적 위험을 강조하기 위해 '푸드마일'이라는 용어를 만들었다고 하였으므로, **ecological danger**가 정답입니다.

> 바꾸어 표현하기
> coined the term 용어를 만들었다 ▶ came up with the term 용어를 제안했다

7

해설 문제의 핵심어구(how far food travels ~ to)와 관련된 지문 내용 중 'this term pertains to the distance food travels from the producer to the retail consumer'에서 이 용어는 식품이 생산자로부터 소매 소비자들에게로 이동하는 거리와 관계가 있다고 하였으므로, **(retail) consumer**가 정답입니다.

> 바꾸어 표현하기
> this term pertains to 이 용어는 ~과 관계가 있다 ▶ The term refers to 이 용어는 ~을 가리킨다

[8-9]

8 두 종류의 식품에 의해 유발되는 오염의 서로 다른 수준에 대한 언급

해설 문제의 핵심어구(pollution caused by two types of food)와 관련된 지문 내용 중 단락 C의 'beef production generates 1.5 times more greenhouse gas emissions than producing chicken'에서 소고기 생산은 닭고기를 생산하는 것보다 1.5배 더 많은 온실가스 배출물을 발생시킨다고 하였으므로, 단락 **C**가 정답입니다.

9 기업의 배출량을 산출하기 위해 사용되는 공식에 대한 기술

해설 문제의 핵심어구(the formula)와 관련된 지문 내용 중 단락 B의 'A common calculation used by corporations for their emissions multiplies the distance (D), the weight (W), and an emission factor (EF).'에서 그것들의 배출에 대해 기업들에 의해 사용되는 일반적인 산출은 거리(D), 무게(W) 그리고 방출 계수(EF)를 곱한다고 하였으므로, 단락 **B**가 정답입니다.

> 바꾸어 표현하기
> A common calculation used by corporations for their emissions 그것들의 배출에 대해 기업들에 의해 사용되는 일반적인 산출 ▶ the formula used to calculate corporate emissions 기업의 배출량을 산출하기 위해 사용되는 공식

READING PASSAGE 3

신석기 시대의 농업의 확산

인류 역사에서 가장 중요한 혁명은 신석기 시대에 발생했다

신석기 시대는 식량을 사냥하는 것에서 그것을 농작하는 것으로의 인류의 변화를 나타내는데, 이는 엄청난 결과를 낳을 변화였다. 이 시대는 'Old Stone Age' 또는 구석기 시대로부터 구별하기 위해 'New Stone Age'라고도 알려져 있다. 'Neolithic'이란 이름은 사실 돌을 뜻하는 그리스어인 'lithic'과 새롭다는 것을 의미하는 'neo'로부터 파생되었다. 유럽에서, 신석기 시대는 기원전 7000년경에 시작되었는데, 이는 그리스에서 첫 번째 농업 공동체가 등장했던 시기이다. 고고학자들에 따르면, 신석기 시대의 확장은 매년 1킬로미터의 속도로 퍼져나감으로써 중석기 시대와 청동기 시대 둘 다와 겹치면서, 점진적으로 유럽의 남동부에서 북서부로 이동했다.

유럽의 신석기 시대의 발전은 더 광범위한 '신석기 시대 혁명'의 일부였는데, 이는 인류의 생활에 있어 대규모의 변화를 경험했다. 근본적인 차이는 수렵 채집민의 생활 방식에서 정착 농업으로의 변화였다. ¹⁰관개와 같은 농업 기술들은 인간들이 잉여 식량을 생산하도록 했기 때문에 이러한 변화에 필수적이었는데, 이는 그 후 인구의 증가를 촉진할 것이었다. 결국, 농업으로의 변화는 또한 정치 체계, 교역, 그리고 글자와 같은 의사소통 수단들의 성장으로 이어졌다.

신석기 혁명은 아나톨리아를 통해 유럽으로 확산되기 전에, 기원전 10,000년경 레반트에서 출발하여, 지금의 중동에서 시작했다. ¹¹이 확산에 대한 증거는 주로 유럽의 신석기 시대 유적지에서 재배되고 있었던 식물의 종류들에 국한되는데, 이는 편두, 보리 및 외알밀을 포함했다. ¹⁴유전학적인 연구는 심지어 신석기 시대 유럽의 모든 가축들이 아마 레반트에서 왔으리라는 것을 보여주었다. 비록 레반트에서 유럽으로의 정착 농업의 확산에 대한 증거가 설득력 있기는 하지만, 고고학자들은 이 영향이 정확히 어떻게 발생했는지에 대해 의견이 나뉜다. 몇몇은 이것이 중동에서 유럽으로의 이주로 인해 유발되었다고 주장하고, 반면 다른 이들은 이것이 유럽인들과 레반트 공동체와 사이의 교역의 결과였다고 믿는다.

세 가지 대립하는 모형들은 어떻게 유럽인들이 농업을 받아들였는지를 설명하기 위해 제안되었다. 이것들은 이주한 농부들이 유럽 사람들을 몰아내는 데 성공했다고 제안하는 교체 모형, 교역이 이 변화에 책임이 있다고 설명하는 문화적 확산 모형, 그리고 두 가지 다른 모형들을 통합하는 선구자 모형이다. ¹⁵만약 교체 모형이 정확하다면, 그 경우에는 레반트 농부들의 진보된 식량 생산 방식은 그들이 유럽의 수렵 채집민들을 그들 영역에서 강제로 밀어내도록 했을 수 있기 때문에 유럽인들은 레반트 농부들의 후손일 것이다. ¹⁶하지만, 유럽 전체에 걸친 농업의 불규칙한 확산을 고려하면, 가장 가능성 있는 각본은 선구자 모형인데, 이는 이주와 교역을 결합한다.

유럽 곳곳의 거의 모든 신석기 시대 사람들은 결국 지역에서 재배되는 작물들과 가축으로 된 식단으로 살아남았다. ¹²이 식단은 신석기 시대 혁명의 부정적인 발전의 한 가지 근거로 언급되었는데, 그것이 정착 인구의 영양 수준이 다수의 야생 농작물을 먹곤 했던 수렵 채집민들의 것과 비교하여 열악했다는 것을 의미했기 때문이다. ¹⁷고고학자들은 또한 농업 정착지에 거주하는 것은 사실상 더 낮아진 기대 수명과 더 약하고 작은 신체로 이어졌다고 주장했다. 실제로 신석기 시대에 살았던 사람들의 평균 키가 약 5인치 줄었으며 20세기 전까지 회복되지 않았다는 증거가 있다. 더욱이, ¹³신석기 시대 농부들의 정착 생활은 인간의 폐기물 또는 동물로부터의 질병과 감염의 확산으로 이어졌다. ¹⁸물론, 이런 장기적인 결과는 신석기 시대 사람들 자신들에게는 보이지 않았으며 사건들이 역사의 긴 초점을 통해 관찰될 때만 오직 명백하다.

[10-11]

10 농업 기술은 그것들이 –했기 때문에 중요했다.

A 증가하는 인구를 위한 충분한 식량을 생산했기 때문에

B 작물을 재배하는 것을 더 빠르게 만들었기 때문에

C 종교적 관습의 발달로 이어졌기 때문에

D 깨끗한 식수를 제공했기 때문에

해설 문제의 핵심어구(Agricultural techniques were important)와 관련된 지문 내용 중 'Agricultural techniques such as irrigation were essential to this shift since they allowed humans to produce a surplus of food, which would subsequently facilitate the growth of the population.'에서 관개와 같은 농업 기술들은 인간들이 잉여 식량을 생산하도록 했기 때문에 이러한 변화에 필수적이었는데, 이는 그 후에 인구의 증가를 촉진할 것이었다고 하였으므로, 보기 A produced enough food for a growing population이 정답입니다.

바꾸어 표현하기

the growth of the population 인구의 증가 ▶ a growing population 증가하는 인구

11 유럽에서 신석기 혁명의 확산은 -에서 명백했다.

    A 출현했던 새로운 정치 체계

    B 건설되고 있었던 정착지의 종류

    C 문자의 발달

    D 수확되었던 작물들의 종류

해설 문제의 핵심어구(The spread of the Neolithic Revolution)와 관련된 지문 내용 중 'The evidence for this spread is mainly confined to the types of plants that were being grown in Neolithic sites in Europe'에서 이 확산에 대한 증거는 주로 유럽의 신석기 시대 유적지에서 재배되고 있었던 식물의 종류들에 국한된다고 하였으므로, 보기 **D** the type of crops that were harvested가 정답입니다.

바꾸어 표현하기

the types of plants that were being grown 재배되고 있었던 식물의 종류들 ▶ the type of crops that were harvested 수확되었던 작물들의 종류

[12-13]

12-13

정착 농업이 왜 부정적인 현상이었는지에 대해 어떤 **두 가지** 근거들이 언급되었는가?

A 공동체들 사이의 갈등으로 이어졌다.

B 더 건강하지 않은 식단을 촉진했다.

C 사람들이 밭에서 더 오래 일해야 했다는 것을 의미했다.

D 수렵 채집민 전통의 상실로 이어졌다.

E 질병의 증가에 기여했다.

해설 문제의 핵심어구(settled agriculture was a negative phenomenon)와 관련된 지문 내용 중 'This diet has been cited as one reason that the Neolithic revolution was a negative development, since it meant that the nutrition levels of settled populations were substandard compared to those of hunter-gatherers'와 'the settled existence of Neolithic farmers led to the spread of disease and infection, either from human waste or from animals'에서 이 식단은 신석기 시대 혁명의 부정적인 발전의 한 가지 근거로 언급되었는데, 그것이 정착 인구의 영양 수준이 수렵 채집민들의 것과 비교하여 열악했다는 것을 의미했기 때문이며, 신석기 시대 농부들의 정착 생활은 인간의 폐기물 또는 동물로부터의 질병과 감염의 확산으로 이어졌다고 하였으므로, 보기 **B** It promoted an unhealthier diet와 보기 **E** It contributed to an increase in illnesses가 정답입니다.

바꾸어 표현하기

led to the spread of disease and infection 질병과 감염의 확산으로 이어졌다 ▶ contributed to an increase in illnesses 질병의 증가에 기여했다

[14-18]

14 레반트 동물들은 신석기 시대 유럽에서 이용되었다.

해설 문제의 핵심어구(Levantine animals)와 관련된 지문 내용 중 'Genetic research has even shown that all domesticated animals in Neolithic Europe were probably from the Levant.'에서 유전학적인 연구는 심지어 신석기 시대 유럽의 모든 가축들이 아마 레반트에서 왔으리라는 것을 보여주었다고 하였으므로, 주어진 문장은 글쓴이의 견해와 일치함을 알 수 있습니다. 따라서 정답은 **Yes**입니다.

바꾸어 표현하기

all domesticated animals in Neolithic Europe were ~ from the Levant 신석기 시대 유럽의 모든 가축들은 레반트에서 왔다 ▶ Levantine animals were used in Neolithic Europe 레반트 동물들은 신석기 시대 유럽에서 이용되었다

15 대체 이론은 레반트인들이 수렵 채집민들을 쫓아냈다고 제시한다.

해설 문제의 핵심어구(The replacement theory)와 관련된 지문 내용 중 'If the replacement model is correct, then Europeans would be descended from Levantine farmers since the latter's advanced food production methods would have allowed them to forcibly push the European hunter-gatherers out of their territory.'에서 만약 교체 모형이 정확하다면, 그 경우에는 레반트 농부들의 진보된 식량 생산 방식은 그들이 유럽의 수렵 채집민들을 그들 영역에서 강제로 밀어내도록 했을 수 있기 때문에 유럽인들은 레반트 농부들의 후손일 것이라고 하였으므로, 주어진 문장은 글쓴이의 견해와 일치함을 알 수 있습니다. 따라서 정답은 **Yes**입니다.

바꾸어 표현하기

forcibly push the European hunter-gatherers out of their territory 유럽의 수렵 채집민들을 그들 영역에서 강제로 밀어내다 ▶ forced the hunter-gatherers out 수렵 채집민들을 쫓아냈다

16 신석기 시대의 농업 관행들은 오직 이주를 통해서만 확산되었다는 것이 가장 가능성이 있다.

해설 문제의 핵심어구(spread solely through migration)와 관련된 지문 내용 중 'The most likely scenario ~ is the pioneer model, which combines migration and trade.'에서 가장 가능성 있는 각본은 선구자 모형인데, 이는 이주와 교역을 결합한다고 하였으므로, 주어진 문장은 글쓴이의 견해와 일치하지 않음을 알 수 있습니다. 따라서 정답은 **No**입니다.

17 신석기 시대 사람들의 더 작은 신체는 그들을 공격에 더 취약하게 만들었다.

해설 문제의 핵심어구(The smaller bodies of the Neolithic people)와 관련된 지문 내용 중 'Archaeologists have also argued that living in agricultural settlements actually led to lower life expectancy and a weaker, smaller body.'에서 고고학자들은 또한 농업 정착지에 거주하는 것은 사실상 더 낮아진 기대 수명과 더 약하고 작은 신체로 이어졌다고 주장했다고는 하였지만, 주어진 문장의 내용은 확인할 수 없습니다. 따라서 정답은 **Not given**입니다.

18 신석기 시대 사람들은 그들에 대한 농업의 장기간에 걸친 영향에 대해 알고 있었다.

해설 문제의 핵심어구(the long-lasting impact)와 관련된 지문 내용 중 'These long-term consequences were, of course, not visible to the Neolithic people themselves'에서 물론 이런 장기적인 결과는 신석기 시대 사람들 자신들에게는 보이지 않았다고 하였으므로, 주어진 문장은 글쓴이의 견해와 일치하지 않음을 알 수 있습니다. 따라서 정답은 **No**입니다.

VOCABULARY

neolithic adj. 신석기 시대의
palaeolithic adj. 구석기 시대의
derive from phr. ~에서 파생하다, 유래하다
archaeologist n. 고고학자
overlap v. 겹치다, 포개지다
large-scale adj. 대규모의
hunter-gatherer n. 수렵 채집민
surplus n. 잉여, 흑자
subsequently adv. 그 후에, 나중에
Levant n. 레반트(동부 지중해 및 그 섬과 연안 제국)
Anatolia n. 아나톨리아(옛날의 소아시아, 현재의 터키)
lentil n. 편두, 렌즈콩
barley n. 보리
einkorn n. 외알밀
domesticated animal phr. 가축
oust v. 몰아내다, 쫓아내다
diffusion n. 확산, 보급
synthesise v. (사상, 스타일을) 통합하다, 종합하다
substandard adj. 열악한, 수준 이하의
an array of phr. 다수의
life expectancy phr. 기대 수명

 5일 Progressive Test 5

p.234

1 False	2 Not given	3 True
4 rubbish	5 irrigation	6 sunflowers
7 colonisation	8 film	9 sanitisation
10 C	11 Yes	12 No	13 Not given
14 Yes	15 No	16 B	17 D
18 E	19 C		

READING PASSAGE 1

도심 농사, 케냐의 방식

현재, 아프리카인의 약 3분의 1은 도심 지역에 거주한다. 30년 내에, 대륙 인구의 절반이 도시에 있게 될 것으로 예상된다. 아프리카의 많은 혼잡한 도시 빈민가에 있는 수백만의 빈곤한 사람들에게 충분한 식품을 제공하는 것과 같이, 새로운 문제들이 도시화와 함께 등장한다. [1]케냐의 나이로비에서, 모든 주민의 약 절반은 식량 부족을 겪으며 생활하고, 식품 다양성은 낮은데, 이는 영양 부족을 야기한다. 신선한 농산물을 살 여유가 없다는 것과 빈민가 자체에 과일이나 채소를 제공하는 소매업자가 부족하다는 것 두 가지 모두로 인해, 나이로비 빈민가에 거주하는 약 85퍼센트의 사람들은 식량 부족에 직면해 있다. 이는 몇몇 거주민들이 해결책으로서 도심 농사에 의지하게 만들었다.

이탈리아의 자선 단체 Cooperazione Internationale (COOPI)에 의해 진행된 한 가지 계획은, 흙으로 가득 찬 자루들을 이용하여 도심의 작은 농장들을 만들고 있다. 이 '자루 속 농장' 계획은 나이로비의 마싸레 빈민가의 참여 가족들에게 그들 자신의 식량을 재배하는 데 필요한 모든 것을 제공한다. 각 가족은 자루 하나와 43개의 묘목을 받는다. [2]이것들의 절반 이상은 시금치 묘목이며, 대략 3분의 1은 케일이다. 참가자들은 또한 두 개의 후추 초목과 하나의 파 묘목을 받는다. COOPI 프로그램에 참여한 사람들은 또한 사용하기에 적합한 배합토와 시행하기에 적절한 급수 일정에 대해 전문가의 가르침을 받는다. 재배하는 사람들은 가족들에게 신선한 농산물을 제공할 수 있고 동시에 어떤 잉여 물품이든 이익을 남기고 판매할 수 있다.

비슷한 계획이 나이로비의 가장 큰 빈민가인 키베라에서 시작되었다. 키베라의 식품 공급과 관련된 문제를 완화하는 한 방법으로, 화학 비료를 쓰지 않는 농부 Su Kahumbu는 도시 농장을 만들기 위해 Youth Reform Group과 작업했다. [4]첫 번째 단계는 0.5에이커의 땅에서 3피트 높이의 쓰레기를 청소하는 것이었다. 그 다음에, 오염되었는지 알아내기 위한 분석을 위해 토양 견본이 보내졌다. [5]그 후에, 관개를 위해서, Kahumbu와 단체는 물탱크에 연결된 관들을 설치했다. 토양 분석 결과가 도착했을 때, 그것은 높은 농도의 아연을 나타냈다. [6]팀은 해바라기를 심음으로써 그것을 제거했는데, 이는 자연적으로 토양에서 아연을 없앤다. 키베라에 있는 토양의 대부분은 비옥하지 않기 때문에 [3]그 다음에 토양을 비옥하게 하기 위한 퇴비를

만들기 위해 야채 조각과 지렁이가 이용되었다. 마지막으로, 단체는 야채를 심었는데, 수개월 안에 그들은 그것들을 수확하기 시작했다.

[1-3]

1 나이로비 빈민가에는 폭넓은 종류의 이용 가능한 식품이 있다.

> 해설 문제의 핵심어구(food available in Nairobi slums)와 관련된 지문 내용 중 'In Nairobi, Kenya, around half of all residents live with food insecurity, and food diversity is low'에서 케냐의 나이로비에서 모든 주민의 약 절반은 식량 부족을 겪으며 생활하고, 식품 다양성은 낮다고 하였으므로, 주어진 문장은 지문의 내용과 일치하지 않음을 알 수 있습니다. 따라서 정답은 **False**입니다.

2 케일과 시금치는 케냐에서 가장 흔하게 먹는 채소들이다.

> 해설 문제의 핵심어구(Kale and spinach)와 관련된 지문 내용 중 'More than half of these are spinach seedlings, and approximately a third of them are kale.'에서 이것들의 절반 이상은 시금치 묘목이며, 대략 3분의 1은 케일이라고는 하였지만, 주어진 문장의 내용은 확인할 수 없습니다. 따라서 정답은 **Not given**입니다.

3 키베라의 토양은 비옥하게 만들기 위해서 식물 물질이나 벌레들로 처리되어야 했다.

> 해설 문제의 핵심어구(vegetable material and worms)와 관련된 지문 내용 중 'Vegetable scraps and earthworms were then used to create compost to enrich the soil'에서 그 다음에 토양을 비옥하게 하기 위한 퇴비를 만들기 위해 야채 조각과 지렁이가 이용되었다고 하였으므로, 주어진 문장은 지문의 내용과 일치함을 알 수 있습니다. 따라서 정답은 **True**입니다.
>
> 바꾸어 표현하기
> enrich the soil 토양을 비옥하게 하다 ▶ make it fertile 그것을 비옥하게 만들다

[4-6]

지속 가능한 도시 농장의 탄생

> **1단계**
> 땅에서 깊은 층의 4 ....을 제거했다

> **2단계**
> 오염되었는지를 알아내기 위해 분석을 위한 흙을 보냈다

> **3단계**
> 5 ....을 위한 관들이 물탱크에 연결되었다

> ↓
> **4단계**
> 아연을 제거하기 위해 6 ....을 심음으로써 토양을 준비했다

4

> 해설 문제의 핵심어구(Removed a deep layer)와 관련된 지문 내용 중 'The first step was to clear away three feet of rubbish from half an acre of land.'에서 첫 번째 단계는 0.5에이커의 땅에서 3피트 높이의 쓰레기를 청소하는 것이었다고 하였으므로, **rubbish**가 정답입니다.
>
> 바꾸어 표현하기
> clear away 청소하다 ▶ Removed 제거했다

5

> 해설 문제의 핵심어구(to a water tank)와 관련된 지문 내용 중 'Then, for irrigation, Kahumbu and the group installed pipes that were linked to a water tank.'에서 그 후에, 관개를 위해서 Kahumbu와 단체는 물탱크에 연결된 관들을 설치했다고 하였으므로, **irrigation**이 정답입니다.
>
> 바꾸어 표현하기
> linked to a water tank 물탱크에 연결된 ▶ connected to a water tank 물탱크에 연결되었다

6

> 해설 문제의 핵심어구(to remove zinc)와 관련된 지문 내용 중 'The team removed it by planting sunflowers, which naturally take zinc out of soil.'에서 팀은 해바라기를 심음으로써 그것을 제거했는데, 이는 자연적으로 토양에서 아연을 없앤다고 하였으므로, **sunflowers**가 정답입니다.
>
> 바꾸어 표현하기
> take zinc out 아연을 없애다 ▶ remove zinc 아연을 제거하다

VOCABULARY

urban adj. 도심의, 도시의
urbanisation n. 도시화
impoverished adj. 빈곤한, 결핍된
slum n. 빈민가, 빈민굴
undernourishment n. 영양 부족
produce n. 농산물
sack n. 자루
seedling n. 묘목
spinach n. 시금치
spring onion phr. 파

soil mix phr. 배합토
implement v. 시행하다
surplus adj. 잉여의
at a profit phr. 이익을 남기고
alleviate v. 완화하다
organic adj. 화학 비료를 쓰지 않는, 유기농의
acre n. 에이커(약 4,050 평방미터에 해당하는 크기의 땅)
zinc n. 아연
compost n. 퇴비
enrich v. 비옥하게 하다, 풍요롭게 하다
infertile adj. 비옥하지 않은, 불모의

READING PASSAGE 2

'상어 가죽'의 의학적 이용

진주만의 침몰한 배들을 보존하는 방법을 모색하던 중에, Tony Brennan 교수는 상어에 대한 발상에서 영감을 받았다. Brennan은 상어의 가죽이 보통 물속의 지면에 쌓이는 미생물들의 축적을 방지하는 것처럼 보였다는 것에 주목했다. 상어 가죽이 독특한 기하학적 무늬를 이루는 수백만 개의 아주 작은 비늘로 구성되어 있다는 것을 관찰한 Brennan은 이 상어 가죽 무늬가 항균성 특징들을 가지고 있을지도 모른다고 생각했다. 그가 이 가설을 시험했을 때, [7]그는 상어 가죽과 유사한 무늬는 매끈한 표면에 비교해 미생물의 군체 형성에서 85퍼센트의 감소라는 결과를 낳았다는 것을 발견했다.

[8]Brennan의 발견은 그가 상어 가죽의 마름모꼴 무늬를 기반으로 하는 의료 필름의 한 종류를 개발하게 했다. 그 결과로, 그는 이제 그의 제품을 병원이나 다른 의료 기관들에 판매하고 있는데, 이곳에서는 질병의 확산을 방지하기 위해 항생제가 필수적이다. Brennan은 그것을 항생제의 사용과 비교함으로써 제품을 홍보한다. 그가 주장하듯이, 항생제는 저항력이 있는 박테리아, 즉 '슈퍼버그'를 생산하는데, 이것은 파괴하기 어렵다. 항생제는 또한 병원이 사용 가능한 비축량을 가지고 있도록 정기적으로 보충되어야만 한다. 그에 반해, '상어 가죽' 필름은 슈퍼버그의 위험이나 항생제를 다시 채우는 지속적인 비용 없이 감염률을 줄일 수 있다.

Brennan에 따르면, 이 기술은 감염이 접촉에 의해 확산되는 것을 막는 수단으로 병원에서 사용될 수 있다. 예를 들어, 정기적으로 접촉되는 물건들은 박테리아의 성장에 불리한 표면적을 만들기 위해서 상어 가죽에서 영감을 받은 재료로 씌워질 수 있다. [9]이는 그런 물건을 만진 후의 끊임없는 손 살균에 대한 필요성의 상당한 감소로 이어질 수 있다.

그러나, 의학 전문가들은 '상어 가죽' 기술이 미생물의 확산을 방지하기는 하지만, 그것들의 존재를 완전하게 제거하지 못한다는 점을 분명히 하고 싶어 한다. 더욱이, 그것은 그것들을 죽이지 않는다. 따라서, 소독제의 사용과 같은, 몇몇 예방책들이 이 새로운 보호 필름과 함께 사용되어야만 한다. [10]비록 이 기술이 미생물의 존재를 상당히 제한하지만, 일부 박테리아는 여전히 존재할 수 있다. 질병이나 죽음을 일으킬 수 있는 위험한 미생물들의 경우, 작은 수의 존재조차도 의료 환경에서는 상당한 위험을 야기한다.

[7-9]

발상	결과
상어 가죽 무늬에 대한 잠재적인 항균성 특징들	미생물에 의한 7 ....에서 85퍼센트 감소를 드러낸 실험
상어 가죽의 마름모꼴 모양을 기반으로 하는 의료 8........... 의 한 종류를 만든다	제품을 병원과 다른 의료 기관들에 판매하기 위해 노력한다
자주 접촉되는 물품을 상어 가죽 재료로 덮는다	손 9 ....에 대한 필요성을 대단히 감소시킨다

7

해설 문제의 핵심어구(an 85 per cent reduction)와 관련된 지문 내용 중 'he discovered that a sharkskin-like pattern resulted in an 85 per cent reduction in microorganism colonisation compared to a smooth surface'에서 그는 상어 가죽과 유사한 무늬는 매끈한 표면에 비교해 미생물의 군체 형성에서 85퍼센트의 감소라는 결과를 낳았다는 것을 발견했다고 하였으므로, **colonisation**이 정답입니다.

8

해설 문제의 핵심어구(based on the diamond shapes)와 관련된 지문 내용 중 'Brennan's findings led him to develop a type of medical film based on the diamond pattern of sharkskin.'에서 Brennan의 발견은 그가 상어 가죽의 마름모꼴 무늬를 기반으로 하는 의료 필름의 한 종류를 개발하게 했다고 하였으므로, **film**이 정답입니다.

바꾸어 표현하기
the diamond pattern of sharkskin 상어 가죽의 마름모꼴 무늬 ▶ the diamond shapes in sharkskin 상어 가죽의 마름모꼴 모양

9

해설 문제의 핵심어구(reduce the need for hand)와 관련된 지문 내용 중 'This would result in a significant reduction in the need for continual hand sanitisation after touching these objects.'에서 이는 그런 물건을 만진 후의 끊임없는 손 살균에 대한 필요성의 상당한 감소로 이어질 수 있다고 하였으므로, **sanitisation**이 정답입니다.

바꾸어 표현하기
reduction in the need for continual hand sanitisation 끊임없는 손 살균에 대한 필요성의 상당한 감소 ▶ reduce the need for hand sanitisation 손 살균에 대한 필요성을 감소시키다

[10]

10 4번째 단락에서 글쓴이는 어떤 점을 강조하는가?

   A   그 기술은 다른 방법들보다 덜 효과적이다.

   B   몇몇 미생물들은 그 기술에 면역력이 있다.

   C   오로지 그 기술에만 의존하는 것은 잠재적으로 위험하다.

   D   그 기술이 미생물을 죽이는 방법은 독특하다.

해설 'Even though the technology considerably limits the presence of microbes, some bacteria may still be present.'와 'In the case of dangerous microbes that can cause disease or death, the presence of even a small number creates significant risk in a medical environment.'에서 비록 이 기술이 미생물의 존재를 상당히 제한하지만, 일부 박테리아는 여전히 존재할 수 있으며, 질병이나 죽음을 일으킬 수 있는 위험한 미생물들의 경우 작은 수의 존재조차도 의료 환경에서는 상당한 위험을 야기한다고 하였으므로, 글쓴이가 오로지 그 기술에만 의존하는 것은 잠재적으로 위험하다는 것을 강조하고 있음을 알 수 있습니다. 따라서 보기 **C** Relying solely on the technology is potentially dangerous가 정답입니다.

VOCABULARY

microorganism n. 미생물
geometric adj. 기하학적인
antibacterial adj. 항균성의
colonisation n. (동식물의) 군체 형성, 군집화
superbug n. 슈퍼버그(항생제로 쉽게 제거되지 않는 박테리아)
replenish v. 보충하다
restock v. 다시 채우다
material n. 재료
sanitisation n. 살균, 위생 처리
microbe n. 미생물
precaution n. 예방책, 예방 조치
antiseptic n. 소독제
in conjunction with phr. ~과 함께

READING PASSAGE 3

일본의 아이누족 사람들

일본의 소외된 토착 공동체인 아이누족의 비밀스러운 역사

일본은 얼마 되지 않는 외국인 이민자 수를 포함하여 거의 전적으로 일본인인 인구가 형성되어 있는 민족적으로 단일한 국가로 유명하다. 하지만, ¹¹일본의 동종성에 대한 개념은 수세기 동안 일본 북부에 거주해온 토착 민족 집단인 아이누족 사람들의 역사를 가린다. 아이누족은 그들만의 독특한 문화와 전통을 가지고 있는데, 두 가지 모두 동질성을 강화하려는 일본 정부의 노력으로 크게 파괴되었다. 그들은 이제 부흥을 경험하고 있고, 그들의 문화적 정체성을 점진적으로 되살리고 있다.

아이누족은 일본과 러시아 두 곳 모두의 토착민이지만, 역사적으로 일본 홋카이도섬에 주로 거주해 왔다. 에도 시대 동안, 그들은 홋카이도의 대부분을 지배했고 혼슈 출신의 일본인 상인들과 거래했다. ¹²일본인들은 점진적으로 아이누족을 지배했는데, 이는 1669년 샤쿠샤인의 봉기 및 1789년 메나시 쿠나시르의 폭동을 포함한, 메이지 시대 이전의 몇몇 격렬한 봉기들로 이어졌다.

아이누족 사람들은 특히 체모의 양과 관련하여 몇 가지 백인의 신체적 특징을 가진 것으로 유명했는데, 일부 서양인 목격자들은 심지어 그들은 몸 전체에 털이 있었다고 말했다. ¹⁶아이누족은 실제로 아주 어린 나이부터 풍성하고 굵은 수염을 기르는 전통을 가지고 있었는데, 이것이 이런 생각이 들도록 했을 수 있다. 아이누족의 또 다른 독특한 특징은 ¹⁷여성들이 그들의 입술을 검정색 문신으로 둘러, 입에 문신을 새겼다는 것이었다. 남성과 여성 둘 다 귀걸이를 했고, 여성들은 또한 구슬로 만든 목걸이를 했다.

1868년 메이지 유신의 조짐과 함께, 일본 정부는 홋카이도를 정식으로 병합했고 아이누족에게 일본인의 정체성을 강요하기 시작했다. 그렇게 하기 위해서 그들은 아이누족이 일본어를 사용하게 했고 그들의 공동체를 낯선 지역으로 이주시켰다. ¹⁸아이누족은 또한 일본어 이름을 사용하고 동물 제물을 바치는 것과 문신과 같은 문화적 관습들을 포기할 것을 강요받았다.

일본 정부는 섬을 개발시키고 아이누족을 소외시키는 수단으로, 이 시기 동안 홋카이도로의 사람들의 이주를 장려했다. ¹⁹아이누 여성들과 일본인 남성들 간의 강제적인 결혼에 대한 정책은 이런 소외를 악화시켰으며, 아이누족의 많은 후손들이 그들의 혈통을 알지 못했다는 것을 의미했다. 이러한 정책들은 아이누족을 홋카이도에서 사회적 약자로 만들었다. 아이누족에 대한 역사적인 소외는 아마 그들의 언어를 금지했던 것에서 가장 명백한데, 이는 아이누족과 그들 문화 사이의 관계를 절단했다. 현재 그 언어의 원어민은 약 10명만이 남아있다. 학교에서 아이누어를 가르치는 것뿐만 아니라 아이누어-일본어 사전들을 출판하는 것을 포함하여, 그 언어를 부활시키기 위해서 노력이 이루어지고 있다.

¹⁴만약 동화된 사람들까지 고려한다면 그 수는 20만 명에 가깝겠지만, 현재 공식적으로는 일본에 거주하는 2만 5천 명의 아이누인들이 있을 것으로 추정된다. 일본 정부는 2008년에 공식적으로 그들을 별개의 토착민으로 인정했고, 아이누인의 문화는 이제 공표된다. 하지만, 아이누족에 대한 소외는 바로잡으려면 더 오래 걸릴 것이며, 아이누인은 대학에 진학할 가능성이 민족학적 일본인의 절반이라는 사실에서 여전히 명백하다.

아이누족 언어와 문화를 부활시키려는 노력은 약간의 성공을 경험하기는 했지만, 아이누어가 제2언어인 구사자들은 몇십 년 전 있었던 것보다 고작 몇 명 더 있을 뿐이다. 아이누어는 모국어로 영원히 회복될 가능성이 전혀 없으며, ¹⁵대부분의 아이누 문화는 동화로 인해 이미 영원히 사라졌다. 일본 정부는 이제 이 역사적인 소외에 대해 보상하는 것을 확실히 해야 한다.

11 아이누족은 일본의 동종성에 대한 개념으로 인해 가려져 왔다.

> **해설** 문제의 핵심어구(ideas of Japanese homogeneity)와 관련된 지문 내용 중 'this idea of Japanese homogeneity obscures the history of the Ainu people, an indigenous ethnic group which has resided in northern Japan for centuries.'에서 일본의 동종성에 대한 개념은 수세기 동안 일본 북부에 거주해온 토착 민족 집단인 아이누족 사람들의 역사를 가린다고 하였으므로, 주어진 문장은 글쓴이의 견해와 일치함을 알 수 있습니다. 따라서 정답은 **Yes**입니다.
>
> **바꾸어 표현하기**
>
> obscures the history of the Ainu people 아이누족 사람들의 역사를 가린다 ▶ The Ainu have been hidden 아이누족은 가려져 왔다

12 메이지 시대 전에 아이누족과 일본인들 사이에는 갈등이 없었다.

> **해설** 문제의 핵심어구(before the Meiji era)와 관련된 지문 내용 중 'The Japanese gradually dominated the Ainu, which led to several violent uprisings in the pre-Meiji period'에서 일본인들은 점진적으로 아이누족을 지배했는데, 이는 메이지 시대 이전의 몇몇 격렬한 봉기들로 이어졌다고 하였으므로, 주어진 문장은 글쓴이의 견해와 일치하지 않음을 알 수 있습니다. 따라서 정답은 **No**입니다.

13 아이누어는 배우기 가장 어려운 언어 중 하나이다.

> **해설** 문제의 핵심어구(one of the most difficult languages)와 관련된 내용은 지문에서 찾을 수 없습니다. 따라서 정답은 **Not given**입니다.

14 일본에서 아이누족 사람들의 수에 대한 정부의 수치는 부정확하다.

> **해설** 문제의 핵심어구(government figure for the number of Ainu people)와 관련된 지문 내용 중 'Today there are officially estimated to be 25,000 Ainu living in Japan, although that number would be closer to 200,000, if those who have assimilated are taken into account.'에서 만약 동화된 사람들까지 고려한다면 그 수는 20만명에 가깝겠지만, 현재 공식적으로는 일본에 거주하는 2만 5천 명의 아이누인들이 있을 것으로 추정된다고 하였으므로, 주어진 문장은 글쓴이의 견해와 일치함을 알 수 있습니다. 따라서 정답은 **Yes**입니다.
>
> **바꾸어 표현하기**
>
> officially estimated 공식적으로 추정되다 ▶ The government figure 정부의 수치

15 아이누족은 그들 문화의 대부분을 되찾았다.

> **해설** 문제의 핵심어구(regained most of their culture)와 관련된 지문 내용 중 'most of Ainu culture has already been permanently lost due to assimilation'에서 대부분의 아이누 문화는 동화로 인해 이미 영원히 사라졌다고 하였으므로, 주어진 문장은 글쓴이의 견해와 일치하지 않음을 알 수 있습니다. 따라서 정답은 **No**입니다.

아이누인의 특징과 소외의 조짐

명백히, 아이누족 사람들은 백인의 것이라고 간주되었던 몇몇 신체적 특징을 가지고 있었다. 어린 시절부터, 남성들은 16 ....을 가지고 있었다고 알려져 있었다. 그리고 여성들은 검정색의 원형 17 ....을 가지고 있었다. 하지만, 메이지 유신 이후로 몇 가지가 바뀌었다. 아이누족은 그들의 전통을 포기하고 일본어 18 ....을 채택할 것을 요구받았다. 아이누 여성들은 일본인 남성들과 결혼할 것을 강요당했기 때문에, 아이누인의 후손들은 그들의 19 ....에 대해 알지 못했다. 일본의 정책들은 아이누족에 대한 차별을 조장했다.

A 아이들	B 수염	C 뿌리
D 문신	E 이름	F 목걸이

16

> **해설** 문제의 핵심어구(From youth, men ~ have)와 관련된 지문 내용 중 'The Ainu did have a tradition of growing full, thick beards from a very young age'에서 아이누족은 실제로 아주 어린 나이부터 풍성하고 굵은 수염을 기르는 전통을 가지고 있었다고 하였으므로, 보기 **B** beards가 정답입니다.
>
> **바꾸어 표현하기**
>
> from a very young age 아주 어린 나이부터 ▶ From youth 어린 시절부터

17

> **해설** 문제의 핵심어구(women had a black, circular)와 관련된 지문 내용 중 'women tattooed their mouths, encircling their lips in a black tattoo'에서 여성들이 그들의 입술을 검정색 문신으로 둘러, 입에 문신을 새겼다고 하였으므로, 보기 **D** tattoo가 정답입니다.
>
> **바꾸어 표현하기**
>
> encircling their lips in a black tattoo 그들의 입술을 검정색 문신으로 둘러 ▶ had a black, circular tattoo 검정색의 원형 문신을 가지고 있었다

정답·해석·해설

Hackers IELTS Reading Basic

18

해설　문제의 핵심어구(The Ainu were required to ~ adopt)와 관련된 지문 내용 중 'The Ainu were also forced to take on Japanese names and give up cultural practices'에서 아이누족은 또한 일본어 이름을 사용하고 문화적 관습들을 포기할 것을 강요받았다고 하였으므로, 보기 **E** names가 정답입니다.

> **바꾸어 표현하기**
>
> were also forced to take on Japanese names and give up cultural practices 또한 일본어 이름을 사용하고 문화적 관습들을 포기할 것을 강요받았다 ▶ were required to give up their traditions and adopt Japanese names 그들의 전통을 포기하고 일본어 이름을 채택할 것을 요구받았다

19

해설　문제의 핵심어구 (Ainu descendants)와 관련된 지문 내용 중 'A policy of forced marriage between Ainu women and Japanese men ~ meant that many descendents of the Ainu were unaware of their origins.'에서 아이누 여성들과 일본인 남성들 사이에 강제적인 결혼에 대한 정책은 아이누족의 많은 후손들이 그들의 혈통을 알지 못했다는 것을 의미했다고 하였으므로, 보기 **C** roots가 정답입니다.

> **바꾸어 표현하기**
>
> many descendents of the Ainu were unaware of their origins 아이누족의 많은 후손들이 그들의 혈통을 알지 못했다 ▶ Ainu descendants did not know about their roots 아이누인의 후손들은 그들의 뿌리에 대해 알지 못했다

VOCABULARY

marginalise v. (사회에서) 소외시키다
indigenous adj. 토착(인)의
homogenous adj. 단일한, 동질의
homogeneity n. 동종성, 동질성
obscure v. 가리다, 모호하게 하다
reside v. 거주하다
renaissance n. (특정 주제 등에 대한 관심의) 부흥, 부활
resurrect v. 되살리다
uprising n. 봉기
revolt n. 봉기
rebellion n. 폭동, 반란
Caucasian adj. 백인의
give rise to phr. ~이 생기게 하다
encircle v. 두르다, 둘러싸다
beaded adj. 구슬로 만든
annex v. 병합하다
exacerbate v. 악화시키다
second-class citizen phr. 사회적 약자, 2등 시민

sever v. 절단하다, 분리하다
revive v. 부활시키다
assimilate v. (국가, 사회의 일원으로) 동화되다
rectify v. (잘못된 것을) 바로잡다
make amends phr. 보상하다

p.244

1 v	**2** ii	**3** iii	**4** vii	**5** i
6 D	**7** A	**8** B	**9** C	
10 laughter	**11** involuntary	**12** trust	
13 medieval	**14** C	**15** A	
16 D	**17** E	**18** B	
19 stainless steel	**20** housewares		
21 world wars	**22** copper		
23 False	**24** True	**25** False	
26 Not given	**27** emotion		
28 sleeping	**29** changes		
30 stimulus	**31** interaction	**32** Yes	
33 No	**34** Not given	**35** No	
36 No	**37** D	**38** C	
39 E	**40** F		

READING PASSAGE 1

[1-5]

제목 리스트

i 방어 수단으로서 간지럼을 느끼는 것

ii 간지럼의 두 가지 유형

iii 간지럼 태우기를 통한 유대

iv 간지럼을 타지 않는 사람들

v 왜 우리가 간지럼을 타는지에 대한 수세기 동안의 수수께끼

vi 유아들이 간지럼을 느끼기 시작하는 시기

vii 모두가 간지럼 태워지는 것을 즐기지는 않는다

1 단락 A

2 단락 B

3 단락 C

4 단락 D

5 단락 E

왜 우리는 간지럼을 탈까?

간지럼을 타는 것은 대부분의 사람들이 당연히 여기는 것이지만, 왜 그것이 발생하는지는 사실 과학적 수수께끼이다

A ¹간지럼을 타는 것은 다양한 정도로 거의 모든 사람에 의해 공유되는 기본적인 인간의 속성이지만, 그것은 또한 수세기 동안 과학자들과 철학자들의 호기심을 불러일으킨 생물학적 그리고 심리학적 수수께끼이다. ⁶특히 그것이 완전히 쓸모없는 특성인 것처럼 보이기 때문에, 아리스토텔레스부터 프랜시스 베이컨에 이르기까지, 다양한 사상가들은 우리가 간지럼을 타는 이유에 대한 의문에 관심을 가져왔다. 많은 이들을 당황하게 했던 한 가지 끈질긴 수수께끼는 왜 우리가 스스로를 간지럼 태울 수 없는가 하는 것인데, 만약 간지럼을 타는 것이 생물학적 현상이라면, 그렇다면 왜 다른 누군가가 그것을 할 때만 효과가 있는가? ¹⁰간지럼을 타는 것의 진화론적 근거는 또한 다윈 이후로 많은 과학자들의 연구 주제가 되어왔는데, 그들은 촉각에 대한 민감성이 웃음을 유발할 것이라는 이상한 사실에 의해 혼란스러워했다. 많은 사람들이 지적했듯이, 이 반응은 완전히 직관에 반대되는 것처럼 보인다. ⁷그러므로 웃음이라는 요소는 간지럼을 타는 것이 생물학적인 것이라기보다는 심리학적 또는 사회적 현상에 더 가깝다는 것과, 이 독특한 특성 뒤에는 복잡한 사회적 영향력이 있다는 증거일 수 있다.

B ¹¹웃음은 간지럼이 유발하는 유일한 반응은 아니며, 다른 흔한 반응들은 비자발적인 경련, 소름, 그리고 간지럼을 태우는 사람으로부터 다급하게 물러서는 것을 포함한다. ²이것들은 모두 knismesis와 gargalesis라는 간지럼의 두 가지 범주에서 다양한 정도로 명백히 드러난다. ⁸첫 번째 범주인 knismesis는 가볍지만 거슬리는 감각을 가리키며 '움직이는 가려움'에 더 가깝다. 누군가가 당신의 팔을 가로질러 아주 부드럽게 깃털을 움직이는 것과 같이, 이것은 피부 위의 아주 가벼운 압력으로 유발될 수 있고, 대개 한바탕 긁는 것만을 유발한다. 반면, gargalesis는 웃음을 유발하는 간지럼 태우는 행동이다. 이것은 특히 발, 겨드랑이, 팔 아래 부위와 늑골 같은 신체의 특정 부위들에 대한 다른 사람으로부터의 압력을 포함하고, 즐거움과 고통의 혼합인 몸부림치는 웃음을 유발한다. 놀랍게도, ⁹간지럼에 가장 취약한 이 부위들은 가장 많은 신경이 있는 인체의 부분이 아니며, 예를 들어 손에는 발보다 촉각과 관련된 더 많은 신경이 있고, 이는 간지럼이 단순히 촉각에 대한 인간의 민감성의 부작용은 아니라는 것을 암시한다.

C 낯선 사람으로부터의 간지럼은 매우 분명하게 웃음보다는 분노를 유발할 수 있으며 희롱의 한 형태가 될 수 있기 때문에, 간지럼은 또한 간지럼 태우는 사람과 간지럼 태워지는 사람 사이의 관계에 의해 좌우될 수 있다. 이것은 대인 관계를 강화하는 의식으로서의 간지럼 태우기에 대한 사회적 관점을 뒷받침한다. 많은 아동 심리학자들은 따라서 간지럼 태우기를 동료들과 가족 구성원들 사이의 필수적인 유대 활동으로 특징지었다. ¹²이것이 부모와 자녀 사이에 발생할 때 그것은 아이들에게 촉각과 감각에 대

정답·해석·해설

Hackers IELTS Reading Basic

해 알려주는 필수적인 신뢰 형성 활동으로 여겨진다. 그러므로 심리학자들은 가족 구성원이든 친구이든, 개인들 사이에 존재할 수 있는 가장 높은 등급의 사회적 친근감의 범주에 간지럼 태우기를 분류했다. 많은 이론가들은 또한 친밀한 가족간 의사소통의 경우, 간지럼 태워지는 것에 대한 반응은 사실 실제 접촉만큼이나 간지럼에 대한 기대감에 의해 좌우된다고 추측했다.

D ⁴그러나, 간지럼이 많은 사람들에게 불쾌할 수 있다는 것과, 비록 그들이 웃고 있을지라도 이것이 불안감을 감추는 것일지도 모른다는 것에 주목하는 것이 중요하다. 실제로, 미국 대학생들 사이에 수행된 연구는 그들 중 오직 32퍼센트만이 간지럼 태워지는 것을 즐긴 반면, 36퍼센트는 그 경험을 즐기지 않는다고 말했다는 것을 발견했다. 간지럼의 즐거움에 대한 이러한 의견 일치의 결여는, 유대 경험으로서 그것이 더 모호할지도 모른다는 것을 암시한다. ¹³그것은 또한 중세 시대에 유럽과 일본 두 곳 모두에서 흔했던 관행인 고문 방법으로서 간지럼의 이용을 설명해준다. 유럽에서는 희생자의 발이 소금물로 덮였고 염소가 그것들을 계속 핥도록 부추겨졌으며, 동시에 일본에서는 'kusuguri-zeme' 즉 '무자비한 간지럼 태우기'라 불리는 간지럼 형벌의 형태가 저항하는 희생자들에게 가해졌다.

E 일부 연구가들은 간지럼 태워지는 것의 불쾌함을 간지럼이 우리의 자연적 방어 기제의 부분일 수 있다는 것과, 간지럼에 대한 반응이 보호 반사 작용이라는 것의 증거로 언급했다. 과학자들은 심지어 간지럼에 의해 유발되는 웃음이 방어적일 수 있다고 제안했는데, 그것이 동족에 대한 경고의 역할을 할 수 있었기 때문이다. 또 다른 이론은 웃음이 항복의 신호이며, 그것이 간지럼 태우는 사람에게 굴복을 표시한다는 것이다. 답이 무엇이든, 간지럼 태우기는 가까운 미래에 계속해서 심리학자들, 신경 과학자들 그리고 철학자들의 연구 주제가 될 것으로 보인다.

1

해설 단락 A의 중심 문장 'Being ticklish is a basic human attribute ~ but it is also a biological and psychological mystery that has intrigued scientists and philosophers for centuries.'에서 간지럼을 타는 것은 기본적인 인간의 속성이지만, 그것은 또한 수세기 동안 과학자들과 철학자들의 호기심을 불러일으킨 생물학적 그리고 심리학적 수수께끼라고 하였으므로, 보기 **v** The centuries-old mystery of why we are ticklish가 정답입니다.

바꾸어 표현하기
for centuries 수세기 동안 ▶ centuries-old 수세기 동안의

2

해설 단락 B의 중심 문장 'These are all evident to varying degrees in the two categories of tickling: knismesis and gargalesis.'에서 이것들은 모두 knismesis와 gargalesis라는 간지럼의 두 가지 범주에서 다양한 정도로 명백히 드러난다고 한 뒤, 두 가지 범주에 대해 주로 언급하고 있으므로, 보기 **ii** Two types of tickling이 정답입니다.

바꾸어 표현하기
the two categories of tickling 간지럼의 두 가지 범주
▶ Two types of tickling 간지럼의 두 가지 유형

3

해설 이 단락에는 중심 문장이 없으므로, 단락 전체를 읽고 중심 내용을 파악합니다. 단락 C는 간지럼 태우기가 대인 관계를 강화하는 의식으로서 여겨질 수 있다는 것과 동료들과 가족 구성원들 사이의 필수적인 유대 활동이 될 수 있다는 것에 대해 주로 언급하고 있습니다. 따라서 이를 '간지럼 태우기를 통한 유대'로 요약한 보기 **iii** Bonding through tickling이 정답입니다.

4

해설 단락 D의 중심 문장 'It is important to note ~ that tickling can be unpleasant for many people, and that even though they are laughing this may be masking a feeling of anxiety.'에서 간지럼이 많은 사람들에게 불쾌할 수 있다는 것과, 비록 그들이 웃고 있을지라도 이것이 불안감을 감추는 것일지도 모른다는 것에 주목하는 것이 중요하다고 하였으므로, 보기 **vii** Not everyone enjoys being tickled가 정답입니다.

바꾸어 표현하기
tickling can be unpleasant for many people 간지럼이 많은 사람들에게 불쾌할 수 있다 ▶ Not everyone enjoys being tickled 모두가 간지럼 태워지는 것을 즐기지는 않는다

5

해설 이 단락에는 중심 문장이 없으므로, 단락 전체를 읽고 중심 내용을 파악합니다. 단락 E는 간지럼에 대한 반응이 보호 반사 작용일 수 있으며, 간지럼에 의한 웃음이 방어적인 기능을 할 수 있다는 일부 연구가들의 주장에 대해 주로 언급하고 있습니다. 따라서 이를 '방어 수단으로서 간지럼을 느끼는 것'으로 요약한 보기 **i** Ticklishness as a defence method가 정답입니다.

[6-9]

6 간지럼은 –때문에 많은 과학자들과 철학가들의 흥미를 끌어왔다.
    A 우리가 동물들과 공유하지 않는 특징이기 때문에
    B 사람마다 다양하기 때문에
    C 우리가 통제하지 못하는 것이기 때문에
    D 실질적인 용도를 가진 것으로 보이지 않기 때문에

해설 문제의 핵심어구(interested many scientists and philosophers)와 관련된 지문 내용 중 'a range of thinkers have considered the question of why we are ticklish, particularly as it appears to be an entirely useless trait'에서 특히 그것이 완전히 쓸모없는 특성인 것처럼 보이기 때문에, 다양한 사상가들은 우리가 간지럼을 타는 이유에 대한 의문에 관심을 가져왔다고 하였으므로, 보기 **D** it does not seem to have a practical use가 정답입니다.

바꾸어 표현하기

appears to be an entirely useless trait 완전히 쓸모없는 특성인 것처럼 보이다 ▶ does not seem to have a practical use 실질적인 용도를 가진 것으로 보이지 않는다

7 간지럼 태우기가 웃음을 유발한다는 사실은 -을 암시한다.
   A 그것은 생물학적인 것이라기보다는 사회적 이유일 수 있다
   B 그것은 순전히 신체적 반응이다
   C 그것은 포식자에 대항한 방어로서 발전했다
   D 그것은 즐거운 경험이다

해설 문제의 핵심어구(tickling causes laughter)와 관련된 지문 내용 중 'The element of laughter may therefore be evidence that being ticklish is more of a psychological or social phenomenon than a biological one, and that there are complex social forces behind this unique trait.'에서 그러므로 웃음이라는 요소는 간지럼을 타는 것이 생물학적인 것이라기보다는 심리학적 또는 사회적 현상에 더 가깝다는 것과, 이 독특한 특성 뒤에는 복잡한 사회적 영향력이 있다는 증거일 수 있다고 하였으므로, 보기 **A** it may be a social explanation rather than a biological one이 정답입니다.

바꾸어 표현하기

is more of a ~ social phenomenon 사회적 현상에 더 가깝다 ▶ may be a social explanation 사회적 이유일 수 있다

8 무엇이 'knismesis'라고 알려진 간지럼의 유형을 정의하는가?
   A 그것은 물건을 사용하여 행해진다.
   B 그것은 부드럽고 가려움을 느끼는 것과 비슷하다.
   C 그것은 사람들이 몸을 피하게 한다.
   D 그것은 너무 미약해서 사람이 그것을 감지하지 못할 수 있다.

해설 문제의 핵심어구(knismesis)와 관련된 지문 내용 중 'The first category, knismesis, refers to a mild but irritating sensation and is more like a 'moving itch'.'에서 첫 번째 범주인 knismesis는 가볍지만 거슬리는 감각을 가리키며 '움직이는 가려움'에 더 가깝다고 하였으므로, 보기 **B** It is gentle and similar to feeling itchy가 정답입니다.

9 보통 가장 간지럼을 타는 신체의 부위들은
   A 사람이 얼마나 간지럼을 타는지에 따라 바뀔 수 있다.
   B 신체의 취약한 부분들이다.
   C 가장 많은 신경이 있는 부분들은 아니다.
   D 고통과 관련된 가장 많은 신경이 있는 것들이다.

해설 문제의 핵심어구(usually the most ticklish)와 관련된 지문 내용 중 'these areas that are the most vulnerable to tickling, are not the parts of the human body with the most nerves'에서 간지럼에 가장 취약한 이 부위들은 가장 많은 신경이 있는 인체의 부분이 아니라고 하였으므로, 보기 **C** are not the parts with the most nerves가 정답입니다.

바꾸어 표현하기

areas that are the most vulnerable to tickling 간지럼에 가장 취약한 부위들 ▶ areas of the body that are usually the most ticklish 보통 가장 간지럼을 타는 신체의 부위들

[10-13]

10 과학자들은 촉각에 대한 민감성이 왜 ....을 유발하는지에 대해 질문해 왔다.

해설 문제의 핵심어구(a sensitivity to touch)와 관련된 지문 내용 중 'The evolutionary basis for being ticklish has also been the subject of study for many scientists, from Darwin onwards, who have been confused by the strange fact that a sensitivity to touch should prompt laughter.'에서 간지럼을 타는 것의 진화론적 근거는 또한 다윈 이후로 많은 과학자들의 연구 주제가 되어 왔는데, 그들은 촉각에 대한 민감성이 웃음을 유발할 것이라는 이상한 사실에 의해 혼란스러워했다고 하였으므로, **laughter**가 정답입니다.

바꾸어 표현하기

prompt laughter 웃음을 유발하다 ▶ encourages laughter 웃음을 유발하다

11 간지럼 태우기는 누군가가 뒤로 물러나게 하거나 .... 경련을 유발할 수 있다.

해설 문제의 핵심어구(cause ~ twitching)와 관련된 지문 내용 중 'Laughter is not the only reaction that tickling prompts; other common responses include involuntary twitching'에서 웃음은 간지럼이 유발하는 유일한 반응은 아니며, 다른 흔한 반응들은 비자발적인 경련을 포함한다고 하였으므로, **involuntary**가 정답입니다.

바꾸어 표현하기

other common responses include ~ twitching 다른 흔한 반응들은 경련을 포함한다 ▶ cause ~ twitching 경련을 유발하다

12 부모와 자녀 사이의 간지럼 태우기는 ....을 형성하는 중요한 방법으로 여겨진다.

해설 문제의 핵심어구(Tickling between a parent and child)와 관련된 지문 내용 중 'When it happens among parents and their children it is considered an essential trust building exercise'에서 이것이 부모와 자녀 사이에 발생할 때 그것은 필수적인 신뢰 형성 활동으로 여겨진다고 하였으므로, **trust**가 정답입니다.

바꾸어 표현하기

an essential trust building exercise 필수적인 신뢰 형성 활동
▶ an important way of creating trust 신뢰를 형성하는 중요한 방법

13 간지럼 태우기는 .... 시대에 고문의 형태로 사용되었다.

해설 문제의 핵심어구(Tickling was used as a form of torture)와 관련된 지문 내용 중 'It also explains the use of tickling as a torture mechanism; a practice that was common in both Europe and Japan in medieval times.'에서 그것은 또한 중세 시대에 유럽과 일본 두 곳 모두에서 흔했던 관행인 고문 방법으로서 간지럼의 이용을 설명해준다고 하였으므로, **medieval**이 정답입니다.

바꾸어 표현하기

the use of tickling as a torture mechanism 고문 방법으로서 간지럼의 이용 ▶ Tickling was used as a form of torture 간지럼 태우기는 고문의 형태로 사용되었다

VOCABULARY

ticklish adj. 간지럼을 타는
intrigue v. 호기심을 불러일으키다
thinker n. 사상가
baffle v. 당황하게 하다
counter-intuitive adj. 직관에 반대되는
twitching n. 경련
goose bumps phr. 소름
bout n. 한바탕, 한차례
armpit n. 겨드랑이
side effect phr. 부작용
harassment n. 희롱, 괴롭힘
integral adj. 필수적인, 필요 불가결한
bonding n. 유대(감)
mask v. 감추다
mechanism n. 방법, 기구
merciless adj. 무자비한, 무정한
inflict v. (괴로움 등을) 가하다
neuroscientist n. 신경 과학자

READING PASSAGE 2

강철의 역사

높은 장력과 상대적으로 낮은 비용 때문에, 강철은 현대 건축에서 가장 흔하게 사용되는 자재들 중 하나이다. 다른 자재 중에서도 철과 탄소의 합금으로서, 강철은 제련이라 알려진 과정을 통해 생산된다. 이

것은 탄소를 첨가하기 전에 불순물을 제거하기 위해 철광석을 용광로에서 가열하는 것을 수반한다. 제련은 기원전 13세기경부터 인간에 의해 사용되어온 기술인데, 이때 초기의 대장장이들이 철광석이 목탄에 의해 가열될 때 더 강해진다는 것을 발견했다. 그러나, 첫 번째 대규모 강철 생산은 기원전 6세기에 인도 남부와 스리랑카에서 일어났다. 그곳에서 생산된 강철은 인도제 강철로 알려졌으며 강도로 명성이 있었다. [23]그것은 전 세계를 통해 수출되었지만, 특히 중동에서 널리 퍼지게 되었는데, 이곳에서 그것은 무기를 만드는 데 사용되었다.

인도제 강철이 순수한 철과 탄소가 가열된 후에 차갑게 식혀지는 금속 용기인 도가니에서 생산되는 동안, 강철 생산의 다른 방법들은 중국과 유럽 두 곳 모두에서 사용되었다. 이것들은 강철을 담금질하는 것을 포함했는데, 무기를 강화하려는 목적으로 로마인들에 의해 발견된 강철의 깨지기 쉬운 성질을 감소시키려는 방법이었다. 한편 중국에서는, 강철은 기원전 3세기 이후로 나라 전역에서 흔했다. [16]한나라 최초의 황제인 유방의 검에서와 같이, 이 강철의 일부는 아마도 연철과 고급 주철을 결합하는 것을 통해 생산되었을 것이다. 약 8세기 후에 유럽의 강철 제조업에 혁명을 일으킬 [24]베세머 법의 초기 형태를 포함하여, 강철 생산의 정교한 방법들은 최소 서기 11세기 이래로 중국에서 사용되고 있었다.

18세기 유럽에서 산업 혁명의 시작은 강철 사용에서 막대한 증가를 경험했다. 이 강철 호황은 여러 가지 혁신으로 촉진되었다. 첫 번째는 1740년에 도가니에서 고급 강철을 생산하는 기술에 대한 벤자민 헌츠먼의 발명이었다. [15]헌츠먼은 시계의 용수철을 위한 더 좋은 품질의 강철을 만들기를 원했던 시계 제조공이었다. 그는 그것이 녹을 때까지 탄소 강철을 도가니에서 가열하는 방안을 고안했는데, 이 방법은 그 결과로 나온 강철에 더 균일한 구성을 제공했다. 이 시기 동안 증기 기관의 발명은 또한 강철에 대한 수요를 증가시켰고, 한편 강철을 빠르게 생산하는 새로운 방법인 [17]1783년 철강 압연 체계에 대한 헨리 코트의 발명은 훨씬 더 높은 생산량으로 이어졌다.

강철의 역사에서 그 다음 중요 이정표는 주철에 공기를 주입하여 불순물을 제거하는 강철 생산 방법인 베세머 법의 발명이었다. 이는 상대적으로 싸게 생산될 수 있으면서도 훨씬 더 강한 강철을 낳았다. [14]비록 수세기 동안 다양한 형태로 사용되어오긴 했지만, 그것은 1856년에 헨리 베세머에 의해 개발되었으며, 그 후에 강철의 값싼 대량 생산을 가능하게 했다. 이 공정의 채택 이후에, 강철은 산업화에서 가장 중요한 재료가 되었다. [25]이것은 이제 대규모의 건물, 다리 그리고 철로를 위한 비용 효율이 높은 자재가 될 만큼 충분히 낮은 가격에 생산될 수 있었는데, 그것은 곧 덜 튼튼한 연철 철로를 대체할 것이었다.

대형 건축물에서 강철의 사용은 [26]최초의 강철 현수교인 브루클린 다리와 최초의 강철 고층 건물인 시카고의 Home Insurance Building이라는 미국의 두 가지 큰 계획 사업에서 가장 분명했다. 두 가지 모두 1880년대에 완공되었고 강철 생산에서 세계적 선도자로서의 미국의 새로운 지위를 상징했다. [18]이것은 어느 정도는 스코틀랜드계 미국인 사업가인 앤드류 카네기에 의해 추진되었는데, 그는 미국 전역에 걸쳐 뻗은 거대한 강철 제국을 건설했다. 카네기의 제강소에 의해 생산된 다량의 강철은 19세기 후반의 수십 년간 대륙 전반에 걸쳐 설치되고 있었던 철로의 건설에 사용되었다.

[19]20세기 초반 현대 산업의 자재로서 강철의 역할은 1912년 스테인 리스 철강의 발명으로 더욱 확고해졌다. 녹에 저항력이 있는 이 자재는 강철이 사용될 수 있는 활용 범위를 증가시켰다. [20]이것은 가정용품, 외과 기구 그리고 이제 액체를 수송하는 것을 가능하게 했던 저장 탱크에서의 강철 용구의 사용으로 이어졌다. [21]20세기의 다음 몇십 년 동안에, 두 차례의 세계 대전 모두 강철 생산의 급증으로 이어졌는데, 이는 무기와 운송 수단에 사용되었다. [22]이런 높은 수요에도 불구하고, 강철은 여전히 상대적으로 풍부했으며 심지어 세계 2차 대전 기간에 미국의 1센트 동전의 재료로서 훨씬 더 희귀했던 구리를 대체했다. 비록 중국이 강철의 주요 생산자이자 소비자로서 미국을 대체했지만, 최근 수십 년간 강철 사업은 계속해서 성장해오고 있다. 확실히, 중국은 이제 세계 강철 생산의 50퍼센트 이상을 책임지고 있다고 추정된다.

[14-18]

14 그는 강철을 대량으로 싸게 생산하는 방법을 창안했다.

15 그는 시계를 위해 더 좋은 강철을 만들고 싶어 했다.

16 그는 두 종류의 철로 만들어진 무기를 가지고 있었다.

17 그는 철강 압연 생산 체계를 발명했다.

18 그는 미국에 거대한 강철 사업체를 건설했다.

> 사람들 리스트
> A Benjamin Huntsman
> B Andrew Carnegie
> C Henry Bessemer
> D Liu Bang
> E Henry Cort

14

해설 문제의 핵심어구(cheaply produce large quantities of steel)와 관련된 지문 내용 중 'It was developed by Henry Bessemer in 1856 ~ and subsequently allowed for the inexpensive mass production of steel.'에서 그것은 1856년에 헨리 베세머에 의해 개발되었으며, 그 후에 강철의 값싼 대량 생산을 가능하게 했다고 하였으므로, 보기 **C** Henry Bessemer가 정답입니다.

바꾸어 표현하기
the inexpensive mass production of steel 강철의 값싼 대량 생산 ▶ cheaply produce large quantities of steel 강철을 대량으로 싸게 생산하다

15

해설 문제의 핵심어구(better steel for clocks)와 관련된 지문 내용 중 'Huntsman was a clockmaker who wanted to make a better quality of steel for his clock springs.'에서 헌츠먼은 시계의 용수철을 위한 더 좋은 품질의 강철을

만들기를 원했던 시계 제조공이었다고 하였으므로, 보기 **A** Benjamin Huntsman이 정답입니다.

바꾸어 표현하기
make a better quality of steel for his clock springs 시계의 용수철을 위한 더 좋은 품질의 강철을 만들다 ▶ make better steel for clocks 시계를 위해 더 좋은 강철을 만들다

16

해설 문제의 핵심어구(a weapon made of two types of iron)와 관련된 지문 내용 중 'Some of this steel was probably produced through combining wrought iron and high-quality cast iron, as was the case with the sword of Liu Bang, the first Han emperor.'에서 한나라 최초의 황제인 유방의 검에서와 같이, 이 강철의 일부는 아마도 연철과 고급 주철을 결합하는 것을 통해 생산되었을 것이라고 하였으므로, 보기 **D** Liu Bang이 정답입니다.

17

해설 문제의 핵심어구(a steel rolling production system)와 관련된 지문 내용 중 'Henry Cort's invention of the steel rolling system in 1783'에서 1783년 철강 압연 체계에 대한 헨리 코트의 발명이라고 하였으므로, 보기 **E** Henry Cort가 정답입니다.

18

해설 문제의 핵심어구(huge steel business in America)와 관련된 지문 내용 중 'This was driven ~ by the Scottish-American industrialist Andrew Carnegie, who built a massive steel empire which stretched across the United States.'에서 이것은 스코틀랜드계 미국인 사업가인 앤드루 카네기에 의해 추진되었는데 그는 미국 전역에 걸쳐 뻗은 거대한 강철 제국을 건설했다고 하였으므로, 보기 **B** Andrew Carnegie가 정답입니다.

바꾸어 표현하기
built a massive steel empire which stretched across the United States 미국 전역에 걸쳐 뻗은 거대한 강철 제국을 건설했다 ▶ constructed a huge steel business in America 미국에 거대한 강철 사업체를 건설했다

[19-22]

20세기의 강철 사업

강철 사업은 20세기 초기의 몇십 년간 **19** ....의 제작으로 인해 상당히 성장했다. 강철은 이제 수술, 저장고, 그리고 **20** ....으로서를 포함하여 훨씬 폭넓은 범위의 활용에 사용될 수 있었다. 강철 사업은 두 번의 **21** ....으로 인해 더 확장되었는데, 이것들은 무기를 위한 막대한 양의 강철을 필요로 했다. 비록 강철은 이러한 충돌

내내 수요가 많았지만, 여전히 그것이 미국 동전 중 하나의 재료로서
22 ....을 대체할 만큼 충분한 강철이 있었다.

19

해설 문제의 핵심어구(grew significantly in the early decades of the 20th century)와 관련된 지문 내용 중 'In the early 20th century steel's role as the material of modern industry was further established by the invention of stainless steel'에서 20세기 초반 현대 산업의 자재로서 강철의 역할은 스테인리스 철강의 발명으로 더욱 확고해졌다고 하였으므로 **stainless steel**이 정답입니다.

바꾸어 표현하기

was further established 더욱 확고해졌다 ▶ grew significantly 상당히 성장했다

20

해설 문제의 핵심어구(used in a much wider range of applications)와 관련된 지문 내용 중 'It led to the use of steel tools in housewares, surgical instruments and storage tanks'에서 이것은 가정용품, 외과 기구 그리고 저장 탱크에서의 강철 용구의 사용으로 이어졌다고 하였으므로, **housewares**가 정답입니다.

21

해설 문제의 핵심어구(a massive amount of steel for weapons)와 관련된 지문 내용 중 'In the next few decades of the 20th century, the two world wars both resulted in a spike in the production of steel, which was used for weapons'에서 20세기의 다음 몇십 년 동안에, 두 차례의 세계 대전 모두 강철 생산의 급증으로 이어졌는데, 이는 무기에 사용되었다고 하였으므로, **world wars**가 정답입니다.

바꾸어 표현하기

resulted in a spike in the production of steel 강철 생산의 급증으로 이어졌다 ▶ The steel industry expanded further 강철 사업은 더 확장되었다

22

해설 문제의 핵심어구(the material of one of the American coins)와 관련된 지문 내용 중 'Despite this high demand, steel was still relatively abundant and even replaced copper ~ as the material of the American one cent coin'에서 이런 높은 수요에도 불구하고, 강철은 여전히 상대적으로 풍부했으며 심지어 미국의 1센트 동전의 재료로서 구리를 대체했다고 하였으므로, **copper**가 정답입니다.

바꾸어 표현하기

steel was still relatively abundant 강철은 여전히 상대적으로 풍부했다 ▶ there was still enough steel 여전히 충분한 강철이 있었다

[23-26]

23 인도제 강철은 오직 중동으로만 수출되었다.

해설 문제의 핵심어구(Wootz steel)와 관련된 지문 내용 중 'It was exported throughout the world'에서 인도제 강철은 전 세계를 통해 수출되었다고 하였으므로, 주어진 문장은 지문의 내용과 일치하지 않음을 알 수 있습니다. 따라서 정답은 **False**입니다.

24 베세머 법의 형태는 유럽에서 그것의 사용 전에 중국에서 사용되었다.

해설 문제의 핵심어구(the Bessemer process was used in China)와 관련된 지문 내용 중 'Sophisticated methods of steel production were in use in China from at least the 11th century AD, including an early version of the Bessemer process'에서 베세머 법의 초기 형태를 포함하여, 강철 생산의 정교한 방법들은 최소 서기 11세기 이래로 중국에서 사용되고 있었다고 하였으므로, 주어진 문장은 지문의 내용과 일치함을 알 수 있습니다. 따라서 정답은 **True**입니다.

바꾸어 표현하기

an early version of the Bessemer process 베세머 법의 초기 형태 ▶ a form of the Bessemer process 베세머 법의 형태

25 연철 철로는 강철로 된 것보다 더 오래 지속되었다.

해설 문제의 핵심어구(Wrought iron rails)와 관련된 지문 내용 중 'It could now be produced at prices low enough to make it a cost-effective material for ~ railroads, where it would soon replace less durable wrought iron rails.'에서 강철은 이제 철로를 위한 비용 효율이 높은 자재가 될 만큼 충분히 낮은 가격에 생산될 수 있었는데, 그것은 곧 덜 튼튼한 연철 철로를 대체할 것이었다고 하였으므로, 주어진 문장은 지문의 내용과 일치하지 않음을 알 수 있습니다. 따라서 정답은 **False**입니다.

26 브루클린 다리는 세계에서 가장 큰 강철 현수교로 남아있다.

해설 문제의 핵심어구(The Brooklyn Bridge)와 관련된 지문 내용 중 'the Brooklyn Bridge – the first steel suspension bridge'에서 최초의 강철 현수교인 브루클린 다리라고는 하였지만, 주어진 문장의 내용은 확인할 수 없습니다. 따라서 정답은 **Not given**입니다.

VOCABULARY

tensile strength phr. 장력, 인장 강도(재료를 잡아 늘여서 절단할 때의 극한의 강도)

alloy n. 합금

smelting n. 제련, 용해

iron ore phr. 철광석

blast furnace phr. 용광로

impurity n. 불순물

carbon n. 탄소

blacksmith n. 대장장이

charcoal n. 목탄, 숯

wootz steel phr. 인도제 강철

crucible n. (쇳물을 녹이거나 하는) 도가니

temper v. (쇠를) 담금질하다

wrought iron phr. 연철, 단철

cast iron phr. 주철, 무쇠

composition n. 구성

steam engine phr. 증기 기관

steel rolling phr. 철강 압연

output n. 생산량

milestone n. 이정표, 획기적인 사건

molten iron phr. 주철, 무쇠

cost-effective adj. 비용 효율이 높은

suspension bridge phr. 현수교

steelworks n. 제강소

houseware n. 가정용품

surgical instrument phr. 외과 기구

spike n. 급증, 급등

READING PASSAGE 3

사회적 미소 짓기

A 인간 감정의 비밀을 밝히기를 희망하는 심리학자들은 어린 아기들이 초기 감정 성장과 발달에 대한 지표들을 제공할 수 있기 때문에 영아들에게 초점을 맞춰 왔다. 이러한 변화들 중에는 특정한 경험이나 상황에 대한 영아의 반응이 어떻게 의미를 전달하는지를 알아내기 위한 단서들을 제공하는 얼굴 표정의 변화들이 있다. 27영아들의 얼굴 표정은 그들이 사회적 규범이나 관습에 의해 아직 크게 훈련되지 않았기 때문에 인간 감정의 본질을 이해하는 데 특히 유용하다. 이러한 사회적 훈련의 부족은 아마도 영아가 미소 지을 때 가장 잘 나타나는데, 이는 이 얼굴 표정을 특히 흥미로운 연구 대상으로 만든다.

B 28영아들의 가장 근본적인 미소 유형은 내인성 미소인데, 이는 생후 1주차에 발생할 수 있으며 보통 수면과 관련되어 있다. 29내인성 미소는 신경계의 무의식적 변화로 인해 자동적으로 발생하며 외부 자극으로 유발되지 않는다. 간지럼 태우기나 기분 좋은 소리와 같은 30외부 자극에 의해 생기는 미소 반사 작용은 외인성 미소라고 알려져 있다. 외인성 미소는 영아가 깨어 있을 때 발생하고, 그들 생애의 둘째 또는 셋째 주쯤에 나타나기 시작한다.

C 31외인성 미소의 중요한 유형은 '사회적 미소'인데, 이는 그 이름이 암시하듯이, 사회적 상호 작용을 통해 발생한다. 사회적 미소는 특히 어머니나 다른 돌보는 사람들의 목소리를 듣는 것뿐만 아니라 그들의 얼굴을 보는 것에 대한 반응으로 활짝 웃는 것과 관련되어 있다. 하지만 사회적 미소는 또한 낯선 사람과의 상호 작용에서도 발생하며, 38이 용어는 심지어 영아가 곰 인형과 같은 친숙하지만 무생물인 물체들에 어떻게 미소를 짓는지를 설명하는 것까지도 확장될 수 있다. 심리학자 Daniel G. Freedman에 따르면, 일반화된 사회적 미소는 1개월의 끝 무렵까지 발달하고, 약 5주차인 때에, 선택적인 사회적 미소가 시작된다. 아이가 친근한 얼굴에 대한 반응으로 미소 짓기를 배우는 것이 바로 이 선택적인 단계에서이다.

D 전문가들은 사회적 미소를 영아들의 증가하는 호기심과 그들 주변에 대해 더 높아진 참여 수준의 강력한 지표로 본다. 그것은 32사회적 미소가 명백한 상호 작용의 하나로서, 또한 사회적 환경에서 뚜렷이 구별되는 개인이자 활동적인 참여자로서의 자기 자신에 대한 아이의 증가하는 인식을 가리킨다는 사실을 논리적으로 따른다. 매우 중요한 것은 사회적 참조라고 알려진 것인데, 이는 영아가 상황에 반응하기 전 돌보는 사람들을 쳐다보는 것이다. 많은 연구들은 생후 7개월쯤에, 영아들이 낯선 사람을 무서워하기 시작하고 친근하지 않은 얼굴을 마주할 때 흔히 두려움이나 괴로움을 보인다는 것을 밝혀냈다. 하지만, 심리학자 Feiring, Lewis, 그리고 Starr에 의한 연구는 15주까지는 아기들이 낯선 사람들에 대한 어머니의 반응에 신중하게 주의를 기울였다는 것을 밝혀냈다. 37한 실험에서, 연구자들은 만약 어머니가 낯선 사람에게 미소를 짓는다면, 아기가 미소를 지을 가능성이 훨씬 더 크다는 것을 발견했다.

E 엄밀히 말하면, 39일부 전문가들은 큰광대근만을 포함하는 미소에 대해서만 사회적 미소라는 용어를 사용하는데, 이는 입술의 가장자리를 올리는 것을 맡고 있다. 만약 미소가 벌려진 입과 눈꼬리를 주름지게 만드는 움직임인 입둘레근의 수축을 동반한다면, 그것들은 '감정적인' 웃음이라고 일컬어진다. 33이 관점은 부분적으로는 인간 감정과 해부학상의 움직임을 직결시키는 비과학적인 시도들의 결과인데, 이는 부정확하다는 것이 증명되었다. 34이것의 한 가지 예는 감정에 객관적인 근거를 부여하고 연구원들이 문화적 편견 없이 감정 표현을 식별할 수 있게 하는 것을 시도했던 폴 에크만의 안면 근육 활동 부호화 체계(FACS)였다.

F 이 분석 방법에 따르면, 사회적 미소는 주로 거짓 미소이다. 35이 주장은 사회적 미소가 감정이 부재할 때도 발생할 수 있기 때문에 약간의 가치가 있다. 영아들은 때때로 그들이 본 것을 그저 모방하며, 사회적 미소는 가끔 어머니로부터 어떤 형태의 지지를 얻으려는 시도에 불과할 수 있다. 그리고 사회적 미소가 성인기까지 계속된다는 것은 잘 알려져 있다. 사회적 미소를 다양한 사회적 맥락에서 거짓일 수도 있는 방식으로 사용하는 것은 일반적이다. 예를 들어, 한 성인이 큰 실망거리인 생일 선물을 받았다고 가정해 보라. 40핑그림으로써 진실된 감정을 표현하기보다는, 선물을 받는 사람은 미소를 지을 가능성이 훨씬 더 크다.

G 36하지만, '감정적' 미소로부터 '사회적' 미소를 구별하는 것의 어려움은 두 극단 사이에 넓은 범위의 얼굴 표정과 감정적 상태가

있다는 것이다. 분명히, 미소는 동시에 사회적이며 또한 감정적일 수도 있다. 이런 방식으로 보면, 덜 강렬한 감정을 보여줄 수 있는 단순한 소리없는 웃음에서 순수한 기쁨의 표현인 전체 얼굴을 포함하는 더 활짝 웃는 웃음까지, 사회적 미소는 그것들이 전달하는 감정의 정도에서 엄청나게 다양할 수 있다.

[27-31]

영아의 미소 분석하기
· 영아들의 얼굴 표정은 27 ....의 본질을 드러낸다
· 사회적 훈련을 받지 못한 것은 영아를 연구하는 것을 더 흥미롭게 만든다
내인성 미소:
· 출생 후 1주 안에 발생한다
· 가장 흔하게 28 ....과 연관되어 있다
· 신경계의 의식적이지 않은 29 ....의 결과이다
외인성 미소:
· 외부 30 ....에 의해 시작된다
· 유아가 깨어있을 때 발생한다
· 생애의 둘째 또는 셋째 주에 시작된다
사회적 미소:
· 외인성 미소의 한 유형이다
· 사회적 31 ....을 통해 생긴다
· 영아들이 어머니를 볼 때 흔하다

27

해설 문제의 핵심어구(Infants' facial expressions reveal)와 관련된 지문 내용 중 'Infants' facial expressions are particularly useful for understanding the nature of human emotion'에서 영아들의 얼굴 표정은 인간 감정의 본질을 이해하는 데 특히 유용하다고 하였으므로, 'human emotion'이 답이 될 수 있습니다. 지시문에서 한 단어로만 답을 작성하라고 하였으므로, **emotion**이 정답입니다.

바꾸어 표현하기
the nature of human emotion 인간 감정의 본질 ▶ the essence of emotion 감정의 본질

28

해설 노트의 소제목(Endogenous Smile)과 관련된 지문 내용 중 'The most fundamental type of smile in infants is the endogenous smile, which ~ is usually associated with sleeping.'에서 영아들의 가장 근본적인 미소 유형은 내인성 미소인데, 이는 보통 수면과 관련되어 있다고 하였으므로, **sleeping**이 정답입니다.

바꾸어 표현하기
usually associated with sleeping 보통 수면과 관련되어 있다 ▶ often related to sleeping 흔하게 수면과 연관되어 있다

29

해설 문제의 핵심어구(not conscious in the nervous system)와 관련된 지문 내용 중 'Endogenous smiles happen automatically due to unconscious changes in the nervous system'에서 내인성 미소는 신경계의 무의식적 변화로 인해 자동적으로 발생한다고 하였으므로, **changes**가 정답입니다.

바꾸어 표현하기
unconscious changes in the nervous system 신경계의 무의식적 변화 ▶ changes that are not conscious in the nervous system 신경계의 의식적이지 않은 변화

30

해설 노트의 소제목(Exogenous Smile)과 관련된 지문 내용 중 'A smile reflex produced by an external stimulus ~ is known as an exogenous smile.'에서 외부 자극에 의해 생기는 미소 반사 작용은 외인성 미소라고 알려져 있다고 하였으므로, **stimulus**가 정답입니다.

바꾸어 표현하기
produced by an external stimulus 외부 자극에 의해 생기는 ▶ Set off by an outside stimulus 외부 자극에 의해 시작된다

31

해설 노트의 소제목(Social Smile)과 관련된 지문 내용 중 'An important type of exogenous smile is the 'social smile', which ~ arises through social interaction.'에서 외인성 미소의 중요한 유형은 '사회적 미소'인데, 이는 사회적 상호 작용을 통해 발생한다고 하였으므로, **interaction**이 정답입니다.

바꾸어 표현하기
arises through social interaction 사회적 상호 작용을 통해 발생한다 ▶ Comes about through social interaction 사회적 상호 작용을 통해 생긴다

[32-36]

32 사회적 미소는 영아의 증가하는 자기 인식에 대한 증거이다.

해설 문제의 핵심어구(an increasing self-awareness)와 관련된 지문 내용 중 'the social smile ~ indicates a child's growing awareness of himself or herself as a distinct individual and active agent in a social environment'에서 사회적 미소가 사회적 환경에서 뚜렷이 구별되는 개인이자 활동적인 참여자로서의 자기 자신에 대한 아이의 증가하는 인식을 가리킨다고 하였으므로, 주어진 문장은 글쓴이의 견해와 일치함을 알 수 있습니다. 따라서 정답은 **Yes**입니다.

33 미소들은 해부학상의 움직임에 따라서 분류되어야 한다.

해설 문제의 핵심어구(anatomical movements)와 관련된 지문 내용 중 'This view is partly a result of unscientific attempts to directly connect human emotions with anatomical movements, which have been proved to be incorrect.'에서 이 관점은 부분적으로는 인간 감정과 해부학상의 움직임을 직결시키는 비과학적인 시도들의 결과인데, 이는 부정확하다는 것이 증명되었다고 하였으므로, 주어진 문장은 글쓴이의 견해와 일치하지 않음을 알 수 있습니다. 따라서 정답은 **No**입니다.

34 안면 근육 활동 부호화 체계는 연구가들에 의해 널리 사용된다.

해설 문제의 핵심어구(The Facial Action Coding System)와 관련된 지문 내용 중 'One example of this was Paul Eckman's Facial Action Coding System (FACS) which attempted to give emotions an objective basis and allow investigators to identify emotional expressions without cultural bias.'에서 이것의 한 가지 예는 감정에 객관적인 근거를 부여하고 연구원들이 문화적 편견 없이 감정 표현을 식별할 수 있게 하는 것을 시도했던 폴 에크만의 안면 근육 활동 부호화 체계(FACS)였다고는 하였지만, 주어진 문장의 내용은 확인할 수 없습니다. 따라서 정답은 **Not given**입니다.

35 사회적 미소는 감정이 포함될 때만 발생한다.

해설 문제의 핵심어구(only occurs when there is emotion)와 관련된 지문 내용 중 'This argument has some merit because the social smile can happen even in the absence of emotion.'에서 이 주장은 사회적 미소가 감정이 부재할 때도 발생할 수 있기 때문에 약간의 가치가 있다고 하였으므로, 주어진 문장은 글쓴이의 견해와 일치하지 않음을 알 수 있습니다. 따라서 정답은 **No**입니다.

36 사회적 미소와 감정적 미소 사이의 차이점을 구별하는 것은 하기 쉽다.

해설 문제의 핵심어구(the difference between social smiles and emotional smiles)와 관련된 지문 내용 중 'The difficulty with distinguishing 'social' from 'emotional' smiles, however, is that there is a broad spectrum of facial expressions and emotional states between the two extremes.'에서 하지만 '감정적' 미소로부터 '사회적'

미소를 구별하는 것의 어려움은 두 극단 사이에 넓은 범위의 얼굴 표정과 감정적 상태가 있다는 것이라고 하였으므로, 주어진 문장은 글쓴이의 견해와 일치하지 않음을 알 수 있습니다. 따라서 정답은 **No**입니다.

[37-40]

37 낯선 사람과 어머니의 상호 작용에 대해 반응하는 영아에 대한 언급

해설 문제의 핵심어구(mother's interaction with a stranger)와 관련된 지문 내용 중 단락 D의 'In an experiment, the researchers found that if the mother smiled at a stranger the baby was far more likely to smile.'에서 한 실험에서, 연구가들은 만약 어머니가 낯선 사람에게 미소를 짓는다면, 아기가 미소를 지을 가능성이 훨씬 더 크다는 것을 발견했다고 하였으므로, 단락 **D**가 정답입니다.

38 근처 물건들에 미소 짓는 유아에 대한 언급

해설 문제의 핵심어구(smiling at nearby objects)와 관련된 지문 내용 중 단락 C의 'the term may even be extended to describe how an infant smiles at inanimate, though familiar, objects like teddy bears'에서 이 용어는 심지어 영아가 곰 인형과 같은 친숙하지만 무생물인 물체들에 어떻게 미소를 짓는지를 설명하는 것까지도 확장될 수 있다고 하였으므로, 단락 **C**가 정답입니다.

39 특정 미소에 포함되는 특정 근육들에 대한 언급

해설 문제의 핵심어구(muscles involved in certain smiles)와 관련된 지문 내용 중 단락 E의 'some experts solely use the term social smile for smiles that involve only the zygomaticus major muscles'에서 일부 전문가들은 큰광대근만을 포함하는 미소에 대해서만 사회적 미소라는 용어를 사용한다고 하였으므로, 단락 **E**가 정답입니다.

40 선물을 받는 것에 반응하는 사람에 대한 예시

해설 문제의 핵심어구(reacting to getting a gift)와 관련된 지문 내용 중 단락 F의 'Rather than expressing a true emotion via a frown, the person receiving the gift is far more likely to smile.'에서 찡그림으로써 진실된 감정을 표현하기보다는, 선물을 받는 사람은 미소를 지을 가능성이 훨씬 더 크다고 하였으므로, 단락 **F**가 정답입니다.

VOCABULARY

cue n. 단서, 신호

norm n. 규범

endogenous adj. 내인성의, 내생의

reflex n. 반사 작용, 반사

exogenous adj. 외인성의

grin v. 활짝 웃다

caregiver n. 돌보는 사람

inanimate adj. 무생물의

social referencing phr. 사회적 참조(맥락에 대한 타인의 해석을 이용하여 상황에 대한 정보를 얻는 심리적 과정)

distress n. 괴로움, 고통

zygomaticus major muscle phr. 큰광대근

orbicularis oris muscle phr. 입둘레근, 구륜근

anatomical adj. 해부학상의

해커스인강 HackersIngang.com

IELTS 인강   리딩 필수   단어암기
단어암기장   MP3

고우해커스 goHackers.com

IELTS 리딩/리스닝   IELTS 라이팅/스피킹
무료 실전문제   무료 첨삭 게시판

고우해커스

두려워 마라!

고우해커스에는 다-있다!

전세계 유학정보의 중심

goHackers.com

200여 개의 **유학시험/생활 정보** 게시판

17,000여 건의 **해외 대학 합격 스펙** 게시글